"博学而笃志，切问而近思。"
(《论语》)

博晓古今，可立一家之说；
学贯中西，或成经国之才。

复旦博学·复旦博学·复旦博学·复旦博学·复旦博学·复旦博学

作者简介

胡庆康,男,1942年1月生。复旦大学国际金融系教授、博士生导师。1999-2000年任国际金融系系主任,1981-1983年在美国西北大学经济系进修,主攻财政金融,回国后筹建国际金融专业。1990年赴香港浸会大学经济系访问讲学。长期从事"货币银行学"的教学和研究。著有《现代货币银行学教程》(1997年被列为国家教委推荐教材,1998年获上海市高等学校优秀教材一等奖),《现代公共财政学》(1999年上海市高等学校优秀教材二等奖)。发表论文几十篇,主要有"证券市场的理论与实践"、"中国的财政政策与货币政策协调"、"论中央银行监管"和"合业经营:金融体制改革的基本趋势"等。

杜莉,女,1972年生,辽宁省本溪市人。1993年获复旦大学经济学学士学位,1996年获复旦大学经济学硕士学位,现为复旦大学经济学院副教授、博士。从事财政学、金融学方面的科研和教学工作多年,著作有《现代公共财政学》、《公共经济学》、《国际税收学》等。近年来在"金融研究"、"世界经济文汇"等国家权威及核心期刊发表财政、金融方面的论文多篇。

金融学系列

现代公共财政学

（第二版）

■ 胡庆康　主编
　 杜　莉

复旦大学出版社

内容提要

本书是"复旦博学·金融学系列"之一，全书共分五个部分十四章，分别论述公共财政的职能、公共财政支出、公共财政收入、政府间的财政关系、宏观财政理论等。第二版在对第一版有关各章内容进行更充分阐述的基础上，增加了外部效应及其纠正、积极效应、公共财政消耗性支出、税制结构等章节，使全书体系更完整，内容更丰富，同时第二版更注重这一领域的新变化，如对各种环境经济政策的评价，对税收和风险承担的影响以及克林顿经济学介绍等。

本书可作为高等院校财政、金融、经济等专业师生的教材，也可作为从事财政税收方面实践工作、理论研究和政策制订的人员参考。

前　言

《现代公共财政学》一书第一版出版至今已三年多了,在这段时间里,国际国内财政经济领域的实际情况都发生了很大变化,学术研究方面也涌现了许多新的成果。因此,我们认为有必要对本书进行修订。本书的此次修订还作为上海市普通高校"九五"重点课程建设项目的一个组成部分,得到了世界银行贷款资助。

与第一版相比,第二版主要具有以下几个特点。

首先,第二版的体系更完整,我们在对第一版有关各章的内容进行更充分阐述的基础上,增加了"外部效应及其纠正"、"税收效应"、"公共财政消耗性支出"、"公共财政转移性支出"、"税制结构"等五章内容,使本书涉及的范围覆盖了公共财政学这一学科领域的更多方面。

其次,第二版注意反映这一学科领域的新变化,例如在"公共选择和政府失灵"一节介绍1999年诺贝尔经济学奖获得者阿马蒂亚·森的理论,在"外部效应及其纠正"一章对各种环境经济政策进行评价,在"税收效应"一章阐述税收对风险承担的影响,在"宏观财政政策"一章对"克林顿经济学"进行介绍等。

本书既可作为高等院校开设相关课程的教材,也可供从事财政税收方面实际工作、理论研究和政策制定的人员参考。

参加本书第一版和修订版撰写的人员有:胡庆康、杜莉、陈飞鸿、李咏玲、杨钟、徐岚、张忆东、朱真丽、施菲菲、宁妮、丁林润等,由胡庆康、杜莉担任统稿。对于本书中存在的缺点错误,希读者和专家不吝赐教。

编　者

2001年6月

于复旦大学

目 录

0 导论 ··· 1
  0.1 现代公共财政学的研究对象 ······················ 1
  0.2 研究公共财政学的意义 ···························· 4

第一部分 公共财政的职能

1 社会经济福利的准则：效率与公平 ················· 9
  1.1 经济效率的含义及实现的条件 ···················· 10
  1.2 收入公平分配及其与效率的矛盾 ·················· 21
  1.3 社会福利函数和最优社会福利的决定 ·············· 25
  1.4 完全竞争市场和经济效率的实现 ·················· 31

2 公共财政的职能 ····································· 38
  2.1 市场失灵与公共财政的职能 ······················ 38
  2.2 公共选择和政府失灵 ······························ 49

第二部分 公共财政支出

3 公共产品理论 ······································· 67
  3.1 公共产品的有效供给 ······························ 67
  3.2 俱乐部产品 ·· 81
  3.3 准公共产品 ·· 87

4 外部效应及其纠正 ································· 92
  4.1 外部效应概述 ···································· 92
  4.2 外部效应的纠正 ·································· 96
  4.3 典型的环境保护政策评介 ························ 100

5 成本—收益分析 ... 115
5.1 公共部门成本—收益分析的特点 ... 115
5.2 成本和收益的类型及其衡量 ... 117
5.3 运用成本—收益分析方法进行决策的指标 ... 129
5.4 对成本—收益分析的进一步探讨 ... 134

6 公共财政消耗性支出 ... 140
6.1 财政消费支出 ... 140
6.2 财政投资支出 ... 152

7 公共财政转移性支出 ... 163
7.1 社会保障支出 ... 163
7.2 财政补贴 ... 171

第三部分 公共财政收入

8 财政收入概述 ... 187
8.1 财政收入的构成 ... 187
8.2 税收的基本概念 ... 192
8.3 公债概述 ... 199

9 税收的转嫁与归宿 ... 210
9.1 基本概念 ... 210
9.2 税收的转嫁与归宿：局部均衡分析 ... 213
9.3 税收的转嫁与归宿：一般均衡分析 ... 227

10 税收原则 ... 234
10.1 税收原则概述 ... 234
10.2 税收的公平原则 ... 236
10.3 税收的效率原则 ... 244

11 税收效应 ... 259
11.1 税收与劳动和休闲 ... 259
11.2 税收与消费和储蓄 ... 266
11.3 税收与投资 ... 273
11.4 税收与风险承担 ... 276

12 税制结构 284
- 12.1 税收体系 285
- 12.2 商品课税 292
- 12.3 所得课税 300
- 12.4 财产课税 309

第四部分 政府间的财政关系

13 政府间财政关系的理论与实践 319
- 13.1 关于政府间财政关系的基本理论 319
- 13.2 典型的政府间财政关系实践模式 335

第五部分 宏观财政理论

14 宏观财政政策 345
- 14.1 财政需求管理政策概述 346
- 14.2 价格不变情况下财政需求管理政策对产出的影响 351
- 14.3 价格变动情况下的财政稳定政策 366
- 14.4 关于财政政策的进一步探讨 378

主要参考书目 394

0 导 论

作为本书的开始,在导论部分我们将对有关现代公共财政学的最基本的概念作出界定,简单介绍现代公共财政学的发展情况,并指出研究现代公共财政学的意义。希望读者在进入正文之前能迅速地对本书的内容有一个初步的概要的认识。

0.1 现代公共财政学的研究对象

0.1.1 政府的经济含义

现代公共财政学(Modern Public Finance)又称公共(部门)经济学(Public Sector Economics)。所谓公共部门,是指政府,所以从字面意义上判断,公共经济学是以政府为研究对象的经济学分支。

几乎一切社会科学,诸如经济学、社会学、政治学、法学等等都离不开对政府行为的研究。但是,从不同的角度考察,政府这一概念的内涵是不尽相同的。在经济学家眼中,现代政府也是一种经济主体,在这一点上,政府和私人企业、家庭一样,它也在进行着各种消费和投资活动,提供着各种社会产品,除了有形的道路桥梁等外,还包括无形的公共安全、社会秩序、法制规范、经济稳定等等,甚至政府本身从某种意义上说也是一种产品。但政府与企业、家庭又有区别,它不能仅仅考虑本身的利益得失,而必须谋求全社会的福利,更重要的是,两者经济运行机制也不同。因此,经济学家将所有的经济主体分为两类:公共经济部门(Public Sector)和私人经济部门(Private Sector)。公共经济部门是指政府,私人经济部门是指家庭和私人企业。现代公共财政学主要关注和研究政府的经济行为。这里政府一方面是总体国民经济运行中的有机组成部分;另一方面,它又有着自己独特的运行特征。

0.1.2 公共财政学的研究对象——政府的与预算有关的经济行为

公共财政学是研究政府的经济行为,描述和分析政府的经济活动的一门学科,但这种表述还不够确切。公共部门介入经济运行可采用的手段很多,如计划、法律、货币金融政策等,而这些都不是财政学的研究对象。财政学集中研究的是政府的与预算有关的经济活动,诸如税收、政府支出、公债等。现代公共财政学的研究范围不断扩展,现已涉及政府决策程序等方面,但它仍是仅仅对与预算有关的行为感兴趣。

0.1.3 公共部门范围的严格界定

明确了以上两点后,有必要将我们所要讨论的对象——政府,即公共经济部门作出更为清楚的界定。

按覆盖范围从小到大,公共部门可分为:仅包括中央政府,广义政府,统一非金融公共部门和统一总公共部门。

中央政府是最狭窄的公共部门范围,通常包括所有中央级政府的各个部处等行政机构以及中央政府的其他机构和组织。

其次是将一国所有政府部门包括在内的广义政府。这个层次包括:中央政府、州(省)或地区政府等地方政府。

第三个层次的公共部门是包括广义政府和非金融公共企业的统一非金融公共经济部门(Consolidated Non-financial Public Sector,CNFPS)。

覆盖范围最广也是最体现政府在整个经济中所发挥的作用的是统一总公共部门(Consolidated Total Public Sector,CTPS)。即在统一非金融公共部门之外再加上公共金融机构。

鉴于公共财政学主要讨论有关政府预算收支的问题,因此,本书以下所说的公共部门不包括公共金融部门,至于公共非金融企业,在西方公共经济学中它是包括在公共部门之内的,但在我国情况则有些特殊。

我们认为，多数国有企业是正在形成中的市场主体，它们虽为政府所有，却被要求按市场信号行事，也就是说其行为方式和准则原则上和私人企业并无二致，因此应列入私人经济部门的范围。这里需进一步明确一点，当我们讲到私人经济部门时，这里的"私人"并非指公民个人，我们主要取其与"公共"相对应的含义。由以上论述，我们所说的公共经济部门就是指广义政府加上部分既为政府所有又按公共经济原则行事的公共非金融企业。有关国有企业的问题向来处于经济学争论的中心，这样的公共部门范围的界定并不是一定正确，但明确这一点有助于读者理解本书以后有关章节中论述的思路。

0.1.4 公共财政学的发展

（1）西方公共财政学的发展。

① 18世纪末至20世纪初。西方财政学作为一门独立的学说开始于200多年前，以亚当·斯密的《国富论》(1776)的出版为标志。这段时期它的研究对象主要限于政府财政收支管理，这是与当时自由放任的经济学思潮盛行、政府经济行为范围较窄相适应的。

② 20世纪30年代至今。20世纪尤其是30年代以来，政府的经济行为迅速扩展，从简单的财政收支扩大到对私人市场经济进行管理和调节，甚至扩大到直接介入生产领域并形成一定规模的公共企业。与之相适应，原有财政学出现了新拓展，即出现了公共经济学（Public Sector Economics），1966年起便出现了以公共经济学命名的学会和杂志。有学者把原来的财政学称为旧公共经济学，然而，为了尊重传统习惯，人们往往仍用财政学代表公共经济学，前面冠以现代两字，即为"现代公共财政学"（Modern Public Finance）。

由于政府的财政收支行为仍然是公共部门经济行为的主体，因此，财政收支依然是现代公共财政学的核心内容。然而与传统的财政学相比，后者更注重财政收支对整个经济的影响，同时也更注重严格的数理经济分析。内容上，也增加了研究公共部门本身存在的合理性问题，即回答为什么需要公共部门，其活动领域应包括哪些范围（财政职能），这实际上是公共部门与私人经济部门之间的界定问题，其研究往往是从市场失效开始的。此外,还有公共部门产品的定价问题及政府对宏观经济的管理和调节(宏观财政政策)等问题。

(2) 我国公共财政学的发展。"公共财政"、"公共经济学"的名称在我国较多地出现只有很短的一段时间,这种变化反映了十四大确立社会主义市场经济体制的目标模式以来我国理论界和实际工作部门更大胆地研究和借鉴发达市场经济国家的成熟经济理论。

长期以来,我国理论界一直将研究政府预算行为的学科称为"财政学",其基本研究方法受前苏联影响,与计划经济体制相适应。与此相对应,西方经济学中研究政府预算的学科也自然地被称为"西方财政学",虽然"Public Finance"的英文直译应为"公共财政"。随着研究的深入,学者们对西方财政学的发展了解不断增加,认识到现代财政学更确切的表述应为"公共经济学"或"现代公共财政学",由于我们目前较多地接受了西方公共财政学的原则和理论,国内著作中就较多地出现了"公共经济学"、"公共财政学"的提法,这一学科的研究方法和基本内容也与传统的财政学有了很大的区别。

不难发现,所谓"公共经济学"或"公共财政学"从研究对象上看与传统的"财政学"并无本质上的区别,只是前者有着更为鲜明的时代特征。

0.2 研究公共财政学的意义

0.2.1 政府预算活动的经济影响

公共财政学是当代经济学的核心科目之一,它的重要性首先源自于现代的政府收支活动在国民经济中所起的举足轻重的作用。目前绝大多数发达市场经济国家财政收入占国民收入的比重在20%以上,财政支出所占的比重就更高。

当代政府的财政活动时刻影响着每个企业和家庭。比如政府提高某类商品的销售税率,则会产生两种后果:一方面这类商品的价格上升,消费者的利益受到损失;一方面厂商的利润减少,如果这类商品的需求弹性较低,厂商则无法提价,他可能因此而转向生产其他产品,社会资源就因此而被重新配置。再如政府开征所得税,那么企业家庭用于投资或消费的资金就要减少,而反过来减税则可能鼓励投资。政府发放某种福利补助金,可以缓解社会收入分配不公的状况;而这类补助金如果过高,又可能会挫伤人们的工作热情。政府公债的利率往往决定着市场利率水平,而资金流向国债的多少又会影响股票市场的行情。凡此种种,不一而足。政府的财政活动既然这样影响着国民经济运行的方方面面,对其进行深入研究的意义也就不言自明了。

0.2.2　公共财政学在经济学中的地位

资源稀缺的问题是经济学研究的逻辑起点。任何社会可用来生产的资源无论在质和量上都是有限的,如土地、劳动力和资本,而这些资源要用来满足的人类总的需求是无限的,于是产生了资源如何最优配置的问题。经济学则要研究有限的资源应用于生产何种产品,如何生产,为谁生产,此外还要研究应用何种制度来作出资源配置的决策,而后者正是公共部门经济学要回答的问题之一。

在现代经济社会中主要有两种资源配置的制度,即市场机制和政府机制,它们分别是私人经济部门和公共经济部门配置资源的机制。市场机制是以价格和竞争机制为特点,政府机制主要是通过公共部门的预算收支活动来配置资源的,有时往往还要借助于法律、行政等手段。

中共的十四届五中全会指出我国经济体制要从传统的计划经济体制向社会主义市场经济体制转变,这标志着发挥市场机制在资源配置中的基础性作用,在我国已成为全民的共识。

公共经济部门——政府和私人经济部门——企业、家庭是国民经济中基本的两大部门。以完全以私人部门为主导和完全以公共部门为主导作两个极端,按两类经济部门在国民经济中的作用可以将各种经济体制排成一个序列。极端的例子是极其少见的,只有香港经济称得上完全以私人部门为主导,我国和前苏联、东欧一些国家在市场化改革前曾被认为是完全以公共部门为主导,这种经济体制在战时的德国等市场经济国家也曾出现过。而目前世界上绝大多数国家的经济体制是介于两个极端之间的混合经济。

从发展的观点看,当代世界各国的经济体制呈现出一种明显的趋同态势。传统的私人经济部门占主导地位的市场经济国家当前也十分重视公共部门的干预,而传统的公共经济部门占主导地位的计划经济国家则纷纷进行市场化改革,发展私人经济部门。究其原因,即世界各国都越来越认识到这样一个道理,私人经济部门和公共经济部门都有着自身不可克服的缺陷,只有两大部门协调发展、相互促进才能使总体的国民经济得以健康运行。也就是说,在市场经济体制下,政府对国民经济的干预调控也是至关重要的。

在市场经济体制下,政府干预的目标首先是保护竞争、界定产权,制定经济活动的规则,为确保市场机制的有效运行创造条件,其次是纠正市场机制本身难以克服的缺陷——市场失灵,以实现资源的合理配置、收入公平分配以及宏观经济的稳定。政府干预的手段包括经济手段、行政手段、法律手段等,其中的经济手段主要指财政手段及货币手段。研究政府如何通过财政手段来进行干预调控,就是公共财政学的任务。

第一部分 公共财政的职能

第一部分 公共开支的功能

1 社会经济福利的准则：效率与公平

现代公共财政学的理论出发点是公共部门经济活动的意义。在市场经济体制下，人们承认市场机制是社会资源配置最有效率的机制，因此应发挥市场机制在资源配置中的基础性作用，在市场出现失灵时才需要政府的介入和干预。这样，现代公共财政学的基本思路是：按社会资源最优配置的原则，分析市场机制的缺陷，揭示政府经济活动的必要性，在此基础上，界定政府经济活动的范围和公共财政的职能。对公共部门经济行为如政府预算收支等活动的讨论和评价都以其是否有助于公共部门经济职能的实现为标准。我们的讨论也将循此思路进行。

按照经济学的观点，只有有助于增进社会经济福利的经济活动才是可取的，讨论市场缺陷和政府的经济职能也要以此为标准。那么福利的标准又是什么，人们怎么知道他们是否已达到最高经济福利？这是我们必须首先回答的问题，为此必须引入规范分析方法（Normative Analysis），介绍福利经济学（Welfare Economics）[又称规范经济学（Normative Economics）]的有关理论。

一般认为，规范分析不如实证分析（Positive Analysis）那么精确，而且可以用事实来证明其正确与否。它带有强烈的主观色彩，往往受制于个人的道德准则和价值标准，甚至会被利益所驱动。对规范命题，人们更容易持有不同甚至相反的意见。然而，福利经济学的两大基本准则是得到普遍公认的，即"效率"和"公平"。虽然对效率和公平人们有不同的解释，绝大多数经济学家都承认经济社会应以实现效率和公平为其追求的目标。

1.1 经济效率的含义及实现的条件

1.1.1 经济效率的含义

经济学意义上的效率是指资源配置已达到了这样一种境地,无论作任何改变都不可能使一部分人受益而没有其他的人受损,也就是说,当经济运行达到了高效率时,一部分人处境改善必须以另一些人处境恶化为代价。这种状态被称为"帕累托最优"(Pareto Optimum)或"帕累托有效"(Pareto Efficiency),它是以意大利经济学家帕累托(Vilfredo Pareto,1848—1923)的名字命名的,帕累托在《政治经济学讲义》一书中首先提出了生产资源的最适度配置问题。

从帕累托最优可引申出"帕累托更优"(Pareto Superior)和"帕累托改善"(Pareto Improvement)的概念。如果改变资源配置后与改变前相比,同时符合以下两个条件:(1) 至少有一个人处境变好;(2) 没有一个人处境变坏。那么,我们改变资源配置可达到"帕累托更优",这种资源配置的改变称为"帕累托改善"。当一种资源配置的状态不可能通过调整达到帕累托更优或不可能再进行帕累托改善时,就是一种帕累托最优的资源配置。

经济效率的定义比较抽象,我们可以借助图 1.1 来进一步说明帕累托最优的含义。假定社会中只有 A、B 两个人,横轴代表 A 的福利水平,纵轴代表 B 的福利水平,A 和 B 的经济福利取决于他们各自消费多少产品。由于社会总的资源和技术水平是有限的,他们能够消费的产品总量也是有限的。

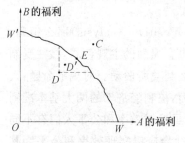

图 1.1 福利边界与帕累托最优

图中 WW' 曲线就表示总量有限的产品和劳务全部分配给 A 和 B,两人可能达到的福利水平的各种组合,WW' 曲线被称为福利边界(Welfare Frontier),也可以说,福利边界代表当 A(或 B)的福利水平既定时,B(或 A)能够达到的最高的福利水平。处于 WW' 曲线以外区域的点,如 C 点,是任何可能的资源配置方式都无法达到的,只有 WW' 曲线上及曲线内的各点才是可以实现的福利水平组合。

如果某一种资源配置使 A 和 B 的福利水平处于 D 点,那么 D 点是低效率的,因为从 D 点向右上方移动,移到曲线上的 E 点或比 D 点更接近曲线的 D' 点,都将实现帕累托改善,A 和 B 的福利水平可以同时提高,而 E 点和 D' 点也是可以达到的。但是,到达 E 点以后,要想再获得帕累托更优或帕累托改善就不可能了,因为无论从 E 点移到 WW' 围成区域内的哪一点,一个人福利水平的提高必然伴随着另一个人福利水平的下降或者两个人的福利水平同时下降,所以我们可以说,WW' 曲线上的任何一点都满足效率的定义。

帕累托最优准则虽得到经济学界的广泛承认,但难以直接将其用于分析经济现象,为此经济学家们又提出了具体的判断经济效率实现的标准。

1.1.2 经济效率实现的条件——一般均衡分析

在一个现代市场经济中,所有的参与者(包括厂商和消费者)之间都是相互依存的。虽然个人的决策都是在独立和自由的状态下作出,但某一市场的均衡却取决于所有市场的所有参与者的决策和行为,包括其他市场上的行为。考察在所有市场、市场参与者都相互联系的情况下,所有的市场同时达到均衡的情况就是一般均衡分析。

(1) 生产效率(Production Efficiency,亦称生产的帕累托最优。)由于人们对物品的消费是不会满足的,那么如果一种消费品的数量增加而其他消费品的数量并不减少,就能使至少一个消费者的效用增加而不使其他消费者的效用减少。因此,生产的帕累托最优要求每种消费品的产出水平在其他消费品的产出水平既定时都达到极大。假定用两种要素去生产两种产品,为使生产达到帕累托最优,生产这两种产品所需两种要素的边际技术替代率必须相等。

为了进一步论述这一结论,我们可以采用一种十分有用的工具——埃奇沃斯箱形图(Edgeworth Box),这种分析方法是英国经济学家埃奇沃斯(F. Y. Edgeworth,1845—1926)首先提出的。

如图 1.2 所示,假定一个经济社会有两种要素:劳动(L)和资本(K),劳动的数量为$\overline{L}$,资本的数量为$\overline{K}$,这两种要素将用于生产两种产品:食物(X)和衣服(Y)。图 1.2 中水平宽度为劳动要素的总量$\overline{L}$,垂直高度为资本要素的总量$\overline{K}$,以箱形图的左下角 O_x 为原点的坐标系表示投入食物部门的劳动(L_x)和资本(K_x),而以右上角 O_y 为原点的坐标系表示投入衣服部门的劳动(L_y)和资本(K_y)。于是,图中任何一点,比如A,就代表两种生产要素在两个部门的一种配置情况。由于箱形图的宽度和高度是固定的,因此对任何一种配置方式以下两式都成立:$L_x + L_y = \overline{L}, K_x + K_y = \overline{K}$。为了从图 1.2 中无数种可能的要素配置情况中找出帕累托最优的配置方式,我们在箱形图中以 O_x 和 O_y 为原点的坐标系中分别加上食物和衣服的等产量线。食物的等产量线凸向原点 O_x,离 O_x 越远的等产量线代表食物的产量越高;衣服的等产量线凸向原点 O_y,离 O_y 越远的等产量线代表衣服的产量越高。

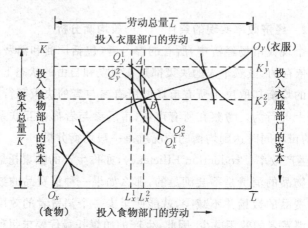

图 1.2 生产的帕累托最优

这里我们有必要回顾一下等产量线的有关知识。

假定用 L、K 两种要素去生产 A 产品。为了达到既定的产量,可以有多种要素组合方式,能生产一定产量的各种要素组合的轨迹称为等产量线(Isoquant)。产品产量会随着要素投入的增加而增加。因此,某

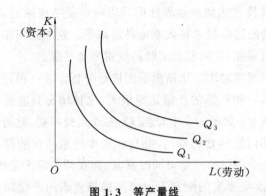

图 1.3 等产量线

种产品的等产量线有无数条,远离原点的等产量线代表着更高的产量,如图 1.3 所示。

由于一条等产量线代表一个给定的产量,而其上的每一点代表一种技术上有效率的要素组合,这意味着增加一种要素的使用量必须相应减少另一种要素的使用量。为了表达资本与劳动之间相互替代的能力,经济学中把为使产量给定不变,每增加一个单位的劳动的投入所需减少的资本的投入量,即等产量线上资本与劳动之间相互替代的比率 $\Delta K/\Delta L$,称为两种生产要素的边际技术替代率(Marginal Rate of Technical Substitution,$MRTS_{lk}$)。等产量线上任意一点处的边际技术替代率,从几何意义来看,就是在该点处等产量线的斜率。另外,等产量线上任意一点处的边际技术替代率,等于这两种要素的边际产量的比率,这一点我们可以很容易地证明。根据等产量线的定义,这条曲线上任意相邻两点之间的不同要素组合所带来的产量是相同的,假如增加 1 个单位的劳动而相应减少 6 个单位的资本,仍可使产量保持不变,这意味着增加 1 个单位的劳动所增加的产量,恰好等于减少 6 个单位的资本所损失的产量。增加的产量等于增加的劳动的单位边际产量(MPP_l)乘以 ΔL,损失的产量等于减少的资本先前的单位边际产量(MPP_k)乘以 ΔK,即

$$MPP_l \times \Delta L = MPP_k \times \Delta K$$

故
$$MRTS_{lk} = \Delta K/\Delta L = MPP_l/MPP_k$$

由于要素投入达到一定程度后其边际产量是递减的,所以等产量线上两种要素的边际技术替代率也是递减的。这在几何图形上表现为等产量线凸向原点,且向右方的倾斜度越来越平缓。

下面我们继续对埃奇沃斯箱形图进行分析。在一种产品的产量给定的情况下另一种产品的产量达到极大,这种情况只能发生在两条等产量线的切点上。如图1.2中Q_x^1与Q_y^1在A点处相交,此时如果让劳动要素从衣服部门转向食物部门,并且让资本要素从食物部门转向衣服部门,那么,两个部门的产量可同时提高。而在两条等产量线的切点,如B点,进一步改变要素的配置不可能再提高食物的产量而不减少衣服的产量;反之亦然。如前所述,两条等产量线相切说明在该点处两条等产量线的斜率从而生产两种产品的两种要素的边际技术替代率相等,因此这就是两部门两种要素情况下生产的帕累托最优实现的条件。不过,等产量线的切点不仅只有B点,将所有等产量线的切点连接起来可得到一条从O_x到O_y的曲线,这条线被称为生产的契约曲线(Contract Curve),生产的资源配置的效率点都是契约曲线上的点。

将我们在这里得出的结论加以推广,即可得出生产方面实现帕累托最优状态的一般条件:任一种产品(产品X、Y、Z…)所使用的任何两种相同的生产要素(如L、K)的边际技术替代率$MRTS_{lk}$都相等,即
$$MRTS_{LK}^{X} = MRTS_{LK}^{Y} = MRTS_{LK}^{Z} = \cdots$$

(2)交换效率(Exchange Efficiency,又称交换的帕累托最优)。帕累托最优要求产品在消费者之间的交换状态达到最优,如果消费品(包括闲暇和其他被保留的基本要素)的任何一种可能的重新交换方法使一个或多个消费者的效用增加而必定使至少一个其他消费者的效用减少的话,那么,这种交换状态是帕累托最优的。如果每个消费者的效用在其他所有消费者的效用水平为既定时都达到极大,就能达到帕累托最优。假定只有两个消费者,并只有两种产品,为了实现帕累托最优,这两个消费者的产品边际替代率必须相等。

交换的帕累托最优的分析方法与生产的帕累托最优的分析方法基本上是一致的,我们再次用埃奇沃斯箱形图来分析这个问题,如图1.4。假定一个社会生产X、Y两种产品,有A、B两个消费者。X产品的

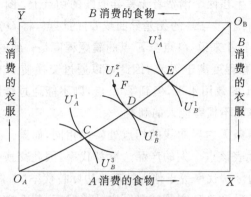

图 1.4 交换的帕累托最优

数量已给定,为 $\overline{X}$,Y 产品的数量也给定,为 $\overline{Y}$。以 O_A 和 O_B 为原点的坐标系分别代表个人 A 和个人 B 获得的产品组合,箱形图中的任意一点都代表着 X、Y 两种产品在 A、B 两人之间的一种交换状态。U_A^1、U_A^2、U_A^3 是 A 的一组无差异曲线,U_B^1、U_B^2、U_B^3 是 B 的一组无差异曲线。

无差异曲线(Indifferent Curve)是使人们得到同等满意程度(Satisfaction)或效用水平(Utility Level)或福利水平(Welfare Level)的各种不同产品组合的轨迹。无差异曲线越是远离原点,其代表的效用水平越高。

无差异曲线的性质与等产量曲线的性质基本相同。它也是一条下倾的曲线,因为如果 X、Y 两种产品都能给人们带来好处,那么减少 x 产品就必然要求增加 y 产品才能使满意程度保持不变。经济学上用产品的边际替代率(Marginal Rate of Substitution,MRS_{xy})来表示当总的效用水平保持不变时,减少一单位的 x 产品所需增加的 y 产品的数量($MRS_{xy} = \Delta Y/\Delta X$)。无差异曲线上某一点处的边际替代率就是曲线在该点处的斜率,且等于该点处两种产品的边际效用之比。因为每一种产品给人们带来的边际效用是递减的,所以边际替代率也是递减的,从图像上来看,就是无差异曲线向上凹(凸向原点),曲线越是往左边越是陡直,越往右边越平坦。

在某个人的满意程度给定的情况下,他人的满意程度达到最大,这种情况必然发生在两个消费者无差异曲线的切点上。图 1.4 中 D 点是 A 的无差异曲线 U_A^2 与 B 的无差异曲线 U_B^2 的切点,将 D 点与 F 点比较不难看出,对于 A 来说,D 点与 F 点的满意程度是一致的,但对于 B 来说,D 点的满意程度高于 F 点,因此可以通过交换使 B 的效用水平提高而不降低 A 的效用水平,但到了 D 点,则不能通过继续交换来改善一个人的处境而不损害他人的利益。

因为在两条无差异曲线的切点处斜率相同,而某一点个人无差异曲线的斜率代表该点个人的产品边际替代率,因此交换效率要求某个个人的产品边际替代率等于他人的产品边际替代率。

在产品品种和各种产品产量既定的情况下,符合交换效率的配置状态有多种。从图 1.4 中我们看到,每一条 A 的无差异曲线都与 B 的某一条无差异曲线相切,将所有这些切点连接起来就形成了图中 $O_A CDEO_B$ 曲线,它是交换的契约曲线,这条曲线上的每一点都满足 A 的产品边际替代率等于 B 的产品边际替代率这一条件。

对两个消费者情况的分析很容易推广到任意数量的消费者的情况,我们可以得到交换的帕累托最优的一般条件,任一消费者(消费者 A、B、C…)的任何两种相同产品的边际替代率 MRS_{xy} 都相等,即 $MRS_{xy}^A = MRS_{xy}^B = MRS_{xy}^C = \cdots$

(3) 产品组合效率(Product-Mix Efficiency,亦称产品组合的帕累托最优)。生产的帕累托最优解决了在资源和技术水平既定的情况下,如何将不同资源合理地用于各种不同产品的生产,以使整个社会的产出水平达到最大化。然而契约曲线上的任意一点都符合生产效率的条件,为了判断究竟哪一点才是整个经济的最优点,也就是怎样的产品组合是最理想的状态,我们必须进行更进一步的分析。因为以下分析需要综合消费者和生产者两方面的因素,所以产品组合的帕累托最优又称交换与生产之间的帕累托最优。

首先,我们将生产的契约曲线(如图 1.2)上每一点所代表的两部门的产量都在另一个坐标系中表示出来,以横轴表示食物的产量,纵轴表示衣服的产量,从而得到另一条曲线 $O_x O_y$,这就是生产可能性边界(Production Possibility Frontier),如图 1.5。生产可能性边界上的某一点表示在一个部门产量既定的情况下另一个部门可能达到的最高产量,而生产可能性边界的端点 O_x 和 O_y 则分别表示将全部要素都投入衣服部门和食物部门时可得到的最大产量,它们分别对应于契约曲线的两个端点。

因为社会的要素总量是固定的,要增加某一部门的产量就必须增加要素投入,另一部门的投入要素从而产量必须相应地下降。我们用边际转换率(Marginal Rate of Transmation, MRT_{xy})来表示增加一单位食物的产量必须放弃的衣服的产量, $MRT_{xy}=\Delta Y/\Delta X$。容易看出,生产可能性边界上某一点处的边际转换率就是通过该点所作切线的斜率。边际转换率是递增的,这是由于两产品的相对要素密集度不同,假定食物行业是劳动密集型行业,而衣服行业是资本密集型行业,当经济处于生产可能性边界上的 C 点时,食物行业投入了较多的劳动,而衣服行业投入了较多的资本,如果我们希望从 C 点向 O_y 点移动,即逐步增加食物的产量,那么必须从资本密集型的衣服行业转移生产要素,于是,食物行业的劳动—资本比例会下降,而且要素的边际产量是递减的,这意味着要得到食物产量的单位增长,要增加投入的要素越来越多,从而必然牺牲越来越多的衣服产量,也就是说边际转换率是递增的。在图像上表现为曲线的形状是凹向原点的,即曲线自上而下变得越来越陡峭。从此处,我们也可以得出这样的推论:如果两种产品的资本与劳动密集程度完全相同,即资本-劳动比例始终相同,并且两个部门均为规模报酬不变,那么,契约曲线就是对角线 O_xO_y,生产可能性边界也是一条直线,即边际转换率是常数。

边际转换率等于两种产品的边际成本之比。生产可能性边界上的任意一点所代表的产品组合都是充分利用现有资源而得到的产量,所以这些产品组合的总成本是相同的。如果增加食物的产量减少衣服的产量而使消耗的总成本不变,则必然为增加食物的产量所增加投入的成本($MC_x \times \Delta X$)等于节约的原来投入衣服生产的成本($MC_y \times \Delta Y$)。那么就可以得出

$$MRT_{xy} = \Delta Y/\Delta X = MC_x/MC_y$$

显然,最理想的产品组合是能够最大限度地满足社会要求和愿望的产品组合,它的确定取决于社会对不同产品的要求和愿望,为此需引入社会无差异曲线。假定社会由若干相同的消费者组成,则社会无差异曲线与个人无差异曲线的性质基本相同,只是规模要大得多,如图1.5中的i_1、i_2线。在产量给定的条件下,能使社会的满意程度达到最大的产

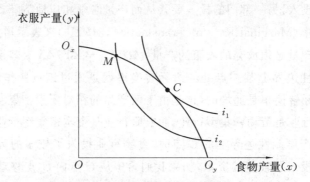

图 1.5　产品组合的帕累托最优

品组合就是理想的产品组合,这样的产品组合必定处在生产可能性边界与社会无差异曲线的切点上,即图1.5中的C点。在这点上生产的边际转换率(MRT_{xy},生产可能性边界的斜率)等于消费的边际替代率(MRS_{xy},无差异曲线的斜率),因此,边际转换率等于边际替代率是产品组合的帕累托最优所需达到的标准。如图1.5,M点与C点同在生产可能性边界上,但C点处在无差异曲线i_1上,无差异曲线i_1与生产可能性边界相切,而M点处在无差异曲线i_2上,无差异曲线i_1高于无差异曲线i_2,这说明C点所代表的产品组合比起M点能使社会达到更大的满足程度,因此优于M点所表示的产品组合。

1.1.3　经济效率实现的条件——局部均衡分析

一般均衡分析为我们提供了全方位的判断帕累托最优是否实现的标准,但更多的时候我们无须作如此复杂的经济分析,而只需决定某一单个经济项目的取舍,为此,经济学家利用局部均衡分析的方法,得出了另一种判断经济效率是否实现的准则。所谓局部均衡分析即考察在

其他条件不变的情况下,某个孤立的市场的均衡情况。

为从局部均衡的角度考察效率的实现条件,经济学家提出了社会总收益、社会边际收益、社会总成本、社会边际成本的概念。一种产品的社会总收益(Total Social Benefit,TSB)是指人们从消费一定量的该种产品中所得到的总的满足程度。一种产品的社会边际收益(Marginal Social Benefit,MSB)是指人们对该种产品的消费量每增加一个单位所增加的满足程度。社会边际收益可以通过人们为增加一个单位的某种产品的消费量而愿付出的货币最高额来测定。由于存在着产品的边际效用递减规律,所以一种产品的社会边际收益随其数量的增加而倾向于减少。

一种产品的社会总成本(Total Social Cost,TSC)指的是为生产一定量的产品所需要消耗的全部资源的价值。一种产品的社会边际成本(Marginal Social Cost,MSC)则指的是每增加一个单位该种产品的生产量所需增加的资源消耗的价值。社会边际成本可以通过为补偿增加一个单位的某种产品的生产量所消耗的要素价值而需付出的货币最高额来测定。由于要素的边际产量递减规律决定了产品的边际成本在一定的产量规模以上是递增的,所以产品的社会边际成本随其产量的增加而倾向于增加。

如图1.6(见第20页)所示,其中图(a)表明该产品的社会总收益(TSB)和社会总成本(TSC),图(b)表明该产品的社会边际收益(MSB)和社会边际成本(MSC)。由于$MSB = \Delta TSB/\Delta Q$,所以社会边际收益曲线上每一点的值等于社会总收益曲线上同一产量所对应的点处切线的斜率;同样道理,社会边际成本曲线上每一点的值等于社会总成本曲线上同一产量所对应的点处切线的斜率。

要达到商品或劳务总体的有效生产,必须使每一项资源的使用符合下列两个条件:① 总的净社会收益非负;② 总社会收益与总社会成本的差异最大化,即净社会收益最大化。这里第一个条件保证某项目能够实现"帕累托改善",是最基本的要求,但要达到"帕累托最优",还必须在满足第一个条件的基础上满足第二个条件。

可以通过比较某种产品在不同产量水平上的社会边际收益和社会

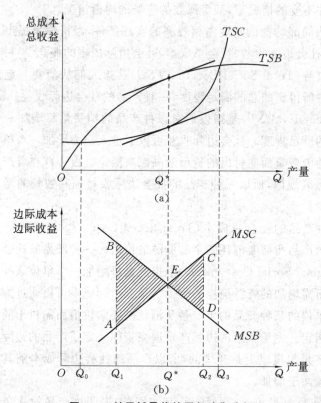

图 1.6 帕累托最优的局部均衡分析

边际成本来说明这种产品的最佳产量的决定条件。如图 1.6(b),当产量在 Q_0 和 Q_3 之间时,$TSB>TSC$,总的净社会收益为正,而 MSB 和 MSC 的交点 E 点决定了该种产品的最优产量 Q^*。如果产量处在 E 点的左边,即 $MSB>MSC$,每多生产一个单位这种产品所增加的收益大于所消耗的成本,这时将更多的资源配置在这种产品上可以获得追加的收益,三角形 ABE 的面积即为产量由 Q_1 增加到 Q^* 可能带来的追加的净收益;如果产量处在 E 点的右边,即 $MSB<MSC$,这表明每多生产一个单位这种产品所增加的收益小于所消耗的成本,这时将更多的资源配置在这种产品上必然会遭受亏损,三角形 CDE 的面积即为产量由 Q^* 增加到 Q_2 可能带来的损失;只有在 $MSB=MSC$ 即产量为

Q^* 时,配置在该种产品生产上的资源的总的净收益才实现了最大化。如图 1.6(a)所示,在产量为 Q^* 时,TSC 曲线的斜率等于 TSB 曲线的斜率,此时两条曲线间的垂直距离也最长。

因此,从局部均衡的角度考察,实现总的社会净收益的最大化,也就是实现资源配置的帕累托最优的条件是:每一种产品或劳务的社会边际收益等于其社会边际成本,用公式表示这一条件就是:$MSB = MSC$。

1.2 收入公平分配及其与效率的矛盾

帕累托最优确实是资源配置的一种理想状态,然而许多人不同意将效率作为评价经济运行的惟一标准和社会发展的惟一目标。因为在某一个消费者拥有全部产品的99%的社会里可能存在着帕累托最优的资源配置,显然大多数人不会认为这是令人满意的资源配置;而且按照帕累托最优准则,即使一个饥肠辘辘的乞丐从一个挥霍无度的富翁处拿走一个面包也不是帕累托更优或效率的提高,因为一个社会成员的处境变坏了。因此,必须引入判定社会福利状况的另一个标准——公平。

1.2.1 公平状况的衡量:吉尼系数和贫困指数

衡量一个社会成员的经济状况,可使用两个尺度,即收入和财产。财产是一种货币存量,而收入是一种货币流量,更确切地说,收入是指某个社会成员在一定时期(通常为1年)内取得的货币总量,包括工资、薪金、租金、股息、利息及转移支付等。财产是指某个社会成员在一定时点上占有的有形的和无形的资产的净存量,如房屋、汽车等耐用消费品及储蓄存款、公司股票等,与之相抵消的则有抵押贷款等债务。由于在对财产进行估价的实际操作中会遇到较多困难,人们更为经常地使用收入这一标准。

(1) 洛伦兹曲线和吉尼系数。为了对公平程度进行衡量,经济学家们经常采用洛伦兹曲线(Lorenz Curve)这一分析工具和吉尼系数(Gini Coefficient)的指标。

在图 1.7 中,我们画一个正方形,纵轴衡量社会收入的百分比,我们将正方形的高分为 5 等分,每 1 等分为 20% 的社会总收入。在横轴上,我们将 100% 的家庭从最贫者到最富者从左到右排列,也分为 5 等分。第一个等分代表收入最低的 20% 的家庭,到第五个等分则代表收入最高的 20% 的家庭,在这个正方形中,我们将每个百分比的家庭所拥有的收入的百分比累计起来,并将相应的点画在图中,联结成一条平滑曲线,便得到了著名的洛伦兹曲线,这条曲线能直观地表现出社会的收入是如何在不同阶层的家庭中分配的。

如果总收入平均分配于所有家庭,则洛伦兹曲线就是对角线 OE,OE 被称为绝对平等线(Line of Perfect Equality)。另一极端则是完全不平等的洛伦兹曲线 OFE,因为这一折线意味着惟一的一个家庭拥有 100% 的收入,而其他的家庭都一无所有。当然,当今世界上任何一个经济的收入分配状况都处于两种极端之间,如图 1.7 中的弧形曲线 OE,曲线越靠近对角线,则社会收入的分配越平等,越靠近边框 OFE 则越不平等。为了使收入分配的平等程度更具可测性和可比性,可再引入一个指标——吉尼系数,即图中由绝对平等线和实际洛伦兹曲线所围成的阴影部分面积与由绝对平等线和绝对不平等线围成的三角形 OEF 的面积的比例。因此,吉尼系数可以在 0(绝对平等)到 1

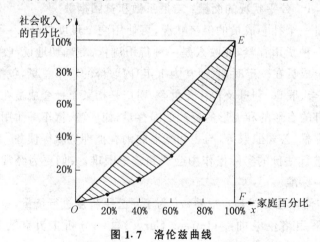

图 1.7　洛伦兹曲线

(绝对不平等)之间变动。表 1.1 是目前世界上一些国家的收入分配状况和吉尼系数。

表 1.1 部分国家的收入分配状况和吉尼系数

(家庭收入占社会总收入的%)

	最低的 20%	第二个 20%	第三个 20%	第四个 20%	第五个 20%	最高的 10%	吉尼系数
孟加拉国	9.4	13.5	17.2	22.0	37.9	23.7	0.28
印 度	9.2	13.0	16.8	21.7	39.3	25.0	0.30
巴 西	2.5	5.7	9.9	17.7	64.2	47.9	0.60
英 国	7.1	12.8	17.2	23.1	39.8	24.7	0.33
美 国	4.8	10.5	16.0	23.5	45.2	28.5	0.40
瑞 典	9.6	14.5	18.1	23.2	34.5	20.1	0.25
中 国	5.5	9.8	14.9	22.3	47.5	30.9	0.42

资料来源：世界银行《世界发展报告》(1998/1999)。

(2) 贫困指数。另一种常用的衡量社会公平程度的指标为贫困指数(Poverty Index)。贫困指数是处于贫困线以下的人口占总人口的比例。贫困指数越大说明贫穷者越多，收入分配也就越不均等，反之则反是。计算贫困指数的关键是首先要确定某一个收入水平为贫困线，通常以满足基本生活水平所需要的收入作为贫困线的标准。但实际操作中评价同一种收入分配状态时，若把贫困线定得高一些，贫困指数所反映的收入分配均等程度就会低一些，若将贫困线降低一些就会使人感到收入分配状况变好了。另外，贫困指数对收入分配状况变动的反映不敏锐，这可通过下面的例子反映出来。

表 1.2 贫困指数(PI)

	A	B	C	D	E	PI
最初的收入分配状态	10	20	30	40	50	40%
改变后的收入分配状态(Ⅰ)	20	20	30	40	40	40%
改变后的收入分配状态(Ⅱ)	10	30	30	40	40	20%

假定贫困线为 20 单位收入，最初 $A、B、C、D、E$ 五人的收入分别为 10、20、30、40、50 单位，则最初的贫困指数为 40%；方案Ⅰ将收入最高

者 E 的一部分收入转移给了收入最低者 A，但 A 的收入仍处于贫困线以下，从而贫困指数仍为 40%；方案 II 将收入最高者 E 的一部分收入转移给收入次低者 B，使 B 的收入上升到贫困线以上，从而贫困指数下降为 20%。将方案 I 和方案 II 进行比较，虽然 I 更大程度地缩小了贫富差距，贫困指数反映的情况却是 II 优于 I。可见，贫困指数指标意味着向收入略低于贫困线的社会成员进行转移支付是更好的再分配，所以用这一指标反映收入分配的均等程度是有偏差的。

1.2.2 公平和效率的替代关系

吉尼系数和贫困指数都只不过是给出了客观的衡量收入分配均等程度的参考指标，而没有说明究竟何种收入分配状况是最可取的。对于这一问题人们迄今尚无一致的意见，其原因之一就是公平和效率的替代关系造成的选择的困难。

由于使得收入分配状况趋向均等的再分配措施往往要引起效率的损失，人们就面临着"鱼和熊掌不可兼得"的两难困境。对于这一状况需利用"收入的边际效用递减"规律来说明。当人们取得更多的收入时，从收入中获得的总效用水平也将增加，但最后那个单位的收入带来的效用却会减少，即收入的边际效用是递减的，如图 1.8 所示。

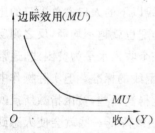

图 1.8 收入的边际效用

这样，将高收入者的收入向低收入者转移时，随着高收入者收入的下降，其损失的效用越来越多，而随着低收入者收入的增加，其获得的追加的效用却越来越少。也就是说，在收入转移的过程中高收入者损失的效用并不恰等于低收入者增加的效用，前者往往大于后者，这两者之间的差异就是效率损失。随着收入转移的继续进行，高收入者放弃同样多的效用可换来的低收入者追加的效用不断下降，甚至可能转为负值，从而所有社会成员可享受的总效用在下降。如图 1.9 所示，设 A、B 两人最初的效用水平分别为 20、100，现将收入从 B 转移至 A，以缩小贫富差距，当 B 的效用 U_B 从 100 降至

96时，A 的效用 U_A 从 20 增至 23（并非增加同样的 4 个单位）；当 U_B 再从 96 降至 92 时，U_A 只增加了两个单位，至 25；U_B 第三次下降 4 个单位没能使 U_A 上升；当 U_B 从 88 降至 84 时甚至使 U_A 从 25 降至 23。显然随着再分配力度的加大，伴随的效率损失也越来越大。图中 A、B、C、D、E 各点的连线被称为机会轨迹（Opportunity Set）。

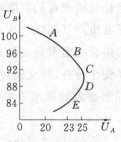

图 1.9　机会轨迹

1.3　社会福利函数和最优社会福利的决定

既然效率和公平都是社会福利增进所不可或缺的，两者之间又在一定程度上存在着此消彼长的替代关系，那么必须将这两方面的因素综合起来才能最终决定社会福利的最优状况。

1.3.1　效用可能性曲线与效用可能性边界

对一般均衡分析得出的实现帕累托最优状态的三个边际条件进行考察可以发现，按照这些条件并不能确定惟一的社会福利分配状况。如图 1.10(a)，在既定的资源（要素总量）和技术条件下，依据生产效率的条件，可以得出生产可能性边界。若假定不同消费者的偏好是一致的，

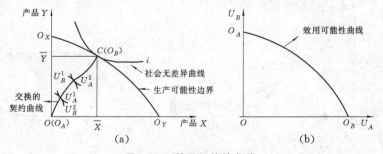

图 1.10　效用可能性曲线

且已知消费者的效用函数,则社会无差异曲线的形状可以确定,并可进而在生产可能性边界上找到符合产品组合效率的点。以这一最优的产品组合为出发点,我们又可以得出符合交换效率的交换的契约曲线。为了便于分析,将交换契约曲线上的各点再转换到横轴、纵轴分别代表不同消费者效用水平的坐标系中,就得出了一条效用可能性曲线,如图 1.10(b)。

不过,以上所作的消费者的偏好一致性的假定过于严格,显然是与现实情况不符的,若放弃这一假定,则无法简单地确定社会无差异曲线的形状。因为在社会成员的偏好各不相同的情况下,我们无法肯定:社会偏好是指一个社会中某一个较为明智的个人的偏好,还是指在社会中起决定性作用的某一群体的偏好,还是指用某种方式综合起来的所有个人的偏好?这样,以社会偏好来确定的社会无差异曲线就不止一组,相应的最佳的产品组合就不再是一个确定的点,以致于生产可能性边界上的任何一点都可以被认为兼有生产效率和产品组合效率,从这些点出发可以引申出无数条交换的契约曲线和效用可能性曲线,我们将这些效用可能性曲线的外包络线称为效用可能性边界(Utility Possibility Frontier)。它代表在现有的资源和技术条件下,各种有效率的产品结构能使消费者达到的最大效用组合。如图 1.11,从图(a)中生产可能性边界 O_xO_y 上的 C 点出发,可得出一条效用可能性曲线 O_AO_B,从 O_xO_y 上的 D 点出发,可得出另一条效用可能性曲线 $O_A'O_B'$……,由无数条效用可能性曲线的最外部构成的一条弯曲的曲线,就是效用可能

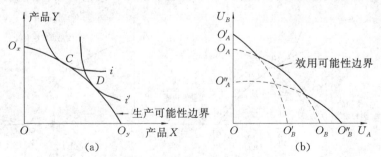

图 1.11 效用可能性边界

性边界(它可被看作是对前文提及的福利边界(如图 1.11)的一种较为精确的表达)。

效用可能性边界概括了同时符合帕累托最优的三个边际条件的点,只是这些点代表着消费者效用水平的不同的组合,他们的相对效用水平取决于初始的收入分配状况。可见,根据帕累托最优准则对于如何实现收入公平分配我们无法得出结论。

1.3.2 社会福利函数

(1) 社会福利函数的定义。为了在效用可能性边界上的各点中作出选择,我们引入社会福利函数(Social Welfare Function)。通常将全社会的福利水平表示为所有社会成员效用水平的函数,即

$$W = F(U_1, U_2, U_3, \cdots, U_n)$$

当在无损于任何人的前提下,至少有一个人的福利有所增进,则社会福利水平也随之提高。这说明效率的增进即帕累托改善可以促使社会福利的增进,但当收入在不同个人之间的分配发生变化时,社会福利水平亦将会根据个人效用变化对社会福利的影响程度而发生变化。

假定可以从个人的效用水平出发推导出社会总的效用水平,即存在一定的社会福利函数,则可以作出一组与个别消费者无差异曲线相类似的社会福利曲线(有人将其亦称为社会无差异曲线,但这里的社会无差异曲线显然与此前讨论产品组合效率时涉及的描述社会对不同产品的偏好的社会无差异曲线含义是不同的。),如图 1.12 中的 W_1、W_2、

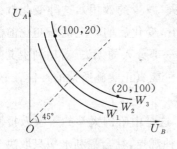

图 1.12 社会福利曲线

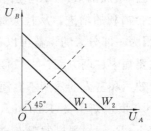

图 1.13 功利主义的社会福利曲线

W_3，它反映当一个社会成员的效用水平减少时，另一个社会成员的效用水平要增加多少才能使社会总效用水平保持不变，与发生变化之前是无差别的。

关于社会福利函数与社会福利曲线的具体形状，能够肯定的只有一点，即社会福利曲线必须以平分横轴、纵轴夹角的45°线为轴对称，如图1.12。如果社会认为A、B两人的效用组合(100,20)达到某一社会福利水平，那么必定认为A、B两人的效用组合(20,100)也具有同样的社会福利水平。这表明社会对所有社会成员的态度是一致的、公正的、无偏的。对于社会福利函数及社会福利曲线的其他性质，迄今并没有统一的看法，但几种较有代表性的观点可在此作一介绍以供参考。

(2) 关于社会福利函数的几种观点。

① 功利主义(Utilitarianism)，亦称效用主义。功利主义认为，社会福利曲线应是斜率为-1的直线，如图1.13。即在A、B两人组成的社会中，社会福利函数为

$$W = U_A + U_B$$

这表明总的社会福利水平等于社会所有成员的效用水平之和，不管社会的贫富差距如何，每个社会成员的每一单位效用是同等重要的。即使穷人减少一个单位的效用，富人增加一个单位的效用，两人的效用水平差距扩大了，社会总体福利水平仍保持原状。功利主义的观点是基于一种假想的补偿原则(Compensation Principle)，这种原则认为，如果某种变化使得一些人的境况变好，而另一些人的境况变坏，只要前者的得益(增加的效用)大于后者的损失(减少的效用)，这种变化就是一种社会福利的增进。从社会的角度看，变化后的状况优于变化前的状况，因为一部分人的得益可以补偿另一部分人的损失。对功利主义的批评主要集中在两方面：一是事实上很少能真正实施所谓的补偿，二是穷人的效用和富人的效用不宜简单等同。

② 罗尔斯主义(Rawlsianism)。这是由哈佛大学的哲学教授罗尔斯(John Rawls)提出的观点。按照这种观点，社会福利水平只取决于境况最糟糕的社会成员的效用水平，即

$$W = \text{Min}(U_A, U_B)$$

这表明只有改善了社会成员中境况最糟糕者的福利水平,社会福利才得以增进。罗尔斯主义的社会福利曲线呈 L 形,如图 1.14。在境况最差的社会成员和其他社会成员的效用水平之间不存在替代关系,如果一种变化使得效用水平最低的人的情况未发生变化,而他人的效用水平增加了,即使后者增加的数量很大,社会福利也不会因此而改善。比较图 1.14 中的 P、Q 两点,虽然 U_A 在 Q 点处比在 P 点处有了明显的增加,然而 U_B 不变,则 P、Q 两点仍处于同

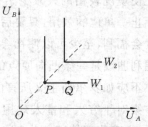

图 1.14 罗尔斯主义的社会福利曲线

一条社会福利曲线 W_1 上。若起初 $U_A = U_B$,则只有当 U_A、U_B 同时增加时 W 才增加,且其增加的程度等于 U_A、U_B 中增幅较小者的增加程度。

③ 平均主义(Egalitarianism)。虽然罗尔斯主义比功利主义更强调缩小贫富差距,但它与平均主义又有很大不同。平均主义的社会福利曲线是从原点出发,与坐标轴成 45°角的一条射线,这条线上的所有点处 A、B 两人的效用水平都相同,如图 1.15。

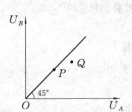

图 1.15 平均主义的社会福利曲线

可见,平均主义只关心社会成员效用水平的相对关系,只要人们的效用水平都相等,就达到了理想状态,社会福利水平与各社会成员效用水平的绝对高低没有任何关系。图 1.15 中的 P 点处于 45°线上,从 P 点到 Q 点,A、B 两人的效用水平都增加了,依罗尔斯主义观点这是社会福利的一种增进,但在平均主义看来,A 效用水平增加的程度高于 B,以致产生了贫富差距,Q 点离开了 45°线,这样 Q 点处的社会福利水平就下降了。

将以上三种观点略作比较可以发现,首先平均主义是不足取的,因为它事实上并不追求社会福利的增进,不关心社会成员福利水平的改善。其次,功利主义和罗尔斯主义观点亦过于简单化,有走极端之嫌。经

济学家们更倾向于接受介于功利主义和罗尔斯主义之间的折衷方案,既要承认穷人的一单位效用比起富人的一单位效用对整个社会来说更加重要,又不应过于强调低收入者效用水平提高的重要性。如果一种变化使境况较糟的人减少了一单位的效用,同时使境况较好的人增加了不止一单位的效用,只要后者效用的增加足够多,这种变化就可以改进社会福利,至少可以使社会福利水平保持不变。依这种折衷方案的社会福利曲线是一条凸向原点的曲线,既非如功利主义所言的是一条直线,亦不应如罗尔斯主义所言的形成一个直角,如图1.16。当然这种折衷方案对于穷人和富人效用水平相互替代的数量关系并没有确定的看法,它可能更接近于功利主义,亦可能更接近于罗尔斯主义。

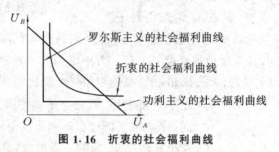

图1.16 折衷的社会福利曲线

1.3.3 最优社会福利的决定

将社会福利曲线与效用可能性边界结合起来,即可确定最优社会福利点。在图1.17中,我们采用折衷了功利主义和罗尔斯主义的观点得出的社会福利曲线,社会福利曲线W_2与效用可能性边界相切于E点,该点即是在既定的资源、技术和个人偏好的条件下,能够实现社会福利最大的生产、交换、分配的惟一组合点,亦是整个社会效率与公平的最佳组合点。这一点确定后,即可返回去,根据包括这一点的特定效用可能性曲线,找到与其对应的最优产品组合,根据这一产品组合,进而决定产品的最优交换状况,最终实现经济效率与公平分配的最佳组合。

由以上分析可见,福利经济学的研究离不开社会福利函数的提出和建立,社会福利函数又与收入分配密切相关。对于社会总产品应如何

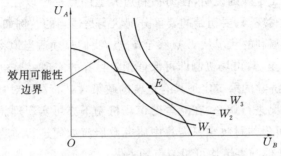

图 1.17　最优社会福利的决定

分配,各社会成员的看法是极不相同的。在这种情况下,得到作为社会普遍共识的具体的社会福利函数是困难的,以上所述的福利经济学的研究成果都不同程度地存在着不成熟和片面之处,虽然如此,它们仍有着重要的参考和借鉴价值。

1.4　完全竞争市场和经济效率的实现

1.4.1　福利经济学的基本定理

关于完全竞争市场与帕累托最优状态的关系,福利经济学有两条基本定理。第一,在完全竞争的市场结构下,帕累托最优状态可以实现。也就是说,每一个完全竞争市场下达到的一般均衡都是帕累托最优的。第二,每一种帕累托最优的资源配置状态都可于要素在消费者之间进行了适当的再分配后通过完全竞争市场下的一般均衡来实现。

这两条基本定理可利用图 1.18 来进行更直观的说明。设 WW' 为一个经济社会的福利边界,福利经济学第一定理说明,完全竞争市场结构下的一般均衡点必然是福利边界上的点,例如图中的 E 点,而非处于福利边界之内。而福

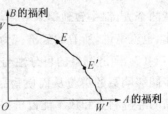

图 1.18　福利经济学的基本定理

利经济学第二定理则说明,任何福利边界上的点都可以在完全竞争的市场机制下实现,只要初始的要素分配状况是适当的。例如,若要使一个经济社会福利的状况从 E 点移至 E' 点,我们只须适当地将一部分要素从 B 转移至 A,市场机制即可保证预定目标的实现。

福利经济学的第二定理具有重要的政策含义。只需对社会财富的初始分配状况进行调整,在竞争的市场机制下亦可实现理想的收入分配目标,从而公共财政学只需集中研究政府应如何进行适当的要素再分配,因为其他的事情均可留给市场去做。

当然,由于在某些情况下竞争的市场并不能实现效率,所以需要政府的干预,但我们有必要首先说明为什么在理想状态下竞争市场将实现效率。

1.4.2 完全竞争市场的特征

从某种意义上说,完全竞争市场是理想的市场结构的代名词,完全竞争市场的基本特征可概括如下。

(1) 人数很多的小规模卖者和买者。
(2) 产品是同质的。
(3) 自由进入和退出各行业,即生产要素的充分流动。
(4) 完全的信息或知识。

除了以上特征之外,为达到帕累托最优的一般均衡还有一些条件是必须满足的,这些条件有的是暗含在经济学家们的论述中的。

(1) 消费者和生产者行为的一致性。作为消费者或生产要素所有者的个人,都一致地追求效用最大化,生产者也一致地追求利润的最大化,也就是说,所有的经济行为主体都是理性的。

(2) 经济利益的可分性与所有权的确定性。产品可以被分割成许多能够购买的单位从而使物品的所有权具有确定性,这样才能保证产品的经济利益和成本能以价格来计量。

(3) 所有的生产资源都为私人所有。
(4) 生产和消费都不存在外部效应。

(5) 不存在规模报酬递增(Increasing Return to Scale),也就是生产规模越大成本越低、收益越大的情形。

1.4.3 完全竞争市场与帕累托最优状态的实现——一般均衡分析

(1) 生产的帕累托最优。出于利润极大化的动机,厂商总是将生产一定量某种产品的各种要素的数量调整到这样一个状态:每一种要素的边际产品与其价格的比率都相等,

即 $MP_1/P_1 = MP_2/P_2 = MP_3/P_3 = \ldots$

或者对任意第 i 种和第 j 种要素来说,要素的边际技术替代率与这两种要素的价格之比相等,

即 $MRTS_{ij} = P_i/P_j$ （i 不等于 j）

或者每两种要素的边际产量之比与其价格之比相等,

即 $MP_i/MP_j = P_i/P_j$ （i 不等于 j）

由于在完全竞争的要素市场上,厂商是要素价格的接受者,要素的价格之比对每一个厂商都是相等的,所以对每一个厂商来说,每两种要素的边际技术替代率都是相等的。这样,当每个厂商达到利润最大化时,一定同时使社会实现了生产效率。

(2) 交换的帕累托最优。为了追求效用极大化每一个消费者都将在收入允许的范围内将消费品组合调整到每一种消费品的边际效用与它的价格之比都相等,

即 $MU_1/P_1 = MU_2/P_2 = MU_3/P_3 = \ldots$

在完全竞争经济中,每一个消费者都是市场价格的接受者,因此不难看出,对任意第 i 种和第 j 种商品来说,所有消费者的边际替代率都相等,因为下式对每个人都成立

$MRS_{ij} = MU_i/MU_j = P_i/P_j$ （i 不等于 j）

这说明交换效率得到了实现。

(3) 产品组合的帕累托最优。前已说明,追求效用极大化的消费者消费任意第 i 种和第 j 种产品的组合都满足

$$MRS_{ij} = MU_i/MU_j = P_i/P_j \quad (i \text{ 不等于 } j)$$

而从生产领域看,生产这两种产品的追求利润极大化的完全竞争厂商会将产量调整到满足以下条件

$$MC_i = P_i, MC_j = P_j,$$

于是

$$MRT_{ij} = MC_i/MC_j = P_i/P_j \quad (i \text{ 不等于 } j)$$

所以下式成立

$$MRS_{ij} = P_i/P_j = MRT_{ij}$$

这样,产品组合效率亦得到实现。

所以完全竞争市场达到长期均衡时,帕累托最优的三个条件都自动满足。

1.4.4 完全竞争市场与帕累托最优状态的实现——局部均衡分析

从某一产品的局部市场来看,一种产品的市场需求曲线上的任一点表示消费者买进该产品一定量时所愿付出的价格(P_d),这个价格反映了该产品之一定数量的最后一个单位的效用,即该产品的边际效用(MU)。因为某产品的价格就相当于增加购买一个单位该产品所需付出的代价,理性的消费者将使它与自己从增加消费一个单位的该产品中所能获得的收益相等,而后者就是该产品的边际效用。也就是说,消费者均衡所需的条件是 $P_d = MU$。因此,一个消费者对某种商品的需求曲线与他的边际效用曲线是一致的,而只需将若干单个消费者的需求量进行加总即可得到市场需求曲线。如图 1.19,由于边际效用递减规律的存在,需求曲线是一条向下倾斜的曲线。

从供给方面看,一种商品的市场供给曲线上的任一点表示生产者提供该产品一定量时所要收取的价格(P_s),在完全竞争市场,某产品的

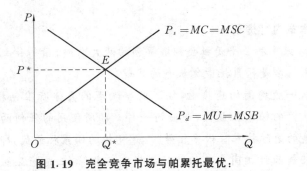

图 1.19 完全竞争市场与帕累托最优：
局部均衡分析

价格就相当于生产者每多卖出一个单位该产品所获得的收益（边际收益 MR），为了达到利润极大化，理性的生产者将使它与自己每增加生产一个单位的该产品所付出的成本，即该产品的边际成本相等。也就是说，生产者均衡所需的条件是 $P_s = MC$。因此，一个生产者对某种产品的供给曲线与他的边际成本曲线是一致的，而只需将若干单个生产者的供给量进行加总即可得到市场供给曲线。如图 1.19 所示，由于边际成本递增，供给曲线向上倾斜。

当供给曲线和需求曲线相交时市场达到均衡，这时供给量等于需求量，消费者所愿付出的价格和生产者所要求的价格一致，即 $P_s = P_d$，于是 $MU = MC$。由于不存在外部化现象，私人的边际效用就是社会边际收益，私人的边际成本就是社会边际成本，所以 $MSB = MSC$ 成立，即社会从某种产品消费中得到的边际收益与产出这种产品所付出的边际成本相等，因此满足了帕累托最优实现的条件。

以上分别从局部均衡和一般均衡的角度阐述了在一定条件下完全竞争的市场结构对于帕累托最优状态的实现是充分的。在大多数情况下，完全竞争的市场结构对于帕累托最优状态的实现也是必要的，也就是说，在各种非完全竞争市场结构下，一般不会在满足帕累托最优所要求的三个边际条件的情况下实现均衡。（关于非完全竞争市场结构下的效率损失问题，在下一章我们将具体论述。）因此，一般也将完全竞争市场作为判断经济效率是否可以实现的一个规范条件。

本章内容提要

1. 效率和公平是社会经济福利的两大准则。资源得到有效的配置的基本标准是帕累托最优状态的实现。

从一般均衡的角度看,经济效率实现的具体标准包括三个方面:一是生产的帕累托最优,即任何一种产品所使用的任何两种相同的生产要素的边际技术替代率相等;二是交换的帕累托最优,即任一消费者消费任何两种相同产品的边际替代率都相等;三是产品组合的帕累托最优,即任何两种相同产品的消费的边际替代率等于生产的边际转换率。从局部均衡的角度看,每种产品或劳务的社会边际收益应等于社会边际成本。

2. 对于公平的收入分配结果,目前尚无人们普遍接受的标准,但可用洛伦兹曲线和吉尼系数以及贫困指数等经济分析工具和指标来客观地衡量社会收入分配的平等程度。使得收入分配状况趋向均等的再分配措施往往要引起效率的损失,这就是效率和公平的矛盾关系。

3. 效用可能性边界概括了同时符合帕累托最优的三个边际条件的点,为了在这些点中求得最优社会福利点,需引入社会福利函数和社会福利曲线。关于社会福利曲线的有代表性的观点有功利主义、罗尔斯主义、折衷主义和平均主义等。

4. 严格意义上的完全竞争市场是一种理想的市场结构,它保证帕累托最优状态的实现,通常在非完全竞争的市场结构下会导致经济效率的损失,因此也可以将完全竞争市场作为判断经济效率是否可以实现的一个规范条件。

本章基本概念

帕累托最优　帕累托改善　贫困指数　洛伦兹曲线　吉尼系数　绝对平等线　一般均衡分析　生产的帕累托最优　交换的帕累托最优　产品组合的帕累托最优　局部均衡分析　社会边际收益　社会边际成本　完全竞争市场　福利经济学的基本定理　完全价格歧视　罗尔斯主义　功利主义　折衷主义　平均主义　社会福利函数

本章思考题

1. 只有有助于增进社会经济福利的经济活动才是可取的，那么判断社会经济福利的准则是什么？
2. "效率优先，兼顾公平"这一政策目标的依据何在？
3. 从社会经济福利的角度看，帕累托最优状态是最理想的经济状态吗？为什么？
4. 具体地说，经济效率实现的标准是什么？
5. 完全竞争的市场结构有哪些基本特征？
6. 为什么说可以将完全竞争市场作为判断经济效率是否实现的一个规范条件？
7. 社会福利函数有何重要的经济意义？

2 公共财政的职能

在上一章中我们探讨了社会经济福利的两大基本准则——效率和公平,并进而了解了完全竞争市场可被视为判断经济效率是否实现的规范条件。本章将以此为基础,对市场经济体制下市场机制和政府机制的运作进行分析和评价,并进而对公共财政的职能进行总体的界定。

2.1 市场失灵与公共财政的职能

2.1.1 早期政府财政的特征

现代西方经济学的创始人英国经济学家亚当·斯密(Adam Smith,1723—1790)极为推崇私人经济部门和市场机制的作用。他认为市场就像一只"看不见的手",可以通过价格和竞争机制,对经济活动进行自发的有效的组织,从而使每个人都追求个人利益最终给全社会带来共同利益。具体地讲,在市场机制下,每个决策者都面对着一定的价格体系进行选择,以谋求自己的利益极大化。只要存在着个人认为有价值的产品和劳务,他们将愿意为消费它们而付款,只要这一价值超过生产成本,追求利润的企业家就将生产和提供这些产品与劳务。显然,单个决策者的选择就是"其他人"最大化自己利益的一个约束条件,从而间接地影响着他人的选择和福利。这种决策者之间相互影响的过程就相当于买者与卖者、买者之间、卖者之间的竞争的过程,竞争的结果形成新一轮的价格。如此周而复始,每个人的追求个人利益的经济活动的总和可以使整个社会的经济活动达到最佳状态。

以上关于完全竞争市场的一般均衡符合帕累托最优条件的论述证明了亚当·斯密的"看不见的手"定律。也就是说,人们在完全竞争经济中只是追求个人利益的最大化,而均衡的结果却达到了社会目标——经济的最高效率,虽然人们并没有刻意去追求这一目标,甚至根本没有意识到这一点。

既然市场机制和私人经济部门可以对经济活动进行自发的有效的组织,那么政府过多的干预必然是有害的。亚当·斯密的《国富论》阐述政府的活动必须限制在一定的范围内,诸如公共秩序、国防与司法行政的维护等。而且,用以完成这些支出项目的收入——税收不必涉及所得的再分配。

18世纪后半叶至20世纪初,这种主张"自由放任"的古典经济理论,深深地影响着西方国家政府的经济活动,此时的国家财政具有如下的特征。

(1) 财政支出起初比封建时期有所削减,以后,随着生产力的发展,财政支出的绝对额有所增长,但在国民收入中的比重有所下降;

(2) 收入方面,总体税负较轻,税种设计上以商品税、关税等间接税为主,不征所得税;

(3) 国家预算经常取得平衡,除了战争年代外,很少出现赤字;

(4) 与预算平衡相对应,国家不轻易举债,国债负担较轻。

2.1.2 市场失灵的主要表现

即使古典经济学家的有关证明是正确的,帕累托最优状态事实上也很难实现,因为理论上能够使资源配置实现帕累托最优状态的市场必须是完全竞争市场,18世纪和19世纪古典学派经济理论之所以在西方比较流行,是因为这一时期是资本主义市场经济上升和扩张的时期,一些必要的市场条件大致上得到了满足。然而,完全竞争是一种非常理想的市场状态,当某些条件不存在或不具备时,帕累托最优则无法实现,此外,在市场机制下收入或财富分配的不公和宏观经济失衡也不可避免,这就是市场失灵(Market Failure)。市场失灵在20世纪20年代末30年代初的经济危机中得到了最充分的暴露,经济学家对此有了深刻的认识,意识到公共部门介入经济运行已不可缺少,从而发展出了以政府干预为主要特点的现代西方经济学,财政理论也发生了大变革,成为现代西方经济学的一个重要组成部分。

市场失灵主要表现在以下八个方面。

(1) 竞争失效。为了保证看不见的手能够发挥调节经济的作用,就必须有充分的竞争。我们看到在胶卷、彩色电视机等行业,少数几家大企业占有了大部分的市场份额,这时有可能缺乏强有力的竞争。但是,一个行业只有少数几家企业经营并不表明它们的行为不是竞争性的,如果大量潜在的国内、国际企业随时可能进入该行业,该市场实质上是一个可竞争市场(Contestable Market),现有的几家企业同样不能提高价格攫取垄断利润,因为这会吸引潜在的竞争者进入该行业而迫使价格下降。另外,若某产品有相当接近的替代品,即使该产品的生产厂家很少,它们也必须像竞争市场中的厂商一样决策,一旦定价偏高,自己的市场份额就有被替代品的生产厂商夺走的危险。

不过,现实的市场经济中,确实有许多因素会增强个别厂商影响市场的能力,削弱市场的竞争性。首先,产品之间的差别是相当普遍的,存在着不同程度的不可替代性。其次,交通费用等交易成本阻碍着资源的自由转移造成个别厂商垄断某一地区的市场。最后,政府行为也往往促进垄断。如烟酒、金融、保险、出版等行业只有较少的企业能够获得许可从事经营,许多国家实行进口许可证制度,又如保护专利权的法规允许专利持有者在一段时间内对自己的发明等拥有垄断权。这些措施都在一定程度上减少了某些企业的竞争压力而增加了垄断的特点。

除了以上这些阻碍竞争的因素外,规模经济亦被认为是一种典型的非人为的进入壁垒(Barrier to Entry)。在电话、供电、供水等行业中,产品的单位成本(平均成本)随着生产规模的扩大而降低。新进入该行业的企业由于生产规模较小,其成本必然高于已占领一定市场份额的大公司,从而在竞争中失利,因此,在规模经济显著的行业,特别容易形成垄断,这就是所谓的自然垄断[①]。当然,如果该行业产生规模经济的

[①] 在规模经济行业,大量竞争企业的存在会使产品的单位成本增加,所以垄断在技术上反而是有效率的。

巨额固定资产在相当程度上是通用设备和资产,竞争者可进入该行业,在短期内抢走原垄断者的利润,然后迅速撤出该行业,则潜在进入者可对自然垄断的厂商形成威胁,形式上的垄断市场实际上是一个可竞争市场。而如果该行业的规模经济来自本行业专用的固定资产,相当数量的投资一旦进入该行业就成为沉淀成本(Sunk Costs),那么潜在的竞争者考虑到进入容易退出难,不会愿意为了短期的利润而牺牲长期利益。此时,市场就成了真正的垄断市场,可见退出壁垒对促成垄断亦起着重要的作用。

在垄断(不论是自然垄断还是其他原因引起的垄断)的情况下,厂商为了攫取垄断利润,往往会限制产品的产量以争取更高的价格,从而降低资源配置的效率,为此政府有必要进行干预。

(2) 公共产品问题。公共产品是与私人产品相对而言的。私人产品(例如一块饼或一双鞋)的消费具有排除性和竞争性,一个人消费了这一产品,别人就无法同时消费它。而公共产品的消费则相反,具有非竞争性和非排除性。增加一个人消费某种公共产品并不会减少其他人对该产品的消费数量和质量,而要排除某个人对该产品的消费也几乎是不可能的。国防是典型的纯公共产品。社会的每个成员都能同等地享受国家防务体系的保护,排斥别人的消费是不可能的,也是不必要的。海上的灯塔也是一个经常被引用的公共产品的例子,它也具有消费的非竞争性,但它的非排除性并不体现在他人的免费受益完全不可阻止,而在于阻止别人受益的成本过于昂贵。

显然,出于自身利益的考虑,人人都会希望由别人来提供公共产品自己免费使用(如同搭便车:Free Ride),由于公共产品的非排除性,这是完全可行的。另一方面,由于具有非竞争性,这类产品应免费提供。如果不能回收成本赚取利润,市场经济中的追求利润极大化的生产者是不会提供这类产品的。市场本身无力解决公共产品的有效提供问题,而这些公共产品对消费者往往又是不可缺少的,因此,政府部门的干预就非常必要。对于公共产品问题本书第3章将进行深入的论述。

(3) 外溢性问题。在现实生活中,许多产品和劳务的成本或收益有着显著的外溢性特征。这类产品的生产或消费,可以绕过价格机制直接影响他人的经济环境和经济利益,对他人产生额外的收益或成本,但生产者或消费者并未因此得到报酬或进行补偿,这些成本或收益在企业或个人进行经济核算时往往不予考虑,故这种现象被称为外溢性现象。有外溢性特征的产品,其私人成本(收益)与社会成本(收益)是不一致的,其差额就是外部成本(收益)。

当人们驾驶一辆没有控制污染装置的汽车时,他们就降低了空气的质量,这实际上是这些用车的人在向他人强加一定的成本;相反地,一片果园为蜜蜂提供了采蜜所需的花朵,但周围的养蜂人却不必因此而付费。教育事业,尤其是基础教育,也有大量的外部收益溢出,学校无法得到回报。从某种意义上说,公共产品是具有外部收益的产品的一种极端情形,这类产品的内部收益很少,其所提供的收益几乎全部外部化了。

由于外溢性的存在,成本收益不对称,这就会影响市场配置资源的效率。因为企业或个人进行决策的时候,只可能将其实际承担的成本和得到的收益进行比较,在无需对外溢成本进行补偿的情况下,经济主体实际承担的成本会小于其活动的总成本,因而会过量从事会产生外溢成本的活动;相反,在外溢收益得不到报酬的情况下,他们就会选择较少地从事该类活动。因此,必须有政府部门的介入和干预。对于外溢性问题本书第4章将进行深入的论述。

(4) 市场不完全。市场无法有效提供的产品不仅仅是公共产品和有外在收益的产品。还有许多产品市场也无法提供或无法充分提供,此时则存在着市场不完全的问题。

保险市场就是一个很好的例子。虽然保险业发展很快,但私人市场仍不能为很多重要的风险提供保险,尤其是有很多风险本身就是由政府行为引起的(如失业会受到政府宏观经济政策的影响),因而政府部门直接进入保险市场,提供失业保险等社会保险,以完善保险市场就非常必要。

又如,市场在提供信贷上也远不够称职,也就是存在着资本市场的不完全。比如在农业贷款、助学贷款、中小企业贷款、住宅贷款等领域,市场上对资金的需求是大量存在的,但若向众多规模小、资信情况不明的客户提供信贷,金融机构对单位信贷额需支付的成本将大大上升,盈利则相应减少甚至可能亏损,他们必然不愿提供此类信贷。另外,一些金额大、周期长的开发性贷款亦是私人商业银行所不愿提供的。因此,在这些领域也需政府的介入,如设立政策性银行或对有些贷款项目提供财政贴息等。

市场不完全的另一表现为互补性市场。例如,假定在某个城市里,许多人爱喝加糖的咖啡,并且糖和咖啡除了放在一起消费之外别无他用,那么在咖啡厂建立起来之前,没有人愿意投资糖厂,而没有糖厂又没有人愿意投资咖啡厂。如果私人企业之间协调的成本很高的话,在自由市场均衡下,该城市的人们就享受不到加糖的咖啡了。类似的情况常常出现在发展中地区或新开发地区,基础设施(如电、水、煤气等)部门与制造业部门之间就存在着这样的互补关系,要使这个地区发展起来,常常需要政府的规划和协调。

对于尚处于起步阶段的市场经济,私人经济部门的实力还比较薄弱,市场不完全的领域就更加广泛了。有些投资巨大、获益周期长的产业,私人部门是不敢贸然经营的,比如大规模钢铁企业、某些高科技新兴产业等,在这些领域也需要政府部门的介入。

(5) 偏好不合理——优值品、劣值品问题。个人偏好的合理性是市场竞争结果的合理性的前提条件,但在现实的市场中,并不是每个人的要求、愿望都是合理的。可能某种产品能给个人带来较大的利益,但消费者本人却没有意识到这一点,只是给予它较低的评价,也就是说,只有在很低的价格下才愿意购买;或者相反,某种产品能给人们带来的好处并不大,或者根本有害无益,但消费者却给予它较高的评价,表现为他愿意以较高的价格购买。尽管对于什么是合理的偏好,怎样的评价才是正确的,并没有一致的精确看法,但人们可以认同的是,在现实市场中,至少某些人的偏好在某些方面不尽合理。例如,有人低估了教育带来的好处,不愿意为子女受教育付出代价,导致学龄儿童辍学;又如,有人高估了香烟的好处,甚至有人愿意高价购买毒品。我们把消费者的评价低于合理评价的产品称为优值品(Merit Goods),而把消费者的评价高于合理评价的产品称为劣值品(Dismerit Goods)。这两种情况都为政府干预提供了理由。

但是，毕竟优值品和劣值品的判断是一个规范范畴的问题，人们对此争议颇多。持"父爱主义"(Paternalism)观点的人认为政府如同家长一样，比普通的公众的判断力更强些，应担当起更多的责任；而反对这种观点的人则认为政府应尊重每一个消费者自己的偏好，家长作风的政府有可能最终会贯彻某些特殊利益集团的意志。虽然如此，很少有人会反对政府提供义务基础教育、禁止吸毒等行为。

(6) 信息不完全。完全竞争市场关于信息的假定可以说是最理想化的了。所谓完全的信息或知识，是指生产者及消费者不仅充分掌握市场当前正在出现的情况，而且了解明天、后天会出现的事情。但是，随着市场规模的不断扩大，信息越来越分散、复杂，加工、处理信息的成本也可能会升高到为决策者所无法接受，从而不可避免地出现很多非理性的决策。比如，生活在一个大都市里的人们，是不可能为了买一件衬衫而跑遍所有的商店的，这样，他最后的选择很可能并不是真正物美价廉的一种。

信息不完全的一个典型表现是信息不对称(Asymmetric Information)，即信息的分布在经济主体之间是不均匀、不对称的。例如，在消费品市场，卖方对所卖商品的情况了如指掌，而买方却很难了解产品的内在质量。在这种情况下，伪劣产品不但会进入市场，在某些场合甚至可能排挤优质产品而占领市场，使消费者的效用和正当生产者的利润遭受损失，影响资源配置效率的实现。

例如，在一个二手车市场，最初可能优质车和劣质车的数量参半，在消费者无法确定车的实际价值时，他只愿支付车的预期价值，这一预期价值必定高于劣质车的实际价值而低于优质车的实际价值，只有劣质车的车主以从此价格出售。而如果买方知道他只能买到一辆劣质车，他又会进一步压低自己的出价。总之，在这样一个旧车市场上，优质车是无法完成交易的，从而优质车的需求方和供给方的利益都将遭到损害。

这种状况被称为市场的不利选择(Adverse Selection)。类似的情况还发生在保险市场，保险公司无法区分高风险和低风险的投保人，只能按损失发生的平均概率确定保费，但这样往往使高风险的人更愿意投保。信息不对称还可能导致道德风险(Moral Hazard)的发生，即投保之后就不积极防范风险甚至故意制造风险骗赔。于是损失发生的概率提高了,保险公司不得不提高保费,从而低风险的人被进一步挤出市场。但他们往往并不是不愿参加保险,而是希望参加费率较为公平的保险,这说明有市场需求却没有供给,市场机制的效率再次被损害。

另外,信息也具有公共产品的特征,增加一个人的消费不会减少其他人的消费量,因此,私人市场所提供的信息往往很不足,信息的不充分会影响到竞争的充分性,由此也会影响到市场机制的运转效率。

针对这些由信息不完全引起的市场失灵,政府亦需进行干预。例如,美国许多州的汽车保险是强制性的,从而可以避免保费太高,低风险的人不愿投保,进而保费进一步向出车祸概率高的人群倾斜的恶性循环。

政府还经常承担起向消费者免费提供信息的职责,如发布气象预报等。政府还可以通过提供信息来保护消费者权益,如设立技术监督部门,经常对食品、化妆品、药品等产品的质量进行抽查或检验,并将结果予以公布。

(7) 失业、通货膨胀及经济的失衡。劳动在企业成本开支中是最难控制的因素之一,因为人们总想以最少的劳动付出,获取最大的收益。技术进步的一个基本特点就是尽可能地节约劳动力,以使成本变得可控。另外,为了压低成本,劳动力市场上往往存在着人为的供过于求的状况。马克思在相对过剩人口和产业后备军理论中对这一点进行过很多阐述。这样,失业就成了市场经济中一个经常的现象。当经济衰退、投资不足时,尤其会带来大量的失业,而它是最重要的社会不稳定因素。

市场机制下,经济行为的主体高度分散,从而决策权也高度分散。小的决策者往往只关心自己的眼前利益、局部利益,加上信息失效导致许多非理性的决策,于是不可避免地造成经济失衡——国内经济剧烈波动、物价水平持续上升、国家经济增长停滞或国际收支失衡。按照古典学派的观点,市场可以自发地对此进行调节,但市场的调节机制是一种事后调节,是采用经济危机的手段。20世纪30年代大萧条的经验表明,这种调节的代价太高昂,不能为社会所接受。另外,一些政治上、地理上的障碍也使市场自发调节功能受到限制。这就为政府部门干预经济,进行宏观调控提供了依据。

(8) 收入公平分配问题。以上分析的各种市场失灵证明了光靠市场机制本身是不能实现帕累托最优的,因而政府部门的干预有助于提高效率。然而,即使市场经济的运行已处于帕累托最优状态,政府的干预仍然是必要的,因为帕累托最优只是保证了资源配置效率的实现,并没有解决收入分配的公平问题。

图 2.1 显示了社会的效用可能性边界[①],即 A 的效用为一定的情况下,B 所能达到的最大效用的点的集合(假设社会是由 A、B 两人组成的)。在该线上的任何一点,如果要继续扩大 B 的效用,A 的效用必然会下降;要扩大 A 的效用,B 的效用也会下降。即在别人的效用不变的情况下,没有人能得到更高的效用,因而在效用可能性边界曲线上的每一点都是帕累托最优的。然而在这条曲线上的各点所代表的收入分配情况是不同的,在 E' 点 B 处于更有利的位置,而在 E'' 点上 A 更有利。因此,市场竞争在实现效率的同时,有可能产生极大的收入分配不公平,甚至会使一些人缺乏基本的生活必需品。特别地,只要当任何一个人的境况得到改善而又不损及另一个人的境况,这时就存在一个福利的增进,也就是所谓的帕累托改善。如果经济最初处于不公平的状态,那么越是接近帕累托最优状态,可能达到的收入分配结果越是不公平,也就是越高的效率,往往自发伴随着越不公平的分配结果。例如,从图 2.1 中 C 点移向 D 点是一个帕累托改善,但社会分配的结果却更不

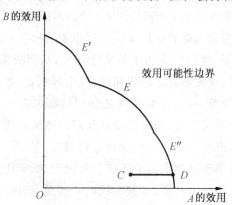

图 2.1 收入公平分配问题

公平了。在现实社会中,要素和财产的最初分配恰恰是不公平的,人们进入竞争的条件、实力、能力不同,这往往受家庭出身、家庭结构、遗产继承、性别等许多个人不能左右的因素影响,这样经过竞争达到的最终分配结果往往更加不公平,富者愈富,贫者愈贫。

这种收入分配的不公平会影响一个社会的安定和凝聚力,而且也不符合社会的道德观念,因而也需要政府部门的干预,以实现收入分配的公平合理。

2.1.3 公共财政的职能

以上所述表明,市场经济运行中所产生的无效率以及不公平要求政府从多方面介入社会经济运行,西方经济学家将其概括为三个方面:资源配置、收入分配和稳定经济。政府的这些经济职能,可通过财政政策、货币政策以及行政、法律等措施来实行,其中财政手段,即通过政府本身的收支活动来纠正市场失灵,是相当重要、不可或缺的手段之一。因此,"资源配置"、"收入分配"和"稳定经济"往往也被概括为公共财政的三大职能。这三项经济职能,贯穿到税收、支出等财政行为中,就体现为效率、公平、稳定三条原则。

以下就具体阐述公共财政的这三大职能。

(1) 资源配置。由于存在着以上第一至第六方面的市场失灵,也就是说,由于在以上六个方面市场不能提供有效的资源配置,因此需要政府承担资源配置的职能。

以财政手段进行资源配置,主要可利用以下政策工具。

① 财政支出。a. 政府可直接提供某些市场供给不足的产品,如公共产品、准公共产品、私人经营容易产生垄断的产品、市场不完全的产品、优值品等。政府提供不一定直接由政府生产,比如国防属典型的公共产品,应由政府提供,但某些具体的国防产品可由私人企业生产,再由政府购买并提供给公众。b. 财政补贴。以上市场供给不足的产品政府也可以通过财政补贴的方式刺激私人企业生产,达到与政府直接提供同样的目的。c. 政府购买支出。从一般意义上讲,政府对私人产品的购买均可视为对该产品的补助,因为它直接体现为对该产品的需求,可

收到刺激该产品的生产、扩大供给的效果。

② 政府税收。政府可通过调整税率来鼓励或限制某些产品的生产。

(2) 收入分配。由于市场机制不能避免收入分配的不公平,因此需要政府来执行收入分配职能。政府为了改善收入分配不公平状况而采取的财政措施主要有:

① 税收——转移支付制度。它包括按照支付能力原则设计的税收制度和按照受益能力原则设计的转移支付制度。政府可以通过征税强制性地把财富从那些应该减少收入的人手中收集起来,再通过补助金或救济金制度用货币或实物形式把财富转移给那些应该增加收入的人们。

② 政府可将征收累进所得税筹集的收入用于公共事业投资,如公共住宅等,以利于低收入阶层。

③ 政府可对奢侈品以高税率征税,对日用品进行补贴,借以加重高收入阶层的负担,减轻低收入阶层的负担。

如前所述,公平是一个"规范性"的问题,公平与否很难有一个一致公认的标准,另外,由于公平与效率有着相互制约的关系,如果一味地征收高额累进税,很可能打击边际生产力水平较高的人们工作的积极性,甚至可能使他们带着自己的资本和智慧迁移到国外去,对一国的经济发展不利。因此,近年来世界各国财政政策的注意点,逐步从收入等级顶端的人们的过多收入问题,转移到收入等级下层人们的适当收入保障问题,当前讨论的具体问题主要是防止贫穷,而不是限制最高收入。

(3) 稳定经济。由于市场机制不能自发实现经济稳定发展,因此需要政府的干预和调节,执行稳定经济职能。目前世界公认的宏观经济稳定的四大目标是充分就业、物价稳定、经济增长和国际收支平衡。

在政府所采用的各种宏观经济政策手段中,财政政策的地位举足轻重,它在影响总需求方面有着不可替代的作用,这体现在两个方面。

① 相机抉择的财政政策,这是指通过调整预算收支来调节社会总需求。在经济过热时,财政可以减少支出、增加税收或者两种手段同时

采用,在经济萧条时则相反。在这个过程中,政府财政收支不平衡是可能的,而且是允许的,因为这正体现了以政府财政收的不平衡来换取整个社会总供求平衡的意图。

② 自动稳定器,这是指通过财政的某些制度性安排来发挥对经济的"自动"的稳定作用。比如,累进的所得税制就具有这种功能,当经济过热时,投资增加,国民收入增加,累进所得税会自动随之而递增,从而可以适当压缩人们的购买力防止发生通货膨胀。当经济衰退时,投资减少,国民收入下降,累进所得税又会自动随之递减,从而防止总需求过度缩减而导致萧条。在支出方面,失业救济金制度也可以发挥类似的功能。由于它规定了领取失业救济金的收入标准,当人们的收入因经济过热而普遍增加时,可领取失业救济金的人数自然减少,救济金支出随之减少,从而财政总支出"自动"得到压缩;反之,当人们的收入因经济不景气而普遍下降时,有资格领取失业救济金的人数自然增加,救济金支出随之增加,从而财政总支出"自动"获得增加。

政府还可通过货币政策达到稳定经济的目的,而且两种政策必须密切配合才更有助于达到满意的效果。当然,现代世界各国的稳定政策相当复杂,各个经济学流派的主张各不相同,我们在本章对此暂不赘述。

2.2 公共选择和政府失灵

以上分析使我们认识到了市场机制在很多方面存在着缺陷,以致不能实现社会资源的有效配置、收入的公平分配和经济的稳定发展。因此需要政府介入进行干预,执行三方面的经济职能。但有的经济学家认为,市场虽然有时不如人意,但这并不说明政府就会做得更好。为了对这一观点作出判断,我们必须对政府机制的运行状况进行考察,而这正是现代公共选择理论研究的主要对象。

2.2.1 政府机制的特点

私人部门通过市场配置资源的机制是一种简单而有效的价格机

制,通过这种机制决定私人产品的产量,并决定产品如何在消费者之间分配。价格对于信息的传递起着重要的作用:比如将消费者对于各种商品的评价的信息传递到生产者,又如将产品的生产成本及它们的稀缺程度的信息从生产者传递到消费者或从一个生产者传到另外的生产者。在市场机制下,供给曲线和需求曲线的交点就是均衡点,在竞争经济中,这种机制的最终结果是有效率的,能够保证厂商生产的产品是有价值的,可以满足消费者的偏好。

公共部门配置资源的机制与市场机制有很大不同。有当前世界上绝大多数国家都在实行的间接民主政治制度中,公民个人投票选举代表,再由这些代表对公共预算进行表决。这样,个人决定如何花掉自己的钱和国会决定政府如何花掉公众的钱的方式就截然不同。议员在投票时应考虑选民的意愿而不是仅仅按他自己的观点行事,为了决定如何投票,他将面临着两个问题:① 他必须弄清楚选民的意愿;② 由于不同的选民的观点会有区别,他还得在这些观点之间进行权衡以做出最后的决定。

(1) 偏好显示问题(The Problem of Preference Revelation)。人们显示他们对于私人产品的偏好办法很简单,只须决定买还是不买,而显示对于公共产品的评价却没有这么有效的办法。人们一般是通过投票来显示自己的偏好。在全国(或联邦)的层次,人们选举代表或议员时仅能很有限地表达自己对于特定公共产品的态度;最多是能表明自己所倾向的政府开支水平更高还是更低。在地方(或州)的层次,选民有时可以对是否同意某一特定的公共计划(如某一基础设施项目)进行投票,但即使这样,也仅能表达有限的信息。如果一个人投了赞成票,仅仅表明他认为自己从这一项目中获得的收益大于自己将会承担的成本。如果大多数人投赞成票,则意味着至少一半的人认为是这样。但这并不表明收益总和会超过成本总和。

更重要的问题还不只此,即使人们有机会充分显示他们的偏好,人们往往不会真实地表明他们的偏好。这可能出于多方面的原因。

① 如果人们将要承担的公共产品成本取决于自己所显示的对公共产品的评价,人们可能会隐瞒或者从低申报自己的偏好;

② 有时采用策略性的投票方式会取得更有利于自己的选举结果，人们也会不显示自己的真实偏好；

③ 由于在实际的民主制度中，对于个人来说，投票与否往往对最后选举结果影响不大，虽然投票的成本本身并不高，但与投票的收益相比就不能忽视了，这使得人们参与选举的积极性很低，不愿意显示自己的偏好。

④ 即使人们有机会充分显示他们的偏好，但不同个人或集团偏好的强度不同，这样政治程序的结果很可能不是反映大多数社会成员的利益，而是更多地反映特殊利益集团的利益。因为进行公共决策、选择称职的政府官员对于一般公众来说也相当于一种公共产品，公共产品的搭便车问题在小集团中不会像在大集团中那样严重。人数很少的钢铁生产厂商可能会组成一个特殊利益集团，努力说服国会限制钢铁进口，而人数很多的钢铁产品消费者就很难组成这样的利益集团，从而国会最终的决策很可能有利于少数的钢铁生产厂商而不利于多数的钢铁产品消费者。在这一决策中，每个生产者的所得大于每个消费者的所失，虽然生产者的总收益不足以补偿消费者的总损失。

(2) 偏好加总问题。即使个人正确诚实地显示自己的偏好，但不同个人的愿望往往不一致，有人希望有更多的军事开支，有人希望有更多的福利开支，政治家（包括议员或代表）还必须有办法将所有这些信息集中起来做出决策，这就涉及到了偏好加总问题。

有人认为效率准则要求公共产品的边际替代率之和等于其边际转换率（参见 3.1.2 节），政治家可以依据这一原则进行决策，但这只能避免帕累托无效的产出，却不能提供在所有的帕累托有效的产出水平之间进行选择的方案。这涉及到收入分配问题，而收入应如何在社会成员之间进行分配正是有关公共决策的争议的焦点之一。

另外有人指出政治家也是为了追求自己的利益而行动的个人（正如消费者和生产者一样），他们的目标是寻求连任，他们赞成某一公共计划的收益是因此而增加的选票，为了获得更多的选票，政治家应该会按照最大多数的选民的意愿行事。然而，即便如此，不同的政治家的观点也不会完全一致，在集体决策时，我们总是要面临协调不同观点的问题。

为了解决偏好加总问题,人们提出了许多种决策规则,诸如多数票决策机制、2/3多数决策机制等。其中,简单多数决策原则是在现代各国的民主制度中应用最为广泛的,以下我们就对这一政治决策程序进行具体的分析。

2.2.2 多数票决策制度

多数票决策制度(Majority Voting)是指在两个或两个以上的备选方案中,获得多数选票的那个方案取胜。备选方案可以是不同的公共支出水平,也可以是不同的公共支出项目(如新建游泳池还是网球场)。

(1) 典型的纳税人如何投票。我们首先分析追求个人收益极大化的纳税人的投票行为,他会估计自己从某一公共项目中将会获得的收益和可能要负担的这一项目的成本,并将两者进行比较。

如图2.2,随着政府公共支出的增加,人们相应地会获得更多的收益,但公共产品的边际效用是递减的。与此同时,人们可享用的私人产品会减少,私人产品的边际效用即人们消费公共产品的边际成本将增加。这样,个人消费公共产品的净效用起初会随着公共支出的增加而增加,达到一定的限度以后则必将会转而趋于降低。显然,对个人来说,最理想的公共支出水平应为使净收益最大或净边际收益为0的支出水平。在图(a)中,边际收益等于边际成本的点决定的支出水平为G^*,在图(b)中,我们将净效用水平表示为政府支出的函数,净效用最大的点对应的支出水平也是G^*。

下面从两方面来分析影响个人对公共支出水平态度的因素。

① 从边际收益角度看,人们对公共产品的主观评价是有差别的。有的人确实比别人更喜欢公共产品,他们从国家公园中获得许多乐趣,而另外的人可能从来就不会利用这些产品。

② 从边际成本角度看,以效用单位衡量的政府支出的边际成本应等于单位货币的效用乘以税收的增加额。因此纳税人的收入和税收制度就成为影响个人对公共支出水平的态度的重要因素。

a. 纳税人的收入。人们的收入越低,消费私人产品的边际效用则

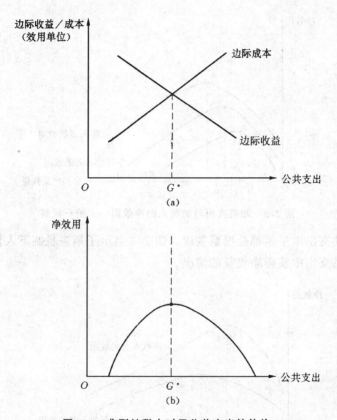

图 2.2 典型纳税人对于公共支出的估价

越高,因此穷人比富人更不愿意放弃私人产品的消费来换取公共产品供给的增加。虽然,对他们来说,公共产品的边际收益也很高,但是一般人们从私人产品中获得的边际效用总会高于公共产品,因此在任何一个公共支出水平下,穷人的边际替代率会更低些。如果统一征税,即税收在纳税人之间平均分摊,那么富人会比穷人倾向更高的公共支出水平,如图 2.3 所示。

b. 税收制度。税收制度决定了人们对于公共产品支出应承担的份额,如果实行比例税率或累进税率,税收都将随着个人收入的增加而提高,那么穷人将转而倾向于更高的公共支出水平。显然,如果一个人无须缴纳任何税收,对他来说公共产品带来的完全是收益,对于任何可能

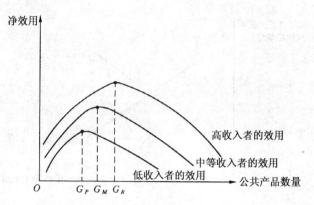

图 2.3　政府支出与纳税人的净效用——统一税制

的公共支出水平他都会投票赞成。图 2.4 显示了累进税制下人们从公共产品支出中获得净收益的情况。

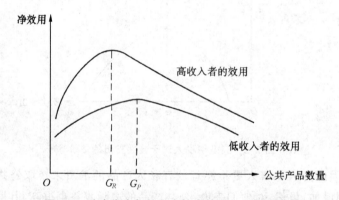

图 2.4　政府支出与纳税人的净效用——累进税制

我们将人们为增加一个单位的公共产品而需承担的支出称为税收价格(Tax Price),简称税价。图 2.5 显示了个人对公共产品的需求曲线,它反映在不同税价下人们所要求的公共支出规模。穷人的需求曲线总是在富人的需求曲线之下,但穷人通常面对的是较低的税收水平,因为在各国现行税收制度下采用更多的是比例税率和累进税率。这两种效应相抵,则有可能穷人比富人倾向于更高的支出水平或更低的支出水平。不过,有一点是可以肯定的,即人们随收入增长对公共产品的需求增加,那么累进性越强会使富人对公共产品需求的减少越多。

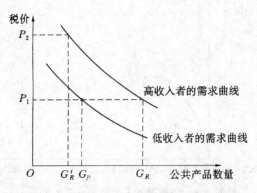

图 2.5 个人收入对于公共产品需求的不同效应

(2) 中间投票人。为分析多数票决策制下的均衡情况,不妨考虑一个简单的例子。假定政府实行统一征税,人们对公共产品的需求随收入的增加而增加,有三个纳税人 R、M、P,他们的收入水平分别为较高、中等、较低,他们认为满意的最佳政府支出水平分别为 G_r、G_m、G_p,$G_r > G_m > G_p$。现在由这三个纳税人对这三个方案进行表决,我们发现结果为收入水平居中的个人 M 最满意的 G_m 方案获胜。原因很简单,当在 G_r 和 G_m 两方案之间表决时,个人 P 和个人 M 都将投 G_m 的票,G_m 方案获胜;当在 G_p 和 G_m 两方案之间表决时,个人 R 和个人 M 都将投 G_m 的票,仍是 G_m 方案获胜。这一结果具有一般意义:当在多数票决策制度下对不同的公共支出水平进行表决时,均衡结果必然为中间投票人最赞成的支出水平。所谓中间投票人,严格地讲是指这样一个投票人,比他期望更高和更低的公共支出水平的投票人人数恰好相等。

中间投票人的收入不一定等于所有投票人的平均收入。依照我们的假定,人们的收入越高,越是要求更高的公共支出水平,那么中间投票人就是中等收入的人。如图 2.6 所示,如果低收入者的人数比较多,而人数较少的高收入者使平均收入提高了,这时中间投票人的收入就低于平均收入,反之则情况相反。中间投票人理论暗含的意义是:如果通过收入再分配使中间投票人的收入变化,那么即使平均收入不变,也会改变对公共支出水平的最终的决策结果。

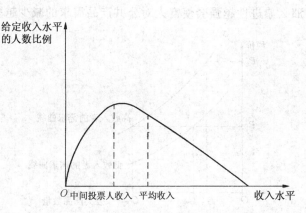

图 2.6　中间投票人的收入与平均收入

（3）多数票决策均衡的无效性。由于在多数票决策制下，中间投票人的需求决定支出水平，为了分析这一支出水平是否有效率，我们只需将中间投票人的需求情况与效率条件相对比。一般说来，中间投票人决策时只会将自己承担的成本与获得的收益相对比，这样，最后的支出规模是否合理就取决于他个人的边际收益占社会总边际收益的份额与他个人的边际成本占社会总边际成本的份额是否一致。

假定共有 n 个纳税人，人们消费公共产品获得的边际收益一致。

在统一征税的情况下，中间投票人的个人边际收益恰等于社会边际收益的 $1/n$，中间投票人的个人边际成本恰等于社会总边际成本的 $1/n$，效率条件满足，均衡是有效率的。

在实行比例税制的情况下，假定收入分配情况如图 2.6 所示。这时，中间投票人的个人边际收益仍等于社会边际收益的 $1/n$，但中间投票人的收入低于平均收入，在比例税的情况下只须承担较少的税收，他的个人边际成本在总边际成本中所占份额必然较小。这时，公共产品则会过度供给。如果实行累进税率，情况会更为严重。

如果我们放弃"人们消费公共产品获得的边际收益一致"这一假定，承认公共产品的边际收益会随收入的上升而上升，这时，中间投票人的个人边际收益会低于社会总边际收益的 $1/n$，即使他所缴纳的税收也低于总成本的 $1/n$，也有可能出现公共产品的供给不足。

2.2.3 投票悖论和阿罗的不可能定理

(1) 投票悖论。经济学家们讨论更多的多数票决策机制的局限性是均衡结果常常不存在。这一问题最早是由一位 18 世纪的哲学家提出的。

假定有三个投票人甲、乙、丙,三个备选方案 A、B、C,三个人对这三个方案的偏好次序如下:

甲:A、B、C

乙:C、A、B

丙:B、C、A

在 A,B 两方案之间投票表决时,甲、乙两人都认为 A 胜过 B,A 方案获胜;在 B、C 两方案之间表决时,甲、丙两人都认为 B 胜过 C,B 方案获胜,人们很容易照此结果推断出 A 方案也应胜过 C,成为最后的选择。然而如果我们在 A、C 两方案之间再进行一次表决,乙、丙两人都认为 C 胜过 A,C 反而获胜!我们发现,在只进行两次表决的情况下,将投票次序加以改变,三个方案都有获胜的可能。如果由通过主观、独断的方式选定的投票次序来决定投票的最后结果,显然不符合民主制度的要求,因此在多数票决策制下,可能没有稳定一致的均衡结果,这种现象被称为投票悖论或循环投票困境(Paradox of Cyclical Voting)。

如果人们能够预先知道投票结果,则可能有人会使用某种投票策略,不按自己的真实偏好投票。比如,在以上所述投票过程中,C 方案将获胜,这是甲最不愿意看到的结果,他可能在第一个回合投 B 方案的票,让 B 方案最后获胜,以取得次优的结果。按照效率准则,人们都应该显示自己的真实偏好,因此,这种现象也是这种投票制度的一个重大缺陷。

(2) 单峰偏好和多数票决策机制的均衡。投票困境不是在任何按多数票原则决策的情况下都会出现的,在前面所述就公共支出的规模投票的例子中,就出现了稳定的均衡结果,均衡结果反映的是中间投票人的偏好。

在图 2.3 中,我们将人们的净效用表示为政府公共支出的函数,这

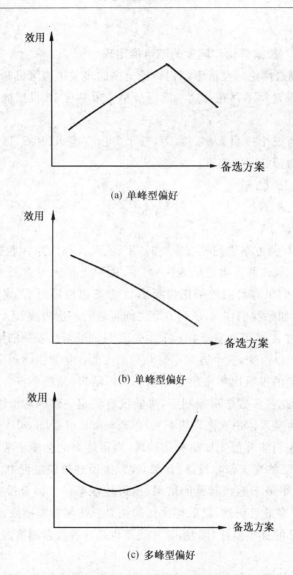

图 2.7 单峰型偏好和多峰型偏好

里每个人的偏好都只存在一个峰值,我们称这种类型的偏好为单峰型偏好。经济学家们通过研究发现,多数票决策制下均衡存在的条件即为投票人的偏好为单峰型。当然单峰型偏好的峰值不是一定要处在反映偏好的曲线的中间,也可以处于曲线的两端,如图2.7中(a)、(b)所示。与单峰型偏好相对应的即为多峰型偏好,在反映这种类型偏好的曲线上有两个或两个以上的峰值,如图2.7(c)所示。

虽然对于某一个公共产品或者对于公共支出的规模人们的偏好是单峰型的,然而当就若干个公共支出项目进行选择时,人们的偏好很少是单峰型的。这就使上述循环投票困境成为进行公共决策经常要面对的难题。

(3) 阿罗的不可能定理(Arrow's Impossibility Theorem)。在认识到循环投票困境现象以后,人们一直在努力寻找能够消除这一困难的其他的民主制度,然而美国经济学家阿罗(Kenneth J. Arrow,1921—)通过研究证明,满足一切民主制度的要求又不会出现循环投票困境的决策机制是不存在的,这就是阿罗的不可能定理。

具体地说,阿罗提出的完善的社会抉择原则和手段应满足的条件包括以下五个方面。

① 合理性。给定个人偏好次序,社会抉择原则必须产生这样一种社会顺序:这个顺序是完整的,即每一对选择方案中,都有一个被选中而另一个落选,同时每两个方案之间的关系都是不同的,而且这种顺序又是可传递的,即如果 X 方案优于 Y 方案,Y 方案优于 Z 方案,则必然 X 方案优于 Z 方案。

② 独立性。如果在两个方案之间选择,结果不应该由第三个方案的存在来决定。即建游泳池还是篮球场的决策不应该由是否建一座图书馆来决定。

③ 帕累托原则。如果社会中每个人都选择 X 方案而非 Y 方案,则社会选择的顺序将是 X 方案优于 Y 方案;但如果至少有一个人选择 X 方案而非 Y 方案,其他人对 X、Y 两方案的顺序无所谓,则社会选择的顺序也是 X 方案优于 Y 方案。

④ 自由选择。亦称定义域的非限制性。社会顺序的产生,不应是通过限制个人偏好顺序的定义域来达到的。

⑤ 非独裁性。即不存在某个人,他的选择成为社会选择,而别人有着与他不同的偏好顺序。

阿罗的不可能定理有一个重要的含义，即虽然人们经常有意无意地给政府提出很高的要求，但事实上政府不可能像人一样理性，不可能做到行动的前后一致，更不可能比人更英明。

2.2.4 阿马蒂亚·森对公共选择理论的贡献

（1）解决"投票悖论"。1998年诺贝尔经济学奖获得者，印度籍经济学家阿马蒂亚·森发现，在上文所述的甲、乙、丙三人对 A、B、C 三个方案进行投票的例子中，将甲的偏好次序稍作改变，则投票悖论可轻松解决。即若甲的偏好次序不是 $A>B>C$，而是 $B>A>C$，乙、丙的偏好不变，则甲、丙认为 B 胜过 C，乙、丙认为 C 胜过 A，甲、丙认为 B 也胜过 A，于是 B 方案获得多数票而胜出，投票悖论已告消失！森发现在这一例子中，甲、乙、丙三人都同意 A 方案不是最佳，进一步推广可知，依据多数票决策规则进行投票时，只要符合以下三种条件之一，就能得到惟一确定的结果：① 所有人都同意其中一项选择不是最佳；② 同意某一项选择不是次佳；③ 同意某一项不是最差。至于有四项或四项以上的选择情况时，每个包括三项选择的子集必须符合这三种条件之一。这就是阿马蒂亚·森著名的价值限制理论。

（2）挑战阿罗的不可能定理。阿罗的不可能定理是基于四个预先设立的公理性假设条件，即自由选择、帕累托原则；独立性和非独裁性。阿马蒂亚·森对阿罗订出的四个假设条件逐一加以放宽，并考察放宽的后果。他认为，这些假设本身没有什么不好，但更好的做法是增加它们的信息内容。阿罗假设不能将不同人之间的满足程度互相比较，森却引入满足感的可度量性及可比较性。他证明，如果具备更多信息，则可以扩展合理的社会福利函数的范围。一旦个人的满足水平可视为可比较的，就可以做出不同种类的社会评价，从而得出明确的政策。

2.2.5 政府失灵

对于"市场失灵"的认识使西方国家在20世纪30—60年代期间采取了一系列干预经济的措施。然而，到了20世纪70年代，这些措施所存在的问题日益暴露，经济学家和政治家们开始注意"政府失灵"现象，我们可以将其概括为以下几个方面。

(1) 有限信息。信息不足是"市场失灵"的表现之一,然而现实经济生活相当复杂,许多行为的结果是难以预料的,私人经济部门难以掌握完全的信息,事实上政府也很难做到这一点。因此,即使抱着"全心全意为人民服务"的目的,政府也难免出现决策失误,政府"犯错误"并不少见,一再修改自己的决策甚至否定过去的做法也是常事。

(2) 对私人市场反应的控制能力有限。政府采取某种政策后,它对私人市场可能的反应和对策往往无能为力。例如,政府采取医疗保险或公费医疗政策,却无法控制医疗费用的飞速上升;一些国家为了吸引外资或鼓励投资,对外来资本或国内某些领域实行税收优惠政策,却难以阻止许多不应享受优惠的投资者也钻了空子;一些国家为了使收入分配更公平,对高收入者征收高额累进税,却把这些人赶到税率低的国家定居,随之失去了他们的资本和智慧。

(3) 官僚主义。政府与官僚主义历来是密切联系在一起的,这首先体现在政府做出一项决策要比私人部门决策慢得多,因为当中要经过这样几个时滞(Time Lags)。

① 认识时滞(Recognition Lag)。这是从问题产生到被纳入政府考虑日程的一段时间。如果是中央政府决策,那么还要加上地方政府反映、报告问题的时间。

② 决策时滞(Decision Lag)。这是从政府认识到某一问题到政府最后得出解决方案的那一段时间,当中可能要经过反复的讨论、争论,政府做出决策绝非易事。

③ 执行与生效时滞(Execution & Effecting Lag)。这是从政府公布某项决策到付诸实施以致引起私人市场反应的时间。

任何公共决策都不可避免上述时滞,在一些时候,当针对某一问题的政策真正起作用的时候,情况已发生了变化,它已不是什么重要的问题了,而解决新问题的对策又要经过上述时滞。

除时滞问题以外,官僚主义还体现在政策实施情况和最初政策意图的不一致。因为政策制定者和执行者一般不是同一个政府机构。可能纯粹由于政策意图本身的模棱两可,执行机构对政策的解释和理解不一定符合政策制定者的初衷,虽然这不一定是前者有意所为。在更多的时候,由于政策的执行结果在很大程度上取决于执行人员的效率和公正廉明,而政府官员自己的利益或偏好与社会的利益往往并不完全一致,这会使政策的执行结果大打折扣。虽然可以通过教育和监督要求政府官员克己奉公,但这事实上不可能完全做到。

(4) 政治决策程序的局限性。政治决策程序本身的局限性也是政府不可克服的缺陷之一。如前所述,现代民主制度并不能很好地解决偏好显示和偏好加总的问题,从而不能实现有效的决策结果。政府的决策会影响到许多人,但真正作出决策的只是少数人,不管这少数人是由选举产生的还是其他方式指定的,他们在决策时总会自觉或不自觉地倾向自己所代表的阶层或集团的偏好和利益,而一旦既得利益集团形成,这种格局就很难打破。所以民选政府的决策很难保证符合大多数人的利益。此外,阿罗的不可能定理证明,政府行为和决策的前后不一致也是民主决策过程不可避免的现象。

基于上述原因,市场经济的支持者们认为政府能够发挥的积极作用也是十分有限的,对于一些市场在经济效率方面的失灵现象,这些经济学家更倾向于通过私人部门的决策来解决。例如,外部效应是要求政府介入的一大理由,但是,按照科斯定理(将在本书第4章论述),政府只须界定和保护产权,市场机制就可以克服这种现象。

这些看法未免极端,但我们必须考虑这些"政府失灵"的因素,不能过分夸大政府对于纠正"市场失灵"的作用。另外,政府干预本身也是有成本的,税收是政府筹资的主要方式,在征税过程中会产生征收成本,由于税收干扰了私人经济部门的选择往往还会带来额外的效率损失,即税收的超额负担(将在本书第10章论述)。只有在市场失灵导致的效率损失大于这些税收成本的情况下才需要政府干预,在一些竞争性领域尤其不应出现政府投资与私人部门相交叉竞争的现象。因为在这些领域公共经营效率低下,政府与私人部门相竞争难免要倚仗其固有的行政垄断力量,这也会破坏市场机制作用的发挥。

总之,单纯的市场机制或单纯的政府机制都是不可取的,两者虽然都有优越性,但也都有其自身不可克服的缺陷。只有两种机制相互配合,才有助于实现理想目标。

本章内容提要

1. 受古典学派经济理论的影响,20世纪30年代以前西方市场经济国家主要实行"自由放任"的经济政策,政府财政活动的规模较小,对社会经济的影响也是十分有限的。

2. 由于严格意义上的完全竞争市场实际上很难出现,帕累托最优的资源配置状态往往不能实现,存在竞争失效、公共产品得不到有效提供、外溢性、市场不完全、偏好不合理、信息不完全等问题,另外,在市场机制下,收入分配的不公平和宏观经济失衡也不可避免,这就是市场失灵。市场失灵自20世纪30年代以来日益充分地暴露出来,引起了人们的广泛重视,为了纠正市场失灵,政府须从多方面介入社会经济运行,资源配置、收入分配和稳定经济是现代公共财政的三大职能。

3. 偏好显示和偏好加总是间接民主政治制度的两大突出问题。在现代世界各国广泛应用的简单多数决策制下,当对不同的公共支出水平进行表决时,均衡结果为中间投票人偏好的支出水平,但这一结果不一定是最有效率的。在其他简单多数决策场合,当投票人中有人的偏好为多峰型时,稳定的均衡结果则不能出现,这就是投票悖论或循环投票困境。阿罗的不可能定理证明满足一切民主制度的要求而又能避免循环投票困境的决策机制不存在。20世纪70年代以来,政府决策机制的缺陷和其他的政府失灵现象也日益为人们所认识,总的说来,市场机制和政府机制都有不可克服的缺陷,只有两种机制相互配合,才更有助于实现理想的经济目标。

本章基本概念

看不见的手　市场失灵　自然垄断　公共产品　市场不完全　信息不对称　外部成本　外部收益　优值品　劣值品　资源配置　收入分配　稳定经济　偏好显示　中间投票人　循环投票困境　单峰偏好　多峰偏好　阿罗的不可能

定理　　官僚主义

本章思考题

1. 在市场经济体制下,政府应在哪些方面介入社会经济运行,为什么?

2. 在世界各国广泛实行的间接民主和多数票决策制度下,决策结果能充分有效地反映纳税人的意愿吗? 为什么?

3. 阿罗的不可能定理说明的主要问题是什么?

4. 为什么当今世界各国普遍推行政府干预和市场机制相结合的混合经济制度?

第二部分　公共财政支出

3 公共产品理论

在现实社会中,纯粹的公共产品是非常稀少的。但是,原则上公共支出的目的就在于为社会提供公共产品,这一点是得到普遍公认的。因此,作为一种理想的公共支出对象,还是有必要将其作为一种理论参照而首先加以讨论。

3.1 公共产品的有效供给

3.1.1 公共产品的特征

(1) 公共产品的基本特征。纯粹的公共产品应具有两个基本特征。

① 非排除性。对于私人产品来说,购买者支付了价格就取得了该产品的所有权并可轻易地排斥他人消费这种产品,这就是排除性;而公共产品的消费是集体进行、共同消费的,其效用在不同消费者之间不能分割。这样,将不为公共品付费的个人排除在外,或者在技术上不可能,或者成本高昂到不可接受。

② 非竞争性。对一般私人产品来说,一个人消费了这一产品,别人就无法再消费了;公共产品则不同,公共产品一旦提供出来,任何消费者对公共产品的消费都不影响其他消费者的利益,也不会影响整个社会的利益。非竞争性包含两方面的含义。

第一,边际生产成本为零。这里所说的边际成本,是指增加一个消费者对供给者带来的边际成本,而非产量增加导致的边际成本。在公共产品的情况下,两者并不一致。

第二,边际拥挤成本为零。每个消费者的消费都不影响其他消费者的消费数量和质量,这种产品不但是共同消费的,而且也不存在消费中的拥挤现象。

国防是最典型的公共产品的例子。只要国家建立了防务体系,就几乎不可能排除任何居住在国境内的人享受该体系的保护,即使是罪犯也是如此;另外,多一个婴儿降生或多一个移民也不会增加一国的国防费用或妨碍其他人享受该体系的保护。

美国经济学家萨缪尔森(Paul A. Samuelson, 1915—)将纯粹的私人产品与纯粹的公共产品的区别用数学式子更严格地表述如下:

对于私人产品来说,

$$X = \sum_{i=1}^{n} X_i$$

即某一商品的总量(X)等于每一个消费者所拥有或消费的该商品数量(X_i)的总和,这意味着私人产品是能在消费者之间分割的。

对于公共产品来说,

$$X = X_i$$

这就是说,对于任何一个消费者来说,他为了消费而实际可支配的公共产品的数量(X_i)就是该公共产品的总量(X),这意味着公共产品在消费者之间是不能分割的。

纯粹的公共产品必然同时满足以上两个基本特征,考虑到非竞争性的两个方面,事实上是三个特征。有些学者在阐述公共产品的非竞争性时,只考虑到其边际生产成本为零,而忽略了边际拥挤成本也应为零,其暗含的意义是这两个条件必然同时满足。事实上,消费者增加带给供给方的生产成本为零并不足以说明其边际社会成本为零。比如公路或桥梁,对于生产者来说,只要不到必须拓宽的程度,增加一个消费者并不会增加它的生产成本;但从消费者的角度看,因为消费者一般是不喜欢拥挤的,拥挤对他来说就是一种成本。虽然在一定的消费量以下,并不存在任何拥挤现象,可以认为拥挤成本为零,可是当消费者的人数增加到一定程度,拥挤就会被明显地感受到了,而且这种拥挤成本必然随着消费者人数的增加而不断增加。

由以上分析可见,公共产品不同于公有产品,后者不具非竞争性。这里的公共产品是从消费角度考察的,而公有产品是从所有权角度考察的。当然,公共产品也不必然是政府直接生产的产品,部分军用产品交由私人企业去生产,并不意味着国防就成为了私人产品。除以上所述的国防外,灯塔、堤坝等也是较为典型的公共产品。

(2) 私人部门提供公共产品的无效率。上述两个特征,意味着竞争性的市场不可能达到公共品的帕累托最优产量。

一方面,由于具有非排除性,每个人都相信他付费与否都可以享受公共产品的好处,那么,他就不会有自愿付费的动机,而倾向于成为"免费搭乘者"(Free Rider),从而公共产品的投资无法收回,私人企业自然不会提供这类产品。这种现象事实上是大卫·休谟(David Hume)早在1740年就提出过的所谓的"公共的悲剧"(Public Tragedy)。"公共的悲剧"形容的是这样一种情况:在一个经济社会中,如果有公共物品或劳务存在,"免费搭车者"的出现就不可避免,但如果所有的社会成员都成为免费搭车者,最后的结果则是没有一个人能享受到公共产品或劳务的好处。中国古老的"一个和尚挑水吃,两个和尚抬水吃,三个和尚没水吃"的寓言,其实也是用于形容这样的"公共的悲剧"的。另一方面,公共产品的边际成本为零,按照帕累托最优所要求的边际成本定价的原则,这些产品必须免费提供,这也是私人企业必然难以接受的。

公共产品往往是增进社会的福利所不可或缺的,因此需要公共经济部门的介入,用税收手段来集资,提供这些产品。几乎没有人对公共部门是否应提供公共产品提出质疑,即使主张"自由放任"的亚当·斯密也承认政府应提供最低限度的公共服务。从某种意义上说,正是由于对公共产品的需求才导致了政府的产生。

3.1.2 公共产品的有效供给

通过以上论述我们得出结论,公共产品必须由公共部门来提供,那么政府如何有效率地来提供公共产品呢?下面我们将集中讨论这一问题。

(1) 局部均衡分析。如前所述,从局部均衡的角度看,任一种产品的市场均衡产量、价格由其供给曲线和需求曲线的交点决定,需求曲线应与该产品消费方的边际效用曲线相一致,供给曲线应与该产品生产方的边际成本曲线相一致,这样,社会边际效用等于社会边际成本,帕累托最优得以实现。

在我们循此思路来推导公共产品有效供给的实现条件之前,有必要首先回顾一下私人产品的局部市场均衡和帕累托最优供给量的决定。

① 私人产品的局部均衡。假定社会上只有 A、B 两个人。图 3.1 中

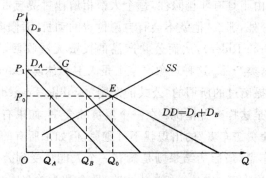

图 3.1 私人产品的局部均衡

D_A 与 D_B 线分别代表个人 A 与个人 B 对某私人产品的需求。A、B 需求曲线的差异主要是由于两人收入水平的不同造成的。对这一产品在不同价格下的市场需求量,可通过加总在各个价格水平下 A、B 两人各自的需求量得到,这样市场需求曲线 DD 就是 A、B 两人需求曲线的水平相加,即

$$DD = D_A + D_B$$

DD 线之所以会在 G 点出现拐折,是因为当价格上升为 P_1 时,A 的需求将为零,这时只有 B 有需求。在 P_1 价格以上,$DD = D_B$。

如果生产者边际成本决定的该产品的供给曲线为 SS,则市场均衡点为 DD 线与 SS 线的交点 E,均衡价格为 P_0,均衡产量为 Q_0,它是所有消费者消费量的总和,其中 Q_A 为 A 的消费量,Q_B 为 B 的消费量,$Q_A + Q_B = Q_0$。在 P_0 这一价格下两个消费者的最终消费量由于收入水平

的不同而有所差别,但他们的边际效用相同,都等于市场价格。在私人产品的条件下,由于没有外溢性现象,消费者个人从某一产品消费中获得的边际效用也就是这一产品的社会边际效用,这样,在 E 点社会边际成本等于社会边际收益,实现了帕累托最优。私人产品帕累托最优的实现条件可更具体地写成

$$MSB = MB_i = MSC \quad (i = 1, 2, \cdots, n)$$

② 公共产品的局部均衡。公共产品的局部均衡与私人产品的情况有很大区别。如图 3.2 所示,D_A 与 D_B 线分别是个人 A 与个人 B 对某公共产品的需求曲线,这是与他们消费公共产品所得到的满足(边际效用)相一致的。萨缪尔森称其为"虚假的需求曲线",因为在实际生活中,人们一般不会明确表示出他们消费一定量的公共产品的边际效用是多少,愿意出多少的价格。但是,借助于这种需求曲线对分析问题却是有帮助的。

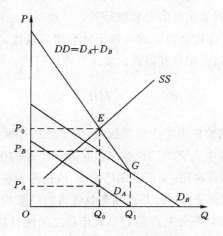

图 3.2 公共产品的局部均衡

在私人产品的情况下,消费者面对的是相同的价格,他们可以通过调整消费量来使自己的边际效用等于既定的市场价格。而公共产品则不同,它一旦提供出来,任何人都可以消费它,不管是否出于本人的愿望,每个消费者的消费量都是相同的。但不同的个人从公共产品中获得

的满意程度即边际效用却不会相同,这意味着每个人愿意支付的价格是不同的,一般说来,收入较高的人会对公共产品有较高的评价,从而愿意对一定的公共产品支付较高的价格。全社会对一定数量的公共产品愿意支付的价格(税收)应由不同个人愿意支付的价格加总得到。这样公共产品的市场需求曲线 DD 就应是每个人的需求曲线的垂直相加,即 $DD = D_A + D_B$。DD 线之所以会在 G 点出现拐折,是因为当供给量在 Q_1 以上时,A 不愿意付出任何价钱,只有 B 愿意出价,在 Q_1 供给量以上,$DD = D_B$。

如果与公共产品的边际成本相一致的供给曲线为 SS,则 DD 与 SS 线的交点决定公共产品的均衡产量 Q_0,这是任何消费者都必须接受的消费量。公共产品的均衡价格 P_0 是所有社会成员愿意为 Q_0 单位的公共产品所支付的价格的总和,其中 P_A 为 A 的出价,P_B 为 B 的出价,$P_A + P_B = P_0$。

因为消费者的出价是与其消费公共产品所获得的边际效用相一致的,所以所有消费者出价的总和就是其边际效用的总和,即社会边际收益。这样,在 E 点社会边际成本等于社会边际收益,实现了帕累托最优。因此,公共产品帕累托最优的实现条件可写成

$$MSB = \sum_{i=1}^{n} MB_i = MSC$$

公共产品的价格事实上就是税收,关于公共产品的局部均衡分析基本上是假定以个人交纳的税收来负担公共产品的生产成本,税收应由个人的受益程度决定,实行差别的税收,这被称为税收的受益原则。

(2) 一般均衡分析。公共产品有效供给的一般均衡分析主要是解决社会资源应如何在公共产品和私人产品之间配置的问题,其基本的理论模型是萨缪尔森于1954年在他的《公共支出的纯理论》一书中提出的。

我们已经知道,在只有私人产品的市场中,假定只有两个消费者 A、B,两种产品 X、Y,两种生产要素 L、K,则达到帕累托最优的条件是

① $MRTS_{LK}^{X} = MRTS_{LK}^{Y}$

（用于生产两种产品的两种生产要素的边际技术替代率相等）；

② $MRS_{XY}^A = MRS_{XY}^B$

（A、B 两人消费两种产品的边际替代率相等）；

③ $MRS_{XY}^A = MRS_{XY}^B = MRT_{XY}$

（生产的边际转换率等于消费的边际替代率）。

在存在公共产品的情况下，以上的结论就需要修正了。假定社会上只有两个消费者 A、B，两种产品——纯粹的私人产品 X 和纯粹的公共产品 G，两种生产要素 L、K，则达到帕累托最优的条件是

① $MRTS_{LK}^X = MRTS_{LK}^G$

（用于生产两种产品的两种生产要素的边际技术替代率相等）；

② $MRS_{XG}^A + MRS_{XG}^B = MRT_{XG}$

（生产的边际转换率等于消费的边际替代率之和）。

也就是说，在存在公共产品的情况下，消费的帕累托最优和产品组合的帕累托最优的实现条件较只有私人产品的市场情况有所不同。这一结论可推导如下。

如图 3.3，假定图(a)中的 A_1A_1、A_2A_2 等曲线是个人 A 消费私人产品 X 和公共产品 G 的无差异曲线，图(b)中的 B_1B_1、B_2B_2 等曲线是个人 B 消费私人产品 X 和公共产品 G 的无差异曲线，图(c)中的 FF 线是社会资源用于生产私人产品 X 与公共产品 G 时的生产可能性边界。根据帕累托最优的定义，我们将分析当个人 B 的效用水平确定时使个人 A 达到最高的效用水平所需满足的条件。

不妨假定 B 的效用水平为 B_2B_2，将图(b)中的 B_2B_2 线下移到生产可能性边界坐标图中，则成为图(c)中的 B_2B_2 线，由图(c)中的 FF 线和 B_2B_2 线我们可以推导出个人 A 的消费可能性曲线。B_2B_2 线在 P 点和 Q 点与 FF 线相交，生产可能性曲线的性质决定了只有 B_2B_2 线在 P 点和 Q 点之间的部分才是个人 B 可能的消费组合，如图，这表明他可能消费 G_1 至 G_2 单位的公共产品，公共产品的特性决定了个人 A 必

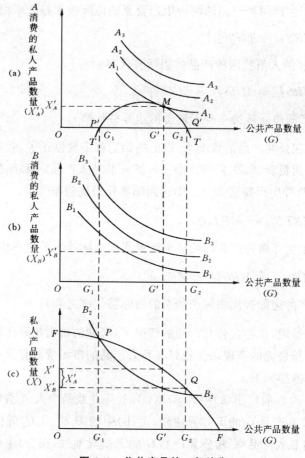

图 3.3 公共产品的一般均衡

然和个人 B 一样,也将消费 G_1 至 G_2 单位的公共产品,而个人 A 可能消费的私人产品的数量则应是生产可能性曲线决定的社会所有成员可能的消费总量减去个人 B 的消费量。这样,我们可以在区域 G_1G_2 内,在图(a)中画出个人 A 的消费可能性曲线 TT,它是当个人 B 的消费满足以后,个人 A 可能消费的私人品与公共品的不同组合的轨迹。TT 线上各点的纵坐标为图(c)中 FF 线和 B_2B_2 线相应横坐标所对应的纵坐标的差,在 P、Q 两点处 B_2B_2 线与 FF 线相交,表明个人 B 消费了全部私人产品,从而个人 A 就没有私人产品可以消费。因此,对应于 B_2B_2

线上的 P、Q 点，A 可能消费的两种产品的组合分别是图(a)上的 P'、Q' 点。

当 TT 线与 A 的某条无差异曲线相切时，其切点就代表 A 所能达到的最大的效用水平。在图(a)中，切点为 M，当然 M 并不是个人 A 消费可能性曲线上的最大值点。从 M 点引一条垂线到图(c)，可以发现，个人 A 消费 X_A' 单位的私人产品与 G' 单位的公共产品，而个人 B 消费 X_B' 单位的私人产品与 G' 单位的公共产品。

M 点是满足帕累托最优条件的一个点，在 M 点，如果个人 A 想改善自己的处境，则只有提高消费可能性曲线 TT，而 TT 上移则意味着 B_2B_2 下移（FF 线一定），于是个人 B 的效用满足水平必然下降。可见，在 M 点，要再改善 A 的处境必然要以损害 B 的利益为代价，这说明 M 点是帕累托最优的一个点。

可以看出，TT 线上任意一点的斜率 $=FF$ 线上对应点的斜率 $-B_2B_2$ 线上对应点的斜率。而在 M 点，即帕累托最优点，TT 线的斜率等于 A_1A_1 线的斜率，所以，在帕累托最优点，A_1A_1 线斜率 $=FF$ 线斜率 $-B_2B_2$ 线斜率。我们知道，A_1A_1 线斜率 $=MRS_{XG}^A$（个人 A 消费 X、G 两种产品的边际替代率），B_2B_2 线斜率 $=MRS_{XG}^B$（个人 B 消费 X、G 两种产品的边际替代率），FF 线斜率 $=MRT_{XG}$（社会生产 X、G 两种产品的边际转换率），所以 $MRS_{XG}^A+MRS_{XG}^B=MRT_{XG}$，即两个消费者的边际替代率之和等于边际转换率。

我们将这种两种物品、两个消费者的模型加以推广，可以推导出，在一般情况下，只要存在着私人产品与公共产品，则公共产品的最优供给的条件是

$$\sum_{i=1}^{n}MRS_{j,k}i=MRT_{j,k} \quad \begin{matrix}i=1,\cdots,n & \text{（消费者数目）}\\ j,k=1,\cdots,m & \text{（产品的数目）}\end{matrix}$$

这就是说，纯粹公共产品的有效供给要求各个社会成员的边际替代率之和等于产品的边际转换率。公共产品对私人产品的边际替代率代表为获得一个单位的公共产品人们所愿意放弃的私人产品的量，边际替代率之和就是为了得到一个单位的公共产品，所有社会成员愿意

放弃的私人产品的总和。为了实现帕累托最优，人们愿意放弃的全部私人产品的量，应等于在现有资源约束下，为了多生产一个单位的公共产品人们客观上所必须放弃的私人产品的产量，后者就是边际转换率。

换言之，边际替代率实际上衡量的是人们从公共产品的相对效用水平的评价，边际替代率之和即社会成员对于公共产品的相对效用水平的总的评价；而边际转换率实际上衡量的是公共产品的机会成本。为了实现帕累托最优，人们从公共产品中得到的好处应等于它的客观机会成本。这与局部均衡分析所得到的个人对公共产品所愿意支付的价格之和应等于公共产品的边际成本的结论是一致的。

当然，在图 3.3 中，如果确定个人 B 具有另一种效用水平，也就是说他有另一条无差异曲线，相应地，个人 A 也将有另一条消费可能性曲线 TT，TT 与 A 的另一条无差异曲线相切，则得到另一个帕累托最

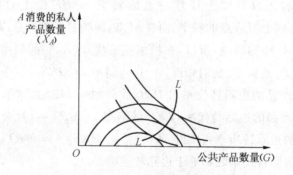

图 3.4 公共产品的一般均衡

优点，可见，这样的点可以有无数个，其轨迹如图 3.4 中的 LL 线，至于社会最终的均衡点是哪一点，则取决于个人 A 与个人 B 的初始的分配情况，这涉及到收入分配的问题。

让我们把这一效率条件应用于国防产品，假定在现有资源约束下，要想增加一个单位的武器产量，必须减少一个单位的黄油的产量，即边际转换率为 1。用于国防的武器是公共产品，而黄油是私人产品。不妨考虑只有两个人的简单经济：鲁宾逊和星期五。鲁宾逊为了多得到一个单位的武器愿意放弃 1/3 磅的黄油，但仅凭这 1/3 磅的黄油还无法

得到一个单位的武器。星期五为了多得到一个单位的武器愿意放弃2/3磅的黄油。这样,这个小社会愿意付出的全部黄油的量是:1/3 + 2/3 = 1,这是他们能够用来购买一个单位的武器的全部代价,而他们也只需付出1磅黄油。这样,边际替代率之和等于边际转换率,他们的政府提供了一个有效的国防产品的产量水平。如果实际的边际替代率大于边际转换率,例如为获得一单位的武器两人愿意放弃的黄油之和大于1,而事实上这个小社会只需放弃1单位的黄油就可生产1单位武器。那么通过生产更多的武器,人们可以达到一个更高的福利水平,从而当前的资源配置状况不是最优的。

(3) 林达尔均衡。以上主要从规范分析的角度给出了衡量公共产品是否实现有效供给的标准,那么公共产品有效供应的机制应该是怎样的呢?对于这个问题,有两种解释。第一种解释是从前述公共产品有效供给的局部均衡模型引申出来的,虽然公共产品不能由市场统一定价,但如果人们都能自觉地按照自己从公共产品中获得的边际收益相应地承担公共产品成本,如图3.2,A承担P_A的税收,B承担P_B的税收,那么就自然地实现了公共产品的有效供给,这一机制是美国经济学家Bowen最早提出的(1848)。瑞典经济学家林达尔(Erik Lindahl)从另一角度进行了公共产品有效供给的研究,提出了较有启发性的理论模型,西方经济学家称之为"林达尔均衡"(Lindahl Equilibrium)模型。因为瑞典经济学家维克塞尔也做过类似的经济研究,所以也有人将这一模型称为公共产品供给的维-林模型。

假定社会中有两个人A与B,他们可分别被看作是选举时的两个政党的代表,每个政党的内部人们的偏好是一致的。图3.5表示两人通过讨价还价来决定各自应负担公共产品成本的比例的情况,公共产品的成本即为税价。A的行为由以O_a为原点的坐标系来描述,B的行为由以O_b为原点的坐标系来描述,将两个坐标系合在一起,则形成了一个类似埃奇沃斯箱形图的长方形。图中纵轴表示个人A、B负担的公共产品成本的比例,其长度为1。如果A负担的比例为h,则B负担的比例应为$1-h$。横轴代表公共产品供给的数量,也可认为是公共支出的规模。AA曲线代表个人A对公共产品的需求,BB曲线代表个人B对

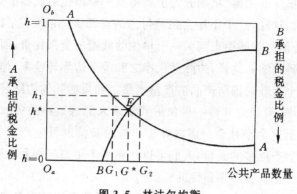

图 3.5 林达尔均衡

公共产品的需求。从 A 的角度看，BB 相当于他面对的供给曲线，因为这条线上的各点反映如果他承担不同比例的公共产品成本，则他可以得到相应数量的公共产品；同理，B 也把 AA 看作他的供给曲线。在 AA 与 BB 的交点 E，A、B 两人经过讨价还价，双方愿意承担的公共产品成本的比例加起来等于 1，这时公共产品的产量为 G^*。

这一过程可进一步叙述如下，随便在纵轴定下一点 h_1，这代表个人 A 要负担 h_1 的税收比例，于是 A 就只愿意要 G_1 的公共产品数量，即只会同意 G_1 规模的公共开支，而在 h_1 点，B 要承担 $1-h_1$ 的税金比例，这种税负使 B 愿意要 G_2 的公共产品数量，也就是会同意 G_2 规模的公共开支，A 与 B 两人没有达成一致，这时实力较强的那个人就会取胜。为了解决这种不确定性，维克塞尔和林达尔假定两个人势均力敌，这样双方就会较量下去，直到税负分配处于 h^* 点。AA 与 BB 线相交在 h^* 点，双方都同意公共支出的规模为 G^*，由 AA 线、BB 线的交点 E 所决定的均衡状态被称为林达尔均衡。

(4) 显示偏好机制。容易看出，公共产品有效供给实现的关键在于消费者按自己从公共产品消费中获得的边际效用水平真实地表示自己对公共产品的需求，从而相应地承担公共产品的成本。然而，这也正是公共产品有效供给的困难之所在。人们不管付费与否，他所能消费的公共产品数量总是相同的。如果消费者所承担的公共产品成本取决于自己申报的从公共产品中获益的情况，那么他就会有隐瞒或从低申报自己真实效用水平的动机。在一个由成千上万的人组成的社会中,没有人能够做到对其他所有社会成员的嗜好和经济状况无所不知,因而人们便有可能隐瞒其从公共产品消费中获得的真实收益。显然,消费者这种"搭便车"行为的结果是公共产品实际供给水平远低于最优水平。相反,假设在要求每个人陈述他的偏好时,事先交代清楚满足这些偏好的代价与他们所陈述的需求状况无关,他们的陈述只与公共产品的数量有联系,那么就会诱发夸大需求的现象,结果导致过度供给。总之,为解决公共产品有效供给问题,必须设计出一种机制,能够准确揭示人们的偏好,这是当前公共产品理论的重要课题之一。

为了解决显示偏好的难题,经济学家已提出了一些可供选择的方案,以下选择其中较有代表性的一种加以介绍。

假定某公共产品的服务可覆盖 N 个消费者,如图 3.6,在图(a)中,先将其中 $N-1$ 人的对公共产品的需求曲线垂直相加,得到 D_{N-1} 曲

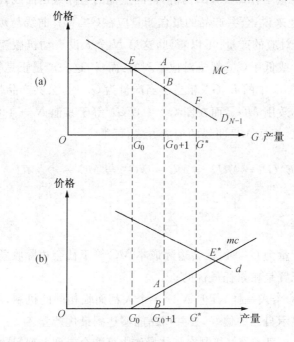

图 3.6 显示偏好机制

线,该曲线与公共产品的供给曲线,即边际成本线 MC 相交于 E 点,与之相应的公共产品产量为 G_0。现在,如果第 N 个人表示他不会从公共产品中获得收益,则最终产量停留在 G_0,如果他希望产量超过 G_0,则要求他必须承担追加的成本与其他 $N-1$ 人追加的收益之和之间的差额(即 MC 线与 D_{N-1} 线之间的垂直距离)。例如,如果他希望产量达到 G_0+1,则他必须承担 MC 中的 AB 部分。

这第 N 个人的偏好是否能够真实显示出来呢?显然,现在对他来说,效用极大化的选择是使公共产品给他带来的边际效用与他所须承担的 G_0 水平以上部分产量的边际成本相等。在图(b)中,我们画出了这第 N 个人的边际成本曲线 mc,该曲线是图中 MC 线与 D_{N-1} 曲线垂直相减得到的,因此零点是从产量 G_0 开始的,G_0 以右的每一点都代表公共产品的边际成本与其他 $N-1$ 人边际效用总和的差额。例如,在 G_0+1 的产量下,$MC=AB$。我们再画上他的边际效用曲线,即需求曲线 d,则对他来说,公共产品的最佳产量应在 G^*,即 d 曲线与 mc 曲线的交点 E^* 所对应的产量。可以看到,这第 N 个人没有动机撒谎,因为无论产量高于或低于 G^*,都是对他不利的,而 G^* 这一产量正是帕累托最优产量。图(b)中的 E^*G^* 相当于当产量为 G^* 时,公共产品带给第 N 个人的边际效用 MU_N,而在图(a)中,FG^* 等于其他 $N-1$ 个人边际效用的加总,根据 MC 曲线的构成方式,可得

$$E^*G^* = MU_N = MC - FG^* = MC - \sum_{i=1}^{N-1} MU_i$$

于是
$$MC = \sum_{i=1}^{N} MU_i = MU。$$

即当产量为 G^* 时,社会边际成本 MC 等于社会边际收益 MU,这样的资源配置是帕累托最优的。

与第 N 个人一样,其他 $N-1$ 个人都面临相同的机制,所以大家都将真实显示自己的偏好,公共产品能够达到最优产量。

不过这一显示偏好机制在具体操作中可能会遇到下列问题:(1)必须没有串谋;(2)管理成本相当高;(3)这一机制只保证消费者纳税总

额等于公共产品的边际成本,而非总成本,因此会出现纳税收入总额不敷公共产品总开支的情况,加重政府的赤字。

由于迄今尚无完善的可操作的显示偏好机制,纯公共产品的成本分摊无法与人们的受益建立直接的联系,即按受益原则征税在实践中是不可行的。对个别消费者而言,他对公共产品的消费并未造成公共产品成本的增加,因而政府只能免费提供公共产品,其规模主要不是依经济原则而是由政治程序决定。这样,本节后半部分关于公共产品最优供给条件的分析与前文指出的公共产品应向消费者免费提供并无矛盾。

3.2 俱乐部产品

上文已经提到,在现实社会中,纯粹的公共产品是非常稀少的。如果认为税收是间接收费,另外考虑到计划生育、限制移民等现象,像国防这种公认的典型的公共产品也具有排除性了。所以,政府提供的产品中更多的还是仅具有公共产品的部分特征的产品。以下分俱乐部产品和准公共产品两种情况展开论述。

3.2.1 俱乐部产品的基本特征

在现实经济生活中有许多产品,例如游泳池、桥梁、公园,它们在某一消费量的约束之内许多人共同消费,单个消费者的消费质量不受消费者人数增加的影响,但当消费者人数超过了一定的规模就会发生拥挤;同时对消费者的收费是可行的,例如在游泳池、公园、球场收门票,对通过桥梁者收取过桥费等。这类产品不同于私人产品,也不是纯粹的公共产品。詹姆斯·布坎南在一篇题为"俱乐部的经济理论"的论文中将其概括为俱乐部产品。实际上这里俱乐部是作为上述产品的代表,因为俱乐部在一定会员规模以内会员之间并不产生竞争性,而超过一定人数则难以正常开展活动并使会员享受其好处,同时俱乐部的运作方式也提供了对这类产品最优供给的一种机制。俱乐部是一种自愿性的共同合作共同受益的活动,参与者自愿达成以下一些协议,如:俱乐部运作的成本及其分摊,参加者的资格及人数,利益如何分享等。通过"以足投票"的方式,俱乐部产品可自发地实现最优配置。

与纯公共产品相对应,俱乐部产品具有以下两个基本特征:第一,排除性。俱乐部产品仅仅由其全体成员共同消费,它是由具有某种资格,并遵守俱乐部规则的成员组成,排除是可能的;第二,非竞争性。单个会员对俱乐部产品的消费不会影响或减少其他会员对同一产品的消费。但与公共产品的区别在于,俱乐部产品的消费者规模是有限的,只限于全体会员。也就是说,俱乐部产品在消费上的非竞争性是有临界点的,一旦过多的会员加入,非竞争性就会消失,拥挤就会出现。

严格地讲,俱乐部理论的分析建立在这样一些假设之上:一个俱乐部可无代价地排除非成员的进入,在俱乐部成员内部不存在歧视,所有成员一律平等,所有利益和费用由所有成员平等分摊和享有,它是以自愿的方式联合起来的等等。

为了达到俱乐部产品的最优供给,一方面应像纯公共产品或纯私人产品一样,考虑与其他产品的均衡,使这一产品的边际替代率(应等于所有俱乐部成员的边际替代率之和)等于这一产品的边际转换率;另一方面,还必须将俱乐部成员规模的问题一并纳入考虑,综合决定最优的均衡结果。因为,对于俱乐部产品来说,消费者从其消费中获得的效用依赖于和他分享利益的其他人的数目。鉴于第一个方面的问题前文已有详细论述,以下的讨论侧重于第二个方面。

3.2.2 俱乐部产品的最优供给——固定设施规模

首先考虑俱乐部设施规模固定的产品,如游泳池、道路、桥梁等,至少在一段时间内,其规模是不能扩大的,这时要求参加俱乐部的会员规模即消费者人数达到最优。以下以桥梁为例展开分析。

(1) 边际生产成本和边际拥挤成本都为零的产品。图 3.7 表明一座不拥挤的桥梁的均衡情况。用通过人数代表对这座桥梁的需求,它是价格(过桥费)的函数。DD 是需求曲线,它向下倾斜表示价格(过桥费)降低会带来需求(通过量)的增加。Q_C 为通过能力线,在通过量低于 Q_C 的情况下,边际生产成本为零;Q_Y 为拥挤线,在通过量低于 Q_Y 的情况下,边际拥挤成本也为零。Q_Y 与 DD 不相交表明这座桥不拥挤,此时边际成本线 MC 与横轴是一致的。

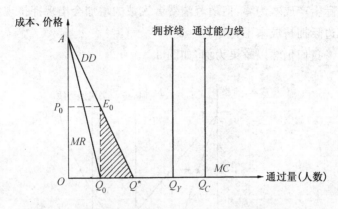

图 3.7 不拥挤的桥梁

由于边际成本为零,按照效率准则,价格也应为零,这时桥的通过量达到 Q^*。显然,这座桥的运营收益也将是零,考虑到桥的固定成本无法弥补,所以此时桥的经营者不但赚不到利润,还将蒙受亏损。

然而,排除是可能的,私人公司有可能造这座桥并按他的愿望收费。一座桥的供给方必然是一个垄断厂商,MR 为厂商的边际收益曲线,它在 DD 线的下方。为使利润达到极大,厂商将使其边际收益等于边际成本,均衡点为 E_0,这时的通过量为 Q_0,与之相对应的价格则为 P_0。

我们可以看出,由于收费,桥的通过量由 Q^* 减至 Q_0。消费者剩余从 $\triangle OAQ^*$ 减至 $\triangle AE_0P_0$,梯形 $OQ^*E_0P_0$ 是消费者剩余的损失,其中 $OQ_0E_0P_0$ 被垄断者所攫取,而 $\triangle Q_0Q^*E_0$(图中阴影部分)为社会福利的净损失。

为避免这种福利损失,这类产品应由政府免费提供,用统一征税的办法筹集资金,以弥补造桥的直接固定成本。当然此处我们忽略了桥梁最优规模的决定问题,而假定桥梁规模是既定不变的。出于与公共产品最优供给类似的考虑。造桥的直接固定成本应在消费者之间按照受益情况进行分摊,然而在显示偏好问题不能很好解决的情况下,该产品实际上仍应免费提供。

(2) 边际生产成本为零边际拥挤成本不为零的产品。有些产品的边际生产成本为零,但随着消费者人数的增加会出现拥挤现象,也就是其边际拥挤成本不为零。

我们仍然以桥梁为例,如图 3.8。

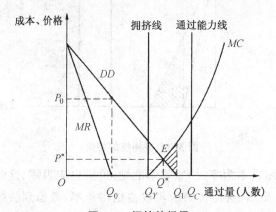

图 3.8 拥挤的桥梁

图 3.8 表明一座拥挤的桥梁的需求情况,其中 DD、MR、MC、Q_Y、Q_C 的含义都与图 3.7 相同,所不同的是,这里拥挤线与需求线相交,表明在一定的价格以下,可能产生拥挤现象。

当拥挤现象产生时,厂商的边际生产成本仍然为零,但由消费者承担的拥挤成本却增加了。这时如果仍然免费供应,就会出现过度消费。如图 3.8 所示,当价格为零时,通过量将达到 Q_1,阴影部分代表消费者获得的效用不足以补偿他的消费带来的成本,因而引起的社会福利的净损失。为避免过度消费,当供给量短期内无法增加时,就只有收费。但是,拥挤成本是由消费者而不是生产企业来承担的,所以不应由生产企业来收费,而应由公共部门来提供这类产品,按照边际拥挤成本收费,即均衡价格和通过量应为边际成本线 MC 和需求曲线 DD 的交点 E 所确定的 P^*、Q^*。鉴于边际拥挤成本计量的困难,以及收费的目的是限制过度消费,所以实际收取的价格应以能保证不出现过度拥挤为准。

3.2.3 俱乐部产品的最优供给——可变设施规模

就长期而言,俱乐部的设施规模亦是可变的,例如若消费者人数不断增加,桥梁可以拓宽,游泳池、公园等可以扩建。在这种情况下俱乐部产品的最优供给应综合考虑设施和人员两方面的情况。

(1) 既定的设施规模下成员规模的最优。前面采用边际分析的方法已论述了这一问题,如果对总收益和总成本进行考察,可得出完全一致的结论,这当然使问题显得有些复杂化了,但换一个角度有助于我们展开以下分析并得出更完善的结论。

如图3.9,设现有规模俱乐部的成本为 Y_1,单个会员对它的评价为 E_1,如果让他自己来支付这一设施成本,他并不愿意享用这一俱乐部产品,因为此时 $E_1 < Y_1$,随着更多会员的加入,单个人面临的成本将下降,如图中 C_1 曲线所示,而收益曲线 B_1 意味着随着俱乐部成员的增加,个人对这一产品的评价可能存在着递增和不变的区域,但一旦达到了某一点,即追加了过多的成员,拥挤就会发生,收益曲线便下落。俱乐部成员规模的最优水平处于图中的 S_1 点,这时成本曲线和收益曲线的斜率相等。

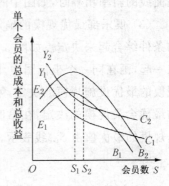

图3.9 既定设施规模下俱乐部最优成员规模的决定

若俱乐部的设施规模上升,则与每一会员规模相对应的单个会员的总成本和总收益都将上升,在新的设施规模下,最优的会员规模亦将上升。例如,当俱乐部的设施规模扩大,成本上升为 Y_2 时,单个会员的总成本和总收益分别上升到 C_2、B_2,最优的会员规模上升为 S_2。

(2) 既定会员规模下的设施规模的最优。从另一角度考虑,若俱乐部的设施规模可变,则对应于每一个会员规模,都应实现最优的设施规模。如图3.10,纵轴仍表示单个会员的总收益和总成本。对于某一会员规模的俱乐部来说,随着设施规模的扩大,单个成员的收益和成本都将上升,其中边际收益是递减的,而边际成本是不变的。不难想象,在俱乐

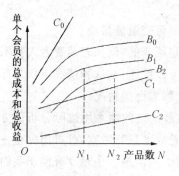

图 3.10 既定成员规模下俱乐部最优设施规模的决定

部成员人数较少时,单个成员承担的成本将超过其收益,且成本将比收益递增得快些,如图中的成本曲线和收益曲线 C_0、B_0,这时最优设施规模应为 0;当有更多成员加入时,单个成员面临的成本和收益都将下降,而成本下降得更快些,图中的 C_1、B_1 线和 C_2、B_2 线分别对应于更高的会员规模。这里,每一俱乐部会员规模下的最优俱乐部设施规模亦是出现在当成本曲线和收益曲线的斜率相等时,如图中的 N_1、N_2 点所示。

(3)俱乐部最优规模的确定。最优的俱乐部规模应由以上两方面的条件综合起来决定。如图 3.11,我们将以上所述的两方面条件组合在一起,画在同一个坐标图中。图中第一象限描述的是对应于某一会员规模的最优设施规模的决定,第二象限描述的是对应于某一设施规模的最优会员规模的决定,在第四象限中,对应于某个产品数,俱乐部成员规模的最优值由 S_{OP} 线表示,对应于某个会员数,俱乐部设施规模的

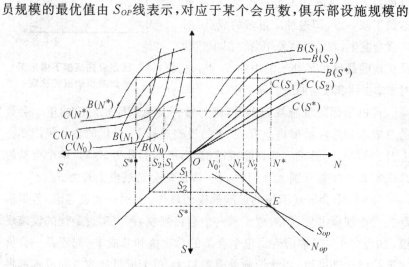

图 3.11 俱乐部最优规模的决定

最优值由 N_{OP} 线表示,两条线的交点 E 就是最优均衡点。

如果最初俱乐部的设施规模为 N_0,它所要求的最优会员规模为 S_1,然而若会员规模达到了 S_1,会员就会偏好更多的俱乐部产品 N_1,而 N_1 又要求 S_2 的会员规模,只有在 S_{OP} 线和 N_{OP} 线的交点 E,会员规模和设施规模相互符合对方的最优条件,这时才实现了均衡。

3.3 准公共产品

有些产品所提供的利益的一部分由其所有者享有,是可分的,从而具有私人产品的特征,但其利益的另一部分可由所有者以外的人享有,是不可分的,所以又具有公共产品的特征。这种现象被称为是利益的外溢性现象,这类产品被称为准公共产品。比如教育,受到良好教育的公民使全社会都受益,这种利益是不可分的,但受到教育的公民也直接受益,这部分利益又是可分的。有些卫生事业,森林公园等也具有这种特征。有人把具有公共产品部分特征的产品统称为准公共产品,但严格地说,只有利益外溢的产品才可称为准公共产品[1],我们不妨在这里称其为狭义的准公共产品。

准公共产品的最优供给如图 3.12 所示,仍设社会由 A、B 两个成员构成,在图(a)中,由个人 A、B 从这一产品消费中直接获得的边际效用所决定的两人对这一产品的实际需求曲线分别为 D_P^A、D_P^B,而社会对这一产品的需求曲线则应由个人需求曲线横向加总得到,如 D_P^{A+B} 所示。由于该产品存在利益外溢现象,因而个人 A 可以从个人 B 对该产品的消费中受益,反之亦然。如图(b),由个人 A 与个人 B 从该产品中获得的边际外部收益分别以 D_E^A 和 D_E^B 来代表,而总的边际外部收益曲线则以 D_E^{A+B} 来表达,它是由 D_E^A 和 D_E^B 纵向加总得到的。

显然,全社会从这一产品消费中获得的总边际收益,应为边际私人

---

[1] 〔美〕J·M·布坎南,M·R·弗劳尔斯著:《公共财政》,中国财政经济出版社,1991年中译本,第 22 页。

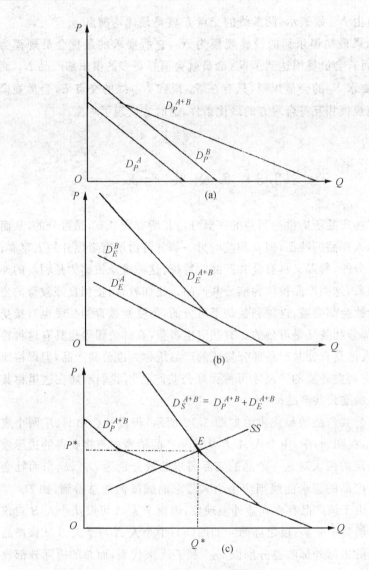

图 3.12 准公共产品的最优供给

收益和边际社会收益的总和,即真实的社会需求曲线 D_S^{A+B} 应由 D_P^{A+B} 和 D_E^{A+B} 纵向加总得到,如图(c)。在给定了边际成本及相应的供给曲线 SS 之后,该产品的最优产量应为 Q^*,相应的价格为 P^*。它反

映了在 Q^* 产量下这一产品提供的社会边际收益。

在市场机制下,利益的外溢会带来效率损失。如图 3.13,dd 线为准公共产品的私人边际效用曲线(需求曲线),DD 为社会边际收益曲线,它们之间的垂直距离表示该产品的边际外部收益(边际外部收益往往是递减的,为了讨论的方便,我们这里假定它是常数),供给曲线(边

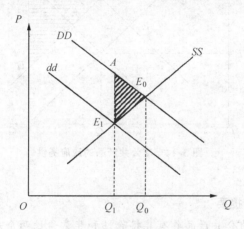

图 3.13　准公共产品供给中的效率损失

际成本线)为 SS。该产品符合效率准则的产出水平为 DD 线和 SS 线的交点 E_0 所决定的 Q_0。人们按照本人获得的直接利益决定对某种产品的需求,该产品的产出水平只能达到 dd 线和 SS 线的交点 E_1 所决定的 Q_1,这就会导致效率损失(图中三角形 E_0AE_1)。

为了经济效率的实现,政府可以直接提供准公共产品,以较低的价格鼓励人们增加消费,从而达到有效率的消费量。由于某些公民可受到直接的利益,所以也应向他收取一定的费用,如图 3.14,政府提供准公共产品的供给曲线应下移至 SS',向受益人收取的价格为 P_0。如果完全免费供应,其结果必然是过度消费,也会带来福利损失(图 3.14 中三角形 E_0CD)。

几乎每个国家的政府都参与对教育的直接投资,但一般只提供基本的义务教育。其原因在于,公民达到基本的文化程度,对整个社会意义更为重大,而教育程度越高,越是更多体现为直接受到教育的公民受益。

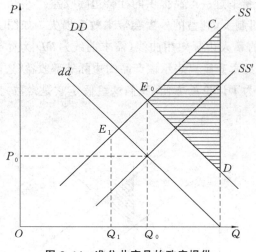

图 3.14 准公共产品的政府提供

本章内容提要

1. 纯粹的公共产品具有非排除性和非竞争性两个基本特征,市场机制不可能实现公共产品的帕累托最优的供给,为了增进社会的福利,必须由政府来提供这类产品。

2. 从局部均衡的角度看,公共产品有效供给的条件为每个社会成员从公共产品中获得的边际收益的总和等于社会边际成本;从一般均衡的角度看,则要求社会成员消费公共产品的边际替代率之和等于该产品生产的边际转换率。林达尔均衡是对公共产品有效供给的一种实证的解释,它描述了社会集团通过讨价还价来决定公共产品成本分配的情况。社会成员偏好揭示的困难是公共产品有效供给得以实现的主要障碍。

3. 政府实际提供的产品更主要的是具有公共产品部分特征的产品,其中可排除但在一定程度上具有非竞争性的产品被称为俱乐部产品。俱乐部产品的最优供给包括最优俱乐部成员规模和最优俱乐部设施规模两方面的条件。俱乐部产品理论是公共产品理论的重要扩展。

4. 有外部收益的产品是典型的准公共产品,这类产品在市场机制下会出现供给不足,因此需要政府的介入。

本章基本概念

公共的悲剧　林达尔均衡　俱乐部产品　边际拥挤成本　准公共产品

本章思考题

1. 以下商品或服务属于公共产品的是（　　）
   A. 面包　B. 道路　C. 基础教育　D. 海上航标灯
2. 为什么公共产品应由政府提供？
3. 公共产品的有效供给和私人产品的有效供给有什么区别？
4. 林达尔均衡能够实现吗？为什么？
5. 试举例说明什么是过度消费和过度供给？
6. 俱乐部产品的有效供给有什么特点？

4 外部效应及其纠正

公共产品与外部效应有着密切的联系,上文所述的准公共产品现象事实上是收益外部化的表现,也称正的外部效应(Positive Externalities)。在另外的很多场合某种产品的生产或消费会使生产者或消费者以外的社会成员遭受损失,而他们却无法为此得到补偿,这就是成本的外部化,或称负的外部效应(Negative Externalities)。负的外部效应也往往与公共产品有关,比如污染之所以常常成为外部成本,就是因为清洁的空气或水也是公共产品,又如在公路、桥梁这类产品消费中产生的拥挤成本实际上也是一种外部成本。从某种意义上说,公共产品不过是带来外部收益的产品的一种极端情况,其外部收益的受益人遍及所有社会成员。因此,我们不妨在这里回过头来对与外部效应有关的问题进行一些更全面的讨论。

4.1 外部效应概述

4.1.1 外部效应的概念

外部效应(Externalities)是市场失灵的主要表现之一,也是政府运用财政支出等手段对经济运行进行干预的一个重要领域。按照美国经济学家布坎南(J. M. Buchanan,1919—)与斯塔布尔宾(W. C. Stubblebine)的定义,只要某一个人的效用函数(或某一厂商的生产函数)所包含的变量在另一个人(或厂商)的控制之下,则有外部效应存在。设 U^A 表示个人 A 的效用,那么如果

$$U^A = U^A(X_1, X_2, \cdots, X_n, Y_1)$$

则一项外部效应存在。其中 $X_1, X_2, \cdots, X_n$ 表示由个人 A 所控制的活动，Y_1 为由个人 B 所控制的活动，此处活动的定义包括"任何可以计量的人类行为，如吃面包、喝牛奶、向空气中喷烟、洒水在公路上、进行救济活动等"。可见，只要私人利益与社会的利益发生了不一致，就存在着某种外部效应，因此广义的外部效应的范围非常广泛，甚至可以包括一切的市场失灵。

4.1.2 外部效应的分类

对外部效应的分类加以介绍可以帮助我们对外部效应现象有个更全面的了解。一方面，外部效应可能是生产行为或消费行为引起的；另一方面，外部效应有正的外部效应（即外部收益）和负的外部效应（即外部成本）之分。这样，我们就可以将外部效应现象作如下分类：

(1) 生产的外部正效应（生产的外部收益）。养蜂场的蜜蜂帮助隔壁果园的果树传播花粉从而提高果树产量，另一方面，养蜂场也会因果园的存在得到增加蜂蜜产量的好处，这里养蜂场和果园双方都给对方带来了外部收益而不能得到对方支付的报酬。

(2) 消费的外部正效应（消费的外部收益）。人们注射预防传染病的疫苗，使他人也因此减少了传染上这种疾病的可能，沿街居民在阳台上放几盆花让过路人赏心悦目，这些都是消费的外部收益。

(3) 生产的外部负效应（生产的外部成本）。工厂向空气中或河流中排放废气或废水，会严重污染环境却不必对此进行补偿，这是经济学文献中最经常被引用的典型的外部成本的例子。

(4) 消费的外部负效应（消费的外部成本）。吸烟者给同一场合的不吸烟者身体健康造成损害，高层住宅里的人们将垃圾倒在一楼邻居的庭院里，这都是消费的外部成本。甚至交通堵塞中也存在外部成本，如果某人高峰时间驾车外出，就会使道路变得更加拥挤，其他车辆也不得不进一步放慢速度。

(5) 公共资源问题。还有一种很重要的外部效应现象，被称为公共资源问题(Common Resource Problem)。公共资源的特征主要有两个，一是这种资源是稀缺的，二是这种资源的使用不受限制。比如一个湖泊，有很多渔民喜欢在其中捕鱼，显然，一个单个的渔民捕鱼的难度取决于渔民的总人数，这样，每一个渔民的加入都给其他渔民带来了外部成本。还有一个重要的例子是油田。一般在大油田附近广泛的区域内都很容易找到石油，而为了能够采油，人们只须到那里去购买一块足够钻一眼油井的土地，再买齐相关的采油设备。当然，从一眼井中钻取的石油越多，别人能够开采的量就越少。更重要的是，由于多一眼井，地下的压力减轻了，能够继续从地下冒出的石油的总量也会减少，所以这里多打一口油井给单个企业带来的收益和给全社会带来的收益再次出现了明显的差别。

4.1.3 外部效应的经济影响——效率损失

最早研究外部效应的是 20 世纪初英国经济学家庇古(Arthur Pigou)，他指出，如果存在外部经济的话，完全竞争一般均衡将不是帕累托最优，这主要表现在以下三个方面。

(1) 外部正效应。某种产品收益的外部化将导致这种产品私人收益小于社会收益，私人企业的供给不足，从而带来福利损失，这种情况可由图 3.13 表示，我们已作了说明。

(2) 外部负效应。当存在成本外部化现象时，情况则恰恰相反，生产商忽视产品的外部成本将会造成产品的实际供给量大于帕累托最优的供给量，这也会导致社会福利的损失。如图 4.1，DD 线为某产品的需求曲线，它与消费者的边际效用曲线相一致，ss 线为生产者的供给曲线，它由生产者边际生产成本决定，市场均衡价格和产量分别为 P_1、Q_1。如果该产品在生产的同时会向附近的河流中排放一些污染物，从而给居民造成一定的危害，那么就存在着外部成本，如图 4.1 中 MEC 线所示，这条曲线向上倾斜是因为随着污染水平的增高，继续增加 1 个单位的污染带给居民的危害是上升的。从整个社会来说，边际成本应为厂商的内部成本加上外部成本，SS 线代表真实的供给曲线，SS 与 ss 线之间的垂直距离为边际外部成本。为了实现帕累托

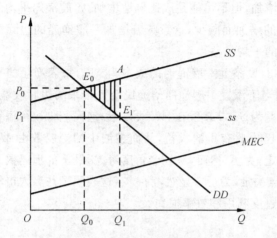

图 4.1 外部成本及其效率损失

最优,实际价格和产量应为由 SS 线和 DD 线的交点 E_0 决定的 P_0、Q_0,在价格 P_0 中,P_1 应用于补偿厂商的内部成本,$(P_0 - P_1)$ 应用于补偿附近居民的损失。可见,外部成本造成了该产品供给过度,三角形 E_0AE_1 的面积反映了社会边际收益不足以补偿社会边际成本而带来的效率损失。

(3)公共资源问题。在公共湖泊中,渔船的增加一般会使这个湖泊

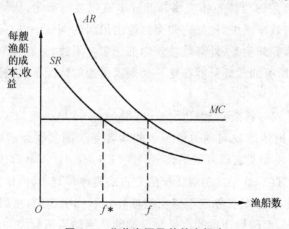

图 4.2 公共资源及其效率损失

鱼的总产量增加,但不可能是成比例地增加。每艘渔船平均的捕鱼量会随着渔船数的增加而减少,这意味着增加一艘渔船的边际社会收益会低于每艘船的平均收益。

如图 4.2,设添置一艘渔船的成本为 MC,每艘渔船的平均捕鱼量为 AR,这相当于添置一艘渔船给渔民个人带来的边际收益,而渔船的边际社会收益为 SR,SR 线在 AR 线以下。渔民们将权衡添置一艘渔船的成本和自己由此获得的收益,从而湖泊中的渔船数由 MC 线与 AR 线的交点决定,为 f。然而,从社会角度考虑,最优的渔船数应由 MC 线与 SR 线交点决定,为 f^*。显然,$f > f^*$,这表明了在私人市场机制下对公共资源的过度利用和效率损失。

4.2 外部效应的纠正

4.2.1 私人部门纠正外部效应的机制及其缺陷

有的经济学家认为私人经济部门自身有其克服外部效应的机制,主要表现在以下几个方面。

(1) 一体化(Unitization)。私人市场机制可通过扩大企业规模,组织一个足够大的经济实体来将外部成本或收益内部化,从而纠正外部效应带来的效率损失。比如在前面讨论的果园的例子中,如果果园的主人同时经营养蜂生意,外部收益就内部化了。不过,只有在果园的规模足够大,使所有的蜜蜂只能在这一个果园采蜜的情况下,这种机制才会奏效。

(2) 产权与科斯定理(Property Rights and Coase Theorem)。完整、系统地论述产权问题的最著名的学者是美国当代经济学家,1991 年诺贝尔经济学奖获得者罗纳德·科斯(Ronald H. Coase,1910—)。科斯于 20 世纪 60 年代初对传统的庇古法则作了修正,他认为,外部经济从根本上说是产权界定不够明确或界定不当引起的,所以只需界定并保护产权,而随后产生的市场交易就能达到帕累托最优。

所谓产权,通常指某种资源的所有权、使用权以及自由转让权等。

比如，人们拥有自身劳动的产权，这是受法律界定并保护的，因此，要使用别人的劳动，就必须支付相应的报酬，征得别人的同意。然而，河流的产权属于谁却是一个模糊的概念，以致企业可以将它当成一个方便的垃圾箱。如果这是一条某富翁庄园里的河流，情况就不同了，企业必须经庄园的主人同意才可以向河流排污，而为了博得同意，企业将向庄园主支付足够的补偿（等于污染给庄园主带来的效用损失），此时，这一项成本就进入了企业决策者的头脑中，不再是外部成本了，而资源配置则能达到最优。

科斯还提出了一个著名的论点，即只要产权已明确界定并受到法律的有效保护，那么交易的任何一方拥有产权都能带来同样的资源最优配置的结果，这可通过双方之间的谈判（Bargain）自然地实现，产权赋予不同的人只是会带来收入分配结果的不同，这就是科斯定理。科斯举了这样一个例子来说明他的结论：一个农民在一块公共土地上种庄稼，邻居的牛经常闯进这块土地踩坏庄稼，这时庄稼的损失就是一种外部成本，因为农民无法让牛的主人向他赔偿。现在，假定农民拥有这块土地的产权，那么，邻居的牛踩坏庄稼他就能索取赔偿了，从而庄稼的损失成了邻居的内部成本，邻居就会权衡管好牛的边际成本和须付给农民的赔偿费（即损坏庄稼的经济损失），使这两者相等，这样损坏庄稼的程度就会下降到最有效率的水平（当然不是一定为零）。反过来，如果邻居拥有这片土地的产权，那么农民将愿意"贿赂"（Bribe）他的邻居，也就是支付给后者一定的补偿让他不要放出牛来损坏自己的庄稼，因为牛少损坏一点庄稼，农民就能多得到一点利润，这种"贿赂"的金额最终也会等于牛损坏庄稼带来的经济损失，最后的"均衡"损坏庄稼水平将与农民拥有土地产权时的情形一模一样。在这两种情况下，有区别的只是承担成本或享受收益的人有所不同。

科斯非常看重市场本身的纠正外部效应的能力，他甚至认为，即使不把公共资源的产权赋予单个的一个人，市场也可以自动地纠正外部效应，在一个公共湖泊中捕鱼的渔民可以经常协商一个捕鱼的限量，油田的各个采油公司也可以经常地集中起来统一他们的产量。

按照科斯的说法，如果一个房间里既有吸烟的人又有不吸烟的人，不吸烟者的损失超过了吸烟者的获益,那么不吸烟的人会联合起来付给吸烟的人一定的补偿,要求他不要吸烟了;相反,在列车的不吸烟车厢中,如果禁止吸烟给吸烟者造成的损失超过了不吸烟者因此获得的收益,那么吸烟的人会付给不吸烟的人一定的补偿,要求后者允许他们吸烟。当然,在不同的制度背景下各方的利益或损失情况截然不同,如果某一场合有禁止吸烟的制度,那么吸烟的人将会承担更多的损失;而如果没有这种制度,不吸烟的人就必须承担更多的损失。

(3) 社会制裁(Social Sanction)。社会制裁事实上反映的是道德的作用,中国的儒家有句名言"己所不欲,勿施于人",在西方也有类似的道德规范。比如,吸烟是消费成本外部化的典型表现,但吸烟给不吸烟者的健康带来损害,这是有违社会公德的,在某个场合,当吸烟者的人数较不吸烟者为少时,社会道德规范将自动起作用,吸烟者可能会觉得这时吸烟很不合适,从而自然地停止这种会带来负的外部效应的行为。

在私人市场机制下虽然存在着通过上述途径纠正外部效应的可能性,然而,实际上这些机制并不能有效地发挥作用。一体化的机制要求企业的规模尽可能地大,这一方面很难做到,另一方面企业规模过大又将导致垄断等新的市场失灵。社会约束这种机制则过于软弱。在严厉得多的法律都不能消除犯罪的社会里,可以想象是不可能依赖道德规范来真正解决外部负效应的问题的,在"禁止吸烟"标牌下公然吸烟者不乏其人,向公共河流中倾倒废水垃圾的现象也远远没有杜绝。至于科斯定理,它也受到交易成本等因素的限制,不是在所有的场合都能奏效。概括地说,私人经济部门纠正外部效应的各种机制的局限性主要是由两种因素决定的。

(1) 公共产品问题。因为外部效应的存在往往与公共产品相关,比如洁净的空气或水就是公共产品,排除人们免费享受这类产品的好处成本是很高的。一个不吸烟的人往往会装作并不介意有人吸烟,而希望别人去和吸烟的人交涉,自己坐享没有人吸烟的好处,这显然比由自己出面得罪人更合算。

(2) "交易成本"(Transaction Costs)。让有关的个人或企业自愿联合起来将外部效应内部化其成本是相当巨大的。这项组织工作本身就是一种公共产品,人们都宁愿坐享好处而不愿出面从事这项工作,因此,从某种意义上说,政府正是私人部门所能指望的纠正这些外部效应的最好的机制。

4.2.2 政府对外部效应的纠正

政府可以采用更为有效的办法来纠正外部效应,较常用的措施有:罚款、补贴、公共管制、法律措施等。

(1) 罚款或征税。在存在外部成本的情况下,如果政府向有关企业或个人课以相当于他所造成的边际外部成本的罚款或税收,外部成本就成了有关当事人的内部成本,他们在进行决策时就会考虑到这些成本,从而可以避免效率损失。

如图 4.3,如果对排放污染物的厂商就其每单位产品征税 T,T 等于最佳产量 Q_0 下的外部成本,则厂商的供给曲线上升到 $ss+T$,市场均衡达到帕累托最优的 E_0 点(参见图 4.1)。以后我们将证明,税收向买方还是卖方征收并不影响均衡结果,因此,在这种情况下,政府也可以向购买该产品的消费者征收同样金额的税,使需求曲线下移至 DD',收到同样的纠正外部成本的效果。这种通过税收来纠正外部成本的方法是英国经济学家庇古(Arthur C. Pigou, 1877—1959)首先提出的,因此也被称为庇古税。

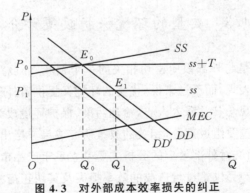

图 4.3 对外部成本效率损失的纠正

(2) 补贴。当存在外部收益时,为了扩大实际消费量,一方面政府可以直接提供准公共产品,收取较低的价格。另一方面政府也可以给私人企业提供补贴,降低私人企业的边际生产成本,从而使企业在一定的价格下扩大供给量,达到纠正市场失灵的目的。如图 3.14,政府可以对厂商每生产一个单位的该产品补贴 T,T 为最优产量下的边际外部收益,这样,厂商的供给曲线将下移至 $SS-T$,于是,市场均衡产量达到帕累托最优的 Q_0。当然,向购买该产品的消费者进行等额的补贴也可收到同样的效果。

当存在外部成本时,比如企业排污给附近的河流造成污染,政府也可以向企业提供补贴,鼓励其扩大投入采取减除污染的措施,改进生产工艺,从而减少向河流排污的量。

(3) 公共管制。为限制企业排污这类带来外部成本的行为,政府也可以采用公共管制的办法,比如规定一个法定的排污标准,或对生产程序作出规定,比如规定所使用的原料必须符合某种质量要求等。公共管制可直接地限制企业过量排污,达到与罚款或补贴同样的效果。

(4) 法律措施。法律措施是政府纠正外部效应的重要途径。确如科斯所言,产权不明是外部效应的根源,因此政府明确地界定并有效地保护产权可以极大地减少这类现象的产生。例如居民可以起诉造成环境污染的企业,要求对损失进行赔偿,从而促使外部成本内部化。

4.3 典型的环境保护政策评介

环境保护是与外部效应密切相关的一个领域,环境污染是典型的外部负效应的表现,而反过来说,优美的环境又提供着外部收益。随着可持续发展的观念日益深入人心,治理污染、保护环境成为世界各国政府政策措施的重要组成部分,相关的政策研究成果亦层出不穷。尤其应当注意的是,前文对外部效应的分析主要是立足于产品市场,考察外部成本导致相关产品供给过量造成的效率损失及其纠正措施。但实践中的环境政策措施往往并不直接以产品的最优产量为目标,而是着重考虑环境目标,即各种政策措施均是以控制排污量为切入点的,因此有必要对几种典型的环境保护政策措施进行进一步的介绍和分析。

4.3.1 实现既定污染控制水平的环境政策

(1) 排污收费。为了达到既定的环境目标,除如前文所述可以对产品收费(征税)外,更直接的手段是征收排污费(税),即向污染物的排放者根据污染物的排放量征收一定的费用(税收)。污染企业面对这些税费,一方面将缩减产量,另一方面亦可采取措施控制污染。适当设计的收费制度还可保证企业用于控制污染的支出达到有效率的水平。

消除污染是要付出成本的,在一定的产出水平下,污染减少越多,所费成本也越多。而污染水平的减少亦将导致他人承担的社会成本的降低,这就是消除污染的收益。显然,效率条件要求污染控制的边际社会收益等于边际社会成本。

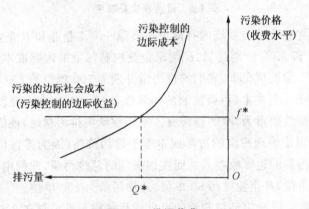

图 4.4 排污收费

假定污染控制的边际成本是随排污量的减少而上升的,而污染的边际社会成本(即污染控制的边际收益)不变,如图 4.4 所示。那么,如果向厂商征收 f^* 水平的费用,即收费水平恰等于污染的边际社会成本,则厂商将选择最有效率的控制污染的支出水平,实现最优排放量 Q^*。当然,厂商亦将选择最有效率(成本最省)的污染控制方法,这不仅包括直接购买污染控制设备,还包括改换投入品及其他生产流程的改进。

(2) 排污权交易制度。政府为达到既定的环境目标,并实现污染控制支出的最优水平,亦可采取发放许可证并允许许可证在排污企业之间交易的办法,这就是排污权交易制度。

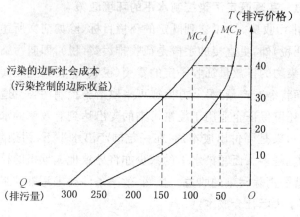

图 4.5　排污权交易制度

假定在一个环境系统内有两个污染源——A 企业和 B 企业。如图 4.5,MC_A 和 MC_B 分别是 A、B 两家企业控制污染的边际成本曲线,在没有任何干预的情况下,它们的排污量分别为 300 单位和 250 单位。若污染的边际社会成本(污染控制的边际收益)为 30,应向企业就每单位的排污量征收数量为 30 的排污费。当厂商承担排污费时,他们会将排污量调整到使治理污染的边际成本等于排污价格(因为排污价格就是厂商治理污染的边际收益),从而实现最优的总排污量,此例中,A 企业排污 150 单位,B 企业排污 50 单位,总排污量为 200 单位。

如果政府已确定环境政策的目标就是将排污量控制在 200 单位以内,则亦可采用排污权交易制度。政府可以向两家企业发放总量为 200 单位的排污许可证,让每一企业拥有排污 100 单位的权力,并允许这种许可证在市场上交易。这样,一方面可保证 200 单位的理想总排污量,另一方面排污许可证的市场交易也可实现总排污量在企业间的最优分配。对于 A 企业来说,1 单位的排污许可证的价格为 40 元,即它最多愿意花 40 元去购买 1 张这样的许可证,因为当 A 企业只能排污 100 单位时,它治污的边际成本为 40 元;B 企业在排污 100 单位时,治污的边际成本为 20 元,所以 1 单位排污许可证的价值在他看来只有 20 元,他最低愿以20元的价格出卖1张面值为1单位的许可证。于是在自由的市场上，A、B 将有自愿的交易发生，直到两个企业的治污边际成本相等时，这时的成交价格为每单位排污许可证30元，共有面值50单位的许可证从 B 企业转移至 A 企业。

（3）补贴。在存在外部正效应的场合，政府干预的常用手段是对有关商品的消费或生产提供补贴。我们也可以把污染治理带来的环境改善看作是一种外部收益，因为从污染治理中获益的更主要是附近的居民，污染企业得到的收益是微不足道的，它们投入资金用于治理污染的积极性不足，从社会的角度看，污染治理的水平就会过低。

因此，亦可以对污染治理实施补贴。原则上补贴额应等于污染治理的边际社会收益与企业的边际私人收益的差额，但后者可以忽略不计，所以补贴额就应等于污染控制的边际社会收益。

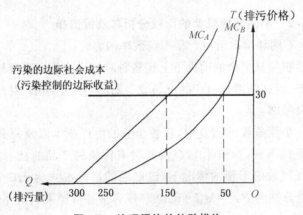

图 4.6　治理污染的补贴措施

如果企业每减少1单位的排污量，即可得到一份补贴，那么对于厂商来说，当治污的边际成本大于补贴时，他宁可放弃补贴而继续排污，而当治污的边际成本小于补贴时，他将领取补贴而减少排污，最终他将自觉地将排污量调整到治污的边际成本等于单位补贴额的水平上。如图4.6，为使最终排污量达到200，企业减少单位排污量领取的补贴也应为30元，这时 A 企业排污150吨，B 企业排污50吨。这一水平可通过试验的方法得到，如果实际排污量大于200单位，则应该增加补贴，反之,则应该减少补贴。

(4) 直接管制。管制在发达国家和发展中国家都是传统的、占重要地位的环境政策手段。它又可分为两种具体形式:限制排污量的管制和限制投入品及生产流程的管制,前者如规定汽车尾气排放标准,后者如不得使用某种等级的煤,规定厂商必须使用某种处理污染的设施,烟囱必须达到一定的高度等。

政府通过规定污染物排放标准或相关的投入品及生产流程,可以直接达到控制污染的效果。相对来说,排污量管制比投入品及生产流程管制更为理想,因为社会关注的是污染水平而非污染是怎样形成的。在本例中,政府若规定 A、B 两家企业分别只能排放 150 和 50 单位的污染物,则总排污量将被控制在 200 单位以内,且两家企业都实现了最优污染控制水平。

4.3.2 不同环境政策的比较分析与政策选择

(1) 不同环境政策对产品市场效率的影响。

虽然在信息完全的前提下上述各种政策措施都会实现最佳的污染控制水平,但这些措施对产品市场效率的影响是不同的,对此我们必须认真加以考虑。

在一个竞争性的行业中,若各企业的生产成本以及控制污染的成本均相等且不变,如图 4.7,D 为某种有污染的产品的社会需求曲线,在没有任何政府干预的情况下,该产品的边际成本为 MC_0,则均衡价格和产量分别为 $P_0(=MC_0)$ 和 Q_0。现有多种措施来纠正外部效应,治理污染:

① 产品税或产品收费。设该产品的边际外部成本为 MC_0^E,则通过对单位产品征收数量为 MC_0^E 的税,价格将从 P_0 上升到 $P_1(=P_0+MC_0^E)$,而该产品的产量将从 Q_0 下降到 Q_1。在这个过程中,由于外部成本的内部化而使社会获得的净收益(即社会效率损失的减少)为图中($b+c+d$)的面积。

② 排污收费和许可证交易。如果采用排污收费手段,收费水平应等于污染的边际外部成本 MC^E,同时产品的外部成本(即没有得到处

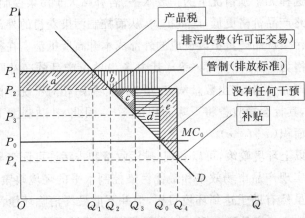

图 4.7 不同环境政策对产品市场效率的影响

理的那部分排放物造成的损失)能通过削减污染得以降低,从原来的 MC_0^E 下降为 MC_1^E,又设污染控制成本为 C,那么企业的产品价格将从 P_0 上升到 $P_2(=P_0+C+MC_1^E)$,最终产品产量从 Q_0 下降到 Q_2。在收费制度下,社会获得的净收益由采取控制措施带来的总社会成本减少收益面积($a+b$)和外部成本内部化带来的效率损失减少收益面积($c+d$)两部分组成。

若采用许可证交易手段,从企业的角度看,许可证交易的最终结果是许可证价格与排污收费水平相等。虽然政府起初可能免费发放许可证,但由于许可证可以买卖,其价格最终将等于收费价格,所以许可证交易对最终产品价格、产量的影响以及将实现的社会净收益完全等同于排污收费。

③ 管制措施。在实施排放标准管制措施的情况下,企业只承担污染控制费用,无需承担低于排放标准的那部分污染物造成的外部成本,污染产品的价格将为 $P_3(=P_0+C)$,产量为 Q_3,由外部负效应导致的污染产品过度供给仍然存在,采取管制措施取得的社会净收益应为在排污收费和许可证交易措施取得的社会净收益的基础上扣除面积 c,即面积($a+b+d$)。

④ 污染控制补贴。在补贴的情况下,如果补贴小于污染治理费用,

企业将会选择无干预情况下的排放水平。若补贴大于污染控制费用,则可能使最终产品价格更低,产量扩大,从而控制污染获得的外部成本降低可能被污染产品产量扩大造成的外部成本升高所抵消。在补贴制度下产品价格为 $P_4(=P_0+C-S)$(其中 S 为单位产品的净补贴),低于干预前的产品价格,产出数量从 Q_0 增为 Q_4。补贴相对于统一标准管制手段来说,其社会净收益将下降面积$(d+e)$,因此,补贴制度下的社会净收益为面积$(a+b-e)$。

对比以上环境政策,可以发现,排污收费和排污许可证交易制度是能够同时实现产品市场效率和最优污染控制水平的环境政策,管制和补贴政策虽然有助于达到环境目标,但并不能最终消除环境污染带来的外部负效应。产品税政策则与前两者相反,能够克服外部负效应,但不能有效降低污染水平。

(2) 信息、不确定性与环境政策选择。

① 信息失效与统一标准管制政策的局限。由于政府很难获得不同企业污染控制成本的信息,因此管制政策在实践中大都对不同企业规定统一的排污标准,从而只能侧重考虑环境目标,而无法同时实现污染控制成本的节省,造成资源配置的低效率。以下以收费与管制手段的对比为例,说明管制手段相对于其他环境政策措施的局限性。

假定有一个由三处污染源1、2、3组成的环境系统,1、2、3 三个污染者治理污染的技术水平不同,如图 4.8,在处理同量污染物时污染者 1 的边际治理成本最低,污染者 2 居中,而污染者 3 的边际治理成本最高。

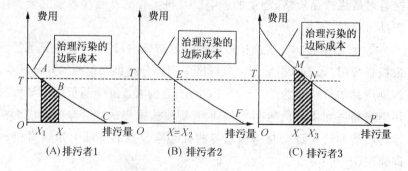

图 4.8 统一标准管制政策的局限性

为达到总排放量减少一定水平的目的,现有两种解决办法:

A. 管制:对各个污染者规定统一的排放标准 X。这时,污染者 1、2、3 的污染治理成本分别为 XBC、XEF、XMP 的面积。

B. 收费:把排污收费标准规定为 T,设此时总的排污量恰好减少期望的水平。三个污染者的排污量将分别为 X_1、$X_2(=X)$、X_3,污染治理成本分别为 X_1AC、X_2EF、X_3NP 的面积。

在收费的情况下,各污染者会对排污量进行调节,直到边际治理成本与收费标准相等,于是,所有污染源的边际治理成本一致。然而,此时只有污染者 2 的排污量恰等于统一排污标准 X;污染者 1 治理污染的技术水平最高,在排污费为 T 时,其排污量 X_1 低于统一排放标准 X;而污染者 3 的技术水平最差,其排污量 X_3 高于排放标准 X。根据假定,采用管制和收费手段去除污染物的总量是相同的,污染者 3 超过标准多排放污染物的量 (X_3-X) 应与污染者 1 低于标准少排放的量 $(X-X_1)$ 相等。但是,很明显,与采用统一排放标准相比较,污染者 1 增加的治理成本(XX_1AB 的面积)小于污染者 3 减少的治理成本(X_3XMN 的面积)。这说明,对一个环境系统来说,由于各污染源的边际治理成本不同,采用排污收费制度可比统一排放标准以更经济的方式达到相同的环境质量要求,即在给定的总排污水平下,统一标准管制手段下的总污染控制成本,往往要高于排污收费手段下的总污染控制成本。

总之,管制政策的效果直接明确。但由于有关当局不能清楚了解不同企业的污染治理成本,只能采用统一排污标准的办法,这样就不能保证总体的治理污染成本最小。收费的办法通过对污染的间接控制,则可纠正这一缺陷。排污权交易制度和补贴制度亦是对污染的间接控制手段,在节约污染治理成本方面,可达到与排污收费相同的效果,在此不一一赘述。因此,管制虽然是一种传统的环境保护政策,当今世界各国却在尽可能减少管制政策的采用,而努力以其他发挥市场机制作用的方法来代替它。

② 不确定性与排污收费、许可证交易制度的比较。在排污许可证交易制度与排污收费制度下,污染者都会调整自身的排放量,使治理污

染的边际成本与排污价格达到一致。而两种制度的基本区别则是:收费制度是先确定一个排污价格,然后让市场确定总排放水平,而许可证交易是首先确定总排放量然后再让市场确定排污价格。

从静态的观点看,在没有任何不确定性的条件下,两种制度下的最终排放量分布结果可以是完全一致的。但现实经济生活中存在着各种变化和不确定性,相对而言,排污交易制度更能保证控制污染排放总量,实现最优的环境质量水平,原因在于:

首先,新的污染源的加入不会导致污染水平的增加。随着经济的发展,会有新的污染源加入某环境系统,在排污许可证交易制度下,新的污染者必须在既定的允许排放总量约束下向管理当局或其他污染者购买排污权,从而可以确保环境质量的水平;而如果采用排污收费制度,新的污染源只需交费,就可以在一定程度上进行排放,因此将导致污染水平的增长。

其次,排污价格可适应经济技术情况的变化灵活进行调整。当经济增长或污染治理技术提高时,在排污权交易制度下,排污权的价格将在市场的作用下自发进行调整,以保证既定的污染排放总量。而在排污收费或税收制度下,污染权价格的变化必须由污染控制机构决定,于是往往被拖延或受到政治因素的阻碍,而且也增加了管理上的成本。

对以上分析进行总结可以发现,就实现既定的环境目标而言,理论上可采取四种政策,但考虑到现实经济生活中的信息失效、不确定性等问题以及促进资源配置效率的实现等其他环境政策目标,直接管制、补贴、收费(或征税)等政策都存在着这样那样的缺陷,排污权交易制度就成为相对较为优越的一种环境政策措施:首先,由于无法得到必要的信息,直接控制政策往往采取统一标准,这不利于以最小的成本实现既定的环境目标;其次,直接管制和补贴制度都不能保证外部成本的内部化,不利于实现资源配置的效率;第三,考虑到各种不确定因素,排污收费和补贴政策难以保证既定的环境目标的实现。另外,就政策实施的管理成本而言,排污收费和补贴制度要求精确衡量企业的排污量,而排污权交易制度只需确定排污量是否超过一定限度,相对较为容易。

当然,对排污权交易制度亦是有争议的,例如,免费分配排污权意味着承认厂商有一定的污染的权力,这对其他社会成员有失公平,但以拍卖方式分配排污权可在很大程度上避免这一问题。

最后,应当说明的是,从长期看,最优排放量即政府追求的环境目标往往不是一成不变的,因为治理污染的边际成本和收益(即污染造成的效用损失)都可能发生变化,这使环境政策的选择问题显得更为复杂。上述各种环境政策都难以及时适应这些变化,但若接受污染造成的效用损失不变的假定,则收费制度显得较为优越,因为污染企业的行为结果会使治理污染的边际成本与收费水平(即污染控制的边际收益)相等,从而将污染控制水平调整到最优。也许正因为如此,收费制度仍是当前世界上应用较为普遍的一种环境经济政策。

(3) 典型的环境政策实践。

① 直接管制。管制是一种传统的环境保护政策。以水污染治理为例,英国的管制政策较有代表性。英国早在1876年就颁布了世界上第一部水环境保护法规,"河流污染防止法",此后又陆续颁布了一系列法令,用行政和法律的手段强制性地控制污染,对违反规定者给予较重的处罚。例如根据1974年的"污染控制法",对于非法引起的水污染,地方法院有权判处3个月的监禁或100英镑的罚款或两者兼有,高级法院有权判处两年的监禁或不受限制的罚款或两者兼有。

英国用管制方法治理水污染取得了明显的成效,经过几十年的治理,在20世纪70年代末80年代初时,全国河流总长的90.8%已无重污染,75%的非潮汐河流及50%的潮汐河流已无污染,93%的河流可养鱼。

管制方法的优点体现为在环境效果方面存在着较大的确定性(如明确排放量),但这一手段亦存在着明显的局限性,因此在实践中应在适当采用管制政策、充分发挥其优势的同时,以经济手段弥补其不足。

② 环境收费(征税)。收费(征税)是应用最为广泛的环境保护政策,1972年5月,经济合作与发展组织(OECD)提出了污染者付费原则。根据该原则,OECD国家普遍实行了征收环境税的政策,包括在空气污染、水污染、噪音污染、固体废物污染等方面征收排污费(税)以及产品税等,具体见表4-1。

表 4-1 OECD 国家与环境相关的赋税/费用概况（1997 年 3 月）[①]

环境赋税措施	澳大利亚	奥地利	比利时	加拿大	捷克	丹麦	芬兰	法国	德国	希腊	匈牙利	冰岛	爱尔兰	意大利	日本	卢森堡	墨西哥	荷兰	新西兰	挪威	波兰	葡萄牙	西班牙	瑞典	瑞士	土耳其	英国	美国
汽车燃料：																												
有铅/无铅(差别税)	●	●	●			●	●	●	●	●			●	●	●	●		●		●		●	●	●	●	●	●	
汽油(依质区分)							●																	●				
柴油(依质区分)						●	●			●						●		●	●					●				
碳/能源含量						●	●											●		●				●				
含硫量						●																						
其他货物税(不同于增值税)	●	●	●	●	●	●	●	●	●	●	●	●	●	●	●	●	●	●	●	●		●	●	●	●	●	●	●
其他能源产品：																												
其他货物税(excise taxes)	●	●	●			●	●	●	●	●			●	●	●	●		●		●		●	●	●			●	●
碳/能源含量		●	●			●	●											●		●	●			●				
含硫量			●			●	●							●						●				●				
NO$_x$							●																	●				
与交通工具相关者：																												
销售/货物/牌照税差别费率(车辆)	●	●	●			●	●			●	●	●	●	●		●		●		●		●	●	●	●	●	●	●
道路/牌照税差别费率(车辆)	●	●	●			●	●						●	●		●		●		●			●	●	●	●	●	●
农业生产要素：																												
肥料																				●				●				
杀虫剂						●	●																					
其他产品：																												
电池		●				●														●			●					

[①] 转引自马中主编：《环境与资源经济学概论》，高等教育出版社，1999 年版，第 197 页。

续 表

环境赋税措施	澳大利亚	奥地利	比利时	加拿大	捷克	丹麦	芬兰	法国	德国	希腊	匈牙利	冰岛	爱尔兰	意大利	日本	卢森堡	墨西哥	荷兰	新西兰	挪威	波兰	葡萄牙	西班牙	瑞典	瑞士	土耳其	英国	美国
塑料袋						●		●													●							
纸 袋						●																						
抛弃型容器（disposable container）				●		●	●			●	●									●	●	●						
轮 胎				●		●					●																	●
含氟里昂产品	●			●	●	●					●									●								●
即可拍照相机			●																									
润滑油						●	●													●								
油污染	●																						●					
溶 剂						●																						
免洗餐具						●																						
绿色税制改革相关条款：																												
环保投资/加速折旧	●	●	●	●	●	●	●	●					●			●		●		●	●	●					●	
免费的公司车部分纳入应课税所得						●	●		●																			
雇主支付之通勤费用纳入应课税所得	●	●				●	●	●												●	●	●		●	●			
免费停车部分纳入应课税所得	●																							●				
大众运输通勤扣除额纳入应课税所得																												●
空中运输：																												
噪 音	●	●						●	●						●			●		●		●		●				
其他赋税或费用				●	●															●			●	●				●

续 表

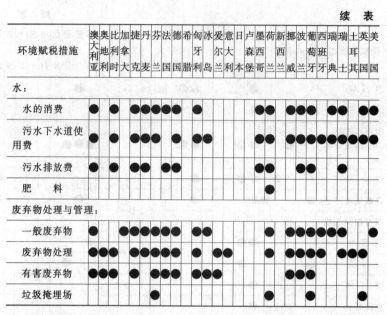

注：本表不包括州或区域征收的税。各国政府组织的差异使得完整的跨国比较不太可能做到。

从20世纪90年代初起，OECD国家开始"绿化"其税制体系，实行绿色税制改革。改革从三个方面进行：a.废除或修正现行的对环境有害的补贴及赋税；b.改革现行税制，使之利于环境；c.开征新的生态税，实行对环境有害产品全面征税的政策。绿色税制改革是在不增加国民的财政负担的基础上进行的，已经取得了显著效果。

③ 排污权交易制度。美国是排污权交易制度的发源地，这一政策的发展可分为两个阶段：

第一阶段是20世纪70—80年代，主要是在政府的协调下，进行一些局部或区域的交易。1979年，美国国家环保局（EPA）开始试点实行一项新的政策："气泡（Bubble）政策"。它把一个工厂当作一个气泡，只要该气泡向外界排出的污染物总量符合政府按照环境要求计算出的排污量，并保持不变，不危害周围的大气质量，则允许气泡内各排污源自行调整。1982年，经里根政府批准，EPA颁发了"排污交易政策报告书"。这份报告书允许美国各州建立"排污交易系统"，在这个交易系统中,同类工业部门和同一区域中各工业部门可进行排污削减量的交易,"污染物排放削减信用"是交易中的媒介和通货,银行方面则要参与排放削减信用的贮存和流通。1986年12月,美国EPA又颁发了"排污交易政策的总结报告书",全面阐述了排污交易政策及其一般原则,同时还为排污交易制定了具体的交易规模和准则。

第二阶段是20世纪90年代以来,1990年美国国会通过了《清洁空气法》修正案,推出二氧化硫排污权交易政策,这是一项真正以市场为导向的环境经济政策,实施范围也涵盖了全国。在该项政策实施的第四个年头,已经可以看到它的显著效果:SO_2排放削减量大大超过预定目标,许可证的市场价格远远低于预期水平,充分体现了排污权交易政策保证环境质量、降低达标费用的两大优势。

本章内容提要

1. 外部效应与公共产品有着密切的联系。外部效应包括由生产或消费行为引起的外部正效应或外部负效应,公共资源问题也是一种重要的外部效应现象。外部效应的结果是经济效率的损失。

2. 私人部门克服外部效应的途径有一体化、基于合理界定产权的市场交易机制和社会制裁等。但受到"公共产品"和"交易成本"等问题的影响,仍无法实现外部效应的有效消除,因此需要政府的干预。政府纠正外部效应的常用措施有:罚款或收费(征税)、补贴、公共管制、法律措施等。

3. 治理环境污染是政府纠正外部效应的重要目标。典型的环境政策一般以达到预期的污染排放水平为目标,具体的政策手段有排污收费、管制、排污权交易制度、补贴等。从实现产品市场效率、克服不确定性和节约管理成本等角度分析可知,排污权交易制度和环境保护税(费)是较为优越的环境政策且在欧美等发达市场经济国家付诸实践已经取得了良好的效果。

本章基本概念

外部正效应　外部负效应　公共资源问题　科斯定理　交易成本

社会制裁　排污收费　排污权交易制度　"气泡政策"　庇古税

本章思考题
1. 按照科斯定理，外部效应可如何纠正？这种手段能够奏效吗？
2. 试评析排污收费、管制、补贴、排污权交易制度等环境保护政策。
3. 你认为排污权交易制度、环境保护税在中国实施各有哪些优越性和局限性？
4. 排污收费和庇古税治理污染的效果有何不同？

5 成本—收益分析

以上给出了对公共部门支出政策进行评估的基本理论框架,然而,在许多场合,仅有这些定性分析是不够的,人们必须进行一些定量的分析,必须判断某一特定支出项目或支出计划是否可以实施,其收益是否超过成本。对特定公共支出项目进行评估最主要的方法是成本—收益分析方法(Cost-Benefit Analysis)。本章将对这一方法进行介绍。

5.1 公共部门成本—收益分析的特点

5.1.1 成本—收益分析的定义和步骤

成本—收益分析是一种经济决策方法,它是通过比较各种备选项目的全部预期收益和全部预期成本的现值来评价这些项目,以作为决策参考或依据的一种方法。

对于私人经济部门来说,进行成本—收益分析的程序一般都要包括以下四个步骤。

(1) 确定一系列可供选择的方案;

(2) 确定每种方案的最终结果,也就是每种方案所需要的投入量和将会实现的产出量;

(3) 对每一种投入和产出进行估价,确定其价值;

(4) 加总每个项目的所有成本和收益,以估计项目总的获利能力,决定最终采用的方案。

5.1.2 公共部门成本—收益分析的特点

公共部门的成本—收益分析又与私人经济部门有着显著的不同,主要体现在以下两个方面。

(1) 公共部门进行经济决策要以社会福利极大化为目标,而不能像私人经济部门一样仅以利润为目标。比如政府考虑修建某一大型水坝时,它必须考虑到这一工程对生态环境将会产生的影响。社会福利极大化依福利经济学的观点,包括效率和公平两个方面,而在大部分场合,应主要考虑经济效率的最优,兼顾社会公平目标。按照帕累托最优准则,任何经济活动只有至少增进了一部分社会成员的福利又不损及任何其他社会成员的利益才是有效率的,但事实上对任何一个政府项目来说,成本总是客观存在的,政府支出项目的实施必然要损及某些社会成员的利益。因此,效率原则在此处应略作修正,只要某一经济项目能够使"得者的所得超过了失者的所失",我们就认为这一项目是有效率的。

(2) 许多政府项目的投入和产出不能直接用市场价格来估计。这主要是由两个因素决定的:一是与许多政府项目分析相联系的市场价格根本不存在,因为大部分政府提供的产品不是在市场上进行交易的,比如市场上不存在清新空气的价格、生命的价格、时间的价格、为修建水库而淹没的古迹的价格、自然资源得以保护和生态平衡的价格等;二是考虑到市场失灵现象的存在,在许多场合,市场价格不能反映相关产品的真实社会边际成本或社会边际收益,也正因为如此,才需要政府的干预,而政府用于评估其支出项目所采用的价格,应根据市场失灵的情况对现有价格进行调整而得到,比如如果政府认为资本市场运作不理想,就不应采用市场利率作为政府项目评估的贴现率。

由于公共部门的成本—收益分析具有以上的特殊性,因此所应采用的具体方法也与私人部门成本—收益分析不同。

5.1.3 公共部门成本—收益分析的具体要求

(1) 数量分析和质量分析。成本—收益分析分两个部分,即数量分析和质量分析。成本—收益数量分析的任务,就是根据经济理论,运用原始资料数据,采取科学方法,对收益和成本进行最佳的估计、鉴定和比较,最后评定项目的社会价值。应当指出,良好的分析不等于说每一项收益与成本的估计都是精确的,应通过文字说明形式或通过灵敏度分析形式,承认那些不精确之处。

质量分析是成本—收益分析中不能用数量进行分析的部分,通常称为社会影响分析,主要是对非经济效应的考察。在这部分分析中,一切非数量化的效应均须尽可能明确地列出,其中,若干最重要的还须作专题探讨,探讨中应保持科学的(中立的)观点。

(2) 成本—收益分析的要求。成本—收益分析以数量为主,分析过程对于量化有严格的要求,归纳起来有下列各点。

① 分析应基于大量统计资料;

② 分析应具有较大的深广度;

③ 分析应尽量运用数量,凡有货币价值的,应运用价值分析;凡无货币价值而有实物数量的,尽可能作数量分析;凡无价值与数量的,尽可能列出收益与成本的项目,并作出质量的说明。

5.2　成本和收益的类型及其衡量

5.2.1　成本和收益的类型

对公共支出项目进行评估所要考虑的成本与收益是多方面的,归纳起来,有下面一些类型。

(1) 真实的与货币的。这是公共部门成本—收益分析要考虑的最重要的区别。真实收益是指公共项目的最后消费者获得的收益,真实收益反映着社会福利的增加。真实成本则是公共项目所利用资源的实际成本,事实上是从其他经济用途中抽调作为本项目用途的资源的成本,即机会成本。货币收益与成本则是受到市场上相对价格的变化影响的收益与成本,价格的变化可能使一部分人的收益或损失增加,又为其他人的损失或收益所抵消,所以,从整体上看,它无法反映社会的净收益或净损失。例如,政府修筑公路雇佣工人,筑路工人的工资率将升高,但同时为筹集筑路资金可能需提高税率,致使其他部门的生产与就业下降,工资率降低,这两类部门的工资率升降就是此项目的货币的收益和成本。但其他部门工人的低工资损失抵消了筑路工人的高工资收益,从整个社会来看,并没有真实的工资率的上升或下降。只有项目的真实的成本与收益,例如公路本身带来的效用和所消耗的实际经济资源才是应评估的内容。

不过,如果对于各个人群的特定收益和损失加权,那么货币的收益与成本也可以考虑,因为当分配权数加于各阶层人群后,人群之间的得失就不能冲抵,同样的货币收益和成本对于不同收入水平的人带来的效用收益损失是不同的,这时,货币的收益和成本也有分析的必要。

(2) 直接的与间接的,也称原始的与派生的。直接的成本和收益是与项目主要目标密切相关的成本和收益。而间接的成本和收益则是属于项目的副产品,与项目的非主要目标有关。例如,某地区风景区开发的直接收益是旅游业的发展,而由于游客增多而引起该地区的开放和经济的发展,则为其间接的收益。文化教育的直接收益是学生未来赚钱能力提高,间接收益则是降低犯罪率。国防科技的发展主要是为了提高国家的防御能力,同时也可改进民用部门的技术水平。找出更多的间接收益和成本也许比较困难,但它们应该被包括在内。

(3) 有形的和无形的。有形的成本和收益是能够以市场货币价值计量的成本和收益。无形的成本和收益是不能用市价直接估价的成本和收益。例如,新建的公路使车祸发生的次数减少,使得人们节约了路程上所耗的时间及增加了舒适性,在交通建设的收益中,这些项目虽然是无形的,但却是对社会的实质收益。由于灌溉工程引起的某一区域环境的美化属于无形受益,而农业产出的增长则属于有形受益。

(4) 中间的与最终的。中间的收益是通过加入其他产品的生产间接提供的收益,而最终产品提供的收益属最终的收益。比如天气预报服务对于那些计划郊游的人们来说,是消费产品,提供最终收益;而对于民航服务来说,只能是中间产品,提供中间收益。

(5) 内部的与外部的。内部的成本和收益主要指项目所在辖区或项目范围内发生的成本和收益。而外部的成本和收益是指项目范围外发生的成本和收益。例如一个新建的水坝不仅使所在省份得益,而且水坝拦截河流所经其他省份也会有所获益。

此处的内部、外部成本及收益与本书前面有关外部效应的章节中所称的内部、外部成本及收益不应混淆,后者主要指列入私人企业核算范围以内或以外的成本及收益。例如,破坏生态平衡的损失对于一个私有的水力发电工程来说,属外部成本,而对于一个公共水力发电工程,在项目范围内,比如在本项目所在辖区内发生的这种损失,却应列为内部成本。

表 5.1 水力发电工程的成本和收益

		收 益	成 本
有形的	直接的	水力发电	建设设备、维修
	间接的	航行、灌溉、防洪、旅游	淹没土地使生态平衡破坏
无形的	直接的	水库风景美化 (对居民、旅游者)	破坏自然环境(淹没历史古迹、破坏自然珍奇)
	间接的	风景美化 (画报、对非居民或旅游者)	高压线影响电视清晰度

注:货币的成本和收益——水库建成后,高地农民因地价升高而受益,低地农民土地被淹没而受损。

5.2.2 对成本和收益的衡量

(1) 社会收益价值的评估。

① 消费者剩余。原则上,某一产品的社会收益应用消费者剩余来衡量,因为政府项目通常是免费提供的,所以消费者剩余就应为这一产品需求曲线以下的部分。如图 5.1 所示,DD 线为某消费者对一座桥梁的需求曲线,坐标系中横轴代表桥的通过次数,纵轴代表对于每一特定的通过量消费者愿意支付的价格,相当于他最后一次通过这座桥所获得的效用。当这座桥由人们免费使用时,DD 线以下的部分就是这个消费者所获得的消费者剩余。桥的总收益是所有消费者的消费剩余之和,如果总收益大于建造这座桥的总成本,则造桥的计划就是可行的。

在大部分场合,消费者剩余难以直接观察到,这时就需要采用一些变通的方法,比如根据可以观察到的数据来推导出人们从某一公共项目中获得的收益,这种方法主要应用在对时间和生命价值的估计中。

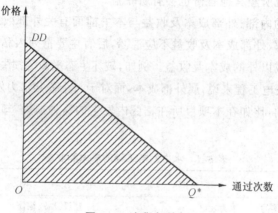

图 5.1 消费者剩余

② 时间价值的估计。便利的交通设施由于导致时间的节省而给人们带来了收益,这种收益可通过估计使用相关交通系统的人们的工资率推算出来。在理想的条件下,工资可作为衡量人们时间价格的尺度。在简单的经济模型中,人们在工作和闲暇之间进行选择,一个人放弃一个小时闲暇进行工作,那么他将获得相当于他一小时工资价值的消费品。在均衡状态下,人们对于一小时闲暇和一小时工作的评价是一样的,这样,工资率就可以用来进行时间价值的货币衡量。假如地铁使某个人的通勤时间减少了 20 分钟,他的工资率是 9 元/小时,则这个人节省的时间的价值是 3 元,将每个人因地铁的修建而节省的时间的价值计算出来并加总,就可以得到地铁这个项目带来的时间节约的总收益。

对这种估计时间价值的方法也有不同意见。有人认为它高估了时间的价值,许多人愿意在现有的工资率条件下工作更长的时间,但他们没法找到更多的工作机会,因此工作机会限制了人们的工作时数。在这种情况下,人们的闲暇的价值事实上是很低的,减少一小时闲暇所需付出的补偿远远低于人们的工资率。有人认为,在某些情况下,这种方法也会低估时间的价值。比如,大学教授这个工作的工资率虽然相对较低,但教授们选择这个工作很有可能是因为他们偏好闲暇,如果充分利用闲暇的话,他们可得到很多非货币收益,因此对大学教授来说,闲暇的价值事实上超过他们的工资率。

③ 生命价值的估计。如果单单从伦理道德的角度说,生命应该是无价的,因此政府用于改善人们的健康、保障公共安全等可以减少死亡人数的措施的开支也应该是无限的。然而,毕竟政府不能将国民收入的一半用于交通安全的开支,因此估计生命的价值是必须正视的一个问题。估计生命的价值可采用的方法有两种。

第一,可以估计一个人如果活到正常的年龄他的收入将会有多少。原则上一个人的收入是与他为社会所作的贡献相一致的,这样他的预期收入也就相当于他生命的价值。我们可以考察一个人的既往就业情况,然后用与他经历相似的人的实际收入作为他的生命价值的近似。然而这种方法也有高估人们生命价值的嫌疑。因为它没有考虑到一个人为了生存必将耗费一定的社会资源,但很难精确地算出有多少成本应该从他的生命价值中减去。更重要的缺陷是,这种方法没有区分生命价值与活着的价值。按此思路,一个退休的人的生命价值将是零,因为他不再有预期收入,这种结果显然不能为人们所接受。

第二,可以用人们所要求的风险补偿来估计生命的价值。在不同的职业,人们面临的可以预知的死亡的危险不同。例如,采煤工人发生事故的概率大大高于公司职员。从事危险职业的人们一般会要求一定的风险补偿,活着的时候要求一个更高的工资,那么就可以通过考察人们为补偿较多的死亡机会而增加的收入来衡量生命的价值。然而对这种方法争议同样很多。有人认为这种方法很大地低估了生命的价值,因为人们并不能充分地了解自己所面临的风险,另外由于心理上的原因往往会倾向于回避这个问题。

尽管有各种不同意见存在,我们必须肯定以上各种估计生命价值的方法对于评估一些公共项目仍旧是有用的,我们没有更好的选择,比如对于我们是否应该拥有更高标准的空气这一问题的判断,就取决于人们对于生命的评价。

④ 中间产品收益的估计。在公共设施具有中间产品性质的场合,收益估值比较容易。例如修筑货物运输道路的收益,可用工业货运费用的减少来估计。这是因为,即使道路在不拥挤的情况下本身具有公共产品的性质,但对最终产品(所运输的产品是供销售的私人产品)的生产

来说,是一种中间投入,而后者能以市场价值计算。又如防洪和灌溉也是如此,虽然灌溉用水并不卖给农民,但其价值可用"农产品增产的收益减去为增产投入的其他成本"来计算。

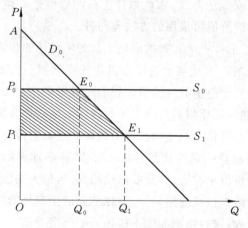

图 5.2 中间产品收益的估计

如图 5.2,D_0 是对某一私人产品的需求曲线,S_0 是其供给曲线,由 D_0 和 S_0 的交点 E_0 决定其产出为 Q_0,价格为 P_0,消费者剩余等于 AP_0E_0,现在,若政府提供一项能降低私人成本的公共设施,例如能降低运输成本的公路改进工程,私人供给曲线将移至 S_1,从而价格降至 P_1,产出增至 Q_1,消费者剩余增至 AP_1E_1。这时,通过观察到的产出与价格的变化可以衡量出消费者剩余的增加量,即这项公共工程的收益,为 $E_0P_0P_1E_1$。

⑤ 补充投入问题。有时消费者从公共项目中获得的收益要在进行补充投入时才能实现。存在补充投入时,收益的正确度量,应从总收益(即消费者剩余,表现为需求曲线下方的面积)中减去补充投入的成本,当新方案降低补充投入时,节约的成本应作为收益计列。

补充投入,指工程项目成本以外投入的金钱和时间(有其货币价值)。例如,公路等运输设施,只有当人们购买运输工具和燃料,并且愿意花费必要的旅行时间时,才能产生收益。

在图 5.3 中,DD 线为未考虑补充投入时对一座桥梁的需求曲线,假定消费者每次通过的补充投入为 r，则需求曲线下移至 $D'D'$，同时此项目的总收益也从 $\triangle AOC$ 的面积降为 $\triangle FOD$ 的面积。

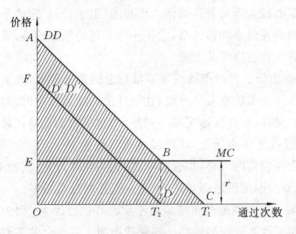

图 5.3　补充投入问题

当然，补充投入的存在也可理解为消费者面临着一条供给曲线（边际成本线）MC，MC 与横轴平行，垂直距离为 r，MC 与 DD 线相交于点 B，决定了消费者的通过次数从 T_1 降为 T_2，消费者剩余降为 $\triangle AEB$ 的面积，容易看出，$\triangle AEB$ 与 $\triangle FOD$ 的面积是相等的。

如果建造一条新公路，距离较短，补充投入可节约，则将带来总收益的增加。

(2) 影子价格（Shadow Price）。如果我们面对着的是竞争性市场，需要对有形的成本与收益进行评价，这相对来说较为容易。在这种情况下，可以用公共劳务的出售价格，或者用消费者从私人供应者那里购买相同劳务所支付的价格来衡量其收益。同理，可以用政府从私人厂商处购买某一产品所支付的价格，或者用自行生产该产品所需支出的要素成本来衡量其成本。然而，在计算公共项目的成本、收益时，经常会遇到这样的问题，即许多成本和收益没有市场价格，是无形的或非市场化的。另外，由于广泛的市场失效和不完善，虽然政府提供的某些商品如水、电等有着非常确定的市场价格，但这些价格却不能完全反映出它们的边际社会成本或收益。而公共部门进行成本—收益分析应以真实的社会成本及收益为基础,为此,经济学家们引入了"影子价格"这一分析工具。所谓"影子价格",简言之,即针对无价可循或有价不当的商品或劳务所规定的较合理的替代价格。理想的"影子价格"应为不存在市场失灵时的帕累托效率均衡价格,它是一种真正的社会价格。典型的运用影子价格的场合有以下几方面。

① 垄断市场。产品市场或要素市场上的垄断因素,会使市场价格与帕累托最优均衡价格发生分歧,在估计公共项目成本时,对垄断价格必须调整。例如,若政府购买某一产品,按垄断市场价格计算其价值为100万元,但在竞争市场上,该产品本来只应卖得90万元,这时,即使政府愿意支付较高的价格,机会成本也只能是90万元,其余10万元是垄断利润,即垄断者的超额收入,而不是真正的社会成本。

② 税收。含税商品的市场价格不反映其社会成本。因为税收仅仅是收入从购买者到政府的转移。如果政府为了某一公共工程购买投入品,该投入品的价格中一般包含营业税或货物税,这些税收在计算该项目的成本时必须加以扣除。同样道理,当确定资本的社会机会成本时,也需要用影子价格来对税收因素加以修正。

③ 经济租金。生产要素的价格往往包含某些租金的因素在内,使得市场价格高于其边际机会成本,确定影子价格时,必须将租金因素扣除。

经济意义上的租金(Economic Rent)相当于一种要素的实际收入(市场价格)超过其"机会成本"的余额,即支付给生产要素的超过该要素的某种服务得以被供应出来所必须加以补偿的部分的超额报酬。经济租金不属于社会成本的范围,在估计项目的成本时,必须进行调整。例如,若某政府项目支付工资100元,而工人从事其他劳动可取得的报酬最高为90元,政府招工的培训费用3元,那么这一项目的机会工资成本仅为93元,其余7元为经济租金,应予扣除。

④ 未使用的资源。在自由竞争市场中,产品和要素的价格都可据以衡量机会成本,但是,未使用的资源(如失业的工人)应没有要素价格(没有工资)。当经济处于非充分就业的状态时,按当时的市场价格出现了要素供应过量的问题,这表明这些价格过高地评价了要素的社会成

本。如果公共支出项目雇佣了失业者,它所利用劳动的社会机会成本应低于劳动的市场价格。确切地说,此时雇佣失业者的社会机会成本为0,因为不存在对其他经济活动造成损失的问题。

⑤ 发展中的经济。在发展中国家,往往存在着劳动力过剩的情况,从而造成劳动力价格紊乱。传统经济部门(如农业部门)工资低,失业率高;而在发达的经济部门(如新兴工业)中,就业人数多,工资高,劳动成本高于其真正的社会成本。这时,影子价格则不能是发达部门的劳动力市场价格,而应比较低。此外,发展中国家还往往采用高汇率政策,即高估本国货币汇率,以达到保证本国进口的目的。本币高估的结果,是使贸易商品与国内商品相比估值偏低,因此,从事成本—收益分析时,不宜采用市场汇率,而应使用经调整的影子价格汇率。

(3) 社会贴现率。

① 时间因素的考虑:贴现。在实际生活中,许多投资项目的建设周期或使用周期都不会限于一个年份,或者准确地说,不会限于这项支出的预算年度,而要持续若干年甚至几十年。这样一来,任何一个项目的收益和成本,都不可能是一个数值,而要形成一系列的数值,即形成所谓由若干年的收益和若干年的成本所构成的"收益流"和"成本流"。不同时间发生的收益和成本不能直接相加,不同时间发生的收益和成本也不能直接相减即比较。这里的关键在于,必须将"货币的时间价值"这一因素考虑在内。所谓的"货币的时间价值",是指货币在不同时点上的不同价值。

要比较经济收益和经济成本,两者必须有相同的可比的基础,了解"货币的时间价值"这一概念后,就可以在同一时间的基础上,将不同时期、不同种类的收益和成本进行分析比较,作出是否投资的决策。就是说,将不同时间(年度)所发生的成本与收益,按照一定的贴现率,换算成同一时间点上的成本与收益,然后进行比较。

因此,在项目的分析与评价中,必须把预计的分期收益与成本折算为现值。所谓现值,是指未来某一金额的现在价值。折算现值的公式为

$$P = A/(1+i)^n$$

其中 A 为终值,P 为现值,i 是年利率,n 为年数。公式的意思是:按年利率 i 计算,n 年底的 A 元钱相当于现在的 P 元钱,这个把未来金额换算成现值的过程则称为贴现。

② 社会贴现率。在将未来的成本与收益折算为现值时,选择怎样的贴现率,对于成本—收益分析的结果起着举足轻重的作用。不同的贴现率,将产生各项评估指标的不同结果,甚至造成项目选择上的自相矛盾的优先顺序。如表5.2,现有甲、乙两个项目,C 为项目的成本,B_1、B_2、B_3 分别为项目在第一、二、三年将产生的收益,NPV 为项目的净现值(关于净现值的计算下文有详尽的阐述),净现值越大,表明项目的获利能力越强。以1%的贴现率计算,乙项目优于甲项目,而以10%的贴现率计算,甲项目反而优于乙项目。

表 5.2　贴现率与项目评估结果

项目	C	B_1	B_2	B_3	$NPV(1\%)$	$NPV(10\%)$
甲	−100	220	12.1	13.3	143	120
乙	−100	0	0	266	158	100

一般说来,贴现率上升时,项目的净现值下降,项目持续的周期越长,下降的程度越大。因此,如果选择了过低的贴现率,低效率的项目将会上马,而过高的贴现率将使许多高效率的项目也被否定。抬高贴现率,有利于短期投资;降低贴现率,有利于长期投资。

对于公共部门成本—收益分析来说,贴现率的选择不仅关系到一个项目被采用与否的问题,而且还关系到社会资源在公共部门和私人部门之间配置的问题。过高的贴现率使资源过少地运用于公共部门,而过低的贴现率使资源过多地运用于公共部门,都不利于资源的有效配置。

自从成本—收益分析方法被广泛应用以来,贴现率的选择一直是学术界与政府部门争论较多的问题,人们的分歧不仅是贴现率数值大小的问题,更重要的是贴现率应当度量什么的概念性问题。

原则上,公共支出项目正确的贴现率应是社会贴现率,社会贴现率是应用在未来的成本和收益上,能产生真实的社会现值的贴现率。这就是说,适当的贴现率是使整个社会愿意为了未来而放弃现在的消费或投资的那种贴现率。

考虑到资源若由公共部门支配,就排除了由私人部门支配的可能,社会贴现率应能反映公共支出占用资源的机会成本,也就是这些资源没有投入私人部门的损失,相当于如果由私人部门支配这些资源可能会带来的收益,包括消费收益和投资收益。

以这一思想为出发点,经济学家对于社会贴现率的选择主要有以下几种主张。

A. 社会贴现率应等于社会时间偏好率。社会时间偏好率是消费者放弃现时消费而要求的报酬率,即政府部门为引导消费者抑制现时消费所须付给的补偿。

B. 社会贴现率应等于私人投资的资本边际生产率。在此基础上选择社会贴现率,就是要求公共项目投资应与同样数额的私人投资具有同样的收益率,以免低效率的公共部门使用本来在私人部门使用可以取得更高收益的资金。

C. 在一个可以对风险进行适当调整的、功能充分发挥的资本市场上,市场利息率与边际社会时间偏好率及投资的资本边际生产率是一致的,这时即可用市场利息率作为社会贴现率。

图 5.4 描述了竞争的资本市场的均衡情况。D_b 为资金的需求曲线,表示借款者对应于每一借入资金的量愿意付出的最高利息率,它应与相同投资水平的资本边际生产率相一致,当外部效应不存在时,私人部门的资本边际生产率等于资本的边际社会收益率。

S 为资金的供给曲线,表示资金供给者放弃每一当期消费支出的量所要求的报酬率,即时间偏好率,当外在因素不存在时,每个资金供给水平上的 S 线的高度,就是社会时间偏好率。

在 D_b 与 S 线的交点,资本市场达到均衡,决定了最优的资金供给量 Q_e 和市场利息率 r_e,如果实际的投资水平低于 Q_e,资本的边际社会报酬率超过边际社会时间偏好率,投资水平趋向提高;相反,若实际的投资水平高于 Q_e,边际社会时间偏好率超过边际社会报酬率,投资水平趋向降低;只有在 Q_e 水平上,边际社会时间偏好率等于资本的边际

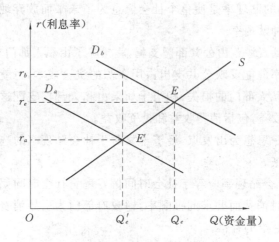

图 5.4 资本市场均衡和社会贴现率的选择

社会报酬率,投资的总社会净收益达到最高水平。

可见,在竞争的市场条件下,市场利息率同时反映边际社会时间偏好率和资本的边际社会报酬率,是最适当的社会贴现率。

D. 考虑税收因素的调整。然而,在现实经济生活中,对资本所得征收任何税收(如个人所得税和公司所得税中对资本收入征税的部分),都造成资本的边际社会报酬率超过纯粹的边际社会时间偏好率,两者不再一致,市场利息率也就会有不同的值。

如图 5.4,由于对资本所得课税的效应,私人资本的报酬率降低,从而有一条税后的资本需求曲线 D_a 位于 D_b 之下,两线之间的垂直距离为税率。私人投资者是根据 D_a 而不是 D_b 作出决策的,其结果是均衡点由 E 移至 E',投资水平由 Q_e 降至 Q'_e。这时存在着税前资本报酬率 r_b 和税后资本报酬率 r_a 两个市场利息率,两者分别代表资本的边际生产率和社会时间偏好率。

当税收因素使得社会时间偏好率与资本边际生产率出现差异时,选择税前率(资本报酬率)还是税后率(时间偏好率)就有分歧。有人认为应采用税后率,其理由与影子价格的原理一致,因为税后率是纳税人实际获得的资金收益率,所以能够反映资金的机会成本。另外很多人认为应采用税前率,其出发点仍为避免较低的社会贴现率使得原在私人部门使用收益较高的资源转向公共部门低报酬率的项目,而且计算真正的社会时间偏好率极其困难。

第三种观点认为应采用资金报酬率的加权平均值,即兼顾上述两种观点。公共投资的资金往往是由各方面筹集来的,包括本来可能用于私人消费和私人投资的资金。如果查清来自各个来源的资金比重、各种投资的税前报酬率以及社会时间偏好率,进而求得加权平均的资金报酬率,就可以此作为公共投资项目的适当社会贴现率。例如,若公共投资的资金来源有三:私人消费 50%,私人投资甲 25%,私人投资乙 25%,以储蓄利率 5% 推估消费者的边际时间偏好率,私人投资甲和私人投资乙的税前报酬率分别为 15%、20%,那么社会贴现率为

$$r_s = 5\% \times 50\% + 15\% \times 25\% + 20\% \times 25\% = 11.25\%$$

E. 以政府公债利息率作为贴现率。除了税收会造成扭曲外,现实的市场利息率经常包含风险因素在内,为了把风险问题与时间偏好问题分离,有人主张以政府公债的利息率来反映纯粹的无风险的时间偏好。由于长期公债相对地无风险,其利率远低于私人投资者的借款利率,因此,用于公共项目评估的社会贴现率往往低于私人投资者进行项目评估时使用的贴现率。

5.3 运用成本—收益分析方法进行决策的指标

5.3.1 成本—收益分析的指标

(1) 净现值 NPV = 收益现值总额 — 成本现值总额。

公式为

$$NPV_i = \sum_{t=0}^{n} \frac{b_i(t) - c_i(t)}{(1+r)^t} - K_i \quad (t = 0, 1, \cdots, n)$$

其中:

i 为若干项供选择的项目中第 i 项,即标明着所分析的项目;

NPV_i 为项目 i 所可能产生的净现值;

$b_i(t)$ 为项目 i 在第 t 年所产生的收益;

t 为项目建造和发挥效用的第 t 年;

$c_i(t)$ 为项目在第 t 年所花费的成本;

n 为所分析的项目持续的时间;

$1/(1+r)^t$ 为利息率是 r 时的贴现系数;

K_i 为项目最初的资本投入。

净现值=0,说明收益现值总额恰好等于成本现值总额,该项投资的获利水平刚好合格;

净现值>0,说明收益数额大于投资成本,正数的数额越大,说明此项投资的获利水平越高;

净现值<0,说明回收数额不足抵偿投资所需成本,则此投资项目不宜采用。

(2) 收益成本比率 $BCR =$ 收益现值总额 ÷ 成本现值总额。

这一指标与 NPV 实质是相同的,仅仅表达式不同而已。BCR 大于或等于1,投资项目可取,BCR 越高,投资越有利;BCR 小于1,投资项目不可取。

(3) 内在报酬率(IRR)。IRR 是使收益现值与成本现值相等($NPV=0$,$BCR=1$)的贴现率。求 IRR 要用试差法和内推法,具体过程为:

先用一个贴现率 R_1 来计算净现值,如果 $NPV=0$,则 R_1 就是 IRR。如果 $NPV>0$,则 $IRR>R_1$(如果 $NPV<0$,则 $IRR<R_1$)。再用一个略高于(或低于)R_1 的贴现率 R_2 进行同样的计算。如果用 R_1 计算的 NPV 为正,用 R_2 计算的 NPV 为负,再改用内推法来计算内在报酬率。公式为

内在报酬率 = 低贴现率 + 高低两个贴现率之差

×(正的净现值 / 两个净现值之差)

求得的内在报酬率刚好在高低两个贴现率之间。

可见,当贴现率低于内在报酬率时,$NPV > 0$,这说明该项投资还有比这个贴现率更高的获利能力;反之,当贴现率高于 IRR 时,$NPV < 0$,这说明该项投资的内在获利能力还达不到这个贴现率的水平。只有使 $NPV = 0$ 的那个贴现率,才是该项投资的内在报酬率。

实际上,在评价项目是否值得投资时,能有一个近似的内在报酬率就足够了。内在报酬率越高,表示投资经济效益越高。若内在报酬率超过了所选定的社会贴现率,投资就有效率,项目就可取。

(4) 实例。

表 5.3 A、B 两个投资项目的成本—收益分析

(单位:元;贴现率:10%)

对比项目		工程项目	A	B
(1) 成本(现值)			20 000	12 000
(2)	收益终值	第一年	11 800	4 600
(3)		第二年	13 200	4 600
(4)		第三年		4 600
(5)	收益(现值)		21 635.86	11 439.28
(6)	净现值(NPV)		1 635.86	−560.72
(7)	收益成本比(BCR)		1.08	0.95
(8)	内在报酬率(IRR)		16.1%	7.3%
(9)	是否采纳		是	否

(5)=(2)×0.909 1+(3)×0.826 4+(4)×0.751 3

(6)=(5)−(1)

(7)=(5)/(1)

表 5.3 中第(8)行的计算过程如下:我们已经用 10% 作贴现率计算出了正的现值,再用 18% 作贴现率计算净现值。收益现值 = 11 800 × 0.847 + 13 200 × 0.718 = 19 501,$NPV = 19 501 − 20 000 = −499 < 0$。这样内在报酬率就在 10%−18% 之间。利用公式可得

$$IRR = 10\% + (18\% - 10\%) \times \{1\,635.86/[1\,635.86 - (-499)]\}$$
$$= 16.1\%$$

5.3.2 多个项目的比较与投资标准的确定

当只对一个项目的可行性进行评价时，NPV、IRR、BCR 三种指标基本上可得出相同的结论，而当对两个以上的项目进行比较时，采用不同的指标得出的结论可能会有差异，这时就存在着选择何种指标更为适合的问题。

(1) NPV 与 IRR。设 i 为内在报酬率，r 为计算 NPV 使用的贴现率，只要 $i \geqslant r$（即 $i \geqslant$ 期望的报酬率），则必有 NPV $\geqslant 0$。

IRR 标准一度被认为与 NPV 标准同样优越，但它也有严重的缺陷。

① i 在高次方程中不止有一个解，n 次方程就有 n 个根，于是，如果社会贴现率是 5%，而方程解得 i 等于 3% 或 7%，那么用 IRR 标准就难以确定对项目的评价；

② IRR 标准假定在工程项目的整个寿命的过程中使用单一的贴现率 i，有时不能适应成本—收益分析的要求。例如，若成本—收益分析认为在项目寿命期的 n 年间，前 t 年的社会贴现率宜定为 3%，后 $(n-t)$ 年的社会贴现率宜定为 7%，则在 $i = 5\%$ 时，就无法得出项目是否可行的结论。

NPV 与 IRR 标准有时也会出现矛盾，如图 5.5，图中横坐标为贴现率，纵坐标为净现值，现有项目 A 和 B，以其净现值作为贴现率的函数，描绘成 A、B 线，显然，任何项目的贴现率越高，其净现值越低。

假设 r 是计算净现值时采用的贴现率，则依据净现值标准，项目 A 优于项目 B。两个项目的 IRR，在图中表现为 A、B 两线与横轴的交点决定的贴现率 i_A 和 i_B，显然 $i_B > i_A$，即依 IRR 标准，项目 B 优于项目 A。

NPV 和 IRR 标准之所以得出了相反的结论，是由于选择了较低的贴现率。如图 5.5，当贴现率为 r' 时，A、B 两线相交，即两项目的净现值相等，如果计算 NPV 时选择的贴现率高于 r'，则 A、B 两项目的优

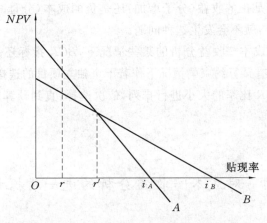

图 5.5 NPV 与 IRR 标准的矛盾

先次序不会因标准的不同而不同。

这个例子也印证了前文所述的进行成本—收益分析时不同的贴现率能够得出相反的结论,因此选择适当的贴现率是至关重要的。

(2) NPV 与 BCR 指标的矛盾。BCR 是一个相对指标,显示每元(贴现后的)成本产生的(贴现后的)收益。因此,在两个或多个同等规模项目的比较上是有用的,但在不同规模项目的比较上却可能与 NPV 产生不同的结论。例如,假设现有两个项目 X 和 Y,只能选择一个实施,其寿命都是一年,贴现率定为 5%,比较的数值如表 5.4 所示。

表 5.4 NPV 与 BCR 指标的矛盾

项 目	B_0	C_0	B_1	C_1	B/C	NPV
X	0	1	2	0	1.9	0.9
Y	0	5	8	0	1.5	2.6

可见,按 BCR 标准 X 优于 Y,而按 NPV 标准 Y 优于 X,因为 Y 项目对社会总的净收益带来了巨额的增加,所以 BCR 标准造成了虚假的印象。

另外,理论上同量的正收益与同量的负成本似乎是等同的,而在计算 BCR 时,同一个数字加在分子上或从分母中减去,得出的结果不同。这种困难尤其体现在对有关外部效应的项目的估计中,减少环境污染,对社会来说,是正的收益(分子增加)还是负的成本(分母减少)呢？如用 NPV 标准,就不会发生这种问题。

然而,在成本—收益分析的某些情况下,BCR 指标还是有其地位的,尤其是在有预算约束的情况下作若干个独立项目的选择时,可将各个方案按 BCR 比率的大小进行排列,依次选择,直到预算用完或比率等于 1 为止。

5.4 对成本—收益分析的进一步探讨

5.4.1 分配问题

依据帕累托最优原则,如果一个项目在不损害任何人的同时,至少对一个人有益,那么这个项目就有效率,但是,很难找到满足这种条件的公共项目。为此,人们进行成本—收益分析时,将效率条件加以修正,只要项目受益者的所得超过损失者的所失,即能产生正的净收益,就认为该项目有效率。

比如,一个成本为 10 万元的公路计划,由一般财政收入提供资金,若社会上有 A、B、C 三个集团,则每个集团负担 3.333 3 万元,又 A、B、C 三个集团从该项目中得到的收益分别为 5 万元、5 万元和 3 万元,那么 A、B 可获得净收益,C 却有净损失。但项目总收益 13 万元大于总成本 10 万元,所以该项目仍被认为有效率。

这种效率概念显然忽视了公共项目对收入分配的影响,理想的做法是要求项目的受益者向项目的损失者进行实际的补偿,为此应尽可能根据社会成员从公共项目中获得的边际收益征税,确保不存在任何净损失者。不过,如前文所述,显示偏好的困难,使受益税实施的范围受到了限制。

成本—收益分析对公平的忽视还体现为在一般的成本—收益分析过程中隐含着一个假定,即对于不同的社会成员来说,相同数额的成本或收益是等价的。通常,人们获得的每一元收入都能增进他的福利,但收入的边际效用是递减的,如果假定每个人的收入边际效用函数大体相同,则新增 1 元的收入对于穷人比对于富人能产生更高的效用。除非人们的收入水平也大致均等,对一个项目的社会评价考虑到分配因素将产生不同的结果。为此,可以在成本和收益的衡量中运用分配权数,具体的步骤是:A. 将人口分为若干组,如收入最低组、收入次低组等;B. 确定各组的社会分配权数,一般收入水平越低的组权重越高;C. 以各组的权数乘以该组从公共项目中获得的净收益;D. 将各组的加权净收益加总,得出所分析的项目总的加权净收益;E. 依成本—收益分析的标准对项目进行评价。表 5.5 就是一个社会分配权数的例子:

表 5.5 社会分配权数

收 入 (Y)	边际社会权重值
$Y < \$10\,000$	10
$\$10\,000 \leqslant Y < \$20\,000$	5
$\$20\,000 \leqslant Y < \$30\,000$	2
$Y \geqslant \$30\,000$	1

有必要提及的是,前面曾指出,只有真实的(而非货币的)成本和收益在进行社会成本—收益分析时才列入考虑,但当运用社会分配权数时,两种类型的收益与成本都可以考虑到。只要社会现行收入分配状况并非理想状态,社会分配权数的运用就是可取的。事实上,各种公共支出项目,都必然具有分配的效应,不可能在整个人口中均等地分配其收益,因此,政府决策人在进行成本—收益分析时,应该尽可能考虑其分配效应。虽然社会分配权数的确定并非易事,但是一套统一的社会分配权数至少可以限制决策的随意性。

5.4.2 风险的处理

政府项目未来的成本与收益经常难以确定,这就涉及到了风险处理问题,如果各种可能的结果及其概率是可以确知的,就可以计算预期成本和预期收益。

例如,如果一个人面临两个机会,一个能提供 10 美元的确定所得,另外一个有50%的可能获得20美元的收入,那么后者的预期价值为10美元。

如果人们宁愿得到确定所得而不愿得到同样金额的预期所得,即人们是规避风险的,那么,预期所得将只能等于较少的确定所得。在上例中,可以认为预期所得10美元只等于8美元的确定所得。

不过,这种在成本—收益分析中用确定价值替代期望值的做法也遭到了批评,有的经济学家认为,如果与一个项目有关的风险要扩散到由许多人负担,对任何一个人来说风险就微不足道了,结果是风险可以忽略不计。

5.4.3 政治程序的影响

成本—收益分析能给政府的决策者提供有用的信息,但公共支出项目最终能否被采纳是通过政治程序决定的。官僚们也许首要关注的是官僚机构规模的最大化,政治家也许要追求连任,这些都可能造成与客观的成本—收益分析的结果完全不同的决策。

另外,如果项目的受益方是人数较少却联系紧密的人群,即所谓的特殊利益集团,而成本却分摊到极为分散的人群中,一个被成本—收益分析证明成本大大超过收益的项目就可能被通过;相反,相对于成本而言,具有很高收益的项目也可能被否决。

因此,成本—收益分析中的政治因素是不能忽视的。

5.4.4 成本效果分析

成本效果分析(Cost-Effectiveness Analysis)在20世纪60年代开始使用,其出现的原因在于成本—收益分析存在两个方面的难点:(1)局限在经济方面的成本和收益,要求都用货币数量来衡量。而对于非经济的因素,以及文化、教育等不能用货币衡量的方面很难估算其成本和收益;(2)未来的成本和收益往往有着不确定性,容易变动,比较难以估计。

成本效果分析的方法是考察为达到同一个目标的各种备选项目中,哪一个成本最低。例如:为了减少污染,从而减少死亡人数,有好几个方案可供选择。

(1) 开发一种全新能源，每花费 9 万元少死一人；

(2) 改善发动机装置，每花费 6 万元少死一人；

(3) 改善医疗条件，每花费 4.5 万元少死一人；

(4) 大力执行现行防污法规，每花 1.8 万元少死一人；

(5) 为全体公民每人生产一只防毒面具，每花 150 万元少死一人。

在这几个方案中成本最低的是第(4)个。这种分析方法的特点是：所有方案必须有共同的目标，只考虑为达到确定目标的不同方案所需付出的代价，而不考虑这些方案的经济效益。在美国，这种方法在公共设施、国防等方面应用较多。

对这一方法进行引申，也可以考察在一定的成本之下，如何能达到最大化的效果，比如在一定的支出数量之下，比较增强军事实力的几种不同方案所取得的效果。

本章基本概念

1. 成本—收益分析是对特定的公共支出项目进行评估的主要方法，由于公共项目的目标是社会福利最大化，且其投入和产出往往不能直接以市场价格来估计，所以公共部门的成本—收益分析不同于私人部门的成本—收益分析。

2. 对公共支出项目进行评估所要考虑的成本与收益是多方面的。对社会收益价值的评估涉及到对消费者剩余、时间价值和生命价值的估计，计算公共项目的成本—收益还经常需引入影子价格这一工具。为使不同时间发生的成本、收益可进行比较，应将"货币的时间价值"考虑在内，进行贴现。公共部门成本—收益分析应采用社会贴现率，且须在市场利息率、社会时间偏好率、私人投资的资本边际生产率、政府公债利息率之间进行谨慎的选择。

3. 运用成本—收益分析法进行决策的指标为净现值、收益成本比率、内在报酬率等。在只有一个备选方案时，三种指标得出的结果是一致的；在有多个备选方案时，净现值与内在报酬率以及净现值与收益成本比率指标得出的结果可能出现矛盾，这时则应根据备选项目及政府预算的特点选择适当的指标。

4. 公共部门成本—收益分析还应考虑风险的处理、社会分配权数的选择、政治程序的影响等问题。20世纪60年代起为了克服成本—收益分析的某些缺陷,成本效果分析方法也日益广泛地应用于某些政府项目的评估中。

本章基本概念

成本—收益分析 消费者剩余 影子价格 货币的时间价值 内在报酬率 成本效果分析 社会贴现率 补充投入 净现值 收益成本比率 社会分配权数

本章思考题

1. 公共部门成本—收益分析与私人部门成本—收益分析有什么不同?
2. 公共部门成本—收益分析要考虑的成本和收益有哪些类型?
3. 如何估计时间价值和生命价值?
4. 现有一公共工程项目需政府预算部门作出是否投资的决策,已知信息如下:

该项目的预期收益和成本(单元:元)

预期成本(现值)　　　　9 000

预期收益(终值)

　　第1年　　　　　　1 200
　　第2年　　　　　　6 000
　　第3年　　　　　　6 000

折现系数

利率 年数	7%	10%	18%
1	0.934 6	0.909 1	0.847
2	0.873 4	0.826 4	0.718
3	0.816 3	0.751 3	0.609

(1) 请计算该项目的收益现值、净现值、收益成本比率、内在报酬率(贴现率为10%)。

(2) 判断该项目是否可取(请举出三个理由)。

5. 社会贴现率的选择应注意哪些问题？

6. 举例说明在公共部门成本—收益分析中如何应用影子价格？

7. 在净现值、收益成本比率指标出现矛盾时应如何进行项目的选择？

6 公共财政消耗性支出

根据不同的目的和标准,财政支出可以有多种分类。按财政支出是否能得到相应的直接的商品和劳务补偿为标准,可以将全部财政支出划分为消耗性支出(Exhaustive Expenditure)和转移性支出(Transferring Expenditure)两大类。

消耗性支出是政府各部门的消费和投资性支出,包括政府各部门为进行日常政府活动购买所需商品与劳务的支出。而转移性支出是指政府按照一定的方式把一部分财政资金无偿地转移给受益人,政府并不能从中获得相应的直接收益。消耗性支出和转移性支出在社会经济运行中所起的作用并不相同,因此,这种分类方法具有较强的经济分析意义。

本章我们集中探讨公共财政消耗性支出,对于公共财政转移性支出将在第七章中进行分析。

6.1 财政消费支出

财政消耗性支出又可分为财政消费支出和财政投资支出,财政消费支出主要是指政府为提供公共产品和准公共产品而进行的支出,它与财政投资支出的最大区别在于前者的使用并不形成任何资产。财政消费支出包含的内容很多,本节将只对其中比较重要的支出项目——国防支出、教育支出、保健支出以及科学、文化等支出进行评述。

6.1.1 国防支出

国防支出是财政用于国防建设和军队建设方面的费用支出。国防是一种典型的纯公共产品,国防产品具有非排除性和非竞争性,如本书前文分析,国防必须而且只能由政府来提供。

(1) 国防支出的变动趋势分析。国防支出作为国家基本支出之一,在财政支出中占有重要的地位,并日益成为政府干预和影响经济生活的重要工具。但是,由于受国际政治经济关系的影响,在不同的时期,国防支出常会出现较大幅度的变动。

国防费支出的变化与国际政治局势紧密相关,二战以后的冷战时期,各国大搞军备竞赛,导致国防支出居高不下;20世纪60年代末期以后,虽然局部战争仍然存在,但世界性大战的危险日益降低,特别是进入80年代以后,和平与发展成为国际社会的主旋律,随着冷战结束,国际形势大为缓和,因此,各国的国防支出纷纷出现了绝对值增长、相对比例下降的局面。

(2) 国防支出的合理预算规模。在一国经济资源有限的条件下,国防支出与民用产品产量之间存在着此消彼长的制约关系,从而也就引出了国防支出的合理预算规模问题。

以下我们将运用几种不同的方法来对此问题进行分析。

① 国防预算合理规模的局部均衡分析。国防属于纯公共产品,首先可以对其合理支出规模进行理论上的局部均衡分析。

现假定社会有 A、B、C 三人(或阶层),如图 6.1,A、B、C 三人(阶层)消费国防产品的边际收益曲线分别为 MB_a、MB_b、MB_c,国防产品增加的边际成本曲线如图中 MC,全社会对于国防的需求曲线(即边际收益曲线)MB 由 MB_a、MB_b、MB_c 垂直相加得到,在达到均衡时 $MB = MC$,则 MB 与 MC 线的交点决定了国防产品的有效供给量 Q_e。

但是这一模式在实际应用中却并不可行。首先,由于"搭便车"思想的存在,每个人均会低估自己为获得收益而进行支付的意愿,从而有效的私人总需求无法在此机制下获得。即使由政府介入调查个人偏好,求得总需求表达式,也会因为成本太高而不可行。其次,为了保证国防的

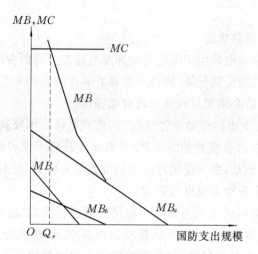

图 6.1 国防支出规模的局部均衡分析

有效供给水平,政府必须对个人征收合理的税费价格,其值等于均衡产出 Q_e 水平上的个人边际效益,而这同样也是实际中无法实现的。

② 国防预算合理规模的一般均衡分析。经济资源的稀缺性引出了军需品与民用品之间存在的总量制约关系。对国防预算合理规模的一般均衡分析便主要是解决资源如何在军需品以及民用品之间配置的问题。一般均衡分析的分析工具是著名的大炮—黄油转换曲线,如图 6.2 中的社会生产可能性曲线,它代表在现有的资源和技术约束下能够生产的军需品(大炮)和民用品(黄油)的各种组合。而图中的社会无差异曲线代表能带来相同社会福利水平的军需品和民用品的数量组合。

根据一般均衡的要求,要达到国防产品的有效供给,各个社会成员的边际替代率之和应等于民用品与军需品之间的边际转换率,前者反映在图 6.2 上为社会无差异曲线的斜率,后者为社会生产可能性曲线的斜率,所以,在两曲线相切之时,达到现有资源约束下的均衡组合。

如图 6.3 所示,与转换曲线相切的社会无差异曲线大致有三种情况,它们分别代表着不同的社会状态下的社会资源配置偏好。第一种状态是和平时期,社会偏好多生产民用品,少生产军需品,反映在图中,均衡点为 E_p,此时对应的国防预算规模大大低于民用品支出;第二种状

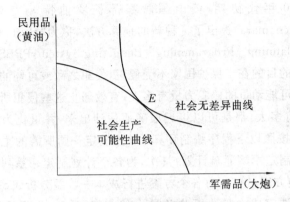

图 6.2 大炮—黄油转换曲线

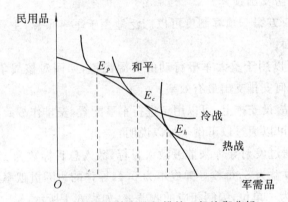

图 6.3 国防预算合理规模的一般均衡分析

态是战争时期,为了保证国家安全,人们将会迅速调整偏好,均衡点转至 E_h,此时,对应的国防支出大大增加;第三种状态为冷战时期,此时人们的偏好将会重新调整,反映在图中介于前两者之间,达到新的均衡点 E_c,此时国防预算规模亦介于前两种状态之间。

国防预算合理规模的一般均衡分析虽然有助于政府在面临有限的经济资源时,在军需品和民用品两者之间进行权衡分配,但是它仍然没有回答国防支出本身的合理限度问题。通过一般均衡分析很难得到确定的预算支出额度,这主要是因为这种预算决策所要求的信息成本太高。

③ 计划—方案—预算制度。为了探求国防支出本身的合理限度,

20世纪60年代初期,美国国防部部长罗伯特·麦克纳马拉(Robert Mcnamara)提出了一种新的预算方法,称为"计划—方案—预算"制度(Planning - Programming - Budgeting System,PPBS)。该方法认为,国防的目的在于保护国家不受侵犯,侵犯之敌或可能的侵犯之敌位于何方,可能动员的侵犯力量有多大,有效遏止这些侵犯所需的军事力量要求有多大,都是可以接近准确地估计出来,并量化为若干指标的。PPBS按照以下程序编制预算:首先确定一国所需的军事力量规模,并为此制定军事通盘计划;其次,为各个计划制定一系列可以相互替代的实施方案;第三,对各个方案进行成本—收益分析(Cost-Benefit Analysis),选定成本最小而收益最大的方案;最后,根据被选定的方案,编制国防支出预算。

计划—方案—预算制度可以广泛地用于军事预算,主要可应用在以下几方面:

A. 可以用于重大军事行动的资源配置,如面对核战争和常规战争,决定如何安排支出最有效率;

B. 在战役安排上,可以用于进行军事配置,安排作战武器的种类、数量等,这可以通过以下例子加以说明:

现要通过发射导弹来摧毁敌人目标,敌人总目标数为100,每破坏一个目标收益为5,每枚导弹成本为0.4,导弹的边际贡献率递减,按每50枚导弹为一单位,编制相应的收益表,如表6.1所示。

表6.1 导弹发射的成本—收益分析表

方案 (发射导弹数)	破坏目标数	总收益	边际收益 (每50枚导弹)	总成本	边际成本
50	50	250	250	20	20
100	75	375	125	40	20
150	85	425	50	60	20
200	92	460	35	80	20
250	96	480	20	100	20
300	98	490	10	120	20

据表6.1,在确定导弹发射数量方案时,仅从成本—收益分析角度

分析，则选择发射 250 枚，因为此时边际成本等于边际收益，达到净收益最大，而且，从对敌人目标破坏方面讲，此时破坏率达到 96%，也基本达到了摧毁敌人目标的目的。

C：还可以用于安排各种武器和军事设施的研究与发展。

在以上三个用途中，前两种受不确定性因素的影响较大，由于本书第五章所述进行成本一收益分析时存在的难点，只能预算出约数，第三种则可以较精确地实行。

从实际执行情况看，PPBS 在国防预算约束方面取得了明显的成绩。尽管此制度尚有缺陷，但它毕竟为确定国防预算本身的合理限度提供了一些可以遵循的规则，因此很多学者认为 PPBS 是一种理想的预算制度，只是实践上与理想目标尚有一定距离。

6.1.2 教育支出

(1) 教育支出对经济发展的意义。随着经济和社会的发展，科学技术是第一生产力已经成为共识，以技术创新和技术扩散为主要内容的技术进步正日益成为生产发展和劳动生产率提高的基础和关键因素。教育则是科学技术这种生产力的源泉和基础。随着科学技术的进步，以及越来越多的科技成果应用于生产，人们的劳动强度大大降低，但劳动的复杂性却日益提高，教育在现代经济发展中的作用也日益凸现。首先，教育是科技进步与发展的基础。只有通过教育，已有的科学文化知识、劳动技能、管理技能才能被继承掌握，新的科技成果也才能被扩散传播。其次，教育也是劳动力再生产的重要条件。通过教育，劳动者获得相应的管理以及技术技能，并进而提高社会劳动生产率。再次，再教育是解决结构性失业的重要手段。在经济发展过程中，劳动力结构变化滞后于产业结构调整，为了使一部分失业人口重新走上工作岗位，必须对他们进行再教育和再培训。

因此，教育已经成为现代经济增长中的重要支点。理论以及世界各国的实践都证明了教育对经济发展的重要作用。关于教育对经济增长的作用，世界银行曾得出如下结论："劳动力受教育的平均时间增加一年，GDP 就会增加 9%，这是指头三年的教育，即受三年教育与不受教育相比,能使 GDP 提高 27%,后三年的收益减为使 GDP 年增加 4%,即其后三年的教育,可使 GDP 增加 12%。"[①]

(2) 政府教育支出的必要性。正因为教育在经济发展中的巨大作用,世界各国普遍重视教育事业的发展。

教育不是纯公共产品,增加一个学生受教育所带来的社会边际成本远远不是 0,向学生收费并将不付费者拒于校门之外亦并非难事。因此,教育是可以由私人部门提供(兴办)的,需要接受教育的人们也可以花钱"买"到这种服务。

但是,政府教育支出在世界各国十分普遍。

政府教育支出的必要性至少表现在以下三个方面。

① 政府干预教育的重要性与私人部门提供教育可能带来的收入分配方面的问题有关。更富有的家庭有能力在子女教育方面支付更多,但从社会公平的角度看,一个孩子的前途显然不应由家长的财产状况所决定。另外,让人们怀有自己的后代可能受到良好教育的希望对社会的稳定起着重要的作用。

② 教育是一种外部性特征很强的典型的准公共产品。接受教育可使学生本人获得明显的收益,即使没有政府的干预,也几乎所有的人都会去学习这样或那样的技能。但与此同时,更多的人接受教育会使社会的运转更为顺利,教育事业的发展有力地推动着全民素质的提高,通过教育,可以培养出一批高素质的后备人才,从而保证经济的可持续发展。

③ 资本市场的不完全使政府对高等教育的介入成为必要。收入分配和外部效应问题能很好地解释政府对小学、中学等初等教育的支持,但高等教育的收益更多地由学生本人获得,原则上也应由学生本人承担其成本。如果资本市场是完全的,认为自己接受高等教育的预期收益大于预期成本的人们可通过借款来取得所需资金。但是私人部门的金融机构并不愿意为教育融资,它们担心得不到偿还,于是资金不足的人就会被剥夺了受教育的机会。为了避免这种情况的发生,许多国家的政

[①] 朱柏铭,"如何认识'吃饭财政'",《财政研究》,1999 年第 3 期。

府都对高等教育提供财政支持。

（3）政府教育支出的有效配置。由于教育是一种准公共产品,因此教育支出的资金应由政府和受益者个人共同承担,然而政府承担的程度和资金的配置方式却没有统一的模式,这其中有许多值得探讨的具体问题。

政府提供教育资助的方式有两类:一是直接开设公立学校,对学生免费或收取较低的学费;二是在鼓励私人部门兴办教育的同时,提供各种形式的间接补贴,如对向私立学校的赠与免税,对助学贷款的利息免税以及对助学贷款给予担保或财政贴息等。一般地,政府对私立学校的支持相对于向公立学校的投入要少得多,有人认为,应让市场机制发挥更多的作用,以取得更高的效率,然而这可能导致较大程度的不公平。就世界各国的实践看,应针对不同的教育类别采取不同的措施:① 基础教育或义务教育,其资金来源应更多地由财政提供,以公立学校教育为主要形式。② 高等教育,应主要由受益者个人承担资金,私立学校可发挥更大的作用,而国家财政可以适当予以支持。③ 职业教育,由于其与物质生产领域有较直接的联系,带有明显的商业性,因此其资金来源应基本上由市场机制决定,由企业或受益人承担。当然,为了促进职业教育的发展,扩大就业,政府也可以适当给予支持和鼓励。

政府教育资金的配置面临着这样的选择:它应将更多的资金投向能力低的人还是投向更聪明的人?

教育资金投入的回报是个人劳动生产率的提高,如果政府追求的是国民产出的最大化,那么应将更多的资助投向能力强的人,因为能力强的人接受教育后可实现更高的劳动生产率。有些人却认为这是不公平的,政府应将公共教育支出在受教育者之间均等分配。但是,在这种情况下,有着更有利的家庭背景的人们状况仍会更好些。于是,有人进而认为政府不应仅实现教育投入均等化,而应努力实现教育产出的均等化,即补偿某些人因家庭背景带来的劣势。如果政府向能力低的人资助越来越多,向能力强的人资助越来越少,国民总产出将下降,因为对于能力弱的人来说教育的边际收益较小。这样,政府的教育投入效果就出现了效率和公平的替代关系。如图6.4所示,A点反映了政府将教

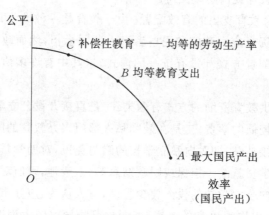

图 6.4 政府教育支出的公平—效率转换线

育资助全部投向能力强的人的情况（如提供高额奖学金），这时有助于较好地实现效率目标，但不利于实现公平目标；B 点反映的是均等分配教育资助的情况，它相对较好地兼顾了效率和公平目标；C 点则是把全部教育资助投向能力低的人的情况，最有利于实现公平，但教育资金投入带来的国民产出增加最少。显然，最终政府应选择哪一点取决于一个社会对于效率和公平的相对价值取向。如果选择公平，就会把教育支出安排在 C 点，而如果选择效率，则会把教育支出安排在曲线中的 A 点上。

也有的经济学家认为教育投入的效率—公平转换曲线应如图 6.5 所示。即对于有些家庭背景不利的人来说教育投入的边际收益可能更高，这时在一定程度上采取补偿性的教育支出政策，既有利于改善效率状况又能促进社会公平。但何种观点更符合实际状况尚需更多的实证检验。

需要指出的是，人们之间存在的受教育后劳动生产率提高程度的不同，可能是由于先天条件或者家庭环境的不同造成的。假如人们的先天条件一致，但后天的家庭环境不同，那么受教育的效果就取决于家庭教育与学校教育的关系。如果家庭教育与学校教育是互补关系，那么它就能促进学校教育效果的提高；如果家庭教育与学校教育是替代关系，

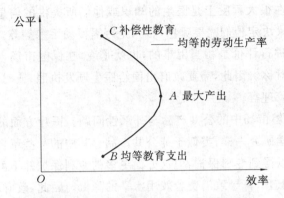

图 6.5　政府教育支出的公平—效率转换线

那么家庭教育越多,学校正式教育的收效就越小。

6.1.3　公共保健支出

(1) 公共保健支出的必要性。人民的健康水平是经济发展、社会进步的重要保证。现代社会中,工作与生活节奏高度紧张,这就要求劳动者具有强健的体魄与充沛的精力以及良好的心理素质。而这一切都需要有相应的医疗卫生设施与服务。

政府对保健市场的参与在世界各国相当普遍。

公共保健支出的必要性主要是由以下方面的因素决定的。

① 公平问题与政府对保健服务的融资。人们不管收入、财产状况如何,都应该享有充分的医疗服务,就如同投票权不应由市场机制决定(人们不可以买卖自己的选票)一样,生存和接受保健服务的权利也不应交由市场决定。而在市场机制下,人们的收入必然是有差别的,有些人因为年老、失业或患有严重的疾病难以承担所需的医疗费用,因此政府有必要介入,至少应向公民提供一个最低的医疗服务水平。

对医疗费用准予从个人所得税税基中扣除是间接的政府保健支出形式,它是纳税能力原则的必要体现。医疗费用的开支减少了人们的纳税能力,因此扣除医疗费用后的个人所得是衡量纳税能力的更好的尺度,以其作为税基能够更充分地体现税收的公平原则。

② 保健市场的不完全信息。在保健市场,当人们去看病时,他们所

要购买的在很大程度上是医生的知识或他们所提供的信息,患者要求助于医生来决定他们需要哪些药品,是否需要动手术等等。然而,对医生的服务进行评价是相当困难的,也就是说,在保健市场,存在着严重的信息不对称。因此,需要政府出面给医生颁发执照,或对医生开药的行为进行管理等。

③ 保健市场中的公共产品与外部性问题。医疗方面的研究,与许多基础科学研究一样,类似于纯公共产品。其中的某些革新,如新药的发明等可以得到专利保护,但这方面更多的专利保护并不可取,因为药品价格的上升,将导致消费者效用水平的降低。因此,政府对医药保健方面的科学研究应给予必要的财政支持。

某些疾病的防治具有外部性,尤其是传染性疾病的防治具有明显的外部正效应,治疗那些可能直接传染的疾病,不仅对病人有利,也可使别人间接受益。因此有必要制定有关隔离和强制接种疫苗的管制政策,政府也应该提供相应的公共健康服务。

(2) 保健产品有效提供的困难。当前世界各国的公共保健支出的形式主要有以下几种。

① 直接向病人或医院提供医疗补助。

② 对私人企业提供医疗保险给予税收优惠。

③ 对个人超过一定水平的医疗费用允许从个人所得税税基中扣除。

然而,保健服务的有效提供仍面临着许多困难,政府的公共保健支出在某种程度上甚至增加了发生效率损失的可能性,这主要是由保健市场的特殊性决定的,除了已经提及的不完全信息外,保健市场还具有一些与一般商品市场不同的特征。

① 保健市场的第三者付费。对于一般商品,消费者购买时要支付全部价格,他们必然要求自己的边际收益至少与所付价格(边际成本)相等。而在保健市场,真正支付大部分费用的往往是政府或保险公司,即存在第三者付费的情况,消费者要承担的仅是所付费用的一个较小比例,这必然会加剧保健市场竞争的有限性:如果医生的收费降低30%,患者可能只省下3%的费用,这并不足以抵消他对于医疗服务质量降低的担心,他宁愿医生收费提高而自己享有更高水平的医疗服务。

在缺乏竞争压力的情况下,医院提高价格自然是意料之中的事了。

② 保健市场的有限竞争。

完全竞争市场要求有许多的供给者,然而在保健市场,医院的数量是有限的。不完全信息和第三者付费也降低了保健市场的竞争性。在一般商品市场,降低价格是厂商的有效竞争手段,而在保健市场,患者是无知的,他们看到医生收取较低的费用会以为他的医术不高明。医疗服务的异质性使得价格和质量的对比十分困难,从而进一步影响了相关信息的有效发布。

③ 利润激励机制的缺乏。大多数的医院是非盈利机构,他们的目标并非是使自身提供医疗服务的成本最小化(或利润最大化),而是尽可能提高自身所提供的医疗服务的质量。由于医疗费用更多地由政府或保险公司支付,缺乏利润动机造成的后果就更为严重,医疗服务的成本很难得到有效的控制。

以上所述的保健市场区别于一般商品市场的特殊性,使得保健市场运作的结果也极为特殊,最突出的特点就是保健市场中供给曲线与需求曲线的重合。医生是保健市场的供给者,同时他们又决定着病人对保健产品的需求,供给与需求不能相互制约,市场均衡点可以由医生随意决定,从而必将导致效率损失。

(3) 公共保健制度的改革。为了纠正上述保健产品提供中的低效率,降低保健服务的成本,必须对传统的公共保健支出方式进行改革,比较典型的改革措施有以下三种。

① 增加个人负担保健服务成本的比重。如前所述,个人负担保健服务成本过低将造成对保健服务的消费过度,从而引起效率损失。

如图 6.6,D 为由消费者的边际效用决定的对保健服务的需求曲线,MC 为保健服务的边际成本线,如果全部成本都由消费者承担,则均衡的保健服务消费量为 Q_0,Q_0 符合保健服务有效提供的要求。但若个人只需承担保健服务边际成本中的一个较小部分 MC_1,而大部分费用由政府或保险公司支付,那么均衡的保健服务消费量将增至 Q_1,从而出现过度消费,效率损失如图中阴影部分三角形 BCE 所示。

针对这种情况,如果提高个人负担保健服务成本的比重,则效率损

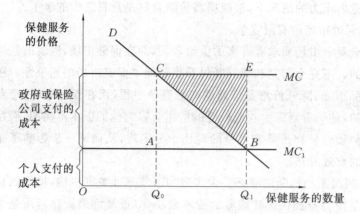

图 6.6 保健市场的需求过度和效率损失

失将相应减少。当然,如果全部保健成本均由个人承担,政府纠正保健市场失灵的作用将得不到发挥,这里有必要借鉴保险承保控制中的"共保"方法,在政府负担和个人负担之间寻求一个适当的比例。

② 促进医院之间的竞争,努力发挥利润机制的作用。可适当增加私立医院的比重。为了鼓励医院节约成本,有的经济学家建议将政府的保健支出支付给医院而非病人,对部分治疗手段规定统一的政府支付标准,医院对于节余的费用可自行支配,超支则需负担相应的成本。从动态的角度看,随着医院节约的保健支出的增加,政府就有可能削减以后年份的公共保健支出。

③ 为了克服保健市场的信息不完全问题,政府还应鼓励有关保健的价格、质量等方面的信息发布。对医疗检查作出规定,对不必要的检查不予支付,亦可在很大程度上起到节约保健成本的作用。

6.2 财政投资支出

6.2.1 财政投资概述

(1) 财政投资支出的意义。财政投资是指以国家为主体,以财政资金为来源的投资活动,它有别于一般财政消费支出,因为财政投资当期的投入,将带来未来的产出。

由于各国社会经济制度和经济发展阶段的不同,在社会总投资中,财政投资所占比重存在着相当大的差异。影响财政投资占社会总投资比重的因素主要有两个:一是社会经济制度的差异。一般地说,实际市场经济的国家,财政投资在社会总投资中所占的比重较小;在实行计划经济的国家,财政投资所占比重较大。二是经济发展阶段的差异。一般地说,发达国家财政投资占社会总投资的比重较小;欠发达国家和中等发达国家的财政投资占社会总投资的比重较大。

但总的说来,财政投资是公共支出中不可或缺的一部分。事实上,在不同经济形态、不同经济发展阶段的国家中,财政投资都在促进经济均衡、高速、持续发展方面发挥着重要作用。

财政投资有助于克服市场失灵,促进社会资源优化配置;对财政投资规模的调节还是国家进行宏观经济调控的手段。财政投资对于私人部门投资具有导向性,通过财政直接投资或参股等形式投资于某些行业,可以引导本国私人部门资本和外国资本的投资方向。

财政投资与民间投资必须按一定的客观比例进行组合,这样社会资源才能达到最有效率的配置。为了说明财政投资和民间投资与总产出的关系,我们可建立下列产出模型。

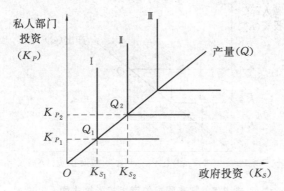

图 6.7 政府投资和私人部门投资对国民总产出的效应

在图 6.7 中,纵轴代表私人部门投资,横轴代表政府投资,Ⅰ、Ⅱ、

Ⅲ线为等产量线,反映不同的社会总产出水平。这一组等产量线呈L型,表明为达到一定的产出量,政府投资与民间投资必须保持一定的比例,为使产出增加,政府投资与民间投资亦应按照一定比例递增。例如,当私人部门投资和政府投资分别为 K_{P_1} 和 K_{S_1} 时,产出量为 Q_1,若私人部门投资增加到 K_{P_2},产出不会增加,只有当政府投资亦增加到 K_{S_2} 时,产出才增加到 Q_2,从此图中可以看出政府公共投资的重要性。

政府投资与民间资本投资应按一定比例递增,但递增有一定的先后次序问题,是同时递增,还是优先发展某一方面。从经济发展的进程看,大多数国家经历的都是不平衡的发展过程。而欧美国家和日本的发展进程又各具特色。

欧美发达国家的资本积累是从民间资本开始的,市场竞争刺激民间企业的投资欲望,使民间投资增加,从 K_{P_1} 增至 K_{P_2},但此时公共资本不足,产生瓶颈压力,产出无法继续增加,只有公共部门资本投资增至 K_{S_2} 时,产出由 Q_1 增至 Q_2。同样情况,当民间部门投资由 K_{P_2} 增加至 K_{P_3} 时,公共资本也要求由 K_{S_2} 增至 K_{S_3},此时产出才能由 Q_2 增至 Q_3,其过程如图 6.8 所示:$Q_1 \rightarrow A \rightarrow Q_2 \rightarrow B \rightarrow Q_3$,产出呈阶段性扩张。

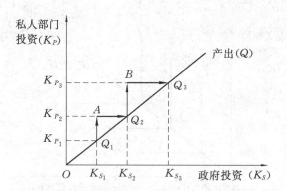

图 6.8 欧美国家的产出扩张模式图

日本的情况不同,日本属于后起的发达国家,在发展过程中政府投资的推动作用十分明显,其公共投资的增长享有优先发展的地位,往往是公共资本扩大了,民间资本再随之而增长,如图 6.9,政府部门积极从事财政投资,使公共资本从 K_{S_1} 增至 K_{S_2},产生"乘数扩张"的效应,使民间部门获得了良好的投资环境和获利机会,使民间资本由 K_{P_1} 上升为 K_{P_2},产量则由 Q_1 增加至 Q_2,若产出量达到 Q_2 发生停滞时,政府部门再通过财政投资融资使社会资本由 K_{S_2} 增加至 K_{S_3},民间资本随之由 K_{P_2} 增至 K_{P_3},产出量得以提高到 Q_3,增长的路径为 $Q_1 \to C \to Q_2 \to D \to Q_3$。

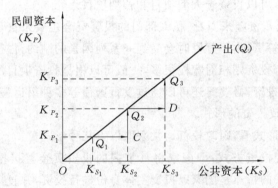

图 6.9 日本的产出扩张模式图

发展中国家的资本积累基本上也属于后一种类型,政府部门的投资往往是经济增长的发动机。正如马斯格雷夫(R. A. Musgrave)和罗斯托(W. W. Roster)的公共支出结构发展模型所揭示的:在整个经济发展过程中,GNP 中总投资的比重上升,但政府公共投资占 GNP 的比重趋于下降。经济发展早期,政府投资在很大程度上替代了私人投资,在总投资中占很大比重;经济发展中期,公共投资占 GNP 比重下降,对私人投资起补充作用;一旦经济达到成熟阶段,公共支出将从基础设施支出转向不断增加的教育、福利服务等其他方面。

(2) 财政投资的特点。财政投资与私人部门投资相比,主要具有以下几个方面的一般特点。

① 从投资目标看,私人部门投资多以利润最大化或股东利益最大化为目标,更多考虑投资的内部成本和收益,而较少考虑投资的外部成本和外部收益;而财政投资的出发点正在于为经济发展提供必需的基

础设施和良好的外部条件,追求社会效益是政府财政投资的重要目标。当然,这并不是说政府财政投资不要考虑经济效益,在政府财政投资方向一旦确定后,在具体使用投资资金时,就要进行成本—收益分析,考虑其经济效益。

② 从投资领域看,由于投资目标的差别,两者在投资领域或范围上自然有所不同。经济利益目标使得私人部门倾向于投资市场化程度较高,投资期短,收益快的项目;而政府财政投资则更多涉及存在市场失灵的领域,可以投资于大型项目和长期项目。

③ 从投资资金来源看,私人部门的投资资金主要来自于自有资金及各种社会筹资,由于筹资时会受到一系列因素的制约,往往投资规模有限;而政府投资则相对宽松很多,一般可以根据投资项目所需资金规模拨款进行投资,必要时还可以通过发行国债等多种渠道筹资。

(3) 财政投资的形式。

从投资形式看,财政投资通常采取以下几种形式。

① 直接投资方式,即国家将其掌握的投资资金直接投入投资领域,这种方式的特点是国家以投资主体身份进行投资,并直接经营投资项目;

② 对国有企业投资,这在发展中国家比较常见,据有关统计,发展中国家国有企业至少实现资本形成总额的 25% 左右[①]。

③ 股份投资方式,即财政投资作为投资方之一,与其他投资主体一起,通过购买股票或合资,共同参与投资、管理和收益分配。这种方式实现了投资主体的多元化,有利于补充财政投资资金的不足,明确投资主体的责权利关系,并加强资本的流动性。这是一种比较灵活的投资方式。

在市场经济条件下,政府投资项目尤其是基础设施项目所需投资数额巨大,政府很难完全满足其投资需求,这时有必要以政府筹资为主,同时鼓励和吸收各方投资参与。典型的做法一般是按照统一规划,首先由国家开发银行等政策性银行,通过财政投融资和金融债券等渠

---

① 陶文达主编:《发展经济学》,四川人民出版社 1992 年版,第 403—404 页。

道筹集资金,然后采取政府控股、参股和政策性优惠贷款等多种形式进行投资。从项目管理级次上讲,地方政府负责地区性的项目建设,中央政府只负责国家重大项目的建设。而在公共基础设施项目的建设与经营上,则由项目法人主体对决策筹划、筹资、建设直至生产经营、归还贷款本息以及资产保值增值的全过程负责。

6.2.2 财政投资的主要领域

财政投资对国民经济的健康发展起着重要的促进作用,但这一良好作用的发挥必须建立在财政投资介入适当领域的基础上,典型的财政投资领域主要有自然垄断的行业、基础产业、高科技产业、农业等。

(1) 自然垄断与财政投资。自然垄断是市场失灵的重要表现。在电话、供电、供水等规模经济显著的行业,产品平均成本递减的情况持续到产量很高的阶段。大企业由于成本较低,往往能在竞争中占据有利地位,从而形成垄断。另外,如果该行业的固定资产主要是专用设备,相当数量的投资一旦进入该行业就无法撤出,成为沉淀成本(Sunk Cost),潜在的竞争者考虑到这种退出壁垒的存在,不会愿意加入竞争,于是垄断者的垄断地位进一步得到巩固。

垄断者必将通过提高价格、限制产量来获取垄断利润,从而对社会福利造成损失。

如图 6.10 所示,在自然垄断行业,平均成本递减,边际成本小于平均成本,边际成本线 MC 处于平均成本线 AC 的下方。为了使利润达到极大,厂商的均衡产量在 Q_1 处,此时厂商的边际收益等于边际成本,均衡价格为 P_1。如果依社会福利极大化的要求按边际成本定价,价格为 P_0,则产量可达到 Q_0。显然

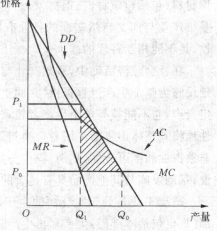

图 6.10 自然垄断的生产者均衡

$Q_0 > Q_1, P_0 < P_1$，图中阴影部分为福利损失。

为避免垄断带来的福利损失,世界各国政府对自然垄断行业都或多或少地进行干预,采取的措施主要有两种。一是对垄断企业进行管制:最优的方案是要求企业按边际成本定价,但此时厂商无法补偿其生产成本,必将遭受亏损,故应由政府给予补贴;次优的方案是要求企业按平均成本定价,在不盈不亏的状态下维持经营。二是对自然垄断行业直接由公共部门来投资经营。由于所提供的产品的边际成本不为零,所以应向使用者收取相应的费用以避免过度消费。

政府投资于相关行业兴办国有企业是纠正自然垄断造成的市场失灵的重要做法在邮政、铁路、通讯、民航、电力等行业,国有企业的介入相当普遍。当然,管制和补贴也是可供选择的措施,但补贴在这里实质上也是一种财政投资性支出,只不过采取了一种间接的方式。

(2) 基础产业财政投资。基础产业是支撑一国经济运行的基础部门,它决定着工业、农业、商业等直接生产活动的发展水平。一国的基础产业越发达,该国的国民经济运行就越顺畅,越有效,人民的生活也越便利,生活质量相对来说也就越高。基础产业又包括基础设施和基础工业。基础设施主要包括交通运输、机场、港口、桥梁、通信、水利和城市供排水、供气、供电等设施;基础工业主要指能源(包括电力)工业和基本原材料(包括建筑材料、钢材、石油化工材料等)工业。读者可能会发现基础产业与前文自然垄断的行业有所重叠,但两者显然具有各自的特性,是不能相互替代的。

在社会经济活动中,基础产业与其他产业相比,具有不同特征。基础设施为整个生产过程提供"共同生产条件"。作为共同生产条件的固定资产,它不能被某单个生产者独家使用,亦不能被卖者当作商品一次性地将其整体出售给使用者。换句话说,它在一定程度上具有公用性、非独占性和不可分性,从而具有"公共产品"的一般特性。从另一个角度说,基础设施与其他产品具有显著的互补性。

基础工业是处于"上游"的生产部门,其所提供的产品是其他生产部门(也包括本部门)生产和再生产时必需的投入品,如能源和原材料。基础工业所提供的产品的价格,成为其他部门产品成本的组成部分,它们的价格变动具有很强的连锁效应,如果上涨过快,极易触发总体经济的通货膨胀。

无论是基础设施还是基础工业,大都属于资本密集型行业,需要大量的资本投入,而且建设周期长,投资回收慢,私人部门往往不愿意也没有能力介入,因此只能依赖国家财政投资提供资金。特别是在发展中国家,经济发展尚处于初期阶段,而基础产业是经济起飞的前提条件,发展中国家的私人部门往往不够强大,无力进行这方面投资,所以,发展中国家的基础设施更应由政府投资。否则,当加工工业发展之后会出现瓶颈效应,延缓经济发展的进程。

(3) 高科技产业财政投资。随着知识经济时代的到来,高新技术产业将逐步成为主导产业。从性质上讲,这一产业不同于基础产业,因其一旦投资成功回报率就较高;但也不同于一般的竞争性行业,因其具有较大风险。从前者出发,高新技术产业没有必要一定由政府作为投资主体直接投资;但从后者出发,单个企业作为投资主体不仅资金力量有限,而且投资风险过大,也不适宜。因此借鉴国际经验、建立管理规范的风险投资基金作为投资主体是较理想的途径。为了促进风险投资基金的发展,财政税收政策有必要从多方面予以支持,如对风险投资基金的投资收益、技术成果转让、高科技产品销售收入等给予一定的税收优惠,以及运用信用担保、财政贴息等政策措施支持风险投资行业的发展。当然,航天、遗传工程等某些特殊的尖端科技产业,由于私人资本力量的局限,仍旧需要政府直接投资。

(4) 农业财政投资。"农业是国民经济的基础"。农业发展对于国民经济发展的重要意义是毋庸置疑的。但农业又是一个特殊的生产部门。从农产品供应来看,它受气候及其他诸种条件的影响,不仅波动很大而且具有明显的周期性。在另一方面,对农产品的需求却是相对稳定的。以相对稳定的需求和不规则波动的供给为特点的农产品供求关系的不稳定,会使农业部门的生产经常处于不稳定状态。这使得农业危机很难依靠自身的力量通过市场加以克服,从而强烈地干扰国民经济的正常运行。所以,为了稳定农业,并进而稳定整个国民经济,政府必须广泛介入农业部门的生产和销售活动,将农业的发展置于政府的管理之下。

就发达国家的实践看,农业发展问题始终受到政府的高度重视。农业发展的根本途径是提高农业生产率,提高农业生产率的必要条件之一是增加对农业的资金投入。纵观世界各国的经验,财政对农业的投资范围主要集中于以水利为核心的农业基础设施建设、农业科技推广、农村教育和培训等方面,这些领域的特点是投资量大、投资期限长、牵涉面广,投资以后产生的收益不易分割,因此不可能也不适宜由分散的农户独立进行,必须由政府财政进行投资。

6.2.3 财政投融资和政策性银行

政府投资并不意味着完全的无偿拨款。因为在上述政府投资领域,最终都将形成收益,这正是政府投资支出和消费支出的区别所在。只不过因为获益周期长或风险过大或收益不稳定等因素,私人基础产业投资、高科技产业投资及农业投资面临许多困难。在自然垄断领域,政府投资的收益更加有保证,问题在于为了纠正市场失灵,政府不应谋求高额的垄断利润。

国际经验表明,将财政融资的良好信誉与金融投资的高效运作有机地结合起来,是发挥政府投资作用的最佳途径。

财政投融资是一种政策性投融资,它不同于无偿拨款,也不同于商业性投融资。在基础产业等政府投资领域,经营目标不是利润最大化,而是产量最大化和成本最小化,产品的定价受政府直接或间接调控,企业无法满足商业性融资要求的安全性、流动性和盈利性目标,因此政策性投融资成为重要的财政投资性支出方式。

财政投融资具有下述基本特征:(1)它是在大力发展商业性投融资渠道的同时构建的新型投融资渠道。(2)财政投融资的目的性很强,范围严格限制于需要政府扶持或保护的基础产业等部门。(3)财政投融资并不脱离市场,而是对市场的资金配置起补充调节作用。(4)财政投融资的方式和资金来源是多样的,既可通过财政预算取得资本金,也可通过信用渠道融通资金;既可通过金融机构获取资金,也可通过资本市场筹措资金,部分资金甚至还可以从国外获得。

国外建立财政投融资制度,比较成功的经验是发展政策性银行。实际上政策性银行既不是银行,也不是制定政策的机关,而是执行有关长期性投融资政策的机构,类似开发署的性质。对于投资优先部门的划分、政策性贷款总额、有息补助或本金的偿还等政策选择问题,并非完全由其自身决定,而是通过特定的计划安排和审批程序进行。它在很大程度上充当着政府投资的代理人,把计划、财政、银行的政策性投融资业务结合起来,形成有效的政府投资运作机制。

一般来说,政策性银行的资本金,主要应由政府预算投资形成。为此,需要在预算上单列一笔政策性投资基金,并把它与经常性预算分开。在政策性银行的负债结构中,长期性建设国债、集中的邮政储蓄和部分保险性质的基金应占有重要份额。此外,直接对商业银行和其他非银行金融机构发行金融债券,也是重要的投资资金来源。

本章内容提要

1. 财政消耗性支出是政府各部门的消费和投资性支出。比较重要的财政消费支出有国防支出、公共教育支出、公共保健支出等。

2. 国防是一种典型的纯公共产品,必须而且只能由政府提供。国防支出的合理预算规模可从一般均衡和局部均衡的角度进行分析,计划—方案—预算制度则提供了相对更为可行的规则。

3. 出于对收入分配、外溢性、资本市场不完全等问题的考虑,各国的政府教育支出十分普遍。政府通过直接开设公立学校、对私立学校提供补贴、税收优惠等方式对基础教育、高等教育和职业教育领域进行不同程度的介入。政府教育资助更多投向能力强的人还是能力弱的人主要取决于在效率和公平目标之间权衡的结果。

4. 政府公共保健支出的必要性除源自于对公平和外溢性等问题的考虑外,更重要的是由于保健市场的特殊性。保健市场具有不完全信息、第三者付费、有限竞争、利润激励机制缺乏等特点。为了纠正保健产品提供中的低效率,必须对传统的公共保健支出方式进行改革。

5. 财政投资与私人部门投资必须按一定的客观比例进行组合,以达到最有效率的社会资源配置水平。发展中国家的政府投资尤其是经济增长的发动机。

6. 财政投资的形式有直接投资、国有企业投资和股份投资。典型的财政投资领域主要有自然垄断行业、基础产业、高科技产业、农业等。发展财政投融资和政策性银行是发挥政府投资作用的较好途径。

本章基本概念

财政消耗性支出　政府投资　政府消费　计划—方案—预算制度　保健市场的第三者付费　财政投融资　政策性银行

本章思考题

1. 试析公共教育支出和公共保健支出的必要性。
2. 国防预算的合理规模应如何决定？
3. 保健市场的特殊性表现在哪些方面？如何改革公共保健支出机制？
4. 政府投资与私人部门投资的关系怎样？
5. 政府投资应介入哪些主要领域？分别应采取怎样的适当方式？

7 公共财政转移性支出

公共财政转移性支出直接表现为政府财政资金的无偿的、单方面的转移,包括各种财政补贴、补助、养老金、失业救济金、捐赠、债务利息支出等。从部分国家公共财政支出结构情况可以看出,发达国家转移性支出在财政总支出中所占的地位越来越重要。本章主要介绍财政转移性支出的两项重要内容:社会保障支出和财政补贴。

7.1 社会保障支出

社会保障支出是政府转移性财政支出中的重要部分。它以转移支付的方式保证贫困线以下的社会成员的生活,通过与市场机制的配合,实现一个更为公平的收入分配。它还为年老、失业、生病、残疾的社会成员提供了生活保障,使他们安居乐业,创造了稳定的经济环境。社会保障在人们的生活中起着重要作用,但人们并不是从一开始就认识到了这一点。社会保障制度的建立是一个渐进的过程。

19世纪80年代,在由工场手工业过渡到大机器工业阶段的人类社会第一次科学技术革命发生20年后,在工人运动浪潮的推动下,德国的俾斯麦政府颁布了疾病、工伤和养老三项社会保险立法,建立了世界上第一个社会保障制度,开创了社会保障的先河。以后各国陆续颁布了有关法律、法规。20世纪30年代,世界性的经济危机使西方各国更深刻地认识到社会保障的重要性,纷纷建立社会保障制度。

7.1.1 社会保障支出的资金来源及其筹集方式

(1) 社会保障支出的资金来源。稳定的资金来源是社会保障制度顺利实行的必要前提。在各国的实践中,用于社会保障支出的资金主要来源于两个渠道:一是社会保险税,二是财政支出中的转移支付。这两个来源都与政府强制力有关,主要区别在于:社会保险税的资金具有专款专用的性质,具有较高的透明度,受保人与投保人有对称性,社会保障收入可以根据所交纳的社会保险税按一定比例计算出来。财政支出中的转移支付则不同,提供资金来源的社会成员不一定是接受转移支付的社会成员。即使是同一人,其接受社会保障的收入也同他交纳的税收(社会保障资金的最终来源)无关,即收入与支出的权利义务是不对等的。原本拥有这笔资金的社会成员,一旦将资金以税收的形式(社会保险税除外)缴纳给政府,就失去了对这笔资金的所有权、使用权。而接受收入补贴的社会成员也无需对取得这笔资金支付任何代价。

不同的社会保障资金来源对社会公平与效率的影响也是不同的。

社会保险税对于协调有收入的社会成员的公平和社会效率是行之有效的。首先,同商业保险相比,社会保险采用社会保险税的方式更为公平。征收社会保险税实行社会保障有利于防止商业保险中可能出现的"逆向选择"。在商业保险中,某一固定的保险费率总是相当于该保险项目的平均风险。风险高的投保人投保,保费支出代表的风险水平低于可能出现的风险,风险低的投保人投保,保费支出代表的风险水平高于可能出现的风险。于是,低风险的投保人退出该保险,该保险项目平均风险增大,保险费用提高。然而,没有退出的投保人中仍然有风险差异,较低风险的投保人不愿承担不相称的高费用,又会退出。如此周而复始,该商业保险的保费不断提高,投保人不断减少,最后的结果必然是该保险项目无法支持或少数高风险者以高费用投保。在社会保险的各个项目中,投保人的风险与收入一般不成正比,若实行商业保险可能导致高风险但并非高收入的社会成员承担高额保险费用,社会分配趋向更不公平。

开征社会保险税,实施社会保险,可以以强制力要求风险小的社会成员参与保险,避免了高风险但非高收入的社会成员承担高额保险费。同时由于低风险的投保人加入,保险费用将降低,这实际上是用社会保险税的形式,将收入在不同风险的社会成员中再分配,维护了高风险的社会成员的利益,使社会收入更趋于公平。其次,社会保险税与财政转移支出作为社会保险的资金来源相比,具有更高的透明度与权利义务对等性,使高收入的社会成员在缴纳较多的保险税后能取得较多的保险收入,有利于保持高收入者的工作积极性,维持社会效率。

由此可见,社会保险税可以看作商业保险与财政转移支出在公平与效率之间的一种折衷选择,它既不会导致商业保险中低收入者承担高费用,又不会明显降低高收入者的工作积极性,是一种兼顾公平与效率的做法。

但是,社会保险税并非十全十美,对于收入极低或零收入的社会成员,因其没有可以用作投保的资金,无法参与社会保险,社会保险所产生的保险收入及"高收入、高保障"对他们是没有意义的。另外,社会保障中有一类项目,虽然具体的保障收入归属于一部分社会成员,但实际上具有全社会的意义。如对现役军人的补贴,虽然得到补贴的是现役军人,但它起到了优待军人、使他们安心服役的作用,更好地加强了国防力量,有利于社会的每一个成员。这一类保障项目与公共产品有密切的联系,一旦有人提供,其他人可以无偿地享受到好处,社会成员就倾向于"搭便车",于是这一类的支出不适合社会保险税较为透明的原则,而需要政府以转移支出的方式提供。由此,财政转移支付作为社会保障的资金来源,对于社会保障的部分项目是十分有效的。

(2) 社会保障支出的资金筹集方式。在目前各国的实践中,社会保障资金的筹集方式主要有两种模式:基金制与现收现付制。它们都有特定的优势,同时也存在着不可避免的问题。

① 基金制与社会经济情况的矛盾。基金制,顾名思义,就是指受保人接受的社会保障补助来源于他本人、他的单位和国家在以前年份的积累。这种筹集资金的方式,一般就积累基金有明确的规定,以保证受保人在将来可以取得稳定的收入。当外部经济环境发生较大的变化时,基金制筹集的资金不能做出相应的反应,从而可能造成正向或反向的

受保人收入缺口。如某一投保人及其单位等按规定每年缴纳部分收入积累养老基金,他退休后每年可取得700元的养老保险收入,维持中等收入水平。但当他实际退休后,物价水平上涨,每月700元的收入只能维持较低的生活水平,此时,他的福利就受到了损害,社会保障就未能达到预定目标。

② 现收现付制与人口数量变化的矛盾。现收现付制是指政府用每年收缴的投保资金支付当年应付的社会保障费用。拿养老基金来说,即目前退休人员取得的养老金来源于在职人员交纳的社会保险费。采用现收现付制比较灵活,可以及时调整,因此它可以顺利地避免基金制可能出现的问题。当物价上涨时,只需调高社会保险税率,即可保证退休人员的生活水平。但是现收现付制只能适应人口数量较为稳定的社会或国家,人口数量变化较大将引起"跨代分配不公平",甚至现收现付制的无法维持。假定每年出生的人口数量呈周期性变化,这将导致在职人口数与退休人口数也呈周期性变化,后两者周期往往不能适中统一。在现收现付制下,很有可能导致人数较少的就业人群负担人数较多的退休人群的社会福利保障,而当人数较少的就业人群退休时,新就业人群高峰仍未到达,则人数较少的退休人群福利状况与他们创造的社会效益明显不对等,与基金制相比,他们的部分福利被前一代人取得了。现收现付制造成了社会成员"代与代"之间的分配不公。在人口加速老龄化的国家,由于老龄人口急速膨胀,就业人口负担的社会保障支出越来越多,现收现付制还可能面临无法维持的危机。

基金制与现收现付制在一定情况下都可能出现危机,于是产生了介于两者之间的部分基金制,它在实行现收现付制的同时,进行部分基金积累,从一定程度上缓和了基金制与现收现付制可能出现的矛盾。但它也只能在一定范围内行之有效,对于剧烈变动(经济情况或人口数量),部分基金制仍是不能应付的。

社会保障资金的三种筹集方式,各自适应一定的社会状况:基金制可以在人口老龄化的国家顺利实施,但需要社会经济状况较为平稳。现收现付制可以适应变化的社会经济状况,但当人口数量变化大时可能不能适应。部分基金制则是介于两者之间的。在一定社会经济背景下,实施合理的社会保障资金筹集制度是确保社会保障制度顺利实施的必要前提。

7.1.2 社会保障支出的经济影响

(1) 社会保障支出对宏观经济的影响。首先,社会保障支出有利于经济的平稳发展。社会保障支出基于"社会福利分配公平"的原则,在一定条件下为社会成员提供基本生活保障,使社会成员能安居乐业,能够比较有效地避免因基本生活需要无法满足而导致的社会动荡。此外,社会保障支出还具有"自动稳定器"的作用。社会保障支出一般以制度的形式固定下来,符合一定的条件才能享受社会保障的收入援助。当经济衰退时,符合条件的社会成员增多,社会保障支出增多,能刺激消费带动经济复苏;当经济过热时,有资格取得社会保障援助的人数减少,一定程度上抑制了消费的过度增长。因此,社会保障支出除了能提供稳定的经济环境外,还具有熨平经济波动的作用。

其次,过高的社会保障支出可能削减社会投资。社会保障支出一般落实到各个社会成员,最后转化为个人消费或储蓄,用于投资的除了经储蓄间接转化之外基本没有。而对于接受社会保障援助的、生活基本需要尚未满足的社会成员来说,大部分的援助资金将会转化为消费。因此,社会保障支出实际上是对投资的挤出。过高的社会保障支出将影响社会资源的均衡分布,对宏观经济产生负面影响。

由此,合理的社会保障支出辅助宏观经济平稳运行,过高的社会保障支出则会影响社会资源的有效配置。

(2) 社会保障支出对劳动力市场的影响。社会保障支出落实到社会成员的性质,使得它对于劳动力市场具有较为直接和深远的影响。具体说来,有以下几个方面:

首先,社会保障支出有利于不同地区、不同企业之间劳动力的流动。社会保障支出将劳动者的个人保障资金从各个企业中提取出来,采用集中管理的方式,其运作与发放同劳动者所处的企业关系不大,由此解除了劳动者调换就职单位的有关个人保障问题的后顾之忧,有利于劳动力资源的流动与合理分配。

其次，社会保障制度中的养老保险起到降低就业人口退休年龄、减少就业人口的作用，特别是在衰退行业和经济效益不佳的行业。对于个人劳动者，在没有社会保障的情况下，为了实现预期的退休后享受的福利待遇，他必须工作一定的年限，积累足够的资金。实行社会保险将使企业和国家一同作为资金的积累者，资金积累的年限可能减少。在衰退行业或效益不佳的行业，在有社会保障的前提下，劳动者将更倾向于提前退休。

具体地说，假定劳动者按正常年龄退休，每年可取得的养老金的数额为 A，若提前退休 n 年，则每年的养老金数额下降 Δa，为 $(A-\Delta a)$，在这几年内原可取得的工资每年为 w，如图 7.1 所示，其中 P 点为正常退休时点，O 点为提前退休时点。将各年的收入金额贴现，假定贴现率为 i，劳动者提前退休的收益与成本可分析如下。

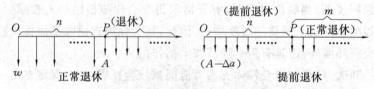

图 7.1 提前退休成本、收益分析

以 O 点为分析的出发点，劳动者提前退休的收益和福利为 O 点起 n 年的养老金 $(A-\Delta a)$，贴现到 O 点为 $(A-\Delta a) \times PVIFA(i,n)$——PVIFA 为年金现值系数，$PVIFA(i,n) = \dfrac{(1+i)^n - 1}{i(1+i)^n}$（$0 < PVIFA(i,n) < 1$）——以及 n 年闲暇所获得的满足，用 $F(n)$ 表示。提前退休的成本为 n 年工资的贴现 $w \times PVIFA(i,n)$ 和 n 年以后每年养老金的增量 Δa 的贴现，假定劳动者正常退休 m 年后死亡，则 Δa 的贴现值为 $\Delta a \times (PVIFA(i,m+n) - PVIFA(i,n))$。由此，总收益为 $(A-\Delta a) \times PVIFA(i,n) + F(n)$，总成本为 $w \times PVIFA(i,n) + \Delta a \times (PVIFA(i,m+n) - PVIFA(i,n))$。

在衰退行业或效益不佳的行业，正常退休前的工资较低，而且，一般地，养老金的数额与劳动者个人及企业上缴的资金数额密切相关，本身效益不佳的企业自然没有能力支付较高的养老基金，由此而引起的退休后每年养老金的增加也是有限的。因此，提前退休的总成本在衰退行业一般不会太大。相反地,总收益中的闲暇满足$F(n)$却有可能比一般企业的职工更高,因为离开衰退企业并享受生活的闲暇所获得的满足感一般会大于放弃满意的职位享受闲暇的满足感。由此,经济效益越差的企业,职工就越倾向于提前退休。对于企业,实行社会保障意味着必须为其所雇佣的劳动力支付一定比例的社会保险基金,使用劳动力的成本提高,即在劳动力市场上,需求曲线不变的情况下,供给曲线提高,如图7.2,劳动力需求量将减少,这同劳动者在有社会保障的情况下倾向于提前退休是相适应的。同样地,在衰退企业,职工的社会保障支出将给企业带来更加沉重的负担,减少雇佣的劳动力人数和现职职工提早退休是最直接而且有效摆脱负担的方式。

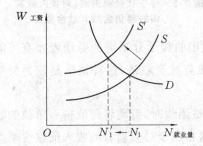

图7.2 实行社会保障对均衡就业量的影响

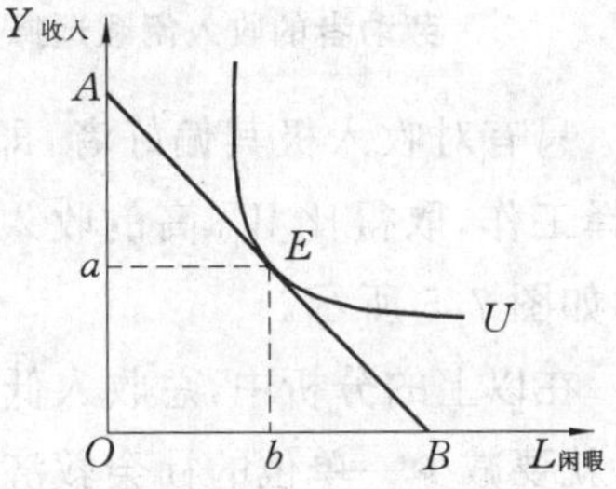

图7.3 不考虑社会救济时,劳动者的收入与闲暇选择

第三,社会保障支出中的社会救济可能引起"贫困陷阱"的出现,即当劳动者工作收入低于一定程度时,劳动者将选择放弃工作或减少工作时间,依靠社会救济维持生活如图7.3,假定在没有社会救济的情况下,劳动者要取得收入就必须放弃闲暇,收入越高,闲暇时间越短,从而形成了劳动者的预算曲线AB,依据效用最大化原则,劳动者效用曲线U与AB相切的点就是均衡点,从而劳动者将b小时花费在闲暇上,其余时间取得收入a,达到在预算曲线约束下的最大效用U。

若存在社会救济,规定劳动者收入为0时可无偿取得社会援助收入W_0,即W_0为贫困线,一旦劳动者获得劳动收入$a(a<W_0)$,其获得的社会救济将减少为(W_0-a),在此情况下,劳动者的预算曲线变为ACB,当劳动者收入低于W_0时,社会救济将使其收入提高为W_0。在预

算曲线 ACB 的约束下,一般地,劳动者将在 B 点获得最大效用,即全部时间都用来享受闲暇,取得社会救济 W_0,如图 7.4 所示。

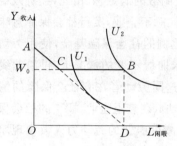
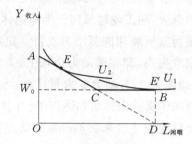

图 7.4 考虑社会救济时, 劳动者的收入闲暇选择

图 7.5 存在社会救济时,对收入极其偏好者仍会放弃社会救济

只有对收入极其偏好者,即效用曲线十分平坦的劳动者才有可能选择工作,取得比 W_0 高的收入、放弃社会救济,这种情况是较为少见的,如图 7.5 所示。

在以上的分析中,总收入低于贫困线时,劳动者每取得一单位的收入,就要减少一单位的社会救济,这相当于对劳动者的收入征收税率为 100% 的税收。虽无明确规定,却达到了税收效果,这称为隐含税率,如美国对抚养儿童的困难家庭的补助(Aid to Families with Dependent Children,AFDC)就基本上符合以上的分析,但仍有许多社会救济项目救济金额的减少不等于低收入者收入的增加,下面分两种情况分析:

① 社会救济项目金额减少数小于收入增加数,即隐含税率小于 100%。如低收入者每取得一元的收入,社会救济金额减少 0.6 元,其隐含税率为 60%(0.6/1 × 100%)。如美国福利支出中的社会保险附加支出(Supplemental Security Income,SSI)就是隐含税率为 50% 的社会救济项目。为分析方便,仍假定收入为 0 时,社会成员将获得 W_0 的社会救济,以后每增加一单位的收入,社会补助减少 $\lambda(0 < \lambda < 1)$ 单位。假定无社会救济时预算曲线为 $Y = k \times L + b$(Y 为收入,L 为闲暇),则有社会救济时,$Y' = Y \times (1-\lambda) + W_0 = k \times (1-\lambda) \times L + W_0(1-\lambda) \times b$。当 $Y' > Y$ 时,表现在坐标系中就是一条经过点 B 比原

预算曲线更为平坦的负向斜率的线段 CB，由此可确定预算曲线 ACB（当 $Y'<Y$ 时，仍采用原预算曲线），与效用曲线相切，切点为 D，同原均衡点比较，D 点闲暇时间更长，也就是有了社会救济人们可能减少工作时间，但并不一定完全放弃工作。由此可见较低的隐含税率一定程度上使人们更倾向于闲暇，但它的影响不如 100% 隐含税率的项目大。

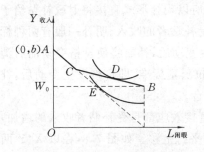

图 7.6　小于 100% 的社会救济
　　　　隐含税率对劳动者收入
　　　　与闲暇选择的影响

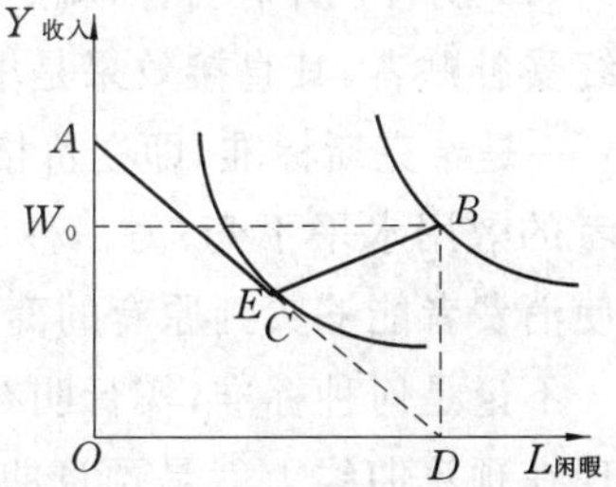

图 7.7　大于 100% 的社会救济
　　　　隐含税率对劳动者收入
　　　　与闲暇选择的影响

② 社会救济项目救济金额减少大于收入增加额，即隐含税率大于 100%。按类似的方法，假定收入为零时，社会补助为 W_0，每增加一单位收入，补助将减少 λ 单位 ($\lambda>1$)，存在社会救济，即 $Y'>Y$ 时，预算曲线为 $Y'=k\times(1-\lambda)\times L+W_0(1-\lambda)\times b$，即过点 B 的正向斜率线段 CB，从而确定预算曲线 ACB，均衡点由 E 变为 B，社会成员选择完全放弃工作，将全部的时间用于享受闲暇。

总的说来，社会救济方案将使一部分原本收入比较低的社会成员放弃工作或减少工作时间，其影响程度同隐含税率有密切的关系。隐含税率的减小有利于提高劳动者的工作积极性。从劳动力市场角度，社会救济将使一部分低收入的劳动者退出劳动力市场。

7.2　财　政　补　贴

财政补贴，是指国家为了实现特定的政治、经济和社会目标，在一定时期内向生产者或消费者提供一定的补助或津贴。它不要求接受者支付对等的代价,因此和社会保障支出一样,属于财政转移性支出的范畴。

7.2.1 明补和暗补

财政补贴最为基本的两种形式就是明补和暗补。

(1) 明补。所谓明补,就是指政府以现金形式直接将财政补贴给予最终受补贴者,其直接效果是增加受补贴者的收入。明补一般有两种标准:一是希克斯标准,即在价格发生变动后,补贴将使价格变动前后消费者的效用水平不变;另一种为斯拉茨基标准,即价格发生变动后,补贴使消费者能够买到原有的商品组合。

不论是何种标准,实行明补的直接效应都是受补贴者收入的增加,表现在预算曲线上就是预算曲线的平行上移。如图 7.8,在以 X、Y 两种商品数量为横、纵轴的坐标系内,AB 为补贴前的预算曲线,A 点代表全部收入都用作购买 Y 商品时,能购得的 Y 商品的量,即收入/Y 商品价格,B 点则相应地表示全部收入用于购买 X 商品时购得 X 商品的数量(收入/X 商品价格),预算曲线的斜率 $OA/OB=$(收入/Y 商品价格)/(收入/X 商品价格)$=P_X/P_Y$,即 X、Y 商品的相对价格。实行明补后,两商品相对价格不变,即斜率不变,但全部收入用作购买 X 或 Y 商品时,数量均增加了,因此,补贴后的预算曲线 CD 为与 AB 平行的、更远离原点的直线。在坐标系中加上效用曲线可以粗略地看到,由于补贴的作用,受补贴者的效用水平会提高,如图 7.9 所示。

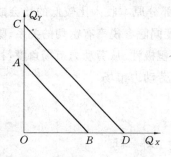

图 7.8 明补对受补贴者预算曲线的影响

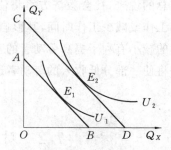

图 7.9 明补与受补贴者效用的提高

希克斯标准和斯拉茨基标准不仅将明补标准与补贴前(价格变动后)比较,而且将价格变动前的受补贴者效用也考虑在内。采用不同的明补标准将会有不同的结果。

① 采用希克斯标准。如图 7.10,假定补贴前的预算曲线为 AB,与效用曲线 U_1 相切于均衡点 E_1。若 Y 商品价格由于某种原因而提高,预算曲线向内侧旋转为 AC,均衡点为 E_2,效用水平下降为 U_2。为了不使人们福利下降,政府在 Y 商品提价后实行明补,依希克斯标准,预算曲线将以 AC 为基准向外平移,直至与 U_1(价格变动前效用水平)相切,DF 为新的预算曲线。

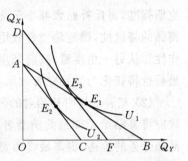

图 7.10　采用希克斯标准时受补贴者效用的提高

② 采用斯拉茨基标准。如图 7.11,与上述假定相同,AB 为原预算曲线,AC 为 Y 商品提价后的预算曲线,价格上升使人们的效用水平从 U_1 下降至 U_2。在斯拉茨基标准下,预算曲线从 AC 平行外移直至通过原有商品组合点 E_1 点,新的预算曲线为 $D'F'$。由于 $D'F'$ 平行于 AC,而 AC 与 AB 相交,因此 $D'F'$ 与 AB 相交,又 AB 与 U_1 相切,$D'F'$ 必然与 U_1 相交,由此可以得出两个具有经济意义的结论①U_1 与预算曲线 $D'F'$ 相交,则 U_1 并非最高效用水平,存在效用水平 $U_3(>U_1)$ 与 $D'F'$ 相切,即采用斯拉茨基标准,尽管受补贴者可以购买到原有商品组合,但他会继续进行调整(至 E_3),以实现更高效用水平。② 比较 DF 与 $D'F'$,DF 与 U_1 相切,$D'F'$ 与 U_1 相交,由效用曲线凸向原点的性质可知,DF 代表的收入水平必然低于 $D'F'$,即采用斯拉茨基标准,政府的财政补贴支出将更高。

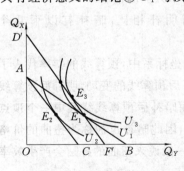

图 7.11　采用斯拉茨基标准时受补贴者效用的提高

在实践中,斯拉茨基标准应用更为广泛,虽然它意味着较高的补贴支出,但希克斯标准涉及到效用曲线,过于抽象,难以确定补贴的量。如每斤鸡蛋价格从1元上升到3元,按斯拉茨基标准,每斤鸡蛋补贴现金2元即可使消费者买到与补贴前同样数量的鸡蛋和其他商品。采用希克斯标准,每斤补贴数额小于2元,但准确数额必须在考察鸡蛋和其他商品的替代性,确定消费者效用曲线后才能决定,在实践中不具有可操作性。从另一角度看,政府采用斯拉茨基标准所提高的财政补贴支出,最后也将转化为受补贴者效用水平的提高,并非完全的效率损失。

(2) 暗补。与明补相对的另一种补贴形式是暗补。所谓暗补,就是政府将补贴给予向最终消费者提供商品或劳务的经营者,从而降低商品和劳务的价格,提高最终消费者的福利水平。暗补的直接结果是降低商品或劳务的价格。

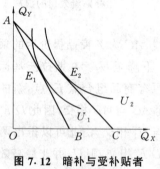

图 7.12 暗补与受补贴者效用的提高

假定最终受补贴者的预算曲线为 AB,与效用曲线 U_1 相切于 E_1,政府给予 X 产品的提供者财政补贴,则 X 产品的价格下降,同样的收入,用于购买 X 产品,补贴后可以购买的数量增加了,预算曲线变为 AC,AC 与效用曲线相切于 E_2,比较 U_1 与 U_2 可见,政府补贴提高了人们的福利。

与明补相比,暗补有以下几个特点。

① 暗补改变了市场相对价格。在坐标系中,预算线的斜率代表了两种商品的相对价格,比较明补与暗补后预算线的变动,明补后预算线平行移动,斜率不变,相对价格不变,而暗补后预算线绕其中一个顶点转动,斜率变动,相对价格亦发生变动,因此暗补也被称为扭曲的价格补贴(Price Distortionary Subsidies),一般说来扭曲的补贴会产生效率损失。

② 暗补的补贴量随消费者均衡点的改变而改变。以补贴前商品或劳务的价格为基准。如图 7.13,明补时,补贴前预算线 AB 可表示为 S

$= X \cdot P_X + Y \cdot P_Y$,补贴后预算线 CD 则为 $S_{明}' = X \cdot P_X + Y \cdot P_Y$,无论与效用曲线相切于哪一点,明补的数量总为 $(S - S_{明}')$,与均衡点的产品组合无关。暗补时,如图 7.14,预算曲线变为 AC:$S_{暗}' = X \cdot P_X' + Y \cdot P_Y(P_X' < P_X)$,消费者受补贴的数额为 X 商品购买量 $\times X$ 商品补贴前价格 $+ Y$ 商品购买量 $\times Y$ 商品补贴前价格 $- S_{暗}'$,即 $\overline{X} \cdot P_X + \overline{Y} \cdot P_Y - S_{暗}'$,$\overline{X}$、$\overline{Y}$ 在 AC 上,用 $S_{暗}' = \overline{X} \cdot P_X' + \overline{Y} \cdot P_Y$ 代入,受补贴的数量变为 $\overline{X} \cdot P_X + \overline{Y} \cdot P_Y - \overline{X} \cdot P_X' - \overline{Y} \cdot P_Y = \overline{X}(P_X - P_X')$,即补贴的数量与 X 商品的购入量相关,购入量越大,补贴享受越多。

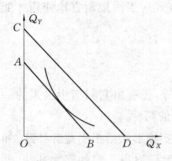

图 7.13 明补的数量固定,与 均衡点商品组合无关

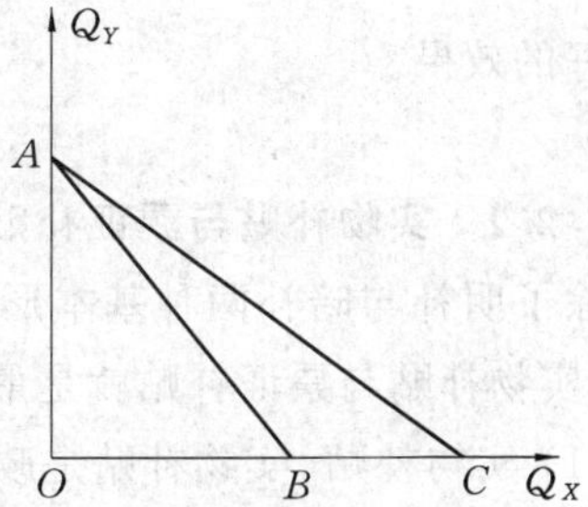

图 7.14 暗补数量不固定,与受补贴 商品购入量相关

③ 暗补的针对性较强。人们消费的商品五花八门,明补增加了人们的收入,根据不同的偏好,有可能人们增加消费量的商品并非政府想补贴的商品,补贴易流失。暗补则是针对某一商品或劳务的经营者,不易流失到其他商品。例如政府想对高龄老人进行营养补贴,采用明补,将补贴发到老人手中,他们不一定增加营养品的消费;采用暗补,降低老年人购买牛奶等营养品的价格,则补贴不易转移到其他商品上。

④ 暗补在提高效用水平方面效果不如明补。如图 7.15,假定原预算曲线为 AB,与效用曲线 U_1 相切于 E_1,实行暗补,预算曲线变为 AC,与 U_2 相切于 E_2,效用水平提高。为了便于比较,作出与 E_2 补贴水平相同的明补预算线,即过 E_2 作 AB 平行线 FD,FD 上每一点的补贴水平都与 E_2 相同。由于 AC 与 U_2 相切,FD 不平行于 AC,且有交点 E_2,则 FD 必与 U_2 相交,因此,可以找到代表更高效用水平的曲线 U_3 与 FD

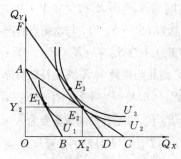

图 7.15 明补与暗补效果比较

相切,均衡点为 E_3。E_2 与 E_3 补贴水平相同,但 E_2 代表的暗补效用水平低于 E_3 代表的明补效用水平。

由此可见,暗补的关键特征——影响相对价格,使暗补较明补会产生价格扭曲,效率损失,但这并不能说明暗补劣于明补,它在针对性与操作难易程度方面仍优于明补,因此这两种基本方式应当因地制宜地使用才能取得良好的效果。

7.2.2 实物补贴与票证补贴

除了明补与暗补两种基本形式之外,还有由它们衍生出来的一些变形,实物补贴与票证补贴就是最常见的两种。

(1)实物补贴。实物补贴是政府以实物形式给予受益者补贴。如图 7.16,从预算曲线看,由于受益者可以无偿取得一定的实物补贴,他的预算线上的每一商品组合(Q_X,Q_Y)将对应地变为$(Q_X+\Delta Q_X,Q_Y)$(ΔX 为政府对 X 商品的实物补贴),即预算曲线由线段 AB 沿 X 轴平移 ΔX,变为 CD,由于实物补贴通常不能转化为现金再购入 Y 商品,所以 CF 段不能实现,用虚线表示。

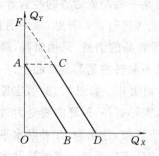

图 7.16 实物补贴对受补贴者预算曲线的影响

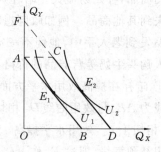

图 7.17 实物补贴对受补贴者效用的影响

从预算曲线形态上看,实物补贴类似于明补。

当受益者对 X 商品的偏好强度较高,即效用曲线较为陡峭时,实物补贴的效果与明补相当。如图 7.17,采用与实物补贴相同数量的明补时,预算线为 FD,实物补贴时预算线为 CD,新的均衡点都为 E_2,补贴后达到的效用水平为 U_2。这是因为受益者对补贴商品偏好程度较高,消费量较大,明补时用现金补贴满足需求,实物补贴时用实物加部分现金购入满足需求。

当受益者对补贴商品需求较小,或者相对地实物补贴量过大时,就可能产生效率损失。如图 7.18,原均衡点为 E_1,若实行明补,均衡点为 E_2,而实行相同数额的实物补贴时,均衡点为 E_3,比较相应的效用水平,$U_2 - U_3$ 即为采用实物补贴的效率损失。由于受益者原本对 X 产品的需求不大,由于实物补贴,不得不减少原本更为偏好的 Y 产品的消费,而消费补贴的 X 产品,满足感必然减少。在极端的情况下,补贴过多,受益者不得不放弃消费过多的 X,从而效用损失更多,如图中 U_4。逢年过节时,各企业大量发放水果,导致家庭成员大部分为企业职工的家庭无法及时消费,不得不丢弃,就是这种极端情况的现实例子。

实物补贴,即无偿发放商品的形式,较明补、暗补更为直接地排斥市场分配,若被滥用,造成的效率损失更大。但是它也有优点,即补贴十分具有针对性,不易流失。

(2)票证补贴。票证补贴也是一种常见的补贴形式,一般由政府按户或按人发放一定量针对某些商品的票证,持票证购买商品,价格低廉,超出票证规定的数量,则须按较高的价格购买。从表面上看,票证限制了人们以低价购买商品的数量,但它实质上仍是一种补贴,是应用于供不应求的商品的一种特殊补贴。由于某些商品供不应求,但又是人们必须或偏好消费的,按照市场规律,这些商品的价格将上涨,从而排挤部分购买力较低的消费者。

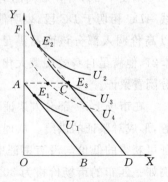

图 7.18 实物补贴可能产生的效率损失

政府为了使人们都能购买这种商品,强制这些商品降价,由于供应不足,降价的商品必须限量供应,这样就形成了票证。

票证的存在将使受益者的预算曲线变为折线,如图7.19。假定 AB 为没有票证时的预算曲线,X 商品价格较高,部分人只能少量消费或不消费。政府发放可以以低价购买 X 商品的票证,类似于形成暗补后预算曲线 AF,但由于限量供应 T 数量,预算曲线只能是 AD 线段。超过限量 T,价格回复到以前水平,较 AB 而言,票证补贴后相对价格不变,同时收入水平由于票证

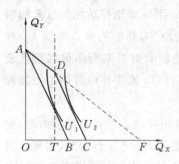

图 7.19 票证补贴对受补贴者预算曲线和效用的影响

的发放相对提高,因此预算曲线由 AB 向外平移至 DC。由此,票证补贴使预算曲线呈现 ADC 的折线状态。粗略观察可见,票证曲线使预算内可能区域由三角形 AOB 扩大至四边形 $AOCD$,将提高受益者的效用水平,如由 U_1 到 U_2。

一般地,票证的发放以户或人口数为标准,不考虑人们对补贴商品的偏好,因此,实践中往往会出现对补贴商品偏好高的人票证不足,而偏好较低的人票证有余的情况。

如图7.20,对补贴商品 X 偏好较高的人效用曲线陡峭,与预算曲线 ADC 相切于 DC 段,表明他凭票证低价购入 T 量的 X 商品后,还会以高价购入部分该商品满足需求。偏好较低的人则恰恰相反,如图7.21,他满足自身效用最大化的 X 商品消费量小于 T,因此,会有一部分闲置票证。

在市场上,一部分人票证不足形成对票证的需求,一部分人票证闲置,形成对票证的供给。从理论上说,应产生票证的交易。我们把凭票证可获得的低价与没有票证所需的高价的差价称为票证的理论价格。例如一匹布的市场价格为 30 元,凭票购买,价格为 20 元,则票证的理论价格为 10 元。在允许票证交易的情况下,票证的交易价格将随着供求变化在票证理论价格上下波动。

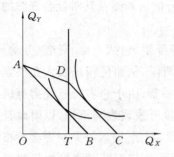 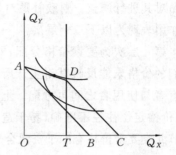

图 7.20 票证补贴下对受补贴商品偏好高者的选择　　图 7.21 票证补贴下对受补贴商品偏好低者的选择

在实践中,票证交易一般是不被允许的。从经济角度看,票证交易合法化将扩大对低价补贴商品的需求,对原本不能满足需求的商品供给将构成巨大的压力。从非经济角度看,票证交易合法化将便于票证发放单位以权谋私,倚仗权力将原本应当发放的票证出售,损害公众利益。

7.2.3 财政补贴的经济影响

财政补贴,作为政府调控经济的重要手段之一,在各个方面影响着整个经济的发展。

(1) 财政补贴对价格分配的调整和对社会资源配置的影响。价格是市场机制的核心,市场机制通过供求双方的互动作用,确定与要素、产品价值相当的价格,同时也进行了要素与产品的分配。由于各种因素的影响,市场机制往往不能形成合理的价格,即在交易过程中,商品的一部分价值从交易的一方转移到另一方,使国民收入在交易双方间重新分配,这种再分配称为价格分配。例如,甲、乙双方就价值为 80 元的 A 商品进行交易。合理的价格机制下,买方甲以 80 元从卖方乙手中取得 A 商品,存在价格分配时,价格可能被高估为 110 元,则甲方支付 110 元取得 80 元的 A 商品,乙方则以 80 元的 A 商品取得 110 元,相当于进行了价值再分配,将甲的 30 元(110 − 80 = 30)分配给乙。价格分配往往是常见而不合理的,需要由与相对价格体系密切相关的财政补贴对其进行调整。财政补贴对价格分配的调整及其对社会资源的配置作用表现为以下三个层次：

第一层次为要素价格分配，即经济要素，包括土地、资金、劳动等，它们的价格未能反映其对生产所作的贡献，从而使国民收入在要素的所有者与使用者之间再分配。土地等要素，由于它本身有优劣等级之分，价格定位往往不准确，易于造成过度开发或废弃不用，以财政补贴调节此类要素价格有助于资源合理开发、利用。财政补贴对资金价格分配以财政贴息方式进行，对劳动价格分配则以对劳动者的生活福利补贴方式进行。财政补贴调整要素的价格分配，使其价格合理，有助于达到要素最优利用下的最大产出。

第二层次是产品价格分配，即在商品交换中由于价格与价值偏离所形成的国民收入再分配。一般地，市场失灵或出于某种特定目的的政府行为将造成商品或劳务的价格不合理。对于市场缺陷，财政补贴将起到弥补市场机制不足，维持商品实际价格与价值相当的作用；对于政府为达到某种政策目标而造成的价格扭曲，更是有必要由政府出面承担因价格扭曲而引起的消费者或生产者的损失。对于一般商品，当价格分配不存在时，市场机制有效运行，就不必由财政补贴纠正相对价格体系，但对某些特殊的行业，特别是农业，价格补贴就不仅是出现价格分配时用于调整的手段了。农业是国民经济中的一个特殊部门，尽管在GDP中的比例有缩小的趋势，但它处于整个经济的基础地位，关系到人们最基本的衣食等需要。而且，农业危机（一般是过剩危机）一旦发生，就具有长期性，不易调整，这对于工业品市场、金融市场等都会产生不可避免的干扰，甚至会影响整个经济的运行。因此，财政对农业应当时刻监控，有效运用补贴手段，一方面要稳定农产品价格，另一方面要控制农产品的产量，同时还要提供新技术、新工具有关补贴，产出、销售、投入并重，保证农业持续稳定的发展。在各国的财政补贴项目中，农业都占有比较重要的地位，就说明了这一点。

第三个层次是国际价格分配，这是由于汇率偏离合理水平带来的国民收入再分配。汇率实际上是各国货币之间的相对价格，由汇率不同引起的价格分配发生在国与国之间、进口部门与消费者之间以及进、出口部门之间。财政补贴针对国际价格分配采取的手段有两种:进口补贴和出口补贴。进口补贴是政府为了维持进口单位的积极性,对进口单位以高于国内价格进口商品的购货行为进行补贴。类似地,出口补贴则是政府为鼓励出口,对低价出口商品的单位的补贴。进口补贴使外币升值,出口补贴使本币贬值,两者对汇率的影响是一致的。财政补贴对国际价格分配的调整由汇率政策也能实现,但汇率政策"牵一发而动全身",将影响所有进出口商品以至资本项目等各个方面,财政补贴则可以针对部分商品,更适合于日常的微调。

(2) 财政补贴对总需求的影响。在经典的西方经济学理论中,总需求的扩张对于社会经济的发展有着巨大的推动力,它在四部门经济中由四部分组成:消费(C),投资(I),政府支出(G)和净出口($X-M$)。财政补贴给予消费者,将转化为消费和储蓄,由于财政补贴的项目与基本生活需要关系密切,因此,转化为消费的部分不容忽视。财政补贴给予生产者,一般都会引起当期投资的增加,若针对出口企业,则有利于净出口增加。财政补贴对政府购买支出的效应与以上三者相反,它将引起对政府购买支出的挤出,特别是在政府可以运用的资金总量一定的情况下。总的说来,财政补贴对于总需求的影响是刺激总需求的扩张。

(3) 财政补贴对社会公平与稳定的影响。财政补贴一般针对扭曲的社会价格体系,这种价格体系往往会造成社会财富在市场交易者之间的不公平分配,一方取得了额外收益,另一方则受到了损害,财政补贴介入之后,将平抑这种收入不公平分配,这是政府维持社会公平的有效手段。财政补贴的有效实施还有利于稳定社会,安定人民生活。由于市场或政策的缘故,与人们生活息息相关的商品、劳务的价格可能发生波动,波动超过一定限度后必然引起人们惴惴不安,甚至造成抢购等社会混乱的局面,财政补贴介入后,物价趋于平稳,有利于人们安居乐业,有利于社会稳定。

从以上分析可见,合理的财政补贴将有利于完善的价格体系的形成,协调社会收入分配,刺激社会总需求,维持社会稳定。但值得注意的是,财政补贴是一柄"双刃剑",一旦用得过度,则会产生不良的后果。财政补贴与价格体系密切相关,从某种程度上说,它更容易扭曲价格,甚至可能完全排斥市场价格,控制市场上的资源配置。过度的财政补贴也不利于企业的成长与发展,企业将缺乏竞争力,过于脆弱。因此,运用财政补贴必须控制好"度",才能对经济产生有利的影响。

本章内容提要

1. 社会保障是政府在全社会范围内组织的,对因遭遇疾病、失业、残疾、年老或其他事故而造成收入锐减或收入丧失的社会成员提供的基本生活保障。

2. 社会保障支出的资金来源主要有社会保险税和财政支出中的转移支付。资金筹集方式主要有基金制、现收现付制和部分基金制。

3. 社会保障支出有利于宏观经济的平稳发展,但过高的社会保障支出可能削减社会投资。社会保障支出对劳动力市场的影响是直接而深远的。

4. 财政补贴最基本的两种形式是明补和暗补。明补的直接效果是增加受补贴者的收入,它又可依照希克斯标准和斯拉茨基标准两种标准。暗补的直接效果是降低商品或劳务的价格。由明补和暗补衍生出来的补贴形式有实物补贴和票证补贴。

5. 财政补贴有利于完善的价格体系的形成,协调社会总需求,维持社会公平和稳定,但一旦补贴政策本身不合理,它也会对社会造成严重的危害。

本章基本概念

财政转移性支出 社会保障 社会保障税 贫困陷阱 财政补贴 明补 希克斯标准 斯拉茨基标准 暗补 实物补贴 票证补贴 价格分配

本章思考题

1. 社会保险税作为社会保障支出的资金来源有什么优越性和局限性?

2. 社会保障资金有哪些筹集方式?各有什么特点?

3. 试析社会保障支出对劳动力市场的影响？
4. 明补采用希克斯标准和斯拉茨基标准具体实施方式和效果有什么不同？
5. 暗补与明补相比有哪些优越性和不足之处？
6. 票证若允许交易，其理论价格将如何决定？为什么政府一般不允许票证交易？

第三部分　公共财政收入

第三部分　公共危机管理

8 财政收入概述

对财政收入的分析是财政理论和实践研究的重要组成部分。财政收入主要包括税收收入、政府债务收入等内容。本章先对有关的基本概念进行简要的介绍,税收收入是财政收入的重点,将在随后几章进行更为深入的探讨。

8.1 财政收入的构成

8.1.1 财政收入的定义

所谓财政收入,是指公共部门为供应财政支出的需要,自家庭、企业取得的一切货币收入。在此定义中需明确几点:一是财政收入是用于财政支出充当其经费来源的,因此由政府征收但并非用于财政支出的货币收入不能算作财政收入,如日本的邮政储蓄;二是财政收入应该是充当支出来源的,但不一定是在这种意图下获得的,例如罚金、保护性关税等,罚金是作为维护治安等的一种手段而课征的,保护性关税是作为贸易政策的一个环节而设立的,它们虽不直接以取得收入为目的,但间接地为国家带来了收入;三是财政收入是一个历史范畴,在历史进程中,财政收入由实物与劳务形式逐渐发展到当今的货币形式。

8.1.2 财政收入的构成

从财政收入的历史沿革及各国的现状来看,财政收入主要包括:

税收、公有财产收入、公有企业收入、行政收入、公债收入、货币发行收入、战争赔款、捐献收入等。税收及公债在财政收入中占有举足轻重的地位,并有着重要的经济影响,我们将在下文专门对其进行讨论,本节主要概括介绍其他财政收入。

(1) 公有财产收入。它是国家直接占有财产获得的收入,指来自公有财产的租金、孳息及其转让溢价收入,历史上它曾作为财政收入的主要来源。公有财产分为动产与不动产。

① 公有不动产,如图书馆、公园、道路、机场、公有土地、森林、矿山、河流等;

② 公有动产。它包括有形动产与无形动产两类,有形动产主要有债券、股票、储金、基金与资金等;无形动产主要有专利权、商标权、著作权等。

一般来说,各国公有财产的范围、种类、数量、价值、保管使用和处理方法及其收益大小都各不相同,但各国政府都在保护财产、收取租息等收益的基础上积极地对其加以经营或开发,以取得营业利润或投资收益。

(2) 公有企业收入。它包括公有企业利润收入和价格收入,对于收支独立核算,只需向政府上缴利润的公有企业,则这类收入仅包括其利润收入,如果国家对企业的经营完全不干预,也可将其视为公有财产收入。不过,为了真正体现所有权,国家一般不可能对国有企业完全放任不管。

公有企业按其经营方式可以划分为自由竞争的企业和垄断经营的企业。自由竞争的企业与私人企业处于同等竞争的地位,垄断经营的企业是国家控制某一生产部门的生产与流通,在该部门的经济活动中取得统治地位,操纵其产品的销售价格和某些生产资料的购买价格,以获取利润和达到其他社会、经济或政治的目的。这类垄断性公有企业又可分为财政垄断、行政垄断和经济垄断三种类型。

① 财政垄断。它是指为取得财政收入而以政治和法律力量,对某些产品进行垄断经营。由于垄断,其所经营产品的价格可能高于竞争价格,这时垄断利润中就包含税款。最典型的财政垄断是各国政府的专卖

制度,如针对烟、酒或盐的专卖制。

② 行政垄断。它是指国家为了完成某种行政职能而垄断经营某些产品或服务,如创建铸币厂以铸造硬币,设置印刷厂印刷国库券。另外,央行用政府委托发行的货币购买公债或发放贷款取得的利息,规定交于政府,也属于行政垄断收入。

③ 经济垄断。其目的在于将有关社会公共利益的企业置于国家控制之下,以达到一定的社会经济目标。比如,政府经营邮政、电讯、铁路等,就属经济垄断。

公有财产收入与公有企业收入的区别在于,一般说来,公有财产收入无需经常的经营管理即可获得,而公有企业收入则全靠经营管理。公有企业如果未利用垄断权力以获取高于竞争水平的价格,那么其收入就是自由的价格收入,在性质上与税收强制收入不同。如果公有企业利用垄断权力以实现其超过正常利润的垄断收益,那么这种垄断收益本质上是加于所售商品的税收。

(3) 行政收入。行政收入一般概括为规费、特别课征、特许金与罚款四种。

① 规费。它是各种公共机关为个人或者企业提供某种特定服务所取得的报偿。确定规费数额,通常有两个标准:一是填补主义,即根据公共机关提供服务所需的费用而定规费的数额;二是报偿主义,即以个人或企业从公共机关服务中得到的利益为准。各种规费又可分为两类:一是行政规费,如护照费、会计师执照费、商标注册费等;二是司法规费,如诉讼费、出生登记费、结婚登记费等。

② 特别课征。它是政府为公共目的新增设施或改良旧有营建,根据受益区域内受益人所受利益的大小按比例进行的课征,以充工程费用的全部或部分。如修建沟渠、公园等可增加附近房地产价值的设施,其费用由房地产所有者分摊负担。

③ 特许金。它是政府公共机关给与个人或企业某种行为或营业活动的特别权利而收取的一定金额。

④ 罚款。它是政府公共机关对于个人或企业违反法律以致危害国家利益或公共利益的行为课以的罚金。

(4) 货币发行收入。政府货币发行收入的取得一般是通过"政府引致的通货膨胀"实现的。

政府引致的通货膨胀(Government Induced Inflation)指的是这样一种情况：政府为了弥补其所提供的物品和劳务的费用而扩大货币供给，从而造成物价的普遍上涨。

为了弥补政府支出，政府可以开动印刷机印制钞票，或者通过向中央银行借款或透支的办法扩大货币供给，其结果都将是物价水平的普遍上涨，也就是发生通货膨胀。由于货币供给增加，商品和劳务的市场价格上涨，这必然造成人们手中持有货币的购买力下降，而政府部门所能支配的资源即公共收入已经增加。这样政府引致的通货膨胀实质上是将私人部门占有的一部分社会资源转移到公共部门，只不过它采取的是一种较为隐蔽的形式。从这个意义上说，它和税收无异，所以也被喻为"通货膨胀税"。

在现代经济社会条件下，货币的发行权属于中央银行，财政部门发生赤字是不能直接增发货币来弥补的。因此，政府引致的通货膨胀更多的是在中央银行配合下发生的。政府通过向央行借款或透支，也会导致基础货币的增加，事实上造成了同直接印制钞票相同的结果。

如图 8.1 所示，政府以通货膨胀作为取得公共收入的形式，可以视为是试图将经济向生产可能性曲线 TT' 之外的点移动。例如，在战争时期，以增加货币方式扩大订购军事物品，实际上是试图在不减少民用品

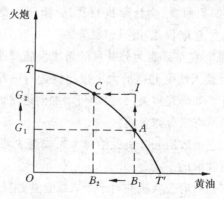

图 8.1 政府引致的通货膨胀

如黄油的产量的同时,增加军事物品如大炮的产量,也就是试图从图 8.1 中的 A 点移向 I 点。但由此而造成的通货膨胀,却促使经济向 C 点移动;大炮产量的增加($G_1 \rightarrow G_2$)导致了黄油产量的下降($B_1 \rightarrow B_2$)。之所以如此,是因为通货膨胀所引起的物价水平的上涨,使消费者不得不减少民用品的消费量。与此同时,通货膨胀也造成了居民持有的金融资产(如储蓄)实际价值的下降,其结果是民用品消费量的进一步减少。

(5) 使用费(User Charges)。在西方公共财政学中还有一种经常被提及的公共收入形式——使用费收入。它是指对政府提供的特定公共设施或公共服务的使用者按照一定的标准收取的费用,如水费、电费、过路(桥)费、公有住宅房租费、公立医院住院费、公立学校学费等。不难发现,各种类别的使用费几乎都可包含在公有财产收入或者公有企业收入的范围内,但使用费作为一种公共收入的形式又有着它自身的特点。

政府收取的使用费,通常低于提供该种公共设施或公共服务所需的平均成本,两者之间的差额就是对使用者的补贴,这一补贴是以税收为资金来源的。政府收取使用费的作用,除了为政府筹集一部分公共收入外,更重要的还在于它有利于增进政府所提供的公共设施或服务的使用效率。这主要是由两种情况决定的:

① 在大多数情况下,政府收费的产品或劳务是会产生一定外部收益的项目,例如教育、公共保健、文化设施等。为了使这些准公共产品能够有效地提供,应使直接受益者承担一定的成本,也就是应按他们的直接受益情况向其收取一定的费用,另一部分成本则由政府税收解决。

② 有时,政府提供的产品或服务的消费中存在拥挤问题,在这些场合,收取使用费也是实现效率原则的必然要求。比如,对于拥挤的公路或桥梁收取的使用费应等于通过量增加带来的边际拥挤成本。

8.1.3 财政收入体系

财政收入作为一个系统可由图 8.2 给出。

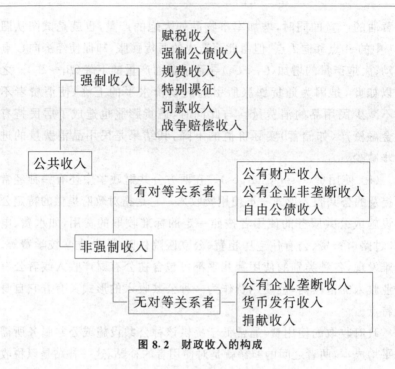

图 8.2 财政收入的构成

8.2 税收的基本概念

8.2.1 税收的定义

税收是国家为了实现其职能,按照法律预先规定的标准,强制地、无偿地取得财政收入的一种手段。

关于什么是税收,各国的定义大同小异。英国《新大英百科全书》认为:"税收是强制的和固定的征收以满足政府开支的需要的国家重要的收入来源。同时,税收是无偿的,它不是通过交换来取得,这一点与政府其他收入大不相同,如出售公共财产或发行公债等。税收总是为了全体纳税人的福利而征收,每一个纳税人在不受任何利益支配的情况下承担了纳税的义务。"美国的《现代经济词典》认为:"税收的作用在于为了应付政府开支的需要而筹集稳定的财政资金。税收具有强制性,它可以直接向居民个人或公司课征。"《日本现代经济学辞典》把税收定义为："税收是国家或地方公共团体为了筹集满足社会共同需要的资金,而按照法律的规定,以货币的形式对私营部门的一种强制性课征。"

由以上有关税收的定义可以看出,税收作为财政收入的一种重要形式与其他财政收入形式相比,具有强制性、无偿性、固定性三个基本特征。

(1) 强制性。税收的强制性是指税收是国家凭借政治权力,以法令的形式强制课征的,应纳者必须履行缴纳义务,应纳而不纳要受到法律制裁。

(2) 无偿性。税收的无偿性是指国家征税后,既不需要偿还,也不需要对直接的纳税人付出任何代价。税收的无偿性是以强制性为条件的。

(3) 固定性。税收的固定性是指在国家征税之前,预先规定了征税对象和税率等税制要素。税收的固定性有利于保证国家财政收入的稳定,也有利于维护纳税人的合法权益。

税收的强制性决定着税收的无偿性,税收的强制性和无偿性又决定和要求着税收的固定性。税收的三性是统一的,缺一不可的。

8.2.2 税收的要素

(1) 税收的基本要素。每一税种都离不开三方面的内容,即对什么征税、征多少、由谁缴纳,因此从法律角度而言,税收制度有三个基本要素,即纳税人、课税对象和税率。

① 纳税人即纳税义务人,亦称课税主体。是税法规定的直接负有纳税义务的单位或个人,也称法定直接纳税人。纳税人可以是自然人,即指公民个人,也可以是法人,即依法成立并能独立行使法定权利和承担法律义务的社会组织。法律上的课税主体和经济上的课税主体是有区别的,经济上的课税主体是税收的实际负担人也称负税人。法定直接纳税人与负税人不一定一致,这涉及到税收负担的转嫁与归宿问题。只有当纳税人不能将所纳税款转嫁他人时,才成为负税人。

② 课税对象也称课税客体,是国家征税的基本依据,即对什么进行征税。课税对象规定着征税的范围,是确定税种的主要标志。不同的课税对象,决定着税收的不同种类以及各种税收的征税特点。如所得税

的课税对象是所得额,财产税是以财产的数量或价值为课税对象。就像法定直接纳税人并不等同于负税人一样,课税对象也不同于税源。税源是税款的最终来源,所得税的税源就是所得额,流转税则虽以商品的销售额或增值额为课税对象,却部分或全部地以商品购买者的收入为税源。真正的税源只有在实际的负税人那里才能查明。从课税对象到税源,如同从纳税人到负税人中间有一个复杂的再分配过程。

课税对象量的表现称为课税基数或计税依据。所得税的课税对象是所得额,这只是一个质的规定。为了明确纳税人到底应交多少税,还必须依照税法规定计算出他的所得额到底是多少,这就是课税对象的量——计税依据。计量计税依据的单位有两种,一种是按财产或商品的自然单位来计量,另一种是按货币单位来计量。采用前一种计税单位来征税称为从量计征,采用后一种计税单位来计量称为从价计征。

课税对象很笼统,为此还需要将课税对象进一步划分,在税法中具体规定应当纳税的项目,以明确征税的具体范围、界限和类别,还可以确定不同的税率,这就是税目。比如,所得税的课税对象是所得额,这个所得额可以划分为工资收入、租金收入、利息、股息等。规定税目,一方面是课税技术上必需,另一方面对不同税目可以区别对待,有目的地贯彻执行税收政策。

③ 税率。是税额与课税对象数额之间的比例。在课税对象既定的条件下,税额和税负的大小就决定于税率的高低。税率的高低,直接关系到国家财政收入和纳税人的负担。因此,税率是税收政策和制度的中心环节,被称为"税收的眼睛"。税率可分为三种。

a. 比例税率。它是不论课税对象的数额大小,只规定一个比例的税率。一般运用于课征流转税,如营业税、关税等。

b. 累进税率。它是按课税对象数额大小,规定不同等级的税率。课税对象数额越大,税率越高。累进税率又分全额累进税率和超额累进税率两种。全额累进税率是课税对象的全部数额都按照与之相适应的等级的一个税率征税,课税对象数额越大,所适用的税率越高。超额累进税率是把课税对象按数额的大小划分为若干不同等级部分,对每个等级部分分别规定相应的税率,分别计算税额。一定数额的课税对象可以同时使用几个等级部分的税率,每一等级部分都有相应税率,分别计算的税额加在一起,即为应纳税额。

全额累进计算比较简单、取得税收多,但全额累进税负担不尽合理,主要表现在累进分界点上下负担相差悬殊。如表 8.2,5 000元所得额按 30%税率课征所得税,税收为 1 500 元,5 000 元以上所得额按 50%税率课征所得税,则 5 001 元所得额应纳税收为2 500.5元,这样所得额增加了 1 元,税额却要增加 1 000.5 元。

表 8.2 全额累进和超额累进税率的比较

应税所得额 X	$0 < X \leqslant 1\ 000$	$1\ 000 < X \leqslant 2\ 000$	$2\ 000 < X \leqslant 5\ 000$	$5\ 000 < X$
适用税率	10%	20%	30%	40%

应税所得额	适用税率	全额累进税额	超额累进税额	平均税率
1 000	10%	100	100	10%
2 000	20%	400	1 000×10%+(2 000−1 000)×20%=300	15%
5 000	30%	1 500	300+(5 000−2 000)×30%=1 200	24%
10 000	40%	4 000	1 200+(10 000 − 5 000)× 40%=3 200	32%

超额累进的幅度比较缓和,一定程度上克服了全额累进的缺陷。在超额累进的情况下,要采用平均税率的概念来反映纳税人的真实负担。平均税率等于实际缴纳税款与应税所得额的比率。容易看出,超额累进的平均税率往往要低于全额累进的平均税率。目前各国所使用的累进税率,主要是超额累进税率。累进税率由于具有很强的再分配效应,所以多用在所得税上。表 8.3、8.4 列出了 1994 年以后我国个人所得税工资、薪金所得适用的税率表和美国 1999 年的联邦个人所得税税率表,供读者参考。

累退税率。累退税与累进税相反,它是按课税对象数额大小,规定不同等级的税率。课税对象数额越大,税率越低。关于累退税,可以美国联邦社会保险税为例来说明。这种税是按照雇员的年工薪总额计征的(雇员、雇主各负担一半),但有最高应税限额规定。1989年其税率为15.02%,限额为48 000美元,这意味着工薪额中48 000美元以上的部分税率为0。对每一雇员来说,这种税的最高计征额为 $48 000 × 15.02% = \$7 209.60$,当年工薪额未超过48 000美元时,其面对的平均税率即为15.02%,而当年工薪额增加到超过48 000美元时,其面对的平均税率却持续下降了。如若一个雇员的年工薪额达到60 000美元,其面对的平均税率为 $\$7 209.60/\$60 000 = 12\%$,这显然低于年工薪额为48 000美元时15.02%的平均税率。

表8.3 中国个人所得税税率表(工资、薪金所得适用)

(所得单位:元)

级数	x:全月应纳税所得额	税率	级数	x:全月应纳税所得额	税率
1	$x \leqslant 500$	5%	6	$40 000 < x \leqslant 60 000$	30%
2	$500 < x \leqslant 2 000$	10%	7	$60 000 < x \leqslant 80 000$	35%
3	$2 000 < x \leqslant 5 000$	15%	8	$80 000 < x \leqslant 100 000$	40%
4	$5 000 < x \leqslant 20 000$	20%	9	$x > 100 000$	45%
5	$20 000 < x \leqslant 40 000$	25%			

注:免征额为800元。

表8.4 美国1999年联邦个人所得税税率表

(所得单位:美元)

年所得额	夫妇联合申报	0—43 050	43 050—104 050	104 050—158 550	158 550—283 150	283 150以上
	夫妇分别申报	0—21 525	21 525—52 025	52 025—79 275	79 275—141 575	141 575以上
	单身个人申报	0—25 750	23 750—62 450	62 450—130 250	130 250—283 150	283 150以上
	单身户主申报	0—34 550	34 550—89 150	89 150—144 400	144 400—283 150	283 150以上
税率		15%	28%	31%	36%	39.6%

注:表中数字为应税所得,自1989年起,应税所得额根据物价指数调整。
资料来源:美国国内收入局网站—www.irs.gov。

在各国财政中,严格符合定义的累退税是比较少的,所以累退税通常也指一些具有累退性质的税。比如某些比例税,如与纳税人的净收入相比,则为累退税。以盐税为例,穷人和富人盐的消费量一样多,因此要纳同样多的税。但是,盐税占穷人净收入的比重较大,且越穷所占比重越大;它占富人净收入的比重小,且越富所占比重越小。一般认为,消费税、关税等是累退税。超额累进税在某种意义上说也具有累退性质,因为一般累进税都是"递减的累进税",应税收入每增加一定数额,其增加部分税率的提高幅度就小一点,并且收入增加越多,税率提高幅度越小。如表8.2,从1 000—2 000元,收入增加了1 000元,税率提高了10%;从2 000—5 000元,收入增加3 000元,税率才提高10%;而从5 000—10 000元,更是收入增加了5 000元,税率才提高10%。

c. 定额税率。它是按单位课税对象直接规定一个固定税额,实际上是比例税率的一种特殊形式。定额税率同价格没有直接联系,一般适用于从量税的征收。如一辆汽车缴纳一定的牌照税,一个个体业主缴纳一定的营业执照税,每进口一立升酒缴纳一定的进口税等等。

(2) 税收的其他要素。除以上三个最基本的要素外,具体的税法中通常还包括以下的一些基本内容。

① 附加或加成。这是税率之外调整纳税人负担的措施。附加是地方附加的简称,是地方政府在正税以外,附加征收的一部分税额。税制上通常把按国家税法规定的税率征收的税款称为正税,而把正税以外征收的税款称为副税。附加的比例有两种形式:一种是按课税对象的数额,征收一定比例的附加;另一种是按正税税额征收一定比例的附加。附加收入一般留给地方财政支配。例如我国的城乡维护建设税就是由地方财政在增值税、营业税等流转税的税收收入基础上,附加一定比例征收的。

加成,是加成征税的简称,它是对特定纳税人的一种加税措施,加一成等于加正税税额的10%。加成一般在所得税中采用,用于调节某些纳税人的收入。例如我国个人所得税法中规定,劳务报酬所得,适用比例税率,税率为20%。对于劳务报酬所得一次收入畸高的,可以实行加成征收。超过2万—4万元的,按税法规定计算的税额,加征2成;超过 4 万—6 万元的,加征 5 成;超过 6 万元的,加征 10 成。

② 减税与免税。减税是减征部分税款,免税是免交全部税款。减免税是为了发挥税收的奖限作用或照顾某些纳税人的特殊情况而作出的规定。

③ 起征点或免征额。起征点是税法规定的开始征税时课税对象应达到的一定数额。课税对象的量未达到起征点的不征税,达到起征点时全部课税对象都要征税。免征额是税法规定的课税对象数额中免于征税的数额。免征额部分不征税,仅就超过免征额部分征税。

我们可以运用实例进一步说明起征点和免征额的区别。比如如果所得税法规定 800 元为起征点,800 元以上征收 20% 的所得税,则 1 000 元应税所得额须缴纳 200 元的所得税。而如果税法规定 800 元为免征额,800 元以上征收 20% 的所得税,则如果某人的应税所得额是 1 000 元,他的应纳税额仅为 $(1\,000-800)\times 20\%=40$ 元。在各国税收实践中,一般多在所得税中规定免征额,在流转税中规定起征点。

④ 纳税环节。是指税法规定的商品从生产到消费的流转过程中缴纳税款的环节。工业品一般要经过生产、批发、零售等环节。同一税种只在一个环节征税的,称一次课征制;在两个环节征税的,称两次课征制;在每个环节都征税的,称为多次课征制。正确确定纳税环节对于平衡税负、保证收入、便于管理有重要意义。我国 1994 年以来实行的新税制中,增值税是在生产、批发、零售、进口四个环节课征,而消费税只在生产和进口两个环节课征。

⑤ 违章处理。是对纳税人违反税法行为的处理。纳税人的违章行为通常包括:偷税,即纳税人有意识地采取非法手段不交或少交税款的违法行为;欠税,即纳税人拖欠税款,不按规定期限交纳税款的违章行为;抗税,即纳税人对抗国家税法拒绝纳税的严重违法行为;骗税,指企事业单位采取对所生产或者经营的商品假报出口等欺骗手段,骗取国家出口退税款。对上述现象根据情节轻重可分别采取限期缴税、加收滞纳金、罚款、扣押或查封财产、通知纳税人开户银行暂停付款等惩罚措施直至追究刑事责任。

8.3 公债概述

8.3.1 公债的产生和增长

(1) 公债的产生。公债亦称国债,是政府以信用形式从社会上吸收资金以弥补财政赤字或满足其他财政需要的一种手段。

公债的产生有两个基本条件:一是国家财政支出的需要,当政府职能日益扩大,仅凭税收不能满足开支以至出现赤字时,它就必须举债;二是社会上要有充足的闲置资金,可供政府借贷。

公债与税收同为政府财政收入的一种形式,公债的出现是在中世纪时期,比税收晚。事实上,公债与税收并无本质区别,公债还本付息的资金最终总是来源于税收,因此公债只不过是延期的税收,变相的税收。

(2) 公债的增长。

① 衡量公债增长的指标。

a. 公债绝对数额;

b. 公债占 GNP 的比率,该指标反映了公债增长与经济增长的关系,可借以表现国家的负债能力;

c. 公债利息占 GNP 的比率,它反映政府的利息负担,并反映公债利率与期限结构变动政策的影响;

d. 人均负担,它表示平均每个公民负担的公债数额。

② 西方国家公债的增长。

a. 20 世纪 30 年代以前。以亚当·斯密为代表的古典学派的经济学家,反对国家用举债的办法来筹集财政资金。他们认为国家举债是把生产性资本用于非生产性的用途,大量举债的结果,必然引起经济发展停滞,工人大批失业,甚至国家逐步衰落下去。

与这种理论相适应,这一时期西方国家发行公债是比较有节制的,主要是用以弥补因战争引起的财政赤字,一般都能用以后年度的预算盈余来偿还。公债增长呈周期变动趋势,有时上升(多为战时),有时回降。

b. 20 世纪 30 年代以后。20 世纪 30 年代大危机以来,现代凯恩斯学派的经济学家批驳了公债非生产性的观点,认为公债是政府稳定经济、提高就业水平的有效措施。当时的公债,主要不是用以弥补非生产性的财政开支,而用以发展生产、扩大就业,所以具有生产性。凯恩斯学派的代表人物之一汉森甚至说:"政府发行公债是使人民致富的最简便的办法。"

在这些理论的推动下,西方国家纷纷实行赤字政策,大量发行公债,公债的规模于是扶摇直上,美国联邦政府公债余额从1929年的169亿美元增加到1986年的20 082亿美元,半个世纪增加了近60倍。公债占GNP的比重已达50%,而全部政府债务(加上联邦政府所属机构的债务及其他政府机构的债务)已逾2 300多亿美元,相当于GNP的70%。

然而自20世纪70年代西方国家普遍发生滞胀以来,凯恩斯学派的以扩张性财政政策实现充业就业的主张受到了越来越多的批评,相应地出现了重新重视市场机制作用的思潮,货币学派、供给学派、理性预期学派等都是其中的代表。强调政府财政赤字及公债发行对经济负面影响的呼声日渐高起。美国克林顿政府大力削减财政支出,并通过鼓励技术创新的手段促进经济发展,增加政府收入,财政赤字得到了有效抑制,1999年甚至出现了财政盈余,国债发行相应逐年下降。其他西方主要发达国家财政赤字和国债发行状况呈现类似的趋势,参见表8.5。

表8.5 主要发达国家财政赤字(盈余)情况

(单位:% of GDP)

	1992	1993	1994	1995	1996	1997	1998	1999	2000	2001
美国	-6.0	-5.1	-3.8	-3.3	-2.4	-1.2	-0.1	0.5	1.0	1.2
日本	1.5	-1.6	-2.3	-3.6	-4.2	-3.4	-4.3	-7.1	-8.4	-6.7
德国	-2.5	-3.2	-2.5	-3.2	-3.4	-2.6	-1.7	-1.1	-0.7	-1.0
法国	-4.1	-5.9	-5.5	-5.5	-4.2	-3.0	-2.7	-1.8	-1.5	-1.0
意大利	-9.5	-9.4	-9.1	-7.6	-7.1	-2.7	-2.8	-1.9	-1.5	-1.1
英国	-6.5	-8.0	-6.8	-5.8	-4.4	-2.0	0.2	0.2	0.2	0.2
加拿大	-8.0	-7.6	-5.6	-4.3	-1.8	0.8	0.9	2.8	2.3	2.0
平均值	-4.5	-4.9	-4.2	-4.1	-3.4	-1.9	-1.3	-1.2	-1.1	-0.6

资料来源:IMF "World Economic Outlook", May 2000。其中2000年和2001年的数据为预测值。

③ 我国公债的增长。我国建国以来在财政工作中一直坚持"收支平衡、略有节余"的方针,但在现实的经济生活中仍在不少年份出现赤字,财政为此一方面向银行借款或透支,另一方面则发行了大量国债。国债数额随着财政赤字的增长而不断增长,由于意识到了向银行借款或透支对于货币发行以至宏观经济的不利影响,自1994年起我国政府财政赤字全部采用发行公债的办法解决,从而公债的增长速度愈加可观。

改革开放以来我国财政赤字的增长的直接原因主要是若干重大改革举措的实施,这些改革措施主要有:① 调整价格,主要是调整农副产品价格;② 调整国家与国有企业、中央财政与地方财政之间的分配关系;③ 提高职工收入水平;④ 东南亚金融危机以来积极的财政政策的推行。

这些措施反映在财政上,不是减少财政收入就是增加财政支出,从而使财政赤字的产生和公债的发行不可避免,成为财政为支持改革所付出的沉重代价。

8.3.2 公债种类和结构

(1) 公债的种类。公债按不同的标准可有不同的分类方法。

① 国家借款和发行债券。国家借款是最原始的举债形式,它具有手续简便、成本费用较低等优点,因而现代国家在举借外债和向本国中央银行借债时仍主要采用这一方式。但借款通常只能在应债主体较少的条件下进行,不具普遍性。而发行债券具有普遍性、法律保证以及持久性等优点,应用范围较广,效能较高,所以,对公众和企业的借债主要采用发行债券的方式。发行债券的主要缺陷是成本较高,需要有发达的信用。

② 自由公债和强制公债。自由公债指政府发行的公债,由人民根据公债的条件自由决定购买与否,不加任何限制,现代世界各国的公债,多为这种形式。

强制公债是指当政府财政状况异常困难时,凭借政府权力向人民强行推销的公债。其推销方法有根据公民的财产或所得按比例分摊,以公债的形式支付薪金等。英国在第二次世界大战时,曾在所得税外加征一定金额,作为纳税人贷给政府的贷款,战后分期偿还,这种随所得税附征的金额也是强制公债的一种形式,这种方法现在很少使用了。

③ 国内公债和国外公债。国内公债指在国内发行的公债,债权人为本国公民或机构。内债的还本付息都以本国货币支付,不影响国际收支,对国家总体来说,资金无增无减,只是财产权的转移。

国外公债指在国外发行的公债,债权人为外国政府、金融机构、企业或个人。举借外债要谨慎从事,这是因为:A. 外债的还本付息通常以外币支付,要影响债务国的国际收支;B. 偿还债务本息的资金都是国内的资源,这一方面会增加本国人民的负担,另一方面还会妨碍本国经济的发展;C. 政治上容易受到债权国控制。但是,举借外债也可以利用外资,弥补本国经济发展中的资金不足,关键在于要利用外债创造效益。

④ 长期、中期和短期公债。短期公债现在多指 1 年以内到期的公债,如美国的国库券等,其特点是周转期短,流动性强,"近似货币"。短期公债在当前西方国家的公债中占有重要地位。

长期公债指到期时间在 10 年以上的公债。

中期公债为到期时间界于以上两者之间的公债。

18 世纪时,英国还发行过一种统一公债(Consols),又称无期公债或永久公债。它不规定到期时间,持有人无权要求清偿,但可按期取得利息。政府在财力允许和愿意偿还公债的时候,可以按照市场价格购回公债券,以清偿债务,现在西方国家已不发行这种公债了。

⑤ 可转让公债和不可转让公债。可转让公债是指可以在金融市场上自由流通买卖的公债,大多数的公债属这种形式;不可转让公债是指不能在金融市场上自由流通买卖的公债。

不可转让公债一般是为了满足政府的某些特定的政治和经济方面的目的,往往规定较长的期限,给予利息较高或发行价格低于票面额等优惠条件,以记名发行为主。

对于可转让公债的持有者来说,重要的往往不是期限和利息率的规定,而是债券的行市。因为他可以随时出售债券,所以期限长短对他关系不大;而债券的行市可高于或低于票面额,所以法定利息率对他也无关紧要。

（2）公债的结构。公债的结构指一个国家各种性质债务的互相搭配以及债务来源和发行期限的有机结合。

① 应债主体结构。应债主体的存在是国债发行的前提,而应债主体结构又对国债发行具有较大的制约作用,特别是对国债持有者结构具有决定作用。应债主体结构实际上就是社会资金或收入在社会各经济主体之间的分配格局,即各类企业和各阶层居民各自占有社会资金的比例。一般说来,政府发行债券倾向于国债持有者相对集中,因为集中发行的成本较低,管理也比较容易。

② 国债期限结构。改进国债期限结构,对完善国债体系具有重要意义。我国的国债以 3—5 年的中期国债为主,国债期限结构缺乏均衡合理的分布,如表 8.6。这种状况易导致国债偿还集中到期,且难以发挥国债的调节作用。根据投资者的需要,合理的期限结构应该是短期、中期、长期并存的期限结构,以满足持有者对金融资产期限多样化的要求。从财政上说,预算收入入库进度和预算拨款的支出进度不完全一致,通常上半年有节余,下半年出现赤字,发行短期国债有利于平衡国库收支。为了满足周期较长的基础设施或重点建设项目的资金需要,还需要设计部分长期国债。居民出于对通货膨胀的考虑,购买长期国债的热情可能相对较低,但可以主要向养老基金和保险基金发行长期国债。

表 8.6　中国国债期限结构[①]

年　份	0—1 年	2—5 年	6—10 年
1981—1984		20%	80%
1985—1993		100%	
1994—1996	19%	71%	10%

① 资料来源:《1999 年中国财政发展报告》,上海财经大学出版社,1999 年版第 360 页。

8.3.3　公债的发行与偿还

（1）公债的发行。

① 国债的发行方式。

a. 公募法。它又可分为两种情况。一种情况是国家财政部门(或委托其他部门)向社会直接公开发行国债,取得资金,其发行费用与损失皆由国家承担,这种发行方式的好处是发行面比较广,能普遍地吸收社会上的闲置资金,缺点是推销时间长,发行成本较高。另一种情况也被称为公募拍卖方式。这是指在金融市场上通过公开招标发行国债,具体的拍卖方法包括价格拍卖和收益(利率)拍卖。为防止投标价格或利率过高或过低,发行机构常常规定最低标价(出售价格)和最高标价(国债利率)等限制性条件。认购者可采取竞争性出价和非竞争性出价两种形式,竞争性出价是指认购者根据国家公布的债券发行量,自报愿接受的利率和价格,非竞争性出价是指一般小额认购者可只报拟购债券数量,发行机构对其按当天竞争性出价成交的平均价格出售。

b. 公卖法。政府将要发行的国债委托经纪人在证券市场上代为销售。国债价格可由财政部或其代销机构根据证券市场的行情相机决定。这种方法的好处是政府可以根据需要,随时向证券市场发行国债筹集资金,能吸收大量的社会游资,并能调节货币供应量,缺点是国债价格在证券市场时涨时落,国债收入不稳定。

c. 承购包销。国家将发行国债的数额、费用等条件与金融机构协商,统一由金融机构承购国债,金融机构再向社会推销。如果在承销期内,无法把国债全部推销出去,其差额部分由金融机构承担。这种发行方式的好处是,发行手续简便,发行时间较短,有利于资金及时入库。不足之处是,如果金融机构难以全部将国债推销出去,自身承担差额过多,会助长信用膨胀。

② 国债的发行价格。国债的发行价格是指政府债券的出售价格或购买价格,政府债券的出售价格不一定就是票面值,可以低于票面值发行,少数情况下也可以高于票面值发行。按照国债发行价格与其票面值的关系,可以分为平价发行、折价发行和溢价发行三种情况。

a. 平价发行就是政府债券按票面值出售,到期亦按票面值还本。政府债券按照票面值出售,必须有两个前提条件:一是市场利率要与国债发行利率大体一致,如市场利率高于国债利率,按票面值出售便无法找到认购者或承购者,市场利率低于国债利率,按票面值出售,财政将遭受不应有的损失;二是政府的信用必须良好,惟有在政府信用良好的条件下,人们才会乐于按票面值认购。

b. 折价发行就是政府债券以低于票面值的价格出售,到期仍按票面值还本。政府债券价格低于票面值的原因亦主要有两方面:一是政府出于鼓励投资者踊跃认购的目的而用减价的方式给予额外的利益;二是市场利率上升,政府必须降低发行价格,债券才能找到认购者或承购者,压低发行价格与提高市场利率相比,前者更不至于引起市场利率随之上升而影响经济的正常发展。

c. 溢价发行是政府债券以高于票面值的价格出售,到期仍按票面值还本。政府债券能按高于票面值的价格出售,必然是由于市场利率低于国债利率以致认购者有利可图。

上述三种发行价格以平价发行对政府财政来说是最为有利的。首先,这种发行价格有利于财政收支的计划管理;其次,按照票面值出售债券,不会对市场利率带来上升或下降的压力,有利于经济的稳定;第三,债券面值与发行价格一致,还有利于避免债券的过度投机。

③ 国债利率。国债利率的选择和国债的发行和偿还密切相关。一般说来,国债的利率越高,发行越容易,但意味着财政要支付的利息的增加。因此,利率的选择要考虑发行的需要,也要兼顾偿还的可能,权衡财政的经济承受能力和发行的成本与收益的对比。

市场利率是制约国债利率的主要因素,市场利率一般指证券市场上各种证券的平均利率水平,国债利率必须与市场利率保持大体相当的水平才能使国债具有吸引力。具体地说,国债利率主要以银行利率为基准,一般不低于或略高于同期存款的利率水平。另外,国债作为一种特殊的信用形式,还受政府本身信誉的影响。一般而言,国家信用的保证性较强,政府的信誉越高,国债的吸引力越大,国债就有可能在利率低于市场利率的条件下顺利推销出去。国债利率还受制于社会资金的供求状况。若社会资金比较充裕,闲置资金较多,国债利率可适当降低,反之,国债利率则必须相应提高。

在正常的情况下,政府确定国债利率就是以上述几方面的因素为依据的,但是,政府为了实现特定的经济政策,打破常规,选择较高或较低的国债利率,以诱导社会资金流向,刺激或抑制投资或消费,也是十分必要的。在现代社会中,利用国债利率升降调节证券市场运行和资金运转是政府实现宏观经济管理的重要手段之一。

(2) 国债的偿还。

① 国债偿还方式。

a. 分期逐步偿还法。即对一种债券规定几个还本期,每期偿还一定比例,直至债券到期时,本金全部偿清。这种偿还方式可以分散国债还本对国库的压力,避免集中偿还给财政带来的困难。但在这种偿还方式下,须频繁地进行本金兑付,国债利息率也往往要有差别地规定,还本愈迟,利率愈高,以鼓励债券持有人推迟还本期,国债偿还的工作量和复杂程度会因此加大。

b. 抽签轮次偿还法。即在国债偿还期内,通过定期按债券号码抽签对号以确定偿还一定比例的债券,直至偿还期结束,全部债券皆中签偿清为止。这种偿还方式的利弊与分期逐步偿还法大致类似。

c. 到期一次偿还法。即在债券到期日按票面额一次全部偿清。这是一种传统的偿还方式,其优点是国债还本管理工作简单、易行,且不必为国债的还本而频繁地筹措资金。缺点则是一次集中偿还国债本金,有可能造成政府支出的急剧上升,给国库造成较大的压力。

d. 市场购销偿还法。即在债券期限内,定期或不定期地从证券市场上赎回一定比例债券,赎回后不再卖出,以致这种债券在期满时,已全部或绝大部分被政府所持有,从而债券的偿还实际上已变成一个政府内部的账务处理问题。这种方式的长处是给投资者提供了中途兑现的可能性,并会对政府债券的价格起支持作用,其短处是政府需为市场购销进行大量繁杂的工作,对从事此项业务的工作人员也有较高的素质要求。

e. 以新债代旧债。即通过发行新债券来兑换到期的旧债券,以达到偿还国债的目的。也就是说到期债券的持有者可以用到期债券直接兑换相应数额的新发行债券,从而延长持有债券的时间。这种偿还方式具有较明显的优越性,从财政的角度看,国债既可用一般预算资金偿还,亦可通过发行新债券偿还,增加了筹措还债基金的灵活性。从债券持有者的角度看,只要其认为有利,便可拥有继续持有政府债券的优先权(当然往往也允许到期兑现),在对新债券需求量大的情况下对原持有者有利。问题在于,如果经常使用这种偿还方式,等于无限期推迟偿还债务,可能会损坏政府债信。

② 国债的偿还资金来源。

a. 设立偿债基金。即由政府预算设立专项基金用于偿还国债。设有偿债基金的国债,较受投资者欢迎,因而其发行价格能高于条件相似的同值证券,其弊端在于,偿债基金常常被挪用而形同虚设。

b. 依赖财政盈余。就是政府在预算年度结束时,以当年财政收支的结余作为偿还国债的资金。从各国的情况看,多数国家的国债规模都呈日益增加之势,每年都有大量到期债务需要偿还;另一方面,各国财政收支的平衡也比较困难,财政赤字十分普遍,偶有盈余,也不足以偿还当年的国债。因此,以财政盈余来偿还国债不可能是一种主要方法。

c. 举借新债。就是政府通过发行新债券,为到期债务筹措偿还资金。从当今世界的财政实践上看,各国政府债务的累积额十分庞大,每年的到期债务已远非正常的财政收入所能担负,不能不依赖于不断地举借新债。

③ 付息方式。国债的付息方式大体可分为两类:一是按期分次支付法。即将债券应付利息,在债券存在期限内分作几次(如每一年或半年)支付,一般应附有息票,债券持有者可按期剪下息票兑取息款;二是到期一次支付法。即将债券应付利息同偿还本金结合起来,在债券到期时一次支付。前一种方式往往适用于期限较长或在持有期限内不准兑现的债券。这是因为,在较长的期限内,如能定期支付一定数额的利息,不仅可激发持券人认购国债的积极性,也可避免政府债息费用的集中支付。后一种方式则多适用于期限较短或超过一定期限后随时可以兑现的债券。这是因为,在较短的期限内,债息的分次支付成为不必要。由于付息方式的不同,政府在每一年度应付的利息和实际支付的利息并不完全一样,通常情况下,应付额会大于实付额而形成一笔利息形式的债务。

8.3.4 国债市场

国债市场是政府通过证券市场进行的国债交易活动,是证券市场的重要组成部分。按国债交易的层次或阶段可将国债市场划分为国债发行市场和国债流通市场。

国债发行市场是国债发行的场所,又称国债一级市场或初级市场,是国债交易的初始环节。一般是政府与证券承销机构如银行和证券经纪人之间的交易,通常由证券承销机构一次全部买下发行的国债。国债流通市场又称国债二级市场,是国债交易的第二阶段。一般是国债承销机构和认购者之间的交易,也包括国债持有者与政府或国债认购者之间的交易。它又分为证券交易所交易和场外交易两类。前者是指在指定的证券交易所营业厅内进行的交易,后者指不在指定的证券交易所营业厅内进行的交易。

国债市场一般具有两个方面的功能:一是实现国债的发行和偿还,二是调节社会资金的运行。在现代社会,主要发达国家的国债大都是通过国债市场发行的,并有相当部分是通过国债市场偿还的。近年来,随着国债规模扩大和对社会资金进行调节的必要性增强,发展中国家也开始重视国债市场的作用,并逐步建立适合本国国情的证券市场和国债市场。

本章内容提要

1. 财政收入是公共机关为供应财政支出的需要,自家庭、企业取得的一切货币收入,主要包括税收、公有财产收入、公有企业收入、行政收入、公债收入及一些临时性的战争赔款、捐献收入等。此外,还有通货膨胀税、使用费收入等财政收入的概念或口径。

2. 税收是国家为了实现其职能,按照法律预先规定的标准,强制地、无偿地取得财政收入的一种手段,它具有强制性、无偿性、固定性三个基本特征。

3. 纳税人、课税对象和税率是税收的基本要素,其中税率的形式有累进税率、比例税率、定额税率等。此外,在具体税法中还包括附加或加成、减免税、起征点或免征额、纳税环节、违章处理等其他要素。

4. 公债是政府以信用形式从社会上吸收资金以弥补财政赤字或满足其他财政需要的一种手段。公债的产生是由于国家财政支出的需要和社会上闲置资金的存在。西方国家自20世纪30年代以来公债的发行迅速增长，但20世纪90年代以来随着财政赤字的削减增速又有所回落。我国改革开放以来国债逐步增加，其直接原因主要是若干重大改革举措的实施。

5. 公债按不同的标准有多种分类方法，其结构亦可从应债主体、期限等不同角度进行考察。公债的发行方式有公募法、公卖法和承购包销等，按照国债发行价格与其票面值关系，可分为平价发行、折价发行和溢价发行三种情况。国债利率的选择与国债的发行和偿还密切相关，受市场利率、国家信誉、社会资金供求状况、国家宏观经济政策等因素的影响。国债的偿还包括直接偿还、市场购销、以新债还旧债等方法。国债市场是证券市场的重要组成部分，它包括国债发行市场和国债流通市场。

本章基本概念

财政收入　公有财产收入　公有企业收入　规费　特别课征　特许金　通货膨胀税　使用费　税收　纳税人　课税对象　比例税率　累进税率　全额累进税率　超额累进税率　累退税率　定额税率　纳税环节　公债　自由公债　强制公债　可转让公债　公募法　公卖法　承购包销　偿债基金　国债市场

本章思考题

1. 政府引致的通货膨胀为什么也称通货膨胀税？
2. 什么是税收的基本要素？
3. 为什么目前各国使用的累进税率主要是超额累进税率？
4. 什么是累退税？为什么说某些比例税是具有累退性质的税？
5. 公债利率的确定受哪些因素影响？
6. 公债偿还的资金来源应如何选择？

9 税收的转嫁与归宿

在市场经济中,某一种税的最终负担者,也就是负税人,往往并不是法定直接纳税人,这就需要研究税收的转嫁与归宿。其目的在于确定税收的最后归宿点,从而分析各种税收对国民收入分配和社会经济的最终影响,为进行最优的税制设计提供参考和依据。

9.1 基本概念

9.1.1 税收转嫁和归宿的定义

所谓税收的转嫁(Shifting of Taxation),就是指纳税人在缴纳税款后,通过经济交易将税收负担经转移给他人的过程。所谓税收的归宿(Incidence of Taxation),就是税收负担经转嫁后最终的归着点或税收转嫁的最后结果。

9.1.2 税收转嫁的类型

(1) 前转(Forward Shifting)。亦称"顺转"。是指在经济交易过程中,纳税人通过提高其所提供的商品或生产要素的价格将所纳税款向前转移给商品或生产要素的购买者或最终消费者的一种形式,即由卖方向买方转嫁。

一般认为,前转是税收转嫁的最典型和最普遍的形式。例如,在生产环节对消费品课征的税款,生产厂商就可以通过提高商品出厂价格,把税负转嫁给批发商,批发商再把税负转嫁给零售商,最后零售商再把税负转嫁给消费者。这样,消费者必须付出包括部分税收或全部税收在内的价格购得商品或劳务,名义上纳税人是商品或劳务的出售者,实际的税收负担者是商品或劳务的购买者。

(2) 后转(Backward Shifting)。亦称"逆转"。即纳税人将其所纳税款,以压低商品或生产要素进价或压低工资、延长工时等方法向后转移给商品或生产要素提供者的一种形式。

税收的转嫁表现为后转,一般是由于市场供求条件不允许纳税人以提高商品销售价格的办法,向前转移税收负担。例如,在零售环节对某商品课税,但该商品市场价格因供求关系难以提高。这时零售商不能通过提高商品售价把税负转移给消费者,只有设法压低进货价格把税负逆转给批发商,批发商再逆转给生产厂商,生产厂商又通过压低原料价格、劳动力价格(工资)或延长工时等办法,把税负转嫁给原料供应者或工人。这样,名义上的纳税人是零售商或生产厂商,但实际上税收的负担者是原料供应者和雇佣工人。又如政府征收土地税,土地购买者便会将预期应纳的土地税折入土地价格,转嫁给土地出售者,从而表现为地价下降。

转嫁是课税后归宿前的一种资金运动,前转或后转均可有一次或数次。如果一笔税款从纳税人到最后负税人即税收的归宿,其转嫁运动只发生一次,可称作一次转嫁;而发生两次或两次以上的转嫁称为辗转转嫁,其情况如下所示

棉花商——纱商——布商——消费者(向前辗转转嫁)
布商——纱商——棉花商——农民(向后辗转转嫁)

此外,在现实经济活动中,税收无论是向前转嫁还是向后转嫁,转嫁的程度取决于许多经济因素。有时可以把全部税负转嫁出去(称为完全转嫁),有时则只能将部分税负转嫁出去(称为部分转嫁)。有时税收的转嫁表现为纯粹的前转或后转,但更多的情况是同一笔税款,一部分通过前转转嫁出去,另一部分则通过后转转嫁出去(这种情况被称为"散转"或"混转")。因此,对税收在形式上的前转或后转,必须根据具体情况作具体的分析。

(3) 消转(Diffused Shifting)。又称"税收的转化"。这是纳税人通过改善经营管理或改进生产技术等措施降低生产费用,补偿纳税损失,从而使纳税额在生产发展和收入增长中自行消失,不归任何人承担。也就是说,课税商品在生产与流通中增获的利益足以抵消税负,厂商不必提高价格即可保持原有的利润水平,所纳税款因此无形消失。消转要具备一定的条件,如生产成本递减、商品销量或价格尚有提高的趋势、生产技术方法尚有发展与改进的余地、税负不重等。

消转与一般意义上的税收转嫁不同。后者是指纳税人将税收负担转移给他人,而在"消转"的情况下,税收负担未发生任何转移,也没有特定的负税人。所以严格地说,它是一种特殊的税收转嫁形式。以消转作为税收的转嫁形式,说明判断税收转嫁与否的标准是税收是否影响了纳税人的平均收益,即价格。如果纳税人的平均收益完全未受影响或仅部分地受到了影响则为发生了税收的转嫁;相反,如果纳税人的平均收益减少了与税款相等的数额,则为税收未发生转嫁。

(4) 税收的资本化(Capitalization of Taxation)。税收资本化又称资本还原,它实际上是向后转嫁的一种特殊形式。政府如向资本品的收益征税,在这项资本品出售时,买主会将以后应纳的税款折成现值,从所购资本品价值中预先扣除,从而使资本品的价格下降,税收实际上将由资本品所有者负担。此后名义上虽由买主按期付税,实际上税款是由卖主负担的。与一般意义上的后转不同之处是,税收资本化是将累次应纳税款作一次性转嫁。例如,若某一资本品能产生长期收益,其现值的计算公式为 $PV = \sum_{i=1}^{n} \frac{R_i}{(1+r_i)^i}$,其中 i 为年数,R_i 为各年收益,r_i 为各年的利率即贴现率。在这一资本品出卖时,买方能够接受的价格即为 PV。设政府每年向资本收益征税 T_i,则资本现值变为

$$PV' = \sum_{i=1}^{n} \frac{R_i - T_i}{(1+r_i)^i}$$

这时买方为购买这一资本品愿支付的价格亦降为 PV',从而他以后应纳的税收一次性地转嫁给了卖方。价格的降幅即税收转嫁总量为

$$PV - PV' = \sum_{i=1}^{n} \frac{T_i}{(1+r_i)^i}。$$

税收资本化主要发生在土地等某些能产生长久收益的资本品的交易中,例如征收土地税,地价必然下降。

9.2 税收的转嫁与归宿:局部均衡分析

了解了税负的转嫁与归宿的概念和各种形式后,我们的讨论还仅仅停留在现象概括的层次。为了进一步了解税收转嫁与归宿的机制如何,还须进行更深入的经济分析,为此可采取局部均衡分析和一般均衡分析两种分析方法,下面我们首先进行局部均衡分析。

可能影响税收转嫁与归宿的因素很多,如征税方式(指对买方征税还是对卖方征税,从量计征还是从价计征)、课税对象(产品税还是要素税)、供求弹性、市场结构(竞争市场还是垄断市场)等等。我们将以市场结构分类为主要框架展开分析,力求清晰地展现各种情况下的税收转嫁与归宿状况。

9.2.1 完全竞争条件下的税收转嫁和归宿

政府税收,可以针对产品,也可以针对要素;可以是从量计征,也可以是从价计征。为简单起见,我们首先分析从量计征产品税的情况,再逐步改换各个前提假定,进行更进一步的分析。

(1)从量计征下的产品税归宿。在完全竞争条件下,从量税的效应主要有以下两个基本规律:

① 税收对价格和产出的效应与对供给方征税还是对需求方征税无关,也称"无关性定理"。

如图 9.1(a)所示,假定 D_0、S_0 分别为政府征税前某产品的供给曲线和需求曲线,均衡点为 E_0,P_0、Q_0 分别为均衡价格和产量。如果政府就每单位产品向供给方征收 u 的从量税,则意味着供给方的成本上升了。为在缴税后保持原有的收入水平,厂商必然希望每单位产品向购买

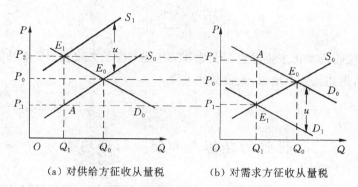

(a) 对供给方征收从量税　　(b) 对需求方征收从量税

图 9.1　从量计征下的产品税归宿

方多收取 u 的价格，也就是供给曲线将从 S_0 平行上移 u 个单位至 S_1。新的均衡点在 E_1，均衡价格和产量分别为 P_2 和 Q_1，但生产者实际得到的价格为 P_1，P_2 与 P_1 之间的差额为政府税收 u。可见，从量税的效应就是使需求方支付的价格从 P_0 提高到 P_2，把供给方得到的价格从 P_0 下降到 P_1，并使产量从 Q_0 下降到 Q_1，政府获得了 $P_1 P_2 E_1 A$ 的税收收入。

如果对需求方征收 u 单位的从量税，需求方愿意为购买这种产品支付的价格不变（以 D_0 线表示），但供给方实际能够得到的价格却减少了 u 个单位，也就是说，从供给方的角度看，需求曲线将由 D_0 平行下移 u 个单位至 D_1 处，如图 9.1(b) 所示。而市场上的均衡点是由销售者的供给曲线与他实际面对的净需求曲线所决定的，也就是当对购买者征收从量税时，将由 S_0 线与 D_1 线的交点决定新的均衡点 E_1。P_1 为税后生产者得到价格，P_2 为税后消费者支付价格，u 为两者之间的价格差额，同时产量由 Q_0 降至 Q_1。容易看出，这与对供给方征税时的效应完全相同。

由以上分析我们可以进一步概括出：在征从量税时，税收最终由谁负担，和名义上由谁纳税无关。税收的转嫁和归宿情况事实上是由税后的均衡价格决定的。税后均衡价格（需求方支付的价格）比税前均衡价格提高的部分就是需求方承担的税收，税收的其余部分则必须由供给方向后转嫁或自行承担，这也就是供给方实际得到的价格比税前均衡价格降低的部分。购买者为单位产品支付的价格永远比销售者实际得到的价格多出一个单位税额。

② 需求和供给弹性是决定税收转嫁和归宿状况的关键,更确切地说,税负由买方与卖方分担的比例等于在供求曲线的相应范围内,供给弹性与需求弹性之比,即

供给弹性/需求弹性＝买方负担份额/卖方负担份额

容易看出,这意味着某种产品需求弹性越大、供给弹性越小,则税收负担越难以向前转嫁给需求方,而只能由供给方自行负担或向后转嫁;反之,需求弹性越小、供给弹性越大,则税收负担越容易通过提高价格的方式向前转嫁给买方。更通俗地说,买卖双方在价格变化时产量的调整能力越强,越是容易处于较有利的地位,可以承担较少的税负。

为证明这一规律我们首先回顾一下供需弹性的定义。需求弹性即需求的价格弹性,它衡量产品的需求量对市场价格升降作出反应的程度。需求曲线越平坦,代表需求弹性越大,相反,需求曲线越陡峭,代表需求弹性越小。用公式表示为

$$E_d = \frac{\Delta Q}{Q} \bigg/ \frac{\Delta P}{P} = \frac{\Delta Q}{\Delta P} \cdot \frac{P}{Q}$$

其中,E_d 代表需求弹性系数;

Q、ΔQ 分别代表需求量及其增量;

P、ΔP 分别代表价格及其增量。

供给弹性即供给的价格弹性,衡量商品的供给量对市场价格升降作出反应的程度。供给曲线越平坦,代表供给弹性越大,供给曲线越陡峭,代表供给弹性越小。用公式表示为

$$E_s = \frac{\Delta Q}{Q} \bigg/ \frac{\Delta P}{P} = \frac{\Delta Q}{\Delta P} \cdot \frac{Q}{P}$$

其中,E_s 代表供给弹性系数;

Q、ΔQ 分别代表供给量及其增量;

P、ΔP 分别代表价格及其增量。

因为税收转嫁与归宿状况和名义上的纳税者是买方还是卖方无关,我们仅以向需求方征税为例进行以下讨论,所得结论同样适用于向

供给方征税的情况。

如图 9.1(b)所示,以 E_0 为中心旋转 D_0 和 S_0 可以发现:当供给曲线变平或需求曲线变陡时,税后均衡价格升高幅度大,由前文分析可知,这意味着买方税收负担增加。需求曲线变陡恰好说明需求弹性趋小,供给曲线变平就是供给弹性趋大。情况相反则卖方负担增加。这一现象可以得到更精确的证明。

由供求弹性定义可知,E_0 到 A 间需求弹性

$$|E_d| = \frac{Q_1 Q_0}{OQ_0} \bigg/ \frac{P_2 P_0}{OP_0}$$

E_0 到 E_1 间供给弹性

$$|E_s| = \frac{Q_1 Q_0}{OQ_0} \bigg/ \frac{P_1 P_0}{OP_0}$$

可见

$$|E_s|/|E_d| = P_2 P_0 / P_1 P_0$$

这里 $P_2 P_0$ 为买方负担份额,$P_1 P_0$ 为卖方负担份额。

由以上结论我们可以推断出税收归宿的两种极端情况。

a. 税收全部由需求方负担:需求完全无弹性或供给完全有弹性。

如图 9.2(a)所示,供给曲线 S_0 与横轴平行,表明供给完全有弹性,生产者对价格下降有无穷的反应能力,其生产量会因价格的任何下

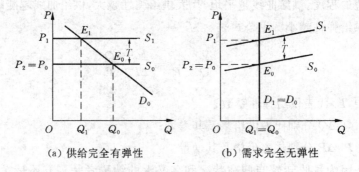

(a) 供给完全有弹性　　　　(b) 需求完全无弹性

图 9.2　税收全部由需求方负担

降而减少至零。由于生产量剧减,反而会使价格上涨。S_0 与 D_0 相交于 E_0 点,由此决定均衡价格和产量为 P_0、Q_0。当政府征税时,供给曲线垂直上移 T 个单位至 S_1,与 D_0 在 E_1 点相交,决定税后均衡产量从 Q_0 减至 Q_1,价格从 P_0 升至 P_1,价格差额恰等于政府征税的数额 T。这说明,在供给完全有弹性的情况下,税收会完全通过涨价形式向前转嫁给购买者。

如图 9.2(b)所示,需求曲线 D_0 与横轴垂直,表明需求完全无弹性,购买量不会因价格提高而有任何减少。S_0 与 D_0 相交于 E_0 点,由此决定均衡价格和产量为 P_0、Q_0。当政府征税时,供给曲线垂直上移 T 个单位至 S_1,与 D_0 在 E_1 点相交,决定税后均衡产量和价格。购买量仍为 Q_0,价格从 P_0 升至 P_1,价格差额恰等于政府征税的数额 T。这说明,在需求完全无弹性的情况下,税收也会完全通过涨价形式向前转嫁给购买者。

b. 税收全部由供给方负担:需求完全有弹性或供给完全无弹性。

如图 9.3(a)所示,供给曲线 S_0 与横轴垂直,表明供给完全无弹性,生产者对价格下降不会有任何反应。S_0 与 D_0 相交于 E_0 点,由此决

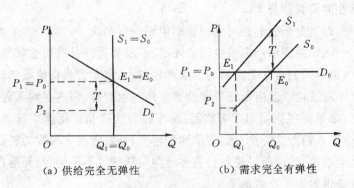

(a) 供给完全无弹性　　　　(b) 需求完全有弹性

图 9.3　税收全部由供给方负担

定均衡价格和产量为 P_0、Q_0。当政府征税时,供给方仍旧保持原来的供给量,新的供给曲线 S_1 与 S_0 重合,决定税后均衡产量和价格不变。但由于要交税,供给方实际得到的价格减少了政府征税的数额 T,为 P_2。这说明,在供给完全无弹性的情况下,税收只能全由供给方自行承担或

向后转嫁。

如图 9.3(b)所示,需求曲线 D_0 与横轴平行,表明需求完全有弹性,买方对价格下降有无穷的反应能力,其购买量会因价格的任何下降而减少至零。S_0 与 D_0 相交于 E_0 点,由此决定均衡价格和产量为 P_0、Q_0。当政府征税时,供给曲线垂直上移 T 个单位至 S_1,与 D_0 在 E_1 点相交,决定税后均衡价格仍为 P_0,产量从 Q_0 减至 Q_1。这说明,在需求完全有弹性的情况下,卖方不能通过涨价形式将税负向前转嫁给购买者,而只能向后转嫁或通过减少产量的办法自行消化。

当然,需求或供给完全有弹性或完全无弹性的情况都是理论上的假定,在现实生活中,绝大多数产品的需求和供给弹性是介乎两个极端之间。所以,在税收转嫁的问题上,完全可以转嫁或完全不能转嫁的情况基本上是不存在的。而较为常见的是,一部分税收向前转嫁给购买者,一部分税收向后转嫁给生产者或要素的提供者。至于转嫁的比例怎样,则取决于供求双方的力量对比(即供给弹性和需求弹性之间的对比)。如果需求弹性大于供给弹性,则向后转嫁或不能转嫁的部分大,税收会更多地落在供应方,反之,如果需求弹性小于供给弹性,则会更多地落在购买者的身上。

由以上分析我们还可进一步引申出一些结论。

——如果课税产品属生活必需品、不易替代产品或用途狭窄产品,那么,由于人们对这类商品的需求弹性较小,消费者将在税收的转嫁中处于不利地位。政府所征税收会更多地向前转嫁,而落在购买者身上。反之,如果课税商品属于奢侈品、易于被替代产品或用途广泛产品,那么,由于人们对这类产品的需求弹性较大,消费者将在税收的转嫁中处于有利地位。政府所征税收会更多地向后转嫁或不能转嫁,而落在生产要素提供者或生产者的身上。

——如果课税产品属于资本密集型产品或生产周期较长的产品,那么,由于对这类产品的生产规模变动较难,其供给弹性因之较小,生产者将在税收的转嫁中处于不利地位。政府所征税收会更多地向后转嫁或不能转嫁,而落在生产要素提供者或生产者身上。反之,如果课税产品属于劳动密集型产品或生产周期较短的产品,那么,由于这类产品的生产规模变动容易,其供给弹性因之较大,生产者将在税收的转嫁中处于有利地位。政府所征税收会更多地向前转嫁,而落在购买者身上。

——如果课税的范围较窄,则课税产品的替代性较大,消费者可减少对该产品的需求而增加对其他产品的需求,因而课税产品的需求弹性较大,税负易向卖方转嫁;如果课税的范围较大,涉及到所有同类产品,消费者就难以通过增加对替代品的需求来避让税收负担,则课税产品的需求弹性较小,税负易由买方承担。

——从短期来看,产品供给弹性远低于需求弹性,故短期税负归宿有利于买方;但从长期来看,供给也将富有弹性,故长期税负归宿难以确定。

(2) 从价税的效应。当征收从价税时,产品的价格成为决定征收税额大小的一个因素,价格越高,付税越多。因此,纳税后需求曲线(供给曲线)的斜率会发生改变,曲线会由平移改为旋移。

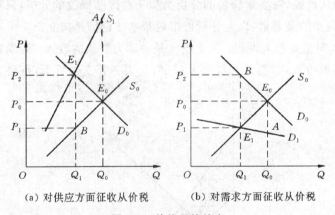

(a) 对供应方面征收从价税　　(b) 对需求方面征收从价税

图 9.4　从价税的效应

如图 9.4(a)所示,仍假定 D_0、S_0 分别为政府征税前某产品的供给曲线和需求曲线,均衡点为 E_0,P_0、Q_0 分别为均衡价格和产量。如果政府以税率 E_0A/E_0Q_0 向供应方征收从价税,则意味着供应方的成本上升了。为在缴税后保持原有的收入水平,供给曲线将由 S_0 向上旋移至 S_1。新的均衡点在 E_1,均衡价格和产量分别为 P_2 和 Q_1,但生产者实际得到的价格为 P_1,P_2 与 P_1 之间的差额为政府税收。可见,征税的效应就是使需求方支付的价格从 P_0 提高到 P_2,把供给方得到的价格从 P_0 下降到 P_1,并使产量从 Q_0 下降到 Q_1,政府获得了 $P_1P_2E_2B$ 的税收收入。

对需求方征收从价税的情况可由图 9.4(b)表示,税前均衡情况与图 9.4(a)相同。当政府以 E_0A/E_0Q_0 的税率向需求方征收从价税时,从供应方的角度看,需求曲线将由 D_0 向下旋移至 D_1 处,由 S_0 线与 D_1 线的交点决定新的均衡点 E_1。P_1 为税后生产者得到价格,P_2 为税后消费者支付价格,同时产量由 Q_0 降至 Q_1,政府获得了 $P_1P_2BE_1$ 的税收收入。

我们可以从图像上容易地看出,在征收从价税的情况下,政府如果取得了相同的税收收入,向供给方征税与向需求方征税的效应也是完全相同的,而且供求弹性之比仍是买卖双方税收分担份额之比。

(3) 要素税的效应。生产要素,主要是指劳动力、资本、土地等,要素税主要指对工资收入、利润(利息)收入或土地收入等课税,一般采用比例的从价税。对要素课税的分析类似于对产品课税的分析,只不过在这里,买卖的是要素,以上分析得出的基本结论仍然成立。

① 对工资收入课税。工资收入是劳动力要素的收入。劳动者提供劳务获取收入,是要素的提供者;厂商购买劳务支付货币,是要素的购买者。

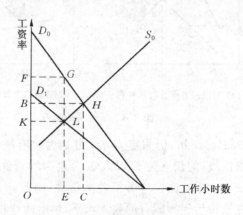

图 9.5 对工资收入课税

图 9.5 描述了在完全竞争的劳动力市场中,对劳动力工资收入征

税的情况。纵坐标表示每小时工资率,横坐标表示工作时间。劳动力需求曲线是向下倾斜的曲线,供给曲线向上倾斜。税前均衡点在 H,工资率是 OB,工作时间是 OC,假定按照 LG/EG 的税率对需求方征收工资税,需求曲线从 D_0 移至 D_1,新的均衡点在 L 上,工人得到的净工资率从 OB 下降到 OK,雇主支付的工资从 OB 上升到 OF,工作时间从 OC 跌落至 OE。需求和供给的弹性同样决定了税负的分配状况。当需求是无弹性的,供应是有弹性的时候,工人可以通过改变工作行业等途径来逃避税负;而雇主由于必须要雇佣劳动力,则不得不承担大部分税负。当供给无弹性,需求有弹性时,工人就会处于较为不利的地位,不得不承担大部分税负。

② 对资本收入征税。对资本收入征税与对劳动工资收入征税的情况基本相同,只需把图 9.5 的纵轴看成是资本报酬率,把横轴看成是可利用的资本,就可利用与对工资课税同样的推理来进行分析。

③ 对土地收入征税。图 9.6 可说明对土地收入课税的情况。S_0 是土地的供给曲线,它与横轴垂直,表明土地的供给基本上是完全无弹性

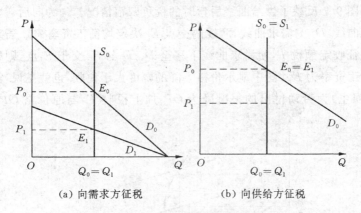

(a) 向需求方征税　　　　(b) 向供给方征税

图 9.6　对土地收入征税

的,无论租金或地价怎样变化,土地的数量都是固定的,所以土地税税负的转嫁与归宿情形完全取决于土地的需求状况。税前的需求曲线为 D_0,它与 S_0 相交于 E_0 点,由此决定税前地价为 P_0,供给量为 Q_0。政府征收土地税(税率为 E_0E_1/E_0Q_0)后,土地使用者将把各期应负担的税

收折成现值,从所付地价中扣除(税收资本化),需求曲线将向下旋移至D_1(图 9.6(a)),它与S_0相交于E_1点,新的供给量仍为Q_0,但地价却下降至P_1,下降额与所征税额恰好相同。若向供给方征税,税收归宿情况也是一致的。供给曲线不变,从而均衡价格和供给量不变(图 9.6(b)),但由于要承担税收,供给方实际得到的地价则下降了与税额相等的数额。可见,由于土地供给完全无弹性,土地税将全部由土地所有者承担。

④ 后弯的供给曲线与税负归宿。通常,供给曲线向右上方延伸,其斜率是一个正数。但在一些特殊的情况下,供给曲线也可能是一条向后弯曲的曲线,即供给曲线开始时向右上方倾斜,达到一定阶段后又向左上方延伸。这种情况主要发生在劳动和资本要素的供给当中。以劳动要素的供给为例,一般地,人们对收入水平有一定的预期目标,在没有达到这个目标以前,人们愿意放弃一定的休闲时间,通过劳动来换取更多的收入。这时工资率的提高会导致劳动供给的增加;然而,在工资率超过一定水平后,人们有可能付出较少的劳动而保持较高的收入水平,这时工资率的提高会使人们的劳动时间反而减少。

图 9.7 反映了供给曲线后弯时的税负归宿情况。S_0为向后弯曲的供给曲线,D_0为需求曲线,两线的交点E_0决定均衡工资率P_0。若对需求方征收定额税T,使需求曲线下移至D_1,D_1与S_0交于E_1点,则税后均衡工资率为P_1。图中显示价格下降的幅度大于税收,也就是说,需求方(雇主)为劳动付出的报酬降为OP_1加上税收T,与原价格OP_0相

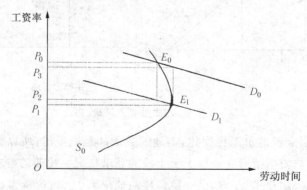

图 9.7 后弯的供给曲线与税负归宿

比,雇主对每个单位劳动付出的报酬减少了,这样,需求方不但未承担任何税收,还从劳动价格下降中得到了好处,降低了成本。而从供给方(劳动者)来说,税后的实际收入是 OP_1,下降的幅度大于税收, $P_0P_1 > P_0P_2$,从而劳动者不但承担了全部税负,还承担了额外的损失。当然,这种情况只发生在供给曲线向后弯曲的一段,而在另一段,即供给量随价格提高而增加的一段,与一般情况下的结论一致。

另外,资本供给曲线也有后弯的特性,在较低的利率水平上,资本的供给(储蓄)随利率的上升而上升,当利率达到一定水平,资本供给反因利率上升而下降,从而税收转嫁也将出现与对劳动收入征税类似的情况。

9.2.2 垄断条件下的税收转嫁和归宿

在完全竞争的情况下,均衡价格和产量由供给曲线(代表卖方边际成本)和需求曲线(代表买方边际效用)的交点决定,税后均衡价格提高的额度取决于供给和需求弹性,且往往小于税额。但在垄断情况下,由于垄断者具有左右价格的能力,为了达到利润极大,他将在使其边际成本与边际收益相等的条件下决定其产量,而价格则由在这一产出水平上的边际效用来决定。这样,即使边际成本和边际效用曲线相同,垄断条件下的均衡价格有别于完全竞争条件下的均衡价格,从而税收对价格变动的影响和税收负担的归宿也会有所不同,不能简单套用竞争条件下分析得到的结论。

(1) 垄断条件下从量税的效应。为分析方便,不妨考虑边际成本不变。如图 9.8 所示,D_0 为需求曲线,实际上它也代表垄断者的平均收益,MC_0、MR 分别为垄断者的边际成本和边际收益。为达到利润极大化,垄断者将在 MC_0、MR 的交点 E 处决定均衡产量 Q_0,与此产量对应的价格为 P_0。若从供给方征收数量为 T 的从量税,则边际成本线上移 T 个单位至 MC_1,它与 MR 相交于 E_1 点,决定新的均衡产量为 Q_1,与之相对应的价格为 P_1,这意味着垄断者可以通过涨价,将一部分税收负担转嫁给消费者。但税额的其余部分他只能自行承担,即垄断者实际得到的价格下降了,国家税收为 $GHBE_1$。

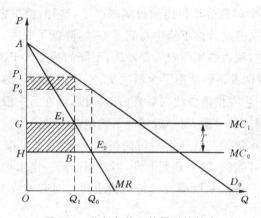

图 9.8 垄断条件下从量税的效应

我们可进一步推断出一般性的结论：在垄断条件下,边际成本线越陡峭,则产出的变化越小,从而价格的提高也越少,税负越难以向买方转嫁;如果 MC 线完全垂直,产出不会有任何变化,价格也不变,税收将完全由垄断者自行负担,这和竞争市场中的情况类似。当 MC 线水平时,买卖双方承担税收的情况取决于需求曲线的形状,可以证明,在垄断条件下,若边际成本为常数且需求曲线是线性的,则征收从量税引起的价格上涨幅度为税额的 1/2,即买卖双方各承担税收的 50%。

设税前边际成本 $MC_0 = c$,又 $P = -aQ + b$

则 $TR = -aQ^2 + bQ, MR = -2aQ + b$

由 $MR = MC_0$,得税前均衡产量 $Q_0 = (b-c)/2a$

从而税前均衡价格 $P_0 = -aQ_0 + b = (c+b)/2$

若政府征收从量税 T,则税后边际成本 $MC_1 = c + T$

垄断者均衡时 $MC_1 = MR$,

即 $c + T = -2aQ + b$

于是 $Q_1 = (b-c-T)/2a$

从而 $P_1 = (b+c+T)/2$

所以,$\Delta P = P_1 - P_0 = (b+c+T)/2 - (c+b)/2 = T/2$

这就是说,在垄断条件下,若边际成本为常数,需求曲线为线性,从量税引起的价格上升是单位税额的 1/2。如前所述,在完全竞争的情况下,边际成本为常数意味着供给完全有弹性,税负将完全由买方承担,可见,认为垄断条件下垄断者因为具有控制价格、操纵价格的能力从而可以将税负的大部分或全部转嫁给买方只是一种错觉,是没有根据的。

(2) 从价税与从量税的比较。垄断情况下征收从量税与从价税的效应不同,这一点与完全竞争条件下的结论刚好相反。

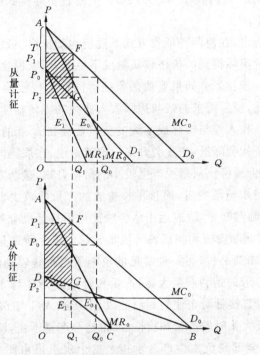

图 9.9 垄断条件下从量税和从价税的比较

政府征收从量税可以表现为边际成本上升(如图 9.8 所示),也可以表现为厂商实际获得价格的下降。图 9.9 中的上下两图分别反映垄断条件下征收从量税和从价税的效应。税前均衡情况是一致的,D_0、MC_0、MR_0 分别为需求曲线(平均收益线)、边际成本线和边际收益线,MC_0 与 MR_0 相交于 E_0,决定均衡产量 Q_0,均衡价格为 P_0,若政府对每单位商品征收从量税 T,D_0、MR_0 将同时向下平行移动 T 个单位至

D_1、MR_1，MC_0 与 MR_1 相交于 E_1，决定新的均衡产量 Q_1，均衡价格 P_1，垄断者得到的价格为 P_2，国家税收为 P_2P_1FG。

在征收从价税时，为使税后的产出、价格与从量税下的情况一致，就必须使边际成本线与税后的边际收益线也相交于 E_1 点，为此可由 C 点经 E_1 点作直线 DC，以之作为新的边际收益线，与 DC 对应的税后需求曲线为 DB，此时税率为 AD/AO。垄断者实际得到的价格为 P_2，国家税收为 P_2P_1FG。

容易看出，在使两种征收方式下税后均衡价格一致的情况下，从价税下垄断者实际得到的价格较从量税下更低，国家税收则相应更高。我们可以进一步推断：如果要使国家征得同样的税收收入，从价税的税率就要降低，税后需求曲线与边际收入曲线的旋转幅度就要小一点，这样税后边际收入线与边际成本线的交点就会在 E_1 点的右边，与之相应的税后价格就会降低，产量会升高。也就是说，在取得同样税收收入的条件下，从价税将比从量税产生较小的价格升幅，垄断者只能将较少的税收负担转嫁给消费者，而且税收造成的产量的减少也相对较小。所以，为了抑制垄断者，政府运用从价税比运用从量税有效得多。

(3) 对垄断者的利润征税的税负转嫁。以上所述是对某个行业的产出征税，如商品税，另一种常见的税种所得税是以利润为征税对象。垄断企业追求的是利润极大化，产量和价格由 MR 与 MC 线的交点决定。利润税直接针对企业的利润征收，不影响 MC 与 MR，从而也不会改变利润极大化时的产量和价格。而价格与产量不变，说明税收不需购买者承担，全部税负由生产者承担。这个观点可由图 9.10 说明。图 9.10(a)反映垄断者均衡状况，在 MC 和 MR 的交点 E 决定均衡产量 Q^* 和均衡价格 P^*。图 9.10(b)中，TR 为总收益曲线，TC 为总成本曲线，Π_0 为税前利润线，Π_1 为征收利润税后的利润曲线，尽管利润曲线由 Π_0 减少为 Π_1，但 MC、MR 线未受影响，Π_1 线仍然在 Q^* 的产量水平上达到最大值，从而均衡价格仍为 P^*。

垄断竞争市场和寡头垄断市场是介于完全竞争市场和垄断市场之间的是市场结构，经济学家对这些市场结构的税收效应还没有达成共识，现有的结论都有较大的争议，因此我们暂不加以介绍。

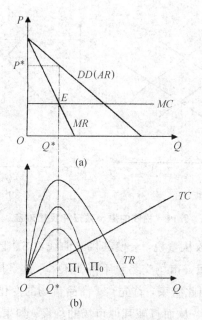

图 9.10 对垄断者的利润征税的税负转嫁

9.3 税收的转嫁与归宿：一般均衡分析

9.3.1 局部均衡分析的不足

上述局部均衡分析，说明一种税在某一市场中的归宿，可是现实经济生活中，各种产品和生产要素的价格、供需等因素都是相互作用、相互影响的，直接涉及课税市场的经济单位固然因为纳税而有所损失，不直接涉及课税市场的经济单位也可能会受到间接影响，对某一商品或生产要素的征税可能会在整个经济中引起一系列的连锁反应。

图 9.11（a）、（b）分别反映了 A、B 商品的市场供求情况，在最初的均衡中，A、B 商品的均衡价格分别为 2 元和 3 元。两个市场的需求曲线都假定消费者的收入和偏好不变，其他商品的价格不变。如果

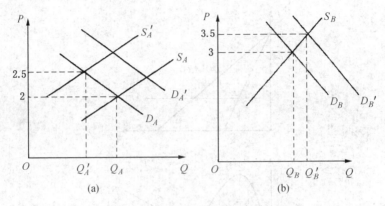

9.11 税收的溢出效应和反馈效应

政府对 A 商品征收从量税，会使其供给曲线由 S_A 上移至 S_A'，A 商品价格上涨到 2.5 元，市场交易量下降为 Q_A'，这是局部均衡分析的结果。但调整并未到此结束，首先，A 商品市场的变化会有"溢出效应"(Spillover Effect)，从而打破其他市场的均衡。如果 A、B 是替代性很强的商品，则 A 商品价格上涨会使 B 商品需求曲线上移至 D_B'，从而 B 商品价格上涨至 3.5 元。B 商品市场的派生变化又会给 A 商品市场带来"反馈效应"(Feedback Effect)，B 商品价格上涨使 A 商品需求曲线上移至 D_A'，A 商品的均衡价格随之发生变化。这种过程会反复进行下去，最后得到一个稳定的、收敛的新的均衡，这就是一般均衡。在现实世界中，一个市场变化引起的溢出效应和反馈效应会涉及到更多的市场，更为复杂。

这样若将税收转嫁与归宿的考察仅局限于课税商品或生产要素的特定市场，就会有许多不足之处。局部均衡分析的不足主要在于：它未能顾及政府征税对未征税商品市场的影响作用，另外未能考虑到如果生产要素是可以自由流动的，那么，对某种要素市场的征税会导致生产要素的收益率趋向平均。具体说来，产品税的局部均衡分析未考虑对某一产品课税后，对该产品需求的转移和生产该产品的生产要素的流动以及由此带来的对其他行业的影响。要素税的局部均衡分析未考虑对某一要素课税后，对该要素的需求和该要素供给的转移及由此带来的对其他行业的影响。

9.3.2 一般均衡分析

为克服这些不足,以使税收转嫁与归宿的分析更贴近现实,就需要进行一般均衡分析。所谓一般均衡分析,就是在假定各种产品、生产要素的供给、需求、价格都相互影响的条件下,分析所有产品、生产要素的供给和需求都达到均衡时的价格决定。这里我们简单介绍一下著名经济学家哈伯格(A. C. Harberger)提出的一般均衡模型。

该模型首先假设:整个经济体系中只有食品和制造品两种产品;生产要素只有资本和劳动力;家庭部门没有储蓄(收入=消费)。另外,每个生产部门都使用资本和劳动力这两种要素,但部门间使用的资本和劳动力的比例和替代率不一定相同;资本和劳动力可以在不同部门之间自由流动,造成这一流动的原因在于部门间收益率的差异;总的生产要素供给量不变;所有消费者的行为偏好相同;税种之间可以相互替代;市场处于完全竞争状态。

在两种产品和两种要素的假定之下,经济体系中的各种税收可概括为表9.1。

表 9.1 两产品两要素下的各种税收

t_{KF}	+	t_{LF}	=	t_F
+		+		+
t_{KM}	+	t_{LM}	=	t_M
=		=		=
t_K	+	t_L	=	t_T

其中,F 代表食品业;M 代表制造品业;K 代表资本;L 代表劳动;t_{KF} 为以食品业的资本要素收入为课征对象的税收;t_{LF} 为以食品业的劳动要素收入为课征对象的税收;t_F 为以食品业的产出为课征对象的税收;t_{KM} 为以制造品业的资本要素收入为课征对象的税收;t_{LM} 为以制造品业

的劳动要素收入为课征对象的税收;t_M为以制造品业的产出为课征对象的税收;t_K为以食品和制造品两个部门的资本要素收入为课征对象的税收;t_L为以食品和制造品两个部门的劳动要素收入为课征对象的税收;t_T为综合所得(商品)税。

以上这个模型反映了以下几个重要的税收等效关系。

(1) 如果政府既征收t_F,又征收t_M,且税率相同,则相当于对所有产品征收通税t_T。

(2) 既征收t_L,又征收t_K,且税率相同,也相当于对所有要素征收通税t_T。

综合(1)、(2)点可知,对产品征收通税和对要素征收通税,效应是相同的。

(3) 如果政府同时征收t_{KF}和t_{KM},且税率相同,则相当于征收t_K。

(4) 同时征收t_{LF}和t_{KF},且税率相同,则相当于征收t_F。

由于税种之间具有这种等效关系,我们就可以通过对少数几种税的归宿的分析,来把握整个经济体系的各种税的归宿,不难看出,经济体系的税收从其效应来看,不外乎有以下四种类型。

(1) 综合所得(商品)税t_T,即对全部要素或全部产品征收的一种通税。

(2) 对某一种要素收入课征的一种税:t_L、t_K。

(3) 对某一种产品课征的一种税:t_F、t_M。

(4) 对专门生产某种产品的一种要素收入课征的一种税:t_{KF}、t_{KM}、t_{LF}、t_{LM}。

为了分析选择性税收的转嫁与归宿问题,我们主要分析其中的两种税:t_F、t_{KM}。即对某种产品征税——食品税及对某一部门的某种生产要素收入征税——对制造业资本收入征税。

首先分析食品税。局部均衡分析已经得出结论:征食品税后,价格上升,产量下降,买卖双方共同负担税收。在此基础上,我们可以将考察的视野扩大到制造品市场,发现更进一步的税收效应。从消费的角度看,在产品市场,政府征税后消费者会减少对食品的购买,而将部分购买力转向制造品,对制造品的需求增加了。一方面,假定生产成本是递增的（供给曲线向上倾斜），这将使制造品的价格上涨。同时，食品的价格相对有所下降。于是，税负就会从食品的消费者扩展到制造品的消费者身上。更进一步说，税收负担不仅会落在直接征税商品的消费者身上，也会落在所有消费者身上；另一方面，在要素市场，税后食品部门的收益率下降，导致食品部门的资本和劳动力移向制造品部门。但食品部门与制造业部门的劳动力和资本之间的比例和替代弹性是不一样的。一般说来，制造业部门劳动力和资本之间的比例更倾向于资本密集型，而食品业属劳动密集型，这样自食品业流出的资本与劳动力不匹配，劳动力相对较多。如果制造业劳动力和资本之间替代弹性也较小，为了吸收这部分劳动力，劳动力价格即工资必须下降，由此导致整个社会工资水平下降，也就是说各个行业的劳动者都将承担税负。另外，食品的需求弹性越大，则征税后产量下降越大，从而生产要素大量向外转移，劳动力相对价格下降也较大。

总之，被征税的部门使用较多的生产要素，即密集型的那种要素，税后的相对价格就要下降。下降的程度首先取决于征税部门产品的需求弹性，需求弹性大，生产要素释放出的就多；其次看两个部门生产要素比例，比例差别越大，则生产要素的相对价格下降得越大；再次看非征税部门的要素替代弹性，如果它的替代弹性较小，则要素的相对价格也下降得大。

接下来讨论对制造业资本要素收入征税的税收归宿情况。局部均衡分析已得出结论：对要素课税，该要素的价格上升，要素市场上供求双方将承受税收负担。从一般均衡的角度看，我们会发现，税收效应还不仅如此。

首先，在产品市场上，由于生产成本的上升，产品的价格将上升，资本密集型产品的价格上升会尤其显著，从而，此类产品的消费者也将承受税收负担，随着消费者以其他产品替代价格上升的产品，其他产品的需求上升，价格随之上升，于是，税收负担扩散到更为广泛的消费者人群中。

其次，在要素市场上，征税后资本要素价格的上升会通过两方面的效应导致资本要素的收益率下降。一是产出效应，即由于成本提高，厂商利润最大化的产出下降，从而减少对资本、劳动等各种要素的需求，要素的收益率因此下降;二是替代效应,政府对资本收征税而对劳动收入不征税会促使制造业厂商减少资本的使用量,扩大劳动的使用量,即以劳动代替资本,这也会使资本要素的收益率下降。在完全竞争市场,制造业的资本将向食品业流动,食品业的资本供给上升,其收益率也将下降,同时制造业的资本收益率有所回升,直至两个行业的资本收益率相等,这种流动才会停止,而在收益率平均化的过程中,食品业的资本也承担了税负。

由此可见,政府对某一部门的某一种生产要素征税,不仅该生产部门的该要素所有者要承担税负,其他生产部门的该要素所有者也要承担税负。

从本章分析可知,不仅产品税,甚至要素税都存在转嫁的可能,因而直接税与间接税的划分是相对而非绝对的,其区别仅在于转嫁的难易不同。税收的转嫁同产品或要素的供需弹性以及市场结构有着非常密切的关系。另外,就一般均衡而言,选择性税收的影响不仅限于某一局部市场供需双方而是蔓延于其他市场的参与者之中。

本章内容提要

1. 纳税人在缴纳税款后可通过经济交易将税收负担转嫁出去,最终达于税收的归宿。税收的转嫁有前转、后转、消转、税收资本化等形式。

2. 在竞争市场条件下,当政府从价或从量计征产品税时,税收最终由谁负担与名义上对供给方征税还是对需求方征税无关,而由产品的供给弹性和需求弹性决定。产品的供给弹性越大、需求弹性越小,则税后价格上涨幅度越大,消费者承担的税负越多,反之则反是。

3. 政府对土地、劳动、资本等要素课税,税收也可能发生转嫁,税收归宿的决定在一般情况下与征收商品税时的情况相同。但劳动和资本的供给曲线具有后弯的特性,当价格上升到一定程度后继续上升反而使供给量下降,这时征税后需求方不但不会承担任何税收,反而可从价格下降中获得好处。

4. 在垄断市场条件下,税收的归宿由需求曲线与供给方的边际成本线所决定,但供需双方承担税负的比例与竞争市场条件下的情况有明显的区别。此外,如果使政府征得相同的税收收入,从价税将比从量税导致较小的价格升幅,因此更有利于抑制垄断。对垄断者的利润征税不会改变均衡产量和价格,全部税负由生产者承担。

5. 从一般均衡的角度看,当对某种产品或某种生产要素征税时,其税收负担不仅会影响相应市场的供需双方,而且会波及整个经济,落在其他市场的参与者身上。

本章基本概念

税收的转嫁 税收的归宿 顺转 逆转 消转 税收资本化 资本还原 辗转转嫁 完全转嫁 散转 混转 税收的转化 无关性定理 溢出效应 反馈效应

本章思考题

1. 对以下产品征税,税负更多由需求方负担的是( )。
   A. 生活必需品   B. 需求弹性大的产品
   C. 资本密集型产品   D. 耐用品
2. 假定某产品市场的边际效用曲线为 $P=-0.5Q+100$,边际成本曲线为 $P=2.0Q+5$,向该产品征收金额为 1 的从量税,请分别计算在竞争市场和垄断市场条件下政府能取得的税收收入以及消费者与生产者所承担的税负比例。
3. 竞争市场和垄断市场税收转嫁和归宿情况的主要区别是什么?
4. 在什么情况下税负完全由需求方负担?为什么?
5. 为什么说直接税和间接税的划分不是绝对的?请举例说明。
6. 从一般均衡的角度考虑,政府对食品行业征收产品税的效应将如何?
7. 针对全部产品或全部要素征税以及针对某一种要素征税的转嫁与归宿情况如何?

10 税收原则

税收原则就是政府在税收制度的设计和实施方面所应遵循的基本指导思想,也是评价税收制度优劣以及考核税务行政管理状况的基本标准。作为保证税收充分发挥对经济社会积极作用的准则,税收原则具有很强的实践意义,历来得到理论界及各国政府的重视。

10.1 税收原则概述

10.1.1 古典税制原则

历史上第一次明确系统地阐述税制原则的当推亚当·斯密。他在《国民财富的性质与原因的研究》中提出了四项原则。具体如下:

(1) 平等原则。公民应根据自身纳税能力来承担政府经费支出,即按其在国家保护下所获收入的多少来确定纳税的额度。

(2) 确定原则。各人应纳税收金额及交纳方式(时间、地点、手续)都应清楚明确,不要轻易变动。

(3) 便利原则。各税应在纳税人最便利的情况下或以最便利的交纳方法征收。即要求征税及其管理手续尽量从简。

(4) 节省原则。应使国库收入与公民交纳税收差额为最小,即税收征收费用最小。

19世纪后期,德国瓦格纳集中前人税收原则理论之大成,提出四

大原则(含 9 小原则):

(1) 财政收入原则。其一,充足原则。税收收入应足以满足国家财政需要。其二,弹性原则,税收收入足以适应财政支出的变化。

(2) 国民经济原则。其一,慎选税源原则。应选择有助于保护税本的税源,以发展国民经济。其二,慎选税种原则。税种选择,应避免使市场经济机制的效率受损。

(3) 社会正义原则。其一,普遍原则。税负普及于每一公民,人人有纳税义务。其二,平等原则。应根据纳税能力大小征税,通过累进税及免税等措施,达到社会正义目标。

(4) 税务行政原则。其一,确定原则。纳税的内容及程序事先规定清楚。其二,便利原则。便利纳税人,简化征收手续。其三,节省原则。节省征收费用。

10.1.2 现代税制原则

现代税制原则并未全盘否定古典原则的基本观点,它结合凯恩斯主义及福利经济学的思想,围绕税收在现代经济生活中的职能作用来立论,从新的高度对税收原则进行阐释,其中比较一致的观点可概括为三方面。

(1) 公平原则,税收应有助于实现收入的公平分配;

(2) 效率原则,税收应有助于实现资源的有效配置;

(3) 稳定和增长原则,税收应有助于实现经济的稳定增长。

当然,现代税制原则虽依公共财政的三大职能可以概括为三个方面,其涉及的具体内容却相当广泛。我们将其归纳为以下体系(见图 10.1 所示)。

税收的稳定和增长原则是宏观财政理论的内容,本章将主要讨论税收的公平及效率原则。

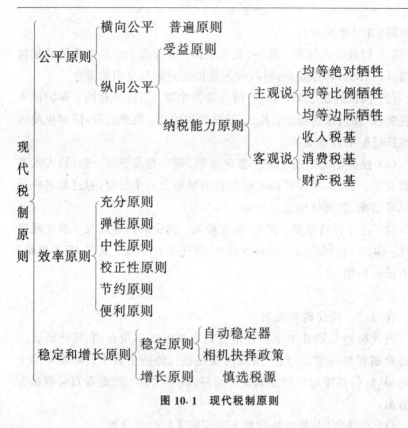

图 10·1 现代税制原则

10.2 税收的公平原则

公平原则是公认的税收的首要原则,这一方面是由于公平对维持税收制度的正常运转必不可少,另一方面由于税收矫正收入分配的作用对于维护社会稳定是不可或缺的。所以,公平历来不仅仅是作为经济目标,更重要的是作为社会目标出现。

税收公平原则应从两个角度来理解:一是福利水平相同的人应缴纳相同的税收,即所谓的横向公平;二是福利水平不同的人应缴纳不同的税收,即所谓的纵向公平。可见,公平原则的关键在于福利水平的定义及衡量,税收公平原则的理论,更进一步说是税收公平标准的理论。

依据不同的标准,人们对税收的公平原则作出了许多种解释,大体可概括为两类:受益原则和纳税能力原则。

10.2.1 受益原则

受益原则要求每个纳税者根据他从公共服务中获得利益的水平来相应纳税,即社会成员的税收负担应与他从政府服务中获得的收益相等。

受益原则实际上是将公民纳税——政府提供服务看成是一种类似于市场交易的过程,税收仿佛是政府提供服务的价格。从理论上说这是很理想的,既然人们在日常生活中要偿付从私人经济部门企业得到的商品和劳务,那么对具有公益性质的政府支出,也应该按照其所获得利益的多少相应分摊其成本,这很容易被公民所接受。而且,如果每个人都能根据自己从政府服务中获得的边际效用缴纳相应的税收,就可以确定政府提供服务的最佳规模,实现资源配置的帕累托最优状态。

政府一般倾向于在可能的范围内应用受益原则,尤其是在能够在一定程度上确定社会成员从公共项目中的受益,采取收费方式又有困难的情况下,可以用受益税来替代价格或使用费。例如,公路的直接受益者是使用公路的行人和车辆,但是在公路网错综复杂、范围很广的情况下,收费成本很高,这时就可以向一些与公路消费相关的互补产品,如汽油、车辆、轮胎等征税。为使这种税收更有助于实现效率,确立项目收支的对应关系,还应该指定这类税收的专门用途,如公路的受益税除补偿已支出的筑路成本外,应用于公路的维护和再建设,这种用于指定项目的税收亦被称为专项税(Ear-marked Tax)。

虽然如此,这一原则仍然有着很大的局限性。依受益原则,合适的税收取决于每个纳税者从公共服务中获益的水平,在理论上,获益水平可由每个纳税者的偏好程度显示。然而各个纳税者对公共事业的评价可有不同,政府提供的许多服务属公共产品(如国防等)或准公共产品(如教育),它们是共同消费的或者具有部分外部收益,客观上很难说清每个人的获益到底有多少,惟有让消费者自己呈报其所获得的收益。但是，人们如果知道其所承担的税收份额取决于自己呈报的边际收益，他们肯定隐瞒或者歪曲自己获得的真实收益。这就使受益原则的应用受到了很大限制，只有在消费者的受益能够客观地表现出来的场合，受益原则才可能得到贯彻。

但是有的经济学家认为在一定的假定条件下，人们的偏好还是有规律可循的，从而仍可利用受益原则解决税制设计上的一些问题。首先从收入效应谈起，公共产品和私人产品一样，除非它是经济学上的所谓"次品"（Economic Bads），消费者对它的评价总是随收入的上升而提高的，也就是富人的评价总比穷人高，因而纳税也应比穷人多；另外，公共产品的价格提高时，消费者的需求也会降低。这样我们可以推导出合适的税率水平取决于对公共产品需求的收入与价格弹性。

假设 P 为公共产品的价格（即税收），Q 为需求量，Y 代表消费者的收入，则收入弹性 $E_Y = \frac{\Delta Q/Q}{\Delta Y/Y}$，价格弹性 $E_P = \frac{\Delta Q/Q}{\Delta P/P}$，从而 $\frac{\Delta P/P}{\Delta Y/Y} = E_Y/E_P$。

可见，如果 $E_Y/E_P = 1$，即 $E_Y = E_P$，则税收对收入比率保持不变，税率为比例税率；如果 $E_Y/E_P > 1$，即 $E_Y > E_P$，则税收对收入比率上升，税率为累进税率；如果 $E_Y/E_P < 1$，即 $E_Y < E_P$，则税收对收入比率下降，税率为累退税率。也就是说，如果收入弹性高，相应的税收价格可随收入而迅速地上升；如果价格弹性高，上升将受阻。

不难发现，公共产品的收入及价格弹性实际上很难观察到，这就使这一理论仍旧难以付诸实践。

除此之外，受益原则的局限性还体现在它对收入分配是中性的，即不改变市场上已经形成的分配格局，所以实际上仍然是一个效率原则。只有假定收入分配一开始就处在合适的状态上，最后的结果才可能是公平的。这一原则不能解释应用于社会福利的支出的征税情况。社会福利支出主要是穷人受益的，但他们的纳税能力很小甚至没有纳税能力，显然不可能让他们按照所获得的收益纳税。

10.2.2 纳税能力原则

纳税能力原则要求根据纳税人的纳税能力来确定其应承担的税负。对如何衡量纳税能力,经济学界也有着不同的看法,主要可分为主观说和客观说两种。

(1) 客观说。客观说认为应以能客观地观察的某种数量指标作为衡量纳税能力的依据。对纳税能力的理想的衡量应反映每个人从所有可供他选择的机会中得到的全部福利,包括消费、收入、财产占有和对闲暇的享受。由于这种理想的全面衡量并不现实,尤其是对闲暇价值的衡量相当困难。因此,现实中可能选择的衡量纳税能力的标准或称税基限于收入、消费或财产。

多数人主张以人们的收入作为衡量纳税能力的标准。收入多的人应多纳税,收入少的人应少纳税。由于对人税(即直接针对纳税人的纳税能力课征的税收)比对物税更显公平,而收入是对人税的税基,所以,就公平性而言收入税基是比较优越的。对于收入税基的争议集中在什么是收入,它的统计口径如何确定等问题上:① 是以单个人的收入为标准还是以一组人的平均收入(例如家庭平均收入)作为衡量纳税能力的标准?假定甲、乙两人有相同的收入,但甲上有老下有小,一家人都要依靠他的收入生活,而乙没有这些负担,如果简单地以收入作为衡量纳税能力的标准就会让甲乙两人交同样多的税,显然有失公平。② 是以总收入还是以扣除某些支出后的净收入作为衡量纳税能力的标准?例如甲体弱多病,为了维持工作能力需支付许多医疗费,而乙身体健康。尽管两人取得相同的总收入,但由于成本开支不一样,实际取得的净收入并不相同,纳税能力也差别很大。③ 是以货币收入还是以经济收入作为衡量纳税能力的标准?假定甲为别人干活,取得一定的货币收入,他用这些收入来购买自己所需要的生活用品,而乙为自己干活,生产出自己所需要的同样多的生活用品。从货币收入来看,甲有收入,乙无收入;但从经济收入来看,甲、乙得到的收入是相等的。单用货币收入来衡量纳税能力就会出现甲要纳税而乙无需纳税的情况,显然这也不够公平。④ 纳税人的收入有多种来源,既包括勤劳收入,也包括不劳而获的意外收入,对不同来源的收入不加区分,都视作一般收入来征税,也有失公平。可见,对于收入的定义歧义颇多,但当前世界上较有影响的观点是:

收入原则上指的是个人拥有的资产的任何形式的增加额,从家庭账户的资金来源方说,既包括货币收入(如工资、薪金、利息、股息等),也包括未经交易而获得的收入(如自有自住房屋的租金),还包括资本价值的增值(无论是否实现);从家庭账户的使用方说,收入包括财产的净增加(储蓄)加上消费。而在计算税基时则应适当考虑收入的不同来源和费用的实际发生情况作出具体规定。不过,收入并不是衡量纳税人相对经济地位的绝对精确的指示器。极端的例子是,一个窖藏黄金的人和一个乞丐,都可能是"零收入者",但不会有人认为他们有相同的纳税能力,因为财产的所有权也是对经济资源的控制。如果仅按收入征税,终究不能说是公平的。

也有人认为应以消费作为衡量纳税能力的标准。他们认为在市场经济中收入的多少标志着一个人对社会所作的贡献,不能因为贡献大而多纳税。收入如果用于积累会增加社会的总财富,并可造福于未来。而消费标志着一个人对社会的索取,索取越多,纳税能力越强,就应该多纳税。以消费为衡量纳税能力的标准在实践上意味着不课征所得税,仅征商品税,而且并非所有商品都征税,只向消费品征税。在客观上它起到鼓励储蓄和投资、抑制消费的作用,有助于经济增长。消费税基对经济增长的积极作用使许多国家的税收政策或多或少地反映了以消费来衡量纳税能力的观点。但消费税基也有不足,主要是消费税有一定的累退性,如某一时期甲、乙两人的消费额都是1 000元,但甲的收入为2 000元,乙的收入仅有1 000元,若仅以消费支出确定纳税能力,对两人征收相同的税,显然有失公平,不利于缩小社会贫富差距。

另一个可以比较客观地观察并以之衡量纳税能力的指标是财产。一方面人们可利用财产赚取收入,通常一个人的财产越多他的支付能力就越强;另一方面财产还可带来其他满足,如声望、权力、保障等,财产差别是造成贫富不均的一个重要根源。而且,不是所有价值增值都可纳入收入税基,尤其是资本收入,财产税由于其课税对象的有形性弥补了收入税基的这一缺点,因此有必要将财产税基作为收入税基的补充。在一些发展中国家,以收入为税基的所得税征管较为困难,而财产是有形,相对较容易掌握,其意义更为显著。但财产税也有其局限性。财产税有抑制储蓄和投资的作用。假定甲、乙两人收入都是2 000元,甲消费1 000元,另1 000元用于储蓄或投资,这样就会形成1 000元的财产,而乙吃光用光,以财产为衡量纳税能力的标准就会使甲要纳税乙不纳税,这显然会助长社会的高消费倾向,不利于经济的长远发展,因此当今世界各国很少将财产税作为主要税种。由于财产形式多样,收益不同,对财产征税在实践中还有难以查核和估价的问题。

由以上分析可知,根据纳税能力原则,收入、消费及财产都可作为税基,但这三种税基都难免片面性,绝对公允且准确的衡量纳税能力的尺度实际上难以找到。因此实践中,只能是以一种税基为主,同时兼顾其他尺度,以弥补各自缺点。

(2)主观说。主观说主张以纳税人因纳税而感受的牺牲程度大小作为测定其纳税能力的尺度。所谓牺牲,指纳税人税前得到的满足与其税后得到满足的差量。这种说法认为,纳税人的享受与满足程度总会因纳税而减少,所以纳税能力就是忍耐和承担的能力,如果税收的课征能使每一纳税人所感受的牺牲程度相同,课税数额就同各自的纳税能力相符,税收就公平,否则就不公平。

同样收入给不同个人带来的满足从而纳税所导致的牺牲取决于他们各自的边际效用曲线。效用评价是主观的,若主观评价因人而异,则难以形成统一可操作的税收政策。因此,主观说假定社会上所有个人对收入具有相同的偏好,即他们的收入边际效用曲线是相同的。一般来说,人们的边际效用是随收入递减的,即收入边际效用曲线是向下倾斜的。在此前提下,持主观说的经济学家对税收如何做到纵向公平,即如何使收入高低不同的纳税者纳税后的福利牺牲相同作出解释,提出了三个不同的牺牲原则:均等牺牲原则、比例牺牲原则和最小牺牲原则。我们通过图10.2来分析依不同原则达于纵向公平所需的税率结构。

图10.2(a)、(b)分别反映收入低者 L 和收入高者 H 的收入和效用情况。纵轴表示边际效用,横轴表示收入。MU_L 和 MU_H 分别是两人

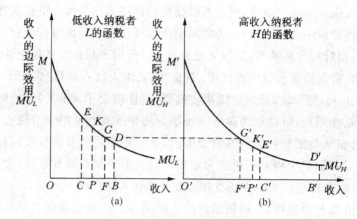

图 10.2 均等牺牲的衡量标准

的边际效用曲线,他们的偏好相同,边际效用都是递减的。L、H 的税前收入分别为 OB、$O'B'$,税前总效用分别为 $OBDM$、$O'B'D'M'$,

$$OB < O'B', OBDM < O'B'D'M'$$

根据均等牺牲原则(又称"均等绝对牺牲"),每个人因纳税而牺牲的总效用应相等。设低收入者 L 支付税收 CB,高收入者 H 支付税收 $C'B'$,$CB + C'B'$ 等于所需财政收入 T,L 效用损失应等于 H 效用损失,即

$$CBDE = C'B'D'E'$$

如果边际效用恒等不变,即 MU 平行于横轴,则均等牺牲原则要求收入高低不同者应纳税额相同,如人头税。如边际效用递减,即 MU 为下降的曲线,则向不同收入水平的人征收等额的税必定造成高收入者的效用牺牲小于低收入者的效用牺牲。为使两者的效用牺牲相同,必须多征高收入者的税,少征低收入者的税,即应纳税额必须随收入而上升。但这并不意味着要求征收累进税。用数学方法可以证明,此时税率结构应由边际效用对收入的弹性决定。弹性大于 1,税率应是累进的;弹性等于 1,税率应是比例的;弹性小于 1,税率应是累退的。虽然有充分理由假设 MU 是下降的,但其下降率并不能直观地决定。因此,没有

理由判断均等绝对牺牲要求累进税，更不用说累进的合适程度了。

根据比例牺牲原则（又称"均等比例牺牲"），每个人因纳税而牺牲的效用与其税前总效用之比应相等。设低收入者 L 支付税收 PB，高收入者 H 支付税收 $P'B'$，$PB+P'B'$ 等于所需财政收入 T，则均等比例牺牲要求

$$PBDK/OBDM = P'B'D'K'/O'B'D'M'$$

在此原则下，不变的 MU 要求征收比例税。如果 MU 是下降的曲线，用同一比例课征会使 H 牺牲的效用与其税前总效用之比低于 L 牺牲的效用与其税前总效用之比，为使两者效用损失与税前总效用之比相等，对 H 征税的税率就应高于对 L 征税的税率，也就是要求累进税。

根据最小牺牲原则（又称"均等边际牺牲"），各纳税人因纳税而牺牲的效用之和应最小。根据这一原则，如果甲纳税的最后一个单位货币的效用（即甲的边际牺牲）比乙纳税的最后一个单位货币的效用（即乙的边际牺牲）低，那么就应该将乙缴纳的税收转到甲的身上，直到两个纳税人的边际牺牲相等，这时两个纳税人的总牺牲最小，因此最小牺牲原则又称均等边际牺牲。在纳税人的偏好相同也就是收入边际效用曲线相同的情况下，边际牺牲相等意味着纳税人的税后收入达到一致。如图 10.2，设低收入者 L 支付税收 FB，高收入者 H 支付税收 $F'B'$，$FB+F'B'=T$，则均等边际牺牲要求 L 的边际牺牲 $=H$ 的边际牺牲，即 $FG=F'G'$，此时两者的税后收入相等 $OF=OF'$，两者总效用损失 $FBDG+F'B'D'G'$ 达于最小。

在此原则下，MU 不变时税收分配难以确定，因为任何分配都是符合条件的。在 MU 下降时要求最大的累进，收入从上到下拉平，直至所需的税收收入达到为止。从分配的角度来看，最小牺牲原则消除了贫富差别，而且可使税后社会成员收入的效用之和最大化；但从生产的角度看，它会有损于效率，如果人们知道各自的收入将通过税收平均化，那么他们的工作积极性必将受到影响，可供分配的收入就不可能保持原来应有的水平。

由以上分析可见，边际牺牲原则对高收入者 H 最为不利而对低收

入者 L 最为有利。H 在绝对牺牲原则下好于在比例牺牲原则下,不过这是在图 10.2 中的状况,不一定在所有情况下都是这样。关于税率的累进性尤其是其程度,除了在均等边际牺牲的情况下,都不能得出确定的结果,因为它取决于 MU 函数的精确表达式,这一表达式在直观上是很难观察到的。

总之,无论是受益原则还是纳税能力原则,都不可能轻易地加以解释或付诸实施。受益原则所要求知道的每个纳税者从公共支出方面的受益,纳税能力原则所要求知道的每个纳税者的纳税能力都是不能简单确定的。在各国的税收实践中,税收政策的决定绝大多数不是以受益原则为准,而是以纳税能力原则为依据的。

10.3 税收的效率原则

效率原则要求税制的设计应尽可能有利于社会经济资源的有效配置。首先,须解决税收收入总水平应用怎样确定的问题,为此,经济学家发展出了税收的充分原则和弹性原则。其次,为使资源能够实现最优配置,依帕累托最优准则,就一项经济活动本身而言,应使其社会总收益大于社会总成本且社会净收益达到最大值。将这一原则应用于税收,如前所述,由于受益原则的局限性,大部分税收都是按纳税能力原则征收的。按纳税能力征税意味着每个人缴纳的税额只与认定的某种衡量纳税能力的指标如收入、消费或财产相联系,而与这个人从政府提供的产品或服务中获得的收益水平无关。收益和成本没有直接的对应关系,无法直接比较。为此,理论上的分析采取了另外一种方式:假定税收带来的收益已由政府支出项目的性质、规模以及政府的工作效率给定,由既定的税收收入表示,那么,效率就意味着税收造成的社会成本应最小。概括地说,税收造成的社会成本主要有两个方面:一是税收干扰私人经济部门的选择造成的超额负担,二是税收的征纳成本。以力求降低这两方面的成本为出发点,可引出与效率有关的另两条税收原则:税收的中性原则、节约与便利原则。此外,在存在外部效应等市场失灵现象的场合,税收措施有助于纠正这些问题,相应地有第五条效率原则——税收的校正性原则。

10.3.1 税收的充分和弹性原则

为考察税收收入总水平的确定应怎样有助于资源配置效率的实现,经济学家发展出了税收的充分原则和弹性原则。

(1) 税收的充分原则。税收的充分性是指税收应能为政府活动提供充裕的资金,保证政府实现其职能的需要。当然,我们不能单从政府的角度来考虑,不能认为税收能提供的收入越多越好,而应以整个社会的利益为准,从政府部门和私人部门的整体角度做出判断。

税收是为公共产品提供筹集资金,税收的充分与否取决于它是否能满足提供适当规模的公共产品的需要,换言之,取决于它是否能最大限度地改进公共产品与私人产品之间的配置效率。如图10.3,AB为生产可能性曲线,它表明资源和技术水平给定条件下,社会所能生产的公共产品与私人产品的各种组合。i是社会无差异曲线,其中i_3是与生产可能性曲线相切的一条无差异曲线,切点为E。在E点,社会在现有的生产条件下实现了最高的社会效用。在无税条件下,由于市场不能提供或只能提供很少量的公共产品,公私产品的组合可能在B点附近,所实现的社会效用远低于E点的水平。假定征收CB数量的税收,使公私产品的组合达到D点,则社会实现的效用水平为i_2,优于B点,但不及

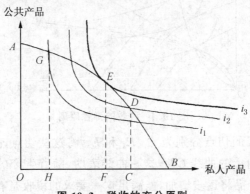

图 10.3 税收的充分原则

E 点的效用水平。因此,CB 数量的税收不足以实现公私产品的最优组合,是不充分的。如果征收 HB 数量的税收,公私产品的组合将位于 G 点,这一组合实现的效用水平为 i_1,也低于 E 点。惟有征收 FB 数量的税收,才能使公私产品的组合位于 E 点,实现社会效用的最大化。这时税收就满足了充分原则。

(2) 税收的弹性原则。税收有弹性是指税收应能使税收收入随国民收入的增长而增长,以满足长期的公共产品与私人产品组合效率的要求。在给定的资源和技术条件下,公私产品之间总有一个适当的比例满足产品组合效率,从短期看,现有的资源和技术状况是给定的,但从长期看,随着生产的发展,可使用的资源和技术水平将发生变化,从而使生产可能性曲线向外扩展,适当的公共产品提供规模也会随之发生变化。

图 10.4 中,t_1 为第一时期的生产可能性曲线,t_2、t_3 分别为第二、三时期的生产可能性曲线,由于生产的发展,各期可使用的资源和技术水平将较前一时期有所增加,因此下一时期的生产可能性曲线总处于前一时期生产可能性曲线的右上方,如果以上三条生产可能性曲线与社

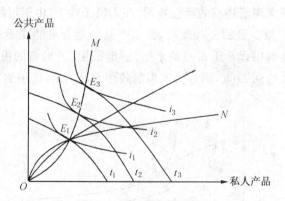

图 10.4 税收的弹性原则

会无差异曲线的切点分别为 E_1、E_2 和 E_3,将这些切点连接起来,就形成一条逐步向上的曲线 OM,这一曲线表明,随着生产的发展,社会所需要的公共产品将逐步增加,能满足这一要求的税收是有弹性的税收,与此相对的是无弹性或弹性不足的税收,在图中表现为曲线 ON,这种

税收不能随生产的发展而满足公共产品与私人产品之间有效率配置的要求。

税收的弹性原则不仅是要满足财政支出增长的要求,而且还指税收应可以在宏观方面促进经济的稳定,从这方面来讲,税收的弹性原则主要指的是税收收入能根据经济周期各阶段的政策需要而变动,起到自动稳定器的作用。

10.3.2 税收的中性原则

保证纳税主体纳税前后经济行为的一致,即保持税收的中性。税收的中性原则是指税收制度的设计应尽可能地使税收不影响市场中的各种相对价格。

如前所述,如果市场是完全竞争的,不存在外部化等市场失灵现象,则私人经济部门可自发地实现资源的有效配置,达到所谓的帕累托最优状态。如果政府征税,经济资源将由私人经济部门转移到政府部门,这是税收的正常负担,考虑到政府税收用于提供公共产品或服务而使社会福利得到改善,从全社会来讲,这种资源转移本身并不会造成损失。但是,由于大部分税收往往具有选择性,税后市场中的各种相对价格,如产品之间或生产要素之间的相对价格、劳动与闲暇之间的相对价格、当前消费与未来消费(储蓄)之间的相对价格,往往发生变化,从而会导致替代效应,消费者或生产者在产品(或生产要素)之间、劳动与闲暇之间、当前消费与未来消费之间的选择将会改变,原来有效率的资源配置状态变形,税收的额外负担(Dead-weight Loss,又称超重损失、超税负担、超额负担、无谓损失等)随之产生。这种负担不能用政府税收的收益来弥补,对于经济来说是一种效率的不必要损失,所以它是税收导致的净损失。要使税制高效,必须降低乃至消除税收的额外负担。理论上,人们把不改变市场中的各种相对价格,从而不干扰私人经济部门的选择,不会导致超额负担的税收称为中性税收(Neutral Taxation);相反,把产生超额负担的税收称为扭曲性税收(Distortionary Taxation)。

(1) 税收额外负担的衡量。首先,通过对商品市场征收选择性商品税的分析来考察税收额外负担。

假设市场是完全竞争的,并且没有外在因素的影响。如图 10.5,供给曲线 S_0 反映某商品生产的边际成本,需求曲线 D_0 反映消费者消费该商品的边际收益,税前均衡点为 S_0、D_0 线的交点 E_0,在这一点上生产的边际成本恰等于消费的边际收益,符合帕累托最优的条件,均衡价格和产量分别为 P_0、Q_0。第 Q_0 个单位的产品没有给社会带来净收益,因为这时生产成本恰等于消费收益,而低于 Q_0 的各个单位的产品都给社会带来了超过成本的净收益,三角形 BCE_0 就反映了这一商品给社会带来的总的净收益。BCE_0 由两部分组成:① 消费者剩余 (P_0CE_0),即消费各单位产品所产生的收益(由 D_0 线表示)减去消费者所付出的价格 P_0,这部分收益是消费者没有付出任何代价得来的;② 生产者剩余 (P_0BE_0),即生产者获得的超过生产成本的收益。

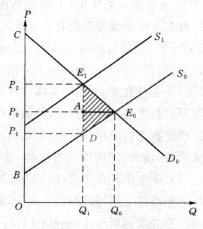

图 10.5　税收的额外负担

当政府对该商品的供给方征收从量税,供给曲线上移到 S_1,均衡点由 E_0 移至 E_1,税后价格升至 P_2,生产者实际得到的价格为 P_1,产出水平降至 Q_1。消费者剩余减至 CP_2E_1,但政府仅得到其中 $P_2P_0AE_1$ 的部分,E_1AE_0 是消费者剩余的净损失;生产者剩余减至 BP_1D,但政府仅得到 P_0P_1AD,ADE_0 是生产者剩余的净损失。总起来说,E_1DE_0 这部分利益是纳税给私人经济部门带来的损失,但政府也没有得到,它就是税收的超额负担。我们还可以从另一个角度考察超额负担的形成,由

于课税使产量减至 Q_1，也就损失了由产量 Q_0Q_1 赋予社会的净收益，这一收益刚好是 DE_1E_0。

从图 10.5 可以看出，DE_1E_0 的面积大小与产品的供给或需求弹性有关，产品的供给或需求弹性越小，供给或需求曲线越陡峭，产量的变化越小，DE_1E_0 的面积越小，从而税收的额外负担越小；反之则反是。供求弹性还决定了买卖双方承担超额负担的情况。为简化起见，假设边际成本不变，供给曲线平行于 x 轴，则税收的超额负担与需求弹性的关系可证明如下。

① 征收从价税的情况。

税收的超额负担

$$S_{\triangle E_1 AE_0} = \frac{1}{2} \cdot \Delta P \cdot \Delta Q = \frac{1}{2} \left(\frac{\Delta Q}{Q} \cdot \frac{P}{\Delta P} \right) \frac{Q}{P} \cdot \Delta P^2$$
$$= \frac{1}{2} \cdot E_d \cdot \frac{Q}{P} \cdot t^2 P^2 = \frac{1}{2} E_d \cdot t^2 \cdot PQ$$

② 征收从量税的情况。

税收的超额负担

$$S_{\triangle E_1 AE_0} = \frac{1}{2} \cdot \Delta P \cdot \Delta Q = \frac{1}{2} \left(\frac{\Delta Q}{Q} \cdot \frac{P}{\Delta P} \right) \cdot \frac{Q}{P} \cdot \Delta P^2$$
$$= \frac{1}{2} E_d \cdot t^2 \cdot \frac{Q}{P}$$

这里 E_d 为产品的需求弹性，t 为税率，在征收从价税时 $\Delta P = t \cdot P$，在征收从量税时 $\Delta P = t$。显然，需求弹性 E_d 越小，税收的超额负担越小。

用于衡量超额负担的需求曲线应为补偿的需求曲线。若税收对收入的影响很小（课税产品支出占消费者总支出的比重很小），可将普通需求曲线视同补偿的需求曲线。

容易看出，只有在价格机制中保持中立的税收才不会干预消费者和生产者的选择，从而就不会带来超额负担。惟一不影响资源配置的中性税收是课于人的总额税（Lump-Sum Tax），即人头税。由于人头税不随经济行为形式的不同而变化，所以它不影响经济行为，不会产生超额负担。

(2) 税收额外负担的形成。我们仍以产品市场为例,从一般均衡的观点考察税收额外负担的形成。

征税会产生两种效应,从而影响个人的福利水平:一是收入效应,二是替代效应。收入效应是因征税使纳税人的购买力减少,但不改变产品(或经济活动)的相对价格而产生的效应。收入效应仅说明资源从纳税人转移给政府,不发生超额负担,也不导致经济无效率。替代效应是当税收影响产品(或经济活动)的相对价格时,导致个人以一种产品或经济行为替代另一种而产生的效应。例如当产品税课于甲产品而不课于乙产品时,消费者可能用乙来替代甲,也许在税前他并不喜用乙而喜用甲,也就是同样价值的乙产品带给消费者的效用不如甲产品。这样就会产生效用损失。替代效应产生的效用损失无法用政府税收和收益来弥补,所以是税收的超额负担。在极端的情况下,纳税人可能承受损失,政府却未获得任何收益。一个典型的例子是18世纪英国政府开征的"窗户税",纳税人为了逃避此税,就用砖将窗户砌死。结果人们居住不舒适,付出了代价,而政府却未获得任何收入,这就是税收的超额负担。

下面我们用图10.6来说明税收的收入效应、替代效应以及超额负担的形成。

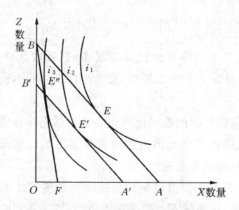

图10.6 税收的收入效应和替代效应

如图10.6,横轴表示产品X的数量,纵轴表示产品Z的数量。税前消费者在一定的货币收入之下,预算约束线是AB,也就是说,可能

消费 X 的最大量为 OA, 可能消费 Z 的最大量是 OB, 其间可有各种不同的组合。预算线的斜率反映 X 和 Z 的价格比, 所以 AB 也为价格线, $P_X/P_Z = OB/OA$。i_1, i_2, i_3 是不同的无差异曲线, 衡量消费者的效用水平, 每条曲线都是 X 和 Z 的各种组合的点的轨迹, 同一条曲线上的点给该消费者带来的效用水平是相同的, 曲线越高(即越是远离原点)则表示效用水平越高。消费者为了取得最大的满足, 他就应该在现有的预算约束下选择某种 X 与 Z 的组合, 使之能达到最高的无差异曲线, 即均衡点应为预算线和无差异曲线的切点。图中未征税前, 均衡点为 E 点。

如果政府征收一般消费税, 即对商品 X 和 Z 按同样税率征税, 税率为 $AA'/OA = BB'/OB$, 则预算线平行移向 $B'A'$, 新的均衡点在 E' 点, 效用水平降为 i_2。由于 X 和 Z 相对价格未变, 消费者未改变在两种商品之间的选择, 只同时减少两种商品的消费, 所以这反映税收的收入效应。消费者效用由 i_1 下降到 i_2 的差额部分由政府税收效用弥补, 故不产生额外税负。征收人头税或所得税时也会产生同样的情况, 税收如使预算线平行移至 $B'A'$, 均衡点也达于 E'。

如果政府征收选择性商品税, 只对商品 X 征税, 情况将有很大不同。假定税率为 AF/OA, 预算线变为 BF, 斜率改变。预算线之所以绕 B 点旋转是因为不需缴税的 Z 商品价格未变, 消费者原有收入能买到 Z 商品的最大量仍为 OB, 预算线斜率增大, 说明 X 商品由于税收的原因价格上升。新的均衡点位于 E'', 其效用水平为 i_3。税收引起的这种福利水平的变化既包含了收入效应, 因为消费者的收入减少了; 也包含了替代效应, 因为两种商品的相对价格发生了变化。图 10.6 中 E'' 点是 $B'A'$ 线和 BF 线的交点, 说明 E'' 和 E' 代表的税后收入相同。我们已经知道 E' 反映了收入效应发生作用的结果, 但过 E'' 的无差异曲线 i_3 低于过 E' 的无差异曲线 i_2, i_3 和 i_2 之间的差别就是仅仅由相对价格不同导致的效用损失, 也就是替代效应发生作用的结果。这部分损失不能由政府税收收益来弥补, 所以是税收的额外负担。

我们可以结合经济效率实现的条件来更一般地阐述选择性产品税造成的效率损失。在完全竞争市场, 厂商为实现利润极大化, 会调整自己的产量,使 $MC_X = P_X, MC_Z = P_Z$,于是 $MC_X/MC_Z = P_X/P_Z$,又由于 $MC_X/MC_Z = MRT_{XZ}$,即两种产品的边际转换率为其边际成本的比率,所以在达到均衡时,产品的边际转换率等于其价格之比,即 $MRT_{XZ} = P_X/P_Z$。另一方面,消费者为达到效用极大化,也将调整对不同产品的购买量,直到不同产品的边际替代率等于产品价格之比,即 $MRS_{XZ} = P_X/P_Z$。在没有税收时,生产者面对的价格和消费者面对的价格是相等的,所以 $MRS_{XZ} = MRT_{XZ} = P_X/P_Z$,边际转换率等于边际替代率,符合效率条件。政府征收选择性商品税时,消费者价格和生产者价格发生偏离,于是 $MRT \neq MRS$,效率条件被破坏。

如图 10.7, TT 为生产可能性边界,表示生产者利用现有的生产要素能够有效率地生产出的 X 产品与 Z 产品的产量的组合,TT 线上每一点的斜率等于该点处 X 产品和 Z 产品的边际转换率。I 为无差异曲线,其斜率为消费者对这两种产品的边际替代率。在完全竞争市场,消费者和生产者的调整会使边际转换率和边际替代率都与产品的价格之比相等,这时,边际转换率和边际替代率两者也相等,满足经济效率实现的条件。如图,PP 税前的价格线,E_1 为税前均衡点,I_1 反映税前消费者达到的效用水平,两种产品的均衡产量分别为 X_1、Z_1。若政府征收选择性消费税,例如对 X 产品征税而对 Z 产品免税,两种产品的相对价格必然发生变化,且消费者价格和生产者价格也将发生偏离,$P'P'$ 与 $P''P''$ 分别为税后的生产者价格线和消费者价格线,两种产品的均衡

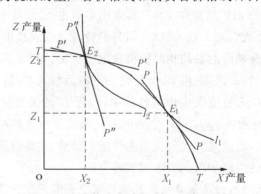

图 10.7 税收的效率损失——一般均衡分析

产量分别变为 X_2、Z_2，显然，课税产品 X 的产量下降而免税产品 Z 的产量上升。MRT 不再等于 MRS，效率条件被破坏，消费者的效用水平亦下降到 I_2。

依据同样的原理可以对休闲与收入之间及当前消费和未来消费之间等各方面的选择进行分析，税收在这些方面也可能产生超额负担，但具体情况更为复杂，本书第11章将有详尽的阐述。

总之，税收的中性原则着眼于额外负担的最小化。由于难以将闲暇纳入税基，加之各种复杂的替代关系的存在，除了总额税（即人头税）外，其他税种都可能产生额外税负，都存在无效率。但实践中，其他税种又有其存在的必要性。故现实中的税制只是次优税制，效率原则所要求的只是尽可能减少效率损失，而不可能消灭额外税负。

10.3.3 节约与便利原则

税收是用强制性的方式将资源从私人部门转移到公共部门的一种手段。在这一过程中必定要耗费一定的资源，正如将某种产品从甲地运到乙地一样，总要花费人力、物力和财力。为使社会资源得到更有效率的配置，就应该使这部分成本极小化。由于征税而产生的资源耗费有两个方面：征收费用和遵行费用。从政府方面说，税收的课征需要设立一定的机构如国家税务局，需要耗费一定的人力、物力、财力，这部分资源耗费称为征管成本。从纳税人方面看，为履行其纳税义务，需要保持一定的会计记录，需要进行法律和税务方面的咨询，需要花费一定的精力按时足额地缴税。这部分资源耗费称为缴纳成本。

在税收总量既定的条件下，税收的征纳成本取决于征收管理机构的管理水平以及税收制度的设计。税收制度和税收成本之间一般有如下关系。

(1) 税制越复杂，税收成本越高；

(2) 中央集中管理比分级管理成本低；

(3) 课征于企业（法人）的税收比课征于个人的税收成本低，因为企业的数量相对少得多，而缴纳的税额通常较大；

(4) 商品税、财产税的税收成本一般低于所得税；商品税采取周转

税形式又比采取增值税形式成本低;财产税中的房地产税等不动产税相对于动产税征收容易;

(5) 从量税比从价税成本低,人头税比所得税简单得多,香烟以箱计税比按价计税容易;

(6) 比例税比累进税成本低,而总额税更简单易行;

(7) 单一环节的税收比多环节的税收成本低。

税收的节约与便利原则强调税种设置具有易征集性、简明性及确定性,这不仅给纳税人带来极大便利,节省税收交纳的中间成本,而且便利了税务部门的征管工作,降低了征管成本。以美国为例,每1美元联邦税收收入要花0.5美分的征管费用。显然,减少征管费用是大有潜力的。当前,各国的税改目标往往包含了简化税制。

在大多数场合,降低税收成本的要求与中性税收的要求是相一致的,但也有例外的情况,如周转税通常较增值税易于管理,而前者会造成重复课税,不利于资源配置的效率的实现,后者则较好地解决了这个问题。这时就必须权衡降低税收成本的好处是否足以抵消它对资源配置效率的消极影响,或者理论上改善资源配置效率的税收在征收管理上是否可行,两者相比是否利大于弊。

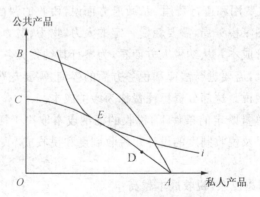

图 10.8 税收的节约与便利原则和税收的充分原则的矛盾

税收的节约与便利原则有时也会与税收的充分原则发生冲突,比如,少征一些税一般来说可以节约税收的征管成本和纳税人的缴纳成本,但是这显然不利于增加税收收入,所以需要进行权衡。如图10.8, AB 为公共产品和私人产品的税前生产可能性边界,由于征税要耗费一定的资源,且征税越多耗费就越大,故税后的生产可能性曲线为 CA,如果少征税,使税后的产品组合为 D,那么从节约与便利原则看,它较 E 点能减少征管与缴纳成本,但 E 点可使社会达到更高的效用水平,所以优于 D 点。

10.3.4 税收的校正性原则

中性税收有助于实现效率的前提条件是市场处于完全竞争或接近于完全竞争的状态,没有外部效应,消费者的偏好是正确的。如果这些条件不满足,市场的自发结果就不会符合效率,这就需要首先对市场失灵条件下的资源配置进行校正,然后再依照中性原则进行征税。用于修正市场缺陷的税收被称为"校正税"(Corrective Taxation),校正税既可为政府筹集收入,又可改善资源配置的效率。当然,在市场经济体制下,中性税收应被视为税收政策的基调,校正税只限于较小的范围,作为中性税收的一种补充。

(1) 外部成本。外部成本的存在,使产品或劳务的私人成本低于社会成本,从而导致供给过度,通过对有外部成本的产品征收校正性税收可将外部成本内部化,迫使生产者承担这一成本,促进资源配置效率的实现。当然,税收应与所产生的外部成本相一致才能更好地达到这一目的。对外部效应进行纠正的税收措施见本书第四章,此处不再赘述。

(2) 劣值品。市场的资源配置取决于消费者个人对不同产品和劳务的价值判断,这种价值判断通过购买意愿表现出来,对于劣值品,消费者个人的价值判断往往超过了这些产品或劳务给予他们带来的实际利益,例如,烟、酒、毒品等,这时这类产品可能达到的产出将大于以适当的价值判断为基础的产出水平。

在图10.9中,S 为某种劣值品的供给曲线,D 代表该产品实际上给消费带来的边际效用,D_1 代表消费者自以为这一产品所具有的边际效用。如果不加以干预的话,该产品的产出水平将达到 Q_1,但根据这一产品带来的实际收益,它只应提供到 Q^* 的水平。在这种情况下,若向

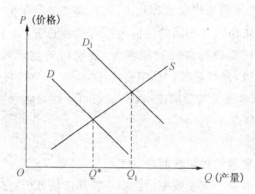

图 10.9 劣值品与税收的校正性原则

该产品征收特别的税收 T，税额为图中 D 和 D_1 线的垂直距离，则税后的需求曲线移到 D 的位置，从而实现了 Q^* 的有效率的产出水平。

当然，对于某些对消费者无益甚至有害的劣值品，校正税也无法消除效率损失，只能采用禁止的办法，如禁止吸毒和毒品买卖，禁止黄色淫秽书刊的出版发行等。

(3) 垄断产品。在垄断的情况下，价格会上升，产出会下降，从而使资源配置的效率受到损害，然而，税收不能直接校正由垄断而产生的效率损失。如果税收与产出量相关，征税会使得生产者的边际成本曲线向上移动，从而产出进一步下降，价格进一步上升。这样，税收非但不能校正效率损失，反而使之扩大了。

如果税收与产品价格相关，结果也同样如此。

如果以垄断者的利润为课税对象，那么税收不影响产出水平，也不能改善资源配置的效率，不过，税收使得垄断者的利润减少，促进了公平。

因此，要纠正因垄断而引起的效率损失还得依赖其他财政手段，如补贴、价格管制或公共生产。当然，采取适当的税收方式对于效率损失的程度仍有重要意义。一般说来，所得税可避免效率损失的扩大，从价的商品税增加的效率损失要小于等量的定额税的情形。

总之，税收效率原则包括三个方面：充分与弹性原则着眼于整个社会中公共产品与私人产品的组合效率，税收的节约与便利原则针对公共产品的生产效率,税收的中性与校正性原则强调私人产品的生产效率和组合效率。

最后,作为总结,可以看出,在现实中所谓的理想税制不过是各项理论原则之间权衡比较的结果。由于各原则目标的多重性产生于财政职能的多重性,因而税制设计往往依各国政府的职能偏好所在而不同。不难想象将分配看作财政首要职能的政府在考虑税制时,会将公平原则置于效率原则之上。重要的是,在选定首要原则之后,如何使其他原则在此约束条件下更好地加以满足。

本章内容提要

1. 税收原则是政府在税收制度的设计和实施方面应遵循的基本指导思想,也是评价税收制度优劣以及考核税务行政管理状况的基本标准。

2. 以亚当·斯密在《国富论》中提出的平等、确定、便利、节省四大古典原则为起点,结合福利经济学和凯恩斯主义的思想,经济学家们发展出了三个较有代表性的现代税制原则:公平原则、效率原则、稳定和增长原则。

3. 公平原则是税收的首要原则,它包括横向公平和纵向公平两方面的含义。根据人们对公平标准的不同解释,公平原则又可分为受益原则和纳税能力原则。

4. 受益原则要求社会成员的税收负担应与其从政府服务中获得的收益相等。纳税能力原则要求根据纳税人的纳税能力来确定其应承担的税负,其中客观说认为应以收入、消费、财产等客观的指标作为衡量纳税能力的依据,主观说则主张以纳税人因纳税感到的牺牲程度作为测定其纳税能力的尺度,具体包括均等绝对牺牲、均等比例牺牲和均等边际牺牲三原则。

5. 税收的效率原则要求税制的设计应有利于资源的有效配置。首先,就税收总水平的确定而言,应遵循税收的充分原则和弹性原则,即税收应为政府活动提供充裕的资金,并能随国民收入的增长而增长;其次,税收造成的社会成本应最小,为此一方面应遵循税收的中性原则,尽可能不改变市场中的各种相对价格,使税收的效率损失即税收的超额负担最小,另一方面应遵循税收的节约与便利原则,使税收导致的税务当局的征收成本和纳税人的遵行费用最小化。另外,在存在外部效应等市场失灵现象的场合,则应遵循税收的校正性原则。

8. 各税收原则目标的多重性,使现实中的理想税制只能是在选定首要原则后,使其他原则在此约束下更好地加以满足。

本章基本概念

横向公平　　纵向公平　　受益原则　　纳税能力原则　　均等绝对牺牲　　均等比例牺牲　　均等边际牺牲　　中性税收　　扭曲性税收　　税收的额外负担　　征收费用　　遵行费用　　充分原则　　弹性原则　　校正性原则

本章思考题

1. 对经济效率的不利影响最小的税种是(　　)。
   A. 所得税　　B. 商品税　　C. 消费税　　D. 增值税
2. 按以下何种方式征税导致的税后收入分配结果最均等(　　)。
   A. 按最小牺牲原则征税　　B. 征收总额税
   C. 征收累进税　　D. 征收财产税
3. 收入、消费和财产作为税基各有哪些优越性和缺陷?
4. 为什么说受益原则实质上仍然是一个效率原则?
5. 税收的额外负担是怎样形成的?
6. 政府设计税制为什么要尽可能不干扰私人经济部门的选择,保持中性?
7. 税收的中性原则和校正性原则是否矛盾,为什么?

11 税收效应

在上一章讨论税收的超额负担时,我们已经指出税收可能干扰私人经济部门的选择。劳动和休闲、当期消费和未来消费(储蓄)是消费者面临的基本选择,企业则面临着投资决策的基本选择,在金融市场较为发达的情况下,大部分的纳税人还往往面临着风险承担和资产组合的选择。税收究竟使私人经济部门的各种选择发生怎样的变化,从而如何对重要的经济变量发生影响,这正是本章将要考察的内容。

11.1 税收与劳动和休闲

11.1.1 劳动和休闲的消费者均衡

劳动和休闲的选择是人们最基本的选择。收入与闲暇都会增进人们的福利水平,然而要取得收入就必须劳动,即放弃休闲,于是人们必须在既定的约束之下选择收入与闲暇的最佳组合,也就是劳动和休闲的最佳组合。若以 Y 表示收入,L 表示闲暇,L_0 为总可得时数,税前工资率为 W,人们没有非劳动收入,则消费者的预算约束为 $Y=W(L_0-L)$,如图 11.1 中的预算线 AB,如果最大限度地放弃休闲,能够取得的收入为 OA,若不放弃任何休闲,即不工作,则能够取得的收入为零,享有的休闲时间为 OB,AB 线的斜率为税前工资率 W,相当于休闲的价格。若人们对于收入和休闲的偏好如无差异曲线 i_0、i_1、i_2 所示,则与预算线相切的无差异曲线 i_0 代表税前人们的最大效用水平,切点 E_0 决定了收入和闲暇的最佳组合。

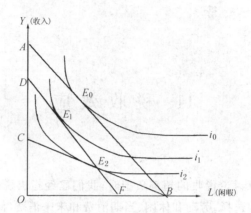

图 11·1 劳动和休闲的消费者均衡及比例所得税的影响

11.1.2 税收的超额负担

(1) 比例所得税。若向劳动收入课征比例税,税率为 AC/AO,则税后的预算线为 CB,它与无差异曲线 i_2 切于 E_2,政府取得的税收收入在图中表现为 E_2 至 AB 的垂直方向的距离。若采用总额税征收等量的税收收入,税后预算线为通过 E_2 点的 AB 的平行线 DF,它与无差异曲线 i_1 切于 E_1 点,显然,i_1 线高于 i_2 线,也就是说,征收同等数量的税收收入,采用比例税方式使消费者的福利水平降低更多,i_1 与 i_2 之间的差异即为比例所得税的效率损失,与商品税的情况相似。

(2) 累进所得税与比例所得税的比较。

比例所得税的公式为

$$T = tY$$

其中 T 为税额,t 为税率,Y 为收入。累进所得税意味着平均税率随着所得的增加而上升,最简单的累进所得税是线性累进所得税,其特征是不变边际税率,公式为

$$T = t(Y - E)$$

其中 t 为边际税率(不变的),E 是固定的减免水平(免征额),平均税率

$T/Y=t(1-E/Y)$，可见，当收入 Y 上升时，平均税率 T/Y 也上升。

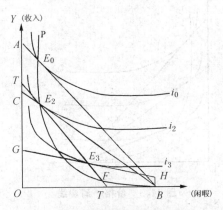

图 11.2 累进所得税与劳动与休闲消费者均衡的影响

图 11.2 表示这种线性累进所得税，设税前预算线仍为 AB，其斜率为 w，税后预算线为 GHB，GH 段的斜率为 $w(1-t)$，HB 表示完全不工作(如失业)时可获得转移支付。当消费者的收入低于免征额时，税后收入会超过税前收入，从而形成负税(即补贴)。若税前消费者均衡点仍为 E_0，效用水平为 i_0，征收累进所得税使预算线变为 GHB，则消费者均衡点为 GHB 与较低的无差异曲线 i_3 的切点 E_3，税收额为 E_3 到 AB 的垂直方向的距离，过 E_3 点的 AB 的平行线 TT 代表税后消费者的收入水平。为将取得同等税收收入的比例所得税与累进所得税的效应进行比较，引入价格—消费线 PB，PB 与 TT 相交于 E_2 点，连接 E_2B 并延长，与纵轴交于 C 点，BC 线即为政府以比例税方式取得相同税收收入时的税后预算线，在 E_2 点与 BC 线相切的无差异曲线为 i_2，由无差异曲线的性质，i_2 高于 i_3，联系以上所作的比例所得税与总额税的比较可知，取得同样的税收收入，累进所得税将产生更高水平的效率损失或超额负担。

（注：价格—消费线是在不同的价格水平上，消费者的均衡点的连线，如图 11.3 所示。

容易看出，价格—消费线上各点的收入水平是不同的。在图 11.2

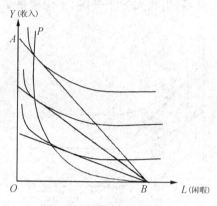

图 11.3 价格—消费线

中,PB 与 TT 线的交点不止 E_2 点,还有一点 F,但 F 点对应的税率水平高得多,同时其效用水平(无差异曲线)也低得多,显然 E_2 点比 F 点优越,所以我们以 E_2 点同 E_1 点进行比较。)

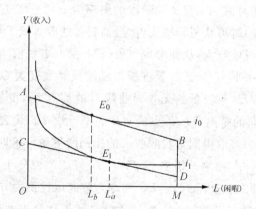

图 11.4 对非劳动收入征税的影响

(3) 对非劳动收入征税。以上论述皆假定消费者只有劳动收入,若消费者有非劳动收入,如资本收入,则预算线形如图 11.4 中的 ABM,其中 BM 为资本收入,AB 段的斜率为工资率,若以税率 t 对所有收入征税,则预算线变为 CDM,其中 $DM=BM(1-t)$,CD 斜率为 $w(1-t)$,若税前均衡点为 E_0,效用水平为 i_0,税后均衡点将变为 E_1,效用水

平为 i_1,从 E_0 到 E_1 的变化是对劳动收入征税的效应和对资本收入征税的效应共同作用的结果,对非劳动收入征税,由于不改变预算线的斜率,故没有替代效应,只有收入效应,不会产生税收的超额负担。

(4) 总结。由以上关于税收改变收入和闲暇之间选择引起超额负担的分析可得出以下结论。

① 取得同等税收收入的情况下,采用总额税的征收方式可避免在收入和闲暇的选择方面产生税收的超额负担。然而,这在公平方面是不能被接受的,如果重新定义应税收入,把休闲也包括在税基内,则无论在效率方面还是在公平方面都比较理想,然而,每个人潜在的(而不是实际的)所得总是难以衡量,所以这一方法并不现实。

② 向非劳动收入课税,而对劳动收入免税不改变工资率,因而具有与总额税相同的性质。

③ 对劳动收入课税将改变工资率,由此产生的替代效应导致税收的超额负担,而税率的累进性越大,超额负担就越大。

④ 在取得同等税收收入的情况下,单纯向劳动收入征收的所得税比一般所得税产生更大的超额负担。

⑤ 所得税是对名义工资的扣除,而商品税是对实际工资的扣除,课征商品税使商品的价格提高,一定量货币工资的实际购买力减少,因而也会对收入和闲暇的选择产生扭曲性影响。

11.1.3 税收与劳动供给

以上集中讨论了税收改变消费者在收入和闲暇方面选择引起的超额负担,而与此同时造成的对劳动供给的影响是个尤其值得关注的问题。

(1) 收入效应和替代效应。图 11.4 已描述了比例所得税对人们在收入和闲暇之间选择的影响,消费者均衡点从 E_0 点移至 E_1 点,我们可以观察到 E_1 点在 E_0 点的右侧,相应地消费者选择的闲暇时间从 L_b 增至 L_a,劳动时间减少了,说明此时比例所得税对劳动供给存在反激励作用。

这里个人所得税对劳动供给的影响可分解为两部分:收入效应和

替代效应,如图 11.5 所示。首先,政府征税会直接降低消费者的可支配收入,依据传统的假定,闲暇是正常商品,那么在收入效应的作用下,征税会使个人减少对闲暇的享受,提供更多的劳动,以挣得更多收入维持以往的收入或消费水平,均衡点将从 E_0 点移至 E_2 点。其次,个人所得税还会降低工资率,在替代效应的作用下,人们会以休闲替代劳动,从而减少劳动供给,均衡点再从 E_2 移至 E_1。

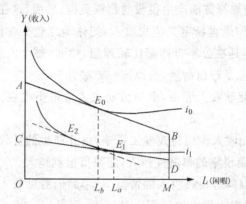

图 11.5　比例所得税的收入效应和替代效应——净效应为劳动投入减少

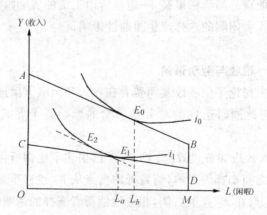

图 11.6　比例所得税的收入效应和替代效应——净效应为劳动投入增加

显然,收入效应和替代效应的作用方向是相反的,综合两种效应的影响,个人所得税对劳动供给的净效应既可能是使劳动供给减少,如图 11.5 所示,也可能是使劳动供给增加,如图 11.6 所示。这决定于收入效应和替代效应哪一方面更强。可以证明,收入效应和替代效应的强度,以及个人所得税对劳动供给的影响,归根到底取决于消费者收入的边际效用的收入弹性(即收入的需求弹性)ε,若 $\varepsilon > 1$,消费者对收入的需求富有弹性,则征税会削弱其劳动投入愿望,税收对劳动供给起到反激励作用(此时劳动的供给曲线向右上方倾斜);若 $\varepsilon < 1$,消费者对收入的需求缺乏弹性,则征税后劳动者会增加劳动投入,税收对劳动供给是一种激励作用(此时劳动的供给曲线向后弯曲)。因此,问题的关键在于现实社会中人们对收入的需求弹性究竟如何,经济学家在这个问题上意见并不一致。所以,税收对于劳动供给究竟起到激励还是反激励作用,没有确定的答案。现有的经验研究表明,征收个人所得税对劳动投入的影响可能是一种激励,但效应不大。

(2)所得税制的设计及其对劳动供给的影响。虽然所得税对劳动投入的影响并不显著,我们仍可以将不同所得税制模式对劳动供给的效应进行比较。

① 人头税(总额税)、比例税、累进税。由于不产生替代效应,人头税或总额税较之比例税有更多的激励纳税人增加劳动投入的效应。累进所得税由于导致更大的替代效应,对劳动投入将起到较少的激励作用或较大的阻碍作用。而具有累退性质的商品税较之同额累进或比例所得税则对劳动投入有更大的激励作用。对非劳动收入的课税由于收入效应的作用,会引起劳动供给的增加。

② 边际税率与平均税率的不同影响。边际税率与平均税率对于人们在收入和闲暇之间的选择的效应不同,平均税率的变动产生收入效应,而边际税率的变动产生替代效应。设平均税率为 t,收入为 Y,则税额为 tY,税后收入为 $Y-tY$,平均税率的上升将使纳税人的税后收入下降,预算线平行下移,产生收入效应。边际税率的变动则改变纳税人的实际工资率,例如,某人税前小时工资率为 20 元,在边际税率为 25% 时,他每多工作 1 小时,将多挣 15 元,若边际税率升为 40%,他每多工作 1 小时,只能多挣 12 元,这就会产生替代效应,使纳税人以闲暇

替代劳动,减少劳动供给。

在累进税制下,边际税率呈阶梯式上升,平均税率也随纳税人的收入而上升,若在边际税率变动时,配之以税法中的某些变动,如增加免征额,使平均税率保持不变,从而使纳税人的税后收入不变,则变动边际税率只产生替代效应。例如,假设个人所得税的免征额为1 000元,对1 000元以上的收入按 25% 的税率征收个人所得税,则收入为1 800元的纳税人税额为 200元,平均税率为 11.1%。若边际税率从 25% 上升至 40%,而同时免征额从 1 000 元上升为 1 300 元,则收入为 1 800 元的纳税人应纳税额仍为 200 元,平均税率仍为 11.1%。

由于保持平均税率不变时,变动边际税率只产生替代效应,即增加边际税率将减少劳动供给,减少边际税率将增加劳动供给,目前世界上许多国家在通过减税来刺激劳动供给时,采用在扩大税基、保持平均税率的同时降低边际税率的做法,既有利于更好地发挥减税政策的效果,又能减少对财政收入的不利影响。

11.2 税收与消费和储蓄

11.2.1 消费和储蓄的消费者均衡

为了研究税收对消费和储蓄的影响,首先引进一个简单的跨时消费和储蓄模型。假定消费者的一生可分为现在和将来两个时期,这两个时期消费者分别拥有 Y_p 和 Y_f 的收入,而市场利率为 r(假定储蓄和贷款的利率相同)。个人将把收入分配于两个时期进行消费,以求效用极大化,设现期消费为 C_p,将来消费为 C_f,现时储蓄为 S,则税前两期的消费公式应为

$$C_p = Y_p - S; \quad C_f = Y_f + S(1+r)$$

将两式合并整理,得

$$C_p + C_f/(1+r) = Y_p + Y_f/(1+r)$$

从而,$C_f = [Y_f + (1+r)Y_p] - (1+r)C_p$,

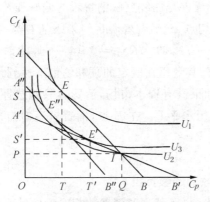

图 11.7　消费者的跨期间选择及税收的影响

此式即为个人的期际预算约束,表示在定值 Y_f、Y_p、r 之下的 C_p 与 C_f 的各种组合,即图 11.7 中的预算线 AB。

若资本市场允许个人将收入在现在和将来消费之间进行自由地配置,他就能在预算线上作 C_f 与 C_p 之间的选择。如果消费者既不借钱也不储蓄,即 $C_p=Y_p$,$C_f=Y_f$,则他的选择如预算线上 I 点所示,这一点被称为禀赋点(Endowment Point)。

若消费者把所有收入都放到第二年消费,即 $C_p=0$,

则
$$C_f = Y_f + (1+r)Y_p$$

即他将来可以消费现时储蓄的本息合计数 $(1+r)Y_p$,加上将来收入 Y_f,这种情况如图 11.7 中 A 点所示。

如果消费者把将来收入全部预支到现时消费,即 $C_f=0$,

则
$$C_p = Y_p + Y_f/(1+r)$$

也就是说,为了保证他将来的收入能够还本付息,他最多能借 $Y_f/(1+r)$,再加上他现时的收入 Y_p,他现时一共可消费 $Y_p+Y_f/(1+r)$,这种情况如图 11.7 中 B 点所示。容易看出,预算线的斜率为 $1+r$,也就是说,即期消费相对于未来消费的价格为利率加上 1。

为了求得消费者在现时消费与将来消费之间进行选择的均衡点,

引入无差异曲线,无差异曲线反映消费者的偏好和效用水平。在无差异曲线与预算线的切点 E,消费者心目中未来消费与当前消费的边际替代率刚好等于 $(1+r)$,即 $MRS_{fp}=1/(1+r)$,此时消费者即期消费 OT,将来消费 OS,其效用在既定的预算约束下达到最大,为 U_1,同时,我们也注意到,如果没有资本市场,消费者只能选择禀赋点 I,从而只能达到较低的效用水平 U_2,在 E 点,消费者现时有净储蓄,储蓄额为 TQ。

11.2.2 税收的超额负担

(1) 利息所得税。既然现时消费的相对价格是 $1+r$,那么价格也就是利率变化后,消费者的选择必然发生相应的变化,若政府征收税率为 t 的利息所得税,则相当于利率降为 $r(1-t)$,即期消费的价格变为 $1+r(1-t)$,此时预算线将绕 I 点旋转至 $A'B'$(不管利率如何变化,禀赋点始终在预算线上),均衡点从 E 变为 E',现时储蓄从 TQ 降为 $T'Q$,同时效用水平从 U_1 降为 U_3。

当然,税收引起的当前消费相对价格变化对消费者选择的影响亦可分解为收入效应和替代效应,替代效应使消费者承受超额负担,作与 U_3 相切平行于 AB 的预算线 $A''B''$,切点为 E'',E'' 与 AB 的垂直方向的距离代表消费者税后实际效用降低的水平,而 E' 与 AB 的距离显然小于 E'' 与 AB 的距离,也就是说政府取得的税收收入低于消费者的损失,其差额即为税收的超额负担。

(2) 一般消费税或收入所得税。若政府征收一般消费税或收入所得税,则预算线平行下移,消费者即期消费的相对价格没有改变,这时税收只产生收入效应,政府的税收收入与消费者的效用损失相等,没有超额负担或效率损失。

(3) 政府既对工资收入征税,又对储蓄的利息征税。如图 11.8,若政府对工资收入征税,则预算线下移至 $A'B'$,若同时对储蓄的利息收入征税,则预算线又旋转至 $A''B''$,税前均衡点为 E,征收工资税后的均衡点为 E',在 E' 点,政府税收收入和消费者效用损失皆为 AB 与 $A'B'$ 线的距离,没有效率损失。继续征收利息税,假定价格改变后消费者仍

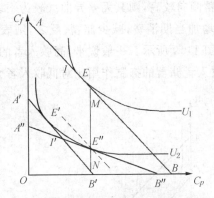

图 11.8 同时征收工资所得税和利息所得税的影响

保持原来的效用水平,即均衡点为 E'',但此时却产生了效率损失。因为 E'' 点与 AB 线的垂直距离 ME'' 小于 AB 与 $A'B'$ 线的垂直距离,即政府税收小于消费者的效用损失,从而造成了 $E''N$ 数量的效率损失。

11.2.3 税收对消费和储蓄的影响

对劳动收入课税影响消费和储蓄的情形较为简单,税后仅产生收入效应,当期消费和未来消费都因课税而减少,储蓄增加。而受到更多关注的是利息所得税对消费和储蓄的影响,而其效应也复杂得多。

(1) 比例税制。如前所述,政府征收储蓄利息所得税将使消费者的预算约束线绕禀赋点逆时针旋转,如图 11.8 所示,消费者的均衡点由 E 点变为 E' 点。可将这一过程分解为收入效应和替代效应,从 E 点到 E'' 点为收入效应的结果,税收使消费者个人可支配收入减少,从而即期消费和未来消费都减少,储蓄增加;从 E'' 点到 E' 点是替代效应的结果,利息所得税使未来消费的收益即现期消费的代价降低,于是消费者将增加当期消费,减少储蓄。

显然,这里收入效应和替代效应对当期消费和储蓄的作用方向也是相反的,从而难以肯定利息所得税是否有刺激消费的作用。图 11.7 表明,征收利息所得税使得当期消费增加了,但也可能有相反的情况。利息所得税对消费和储蓄的净效应,最终取决于消费者的时间偏好,若消费者的边际储蓄倾向较高,则其无差异曲线较为平缓,利息税的净效应则可能表现为增加当期消费,减少储蓄;反之,则表现为减少当期消费,增加储蓄,如图 11.9 所示。一般说来,高收入者的边际储蓄倾向较高,利息税对高收入者储蓄的抑制作用比对低收入者大。

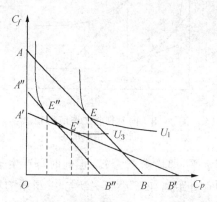

图 11.9 利息所得税后当期消费减少

(2) 累进税制。与对劳动收入征税影响收入和闲暇之间选择的道理相同,利息税的替代效应(即增加当期消费减少当期储蓄的效应)与边际税率的变动方向相同。累进税制较之比例税制,对私人储蓄将有更大的阻碍作用;累进程度越高对储蓄的阻碍作用越大。如图 11.10,在

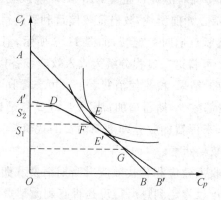

图 11.10 累进利息税的效应

累进税率情况下,如储蓄额在 S_1 以下时的适用税率为 t_1,在 S_1 和 S_2 之

间的适用税率为 t_2，在 S_2 以上的适用税率为 t_3，则可以将每一个边际税率看作是比例税率，都有一条相应的税后储蓄和消费的预算线，由于 $t_3 > t_2 > t_1$，故相应的预算线也越来越平缓。因此，在累进税率下纳税人的预算线是一条折线。纳税人根据其偏好选择 $A'DFGB'$ 线上的 E' 点，此时他获得的效用最大。不难看出，累进税率对消费和储蓄的替代效应较比例税率更大，更有利于实现刺激消费的政策目标。

(3) 生命周期假说与利息税的效应。以上论述假定消费者利用资本市场将总收入在现在和将来消费之间进行配置，以实现效用极大化。而依据莫迪利安尼的生命周期假说，消费者将努力在生命周期内保持平稳的消费水平，从而利息税对家庭储蓄的影响亦与前述结论有所不同。

该假说有以下几点假设：A. 消费者的一生可分为两个阶段，第一阶段参加工作，获得收入，第二阶段纯粹消费而无收入，第一阶段的储蓄用于第二阶段的消费；B. 预期寿命和工作年限具有确定性；C. 不考虑储蓄的利息因素和价格的变动因素；D. 全部收入都用于消费且平稳消费，不留遗产。

那么在年龄为 T 时消费者的消费水平将为

$$C = \frac{WL - T}{NL - T} \cdot YL \tag{1}$$

上式中 NL 为预期寿命，WL 为工作年限（退休年龄），YL 为工作时的年收入，由上式又可得年储蓄

$$S = YL - C = \frac{NL - WL}{NL - T} \cdot YL \tag{2}$$

式(2)说明人们的储蓄倾向取决于年收入水平、工作年限相对于预期寿命的长短等因素，与储蓄利息不相关。这是由前面的假设 C "不考虑储蓄的利息因素和价格的变动因素"引起的。我们有必要对该模型进行适当的修正，以便分析利息税对储蓄的效应。

我们将上述模型中的假设 C 改为：不考虑价格变动，令储蓄利息率为 R，不计复利。首先考察总储蓄量 $S_总$ 随时间推移的变化情况。如

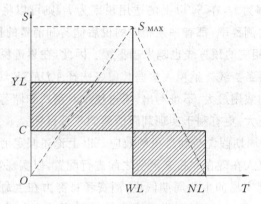

图 11.11 生命周期假说与储蓄

图 11.11,随着 T 的增大,$S_{总}$ 呈线性增长,当 T 等于 WL 时 $S_{总}$ 达到最大 $S_{\max}$。接着不再有工资收入,$S_{总}$ 逐渐减少,在生命结束时等于零。所以 $S_{总}$ 的平均值为 $\dfrac{S_{\max}}{2}$,消费者一生获得的总收入是 $WL \cdot YL + \dfrac{S_{\max}}{2} \cdot R$,其中 $S_{\max} = (YL - C) \cdot WL$,于是我们可得到下面的方程

$$C \cdot NL = WL \cdot YL + \frac{WL(YL-C)}{2} \cdot R \tag{3}$$

整理得

$$C = \frac{2WL + WL \cdot R}{2NL + WL \cdot R} \cdot YL \tag{4}$$

于是年储蓄量

$$S = YL - C = \frac{2NL - 2WL}{2NL + WL \cdot R} \cdot YL \tag{5}$$

现在政府对利息所得征税,税率为 t,则消费者实际总收入变为 $WL \cdot YL + \dfrac{S_{\max}}{2} \cdot R \cdot (1-t)$,年储蓄量亦应修正为

$$S = YL - C = \frac{2NL - 2WL}{2NL + WL \cdot R \cdot (1-t)} \cdot YL \tag{6}$$

比较式(5)、(6)可以明显看出,政府征收利息税后,消费者的边际

储蓄倾向要高于征税前的储蓄倾向。这是因为我们假设消费者平稳消费,即他将其工作收入均匀地用于其一生的消费,征税后其预期收入水平降低,为维持退休后的消费水平,必须在工作期间增加储蓄。由此可见,消费者若是平稳消费,利息税将对储蓄倾向产生正效应,也就是说,税率越高,消费者的储蓄欲望越强烈。

综合以上所述,理论上利息所得税对刺激消费的作用是不确定的。从国外的实证分析来看,美国斯坦福大学教授 Michael Boskin 采用美国 1929—1969 年的数据证明储蓄水平与储蓄回报率之间的弹性高达 0.4,即利息税也许是导致美国低储蓄率的原因。然而,其他学者采用 1952—1980 年的数据得出的弹性值只有约 0.067,因此很难得出确定的结论。就目前来说,认为利息税对储蓄水平影响不大的观点相当流行。

11.3 税收与投资

11.3.1 私人投资的决定因素

投资一方面是总需求中最易波动的组成部分,另一方面又促进着一国的资本形成,成为长期经济增长的主要推动力,因此一直是经济学家关注的焦点之一。关于投资的理论可谓层出不穷,其中较有代表性的是哈佛大学的戴尔·乔根森提出的投资模型。

根据乔根森的理论,投资是企业在某一时期为达到其意愿资本存量(Desired Capital Stock)而对上一期的实际资本存量进行的增量调整,以公式表示为

$$I = \lambda(K^* - K_{-1})$$

式中,K^* 为意愿资本存量,K_{-1} 为上一期的实际资本存量,λ 为系数,反映调整的速度。显然意愿资本存量是决定企业当期投资额的重要因素,如果意愿资本存量上升,企业的投资额也将随之上升。

企业的意愿资本存量是使资本的边际收益(即资本的边际产出

MPK)与其边际成本(即资本的租用或使用成本rc)相等的资本存量。

原则上,资本租用成本由实际利率和折旧率共同决定,即

$$rc = r + d$$

其中,折旧率d为资本设备的购买价格分摊到每年的价值,实际利率r反映了融资成本。

根据著名的柯布—道格拉斯生产函数

$$Y = N^{1-\gamma} K^{\gamma} (1 > \gamma > 0)$$

其中Y为产出,N、K分别为劳动和资本要素的投入量。

则当劳动投入固定时,资本的边际产出

$$MPK = \frac{\partial Y}{\partial K} = \gamma N^{1-\gamma} K^{\gamma-1} = \frac{\gamma Y}{K}$$

又根据意愿资本存量的决定条件

$$rc = MPK = \frac{\gamma Y}{K}$$

故

$$K^* = \frac{\gamma Y}{rc}$$

上式尽管是以柯布—道格拉斯生产函数为基础的,却反映出了意

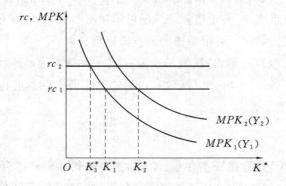

图 11.12 资本边际收益、资本租用成本和意愿资本存量

愿资本存量与产出和资本租用成本的一般关系。如图11.12，根据资本边际收益递减规律，MPK 线应为一条向下倾斜的曲线，它表明在劳动等其他要素的投入既定的情况下，资本的边际产出随资本投入的增加而递减。资本租用成本不随资本规模的变化而变化，因而 rc 线平行于横轴。企业的意愿资本存量由 rc 线与 MPK 线的交点决定。当生产规模扩大时，即若产出由 Y_1 上升到 Y_2，因为需增加更多的劳动，资本的边际产出亦将上升，由 MPK_1 线移至 MPK_2 线，企业的意愿资本存量亦将上升，由 K_1^* 上升到 K_2^*。另一方面，若产出不变，资本租用成本由 rc_1 上升至 rc_2，意愿资本存量将下降，由 K_1^* 降至 K_3^*。

11.3.2 政府税收对私人投资的影响

政府税收主要通过两种途径影响投资：企业（公司）所得税和投资税收抵免。

投资税收抵免是指允许企业从每年所得税的应纳税额中减去当年投资额的一定比例。例如，若企业某年实现 100 万美元的投资，投资税收抵免为 10%，则可从当年的应纳所得税额中扣除 10 万美元。美国于 1962—1986 年间实行过投资税收抵免政策。显然，投资税收抵免直接降低了企业购进资本品的成本，乃至于"资本租用成本"rc，将起到刺激投资的作用。

企业所得税对意愿资本存量以至于投资的影响则相对复杂一些。首先进行初步的分析，我们发现企业所得税对意愿资本存量没有影响。因为存在企业所得税时，企业将使其"税后的"资本边际产出与"税后的"资本租用成本相等。我们集中分析资本租用成本中的利息部分。在计算企业所得税时利息是一个可以从利润中扣除的项目。假定没有企业所得税，没有通货膨胀，没有折旧，利息率为 10%，意愿资本存量为 K_0^*，这时资本的边际产出亦为 10%。现在若征收 34% 的企业所得税，利率不变，在资本存量仍为 K_0^* 时，税后的资本边际产出降为 6.6% ($=10\%-10\%\times34\%$)。但如果利率为 10%，企业从利润中扣除利率的 34%，税后的资本租用成本亦降为 6.6%，这样意愿资本存量不会因企业所得税的征收而受到影响。

但是，实际的税收制度要复杂得多，这使得企业所得税对意愿资本存量的影响是模糊的。当我们考虑到企业所得税对折旧和通货膨胀的处理以及对发行股票融资等其他筹资方式的差别待遇时就更能了解这一点。

税法中一般将折旧作为企业费用的一部分，准许在计算所得税时从企业利润中扣除。但折旧提取的规则是相当复杂的，往往税法准予扣除的折旧并不等于固定资产的真实经济折旧。如果税法中允许扣除的折旧高于真实经济折旧，例如允许企业采用加速折旧法，则相当于降低了资本租用成本，将刺激企业的意愿资本存量和投资的增加；反之，则会抑制企业的投资。

在实际经济运行中，投资有时不是通过借款而是通过发行股票来融资的，企业给予股票持有者的收益采用红利的形式，但红利支出在计算企业所得税时不允许从利润中扣除。这样，上文针对借款筹资进行分析得出的公司所得税并不影响意愿资本存量的结论，亦需重新考虑。

11.4 税收与风险承担

11.4.1 税收的资产组合效应

不确定性和风险是一个相当普遍的经济现象，相当多的企业和个人在努力减少不确定性，减少不确定性的能力也从一个侧面反映出经济发达的程度。然而，新产品和新技术的开发速度仍然主要依赖于对风险的承担以及风险企业获得资金的能力，因此对风险承担的态度在决定经济发展方面起着重要作用，从而税收制度是否可能遏制风险承担以及向承担风险者提供资金就成为一个值得探讨的问题。

税收可能在两方面影响风险承担，它会通过作用于家庭（或企业）的资产组合决策来影响风险资金的可获量，也可能影响企业和个人的实际投资决策。当然，对于一国的经济增长来说，后者是直接相关的，前者虽然只是处在一个中间的阶段，却也起着相当重要的作用。事实上，关于税收与风险承担关系的分析更多地集中在税收的资产组合效应方面。

　　理论上,对某一经济主体来说,它的当期收入扣除当期消费的余额即为储蓄,人们的储蓄行为可通过多种方式实现,广义地说,居民购买土地、房产甚至购买耐用消费品等行为都具有储蓄的性质,就通过金融机构的中介而实施的储蓄而言,亦包括购买直接证券(股票、债券等)和间接证券(银行存款单等)等多种情况。因此,税收的资产组合效应也就是税收对人们在不同储蓄方式之间选择的影响,亦称税收的金融效应。

　　对税收金融效应的分析可视为对于税收对储蓄影响的讨论的深化,前文所述的替代效应和收入效应,是指税收影响储蓄的总水平,即影响人们将既定的总收入在(当期)消费和储蓄(即未来消费)之间进行分配的行为,而税收的金融效应是指税收对储蓄结构的影响。

11.4.2　典型纳税人的资产组合——模型一

　　(1)税前资产组合。为分析的方便,假定纳税人资产的保有形式有两种,风险资产和无风险资产。一般地,风险资产的风险高,收益也较高。设 μ_R 代表资产组合的预期收益率,是收益率的期望值,θ_R 代表资产组合的风险,是收益率的标准差,k 为风险资产预期收益率 r 与其标准差 θ_g 的比值,则资产组合的预期收益率和风险之间存在线性关系

$$\mu_R = k\theta_R \text{①}$$

这就是纳税人的机会曲线,它代表纳税人在进行决策时面临的约束条件。如图 11.13,图中的 $OC_1(r_1)$、为当风险资产预期收益率为 r_1 时的投资机会线,风险资产的预期收益率 r 越大,k 值越大,从而纳税人资产组合的预期收益率 μ_R 越大。

　　假定纳税人都是风险规避者,当风险增加时,须有预期收益率的增

---

① 设风险资产收益率为 $\tilde{r}$,期望值即预期收益率为 r,收益率标准差为 θ_g,即 $E(\tilde{r}-r)^2 = \theta_g^2$。无风险资产的收益率为 0。若资产中投资于风险资产的比率为 a,则资产组合收益率 $\tilde{R} = a\tilde{r} + (1-a) \cdot 0 = a\tilde{r}$,资产组合收益率的期望值——资产组合预期收益率 $\mu_R = E(\tilde{R}) = E(a\tilde{r}) = aE(\tilde{r}) = ar$,资产组合收益率方差 $\theta_R^2 = E[\tilde{R}-E(\tilde{R})]^2 = E(a\tilde{r}-ar)^2 = a^2E(\tilde{r}-r)^2 = a^2\theta_g^2$,故 $\theta_R = a\theta_g$,于是,$\dfrac{\mu_R}{\theta_R} = \dfrac{ar}{a\theta_g} = \dfrac{r}{\theta_g} = k$,从而 $\mu_R = k\theta_R$。

加作为补偿,则反映其偏好的无差异曲线向上倾斜,如图 11.13 中的 I_1、I_2 线所示。

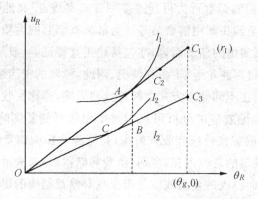

图 11.13 投资者的资产组合与税收效应

将纳税人的无差异曲线与机会曲线结合起来,即可得到他的决策结果,即资产组合中风险资产、无风险资产的比例各为多少。设风险资产预期收益率为 r_1,投资机会线为 OC_1,其中 C_1 点反映如果纳税人的资产组合全部由风险资产构成,他将面临的风险与收益情况,O 点则反映纳税人的资产组合全部由风险资产构成时的风险与收益情况,无差异曲线 I_1 与 OC_1 相切于 A,纳税人资产中风险资产比率为 $a_1 = \theta_R/\theta_g = OA/OC_1$。

(2) 所得税的效应。

① 允许亏损补偿。若政府对风险资产收益征收比例所得税,并准许用其他盈利项目的应税所得对风险资产的全部亏损进行弥补,则纳税人的风险与收益同比例减少,投资机会线 OC_1 上的 C_1 点将以 $(1-t)$ 的比例向 O 点移动。假设新的机会轨迹为 OC_2,如图,在 OC_2 线上投资者仍能获得 A 点,并且 A 点使他面临与征税前相同的风险与报酬。但是现在风险资产在全部资产组合中所占的比例为 $a_2 = OA/OC_2$,显然 $a_2 > a_1$,风险资产的比例上升了。

② 不允许亏损补偿。若政府对风险资产收益征税,但不允许亏损补偿或不允许完全亏损补偿,则风险投资可能下降。如图,在零亏损补偿的情况下,税收减少了风险资产的收益,却没有减少其风险。因此投资机会线上的 C_1 点向下移动至 C_3 点,新的机会线为 OC_3。OC_3 线上的

B 点代表与 OC_1 线上的 A 点同样的资产组合。OC_3 线与无差异曲线 I_2 相切,取得新的均衡点 C,风险资产在资产组合中的比例 $a_3 = \dfrac{OC}{OC_3}$,由于 $OC/OC_3 < OB/OC_3$,而 $OB/OC_3 = OA/OC_1 = a_1$,故 $a_3 < a_1$,这表明纳税人的风险承担减少了。一般地,人们对风险资产需求的收入弹性是正的,即风险资产收益越高,人们越愿意承担风险,那么在税收减少风险报酬而没有减少风险的情况下,无论是收入效应,还是替代效应,都倾向于减少风险承担。

可见,在允许亏损弥补时,税收将使风险承担增加,在零亏损补偿的情况下,税收减少风险承担,而部分亏损补偿的情况将介于两者之间。

11.4.3 典型纳税人的资产组合——模型二

关于税收对纳税人风险承担的影响,还有一种有代表性的分析方法,它与上述模型得出的结论原则上是一致的,但更为直观地展示了风险资产的风险和收益,并可进行扩展,分析更为复杂的情况。

(1) 税前的资产组合。假定纳税人在某一时期决定储蓄 A_0,即他的期初资产为 A_0,他将 A_0 在两类资产之间进行分配,一类为无风险资产,其收益率以 r 表示,r 的值是确定的,另一类为风险资产,其收益率以 x 表示,x 的值是不确定的,设投资于风险资产可能出现两种结果,一种是"好"的结果,实现收益率 $x_1(x_1 > r)$;另一种是"坏"的结果,实现收益率 $x_2(x_2 < r)$。

如图 11.14(a),坐标系中的纵轴与横轴分别代表两种不同的投资结果下纳税人的资产状态。由于无风险资产的收益在两种投资结果下都是一样的,故纳税人全部持有无风险资产时,他处在图中的 r 线(即 45°线)上,而由于风险资产的收益在资产状态 1(出现"好"的结果)时更高,故纳税人全部持有风险资产时,可能出现的财产状况将在 45°线下方,如图中的 x 线。图中的 ST 线为纳税人的资产约束线,初期资产 A_0 越高,则 ST 线越远离原点。I 为投资偏好的无差异曲线,I 越是远离原点,反映纳税人的预期效用水平越高。设 a 为纳税人投资于风险资产的比重,纳税人最终决定的 a 值将使预期效用在既定的资产约束下达到最大,均衡点将为 ST 线与

I 线的切点,如图中的 P 点,$a=SP/PT$。

(2) 所得税的效应。若政府征收所得税,允许亏损补偿,且对风险资产和无风险资产的收益按相同的税率征收比例税,则税收导致纳税人的资产收益同比例下降。

首先假定无风险资产收益为零,如图 11.14(b),此时如果纳税人只持有无风险资产,则征收所得税前后,他都将处在图中的 S 点上,从而所得税对该纳税人的资产持有无任何影响。但是,纳税人若只持有风

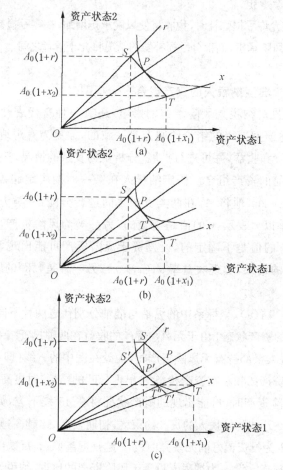

图 11.14　投资者的资产组合与税收效应

险资产,由于风险资产的收益为正,他所持有的风险资产的收益将与政府分享,这将导致风险资产持有线向左上方旋转移动,从而纳税人将处在图中的 T' 点上。均衡点仍为 P,但显然 $SP/ST'>SP/ST$,纳税人持有风险资产的比重增加了。

若无风险资产的收益为正,如图 11.14(c),引入所得税首先会使资产约束线由 ST 变为 $S'T''$,然后在风险资产的收益为正时,又会使风险资产持有线向左上方旋转移动,新的资产组合均衡点将出现在 $S'T'''$ 线段上,为点 P'。容易看出,若纳税人资产组合的偏好保持不变,那么政府征收所得税后纳税人持有风险资产的比率同样相对增加了。

在 P' 点,$S'P'/S'T'''>SP/ST$,这意味着政府所得税使纳税人增加风险资产的持有,即产生了替代效应。由于在这种情况下税收将主要来源于风险资产的收益,因而实际上政府与纳税人共同承担了风险资产投资的风险。

当然,所得税还会产生财富效应,导致纳税人同时减少风险资产和无风险资产的持有,从而所得税对风险资产投资的净效应是不确定的。但如果纳税人有一个既定的期末资产额目标(这一假定与实际情况往往是相符的),那么,由于所得税使风险资产的净收益率和风险程度同时下降,投资者可能把更多财产配置于风险资产,从而将导致风险资产持有相对增加。

综合以上所述,可以看出,资本损失的补偿在决定税收对风险承担的影响时是非常重要的,即是否允许纳税人用一个时期或一种资产项目发生的投资亏损冲减另一个时期或另一种资产项目取得的应税投资收益。例如,当一个纳税人在某一项资产上发生了 100 元的亏损,如果允许该纳税人用这笔亏损完全冲抵其他资产的应税收益,并且假定税率为 30%,那么,该纳税人可以减少纳税 30 元,也就是说,他的资产损失从 100 元降到了 70 元。所以,在允许亏损冲抵收益的情况下,政府实际上已成为纳税人的"合伙人",纳税人运气好时政府可以和他分享收益,纳税人运气不好时政府又和他分担亏损。正是由于有政府的参与,人们投资于风险资产的风险程度下降了,因此在允许亏损补偿时所得税具有刺激人们的风险投资的效应。如果风险资产的收益须交税,而损失不能相应扣减税收负担,纳税人面临的风险不能和政府分担,则对风险资产的资本收益征税必然导致对风险资产持有的减少。

本章内容提要

1. 对劳动收入征税导致在劳动和休闲之间选择的超额负担,税收的累进性越强,则超额负担也越大。

2. 所得税对劳动供给的影响可分解为收入效应和替代效应,前者促使人们增加劳动供给,后者则相反。综合两种效应的影响,净效应取决于消费者对收入的需求弹性 ε,若 ε<1,则税收对劳动供给将产生激励作用;反之则反是。

3. 税收的累进性越强,越将阻碍劳动的投入。平均税率的变动产生收入效应,边际税率的变动产生替代效应。因此在扩大税基保持平均税率不变的同时降低边际税率,有助于刺激劳动供给,同时又不致过分影响财政收入。

4. 利息所得税将造成消费与储蓄选择方面的超额负担。利息所得税对消费和储蓄的净效应取决于消费者的时间偏好,消费者的边际储蓄倾向越高,则利息所得税对储蓄的抑制作用越强。累进所得税更有利于抑制储蓄,刺激消费。若消费者选择在生命周期内平稳消费,则利息所得税会增加消费者的储蓄欲望。

5. 投资税收抵免和加速折旧的规定将起到刺激投资的作用。在企业借款筹资且利息允许作为费用扣除时,企业所得税对投资不产生影响,但由于税法中对于折旧、通货膨胀、借款和发行股票筹资等的不同处理规定,企业所得税对投资的影响变得复杂而且模糊。

6. 资本损失的补偿在决定税收对风险承担的影响时是非常重要的。允许资本损失补偿时,对风险资产的资本收益征税具有刺激人们风险承担的效应;反之则将抑制人们的风险承担。

本章基本概念

收入的需求弹性　平均税率　边际税率　利息所得税　生命周期假说　边际储蓄倾向　意愿资本存量　投资税收抵免

税收的资产组合效应　资本损失补偿

本章思考题
1. 税收对劳动供给的净效应由什么因素决定？
2. 利息所得税刺激消费的效应如何？
3. 减税对劳动供给是否能起到激励作用？
4. 公司所得税对投资的效应受哪些因素影响？
5. 所得税对人们的风险承担将造成什么影响？
6. 你认为中国是否应当开征资本利得税？

12 税制结构

税收制度是在一个课税主权之下的各种税收组织体系,是国家以法律程序规定的征税依据和规范,税务机关依法征税和纳税人依法纳税的法律依据、工作准则和规程。它由国家的一整套税收法规组成,包括各税法规、税制结构、税收管理体制和征收管理办法。

税收制度的内容可从三个层次划分。

(1) 从法律角度而言,税收制度是指对单个税种或某个单项法规的具体规定。如对纳税人、课税对象、课税依据、课税税率等的规定。它以"法"的形式为税务机关征税和纳税人纳税提供了依据。这里的"法"指税收法规,如:税种根本法、条例、施行细则及法令解释等。

(2) 从经济角度而言,税收制度是指税种调节体系的构成。即一个国家的税收体系主要由哪些税种构成,以哪一个或哪几个税种为主要税种,哪些税种为辅助税种,以及它们的调节方向如何等等。

(3) 从政治角度而言,税收制度是指税收管理体制,指国家对税收管理工作在中央和地方政府之间划分各自权限的一项制度。这些权限主要包括税收政策确定、税收立法、税法解释、税种开征停征、税目及税率的增减、减免税等等。

对于从法律角度而言的税收制度的基本要素,我们已在第9章中进行了讨论,而关于税收管理体制我们将在第四部分对其进行深入讨论。本章主要讨论从经济角度来定义的税收制度。

12.1 税收体系

12.1.1 税收体系

随着多年来各国税收理论与实践的发展与完善以及征税环节在国民经济运行发展中的逐渐渗透,税收从原先简单单一税种日益发展成为一个集个人所得税、公司所得税、社会保险税(有时也称薪给税)、财产税、遗产和赠与税、一般消费税、特别消费税、增值税及关税等于一体的多税种的税收体系。

现代税收体系理论把税收归纳为货币资金运动过程中的课税和财产持有及转让课税两大体系,前者相当于对国民收入流量征税,后者相当于对国民收入存量征税。按课税对象在货币资金流动中的不同地位来归纳税种,可以更清楚地说明不同税种对经济的不同影响,也有利于政府将调节经济的意图体现在税制结构设计上,使税制结构模式同经济稳定发展的需要相适应。

首先,税收可以针对国民收入存量及其调整即财产的持有和转让进行征收,例如财产税、赠与税、继承税、遗产税等。然而大部分税收是征自国民收入流量运转,这必须结合整个国民经济的循环运动来考察。

在简化了的私人市场经济运转体系中,经济活动的主体是家庭与厂商。在这种经济中,会存在两种循环运动:生产要素投入和产品产出的实物流动与收入和支出的货币流动,两者流动的方向相反。同时存在着对应的生产要素市场与产品市场(消费品市场和资本品市场)。居民个人通过生产要素市场向厂商提供其生产要素,而厂商也通过生产要素市场向居民个人提供他们出售生产要素应得到的报酬;居民个人又通过产品市场,用其所得的报酬向厂商购买各种产品(消费品与资本品)。

图 12.1 是私人部门收入与支出的流转简图。图中所示的收入与支出的货币流动用顺时针方向表示,实际的要素与产品流动(图中未列

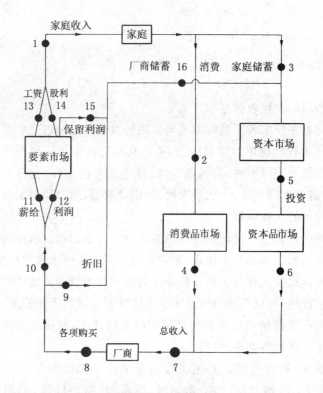

图 12·1　货币流动与课税点

出)用逆时针方向表示。家庭向厂商提供各种生产要素,并从厂商取得收入(1)。家庭所得的收入一般用于家庭消费(2)和家庭储蓄(3)两个方面。前者通过在消费品市场上的购买成为出售这些消费品的厂商的收入(4),后者则通过资本市场形成投资(5),又以投资支出形式进入资本品市场进行购买,最终成为生产这些资本品的企业的收入(6)。工商业总收入(7)形成后,首先要扣除原材料、零部件等的价款(8),然后计提折旧(9),其余部分(10)则用于在要素市场上以薪给(11)购买劳务,以利润(12)购买资本和其他要素,这形成了国民收入中的要素份额。这些份额提给这些要素的供应者,采用工资(13)、股利(14)、利息、租金等形式最终又变成家庭收入(1)。然而,有一部分利润作为保留利润(15),并没有计入股利之中。这些保留利润加上折旧,构成了工商业的储蓄

(16),最后与家庭储蓄(3)一起形成投资资金,再行购买资本品。整个国民经济就是这样周而复始地运行下去。

政府税收就是在这种货币资金流动中选择确定一些课税点或课税环节征收的,由于课税点位置的不同而形成不同的税种。分析图 13.1 中各征税环节,点 1 是对家庭收入征税,如个人所得税的课征;点 2 是对消费支出征税,如消费支出税的课征;点 4 是对零售营业收入征税,如零售销售或消费型增值税税的课征;点 7 是对工商业毛收入总额征税,如货物税的课征;点 10 是对扣除折旧后的净营业收入征税,如收入型增值税的课征;点 11 是对薪给征税,如雇主承担的社会保险税的课征;点 12 是对利润征税,如公司所得税的课征;点 13、14 是对个人工资收入和股利征税,如个人所得税和受雇人承担的社会保险税的课征;点 15 是对保留利润征税,如厂商保留利润税的课征。

12.1.2 税收分类

税收是一个总的范畴,一个国家的税收是由许多不同的具体税种构成。构成一个完整税收体系的各税种根据不同的标准可以有不同的分类,比较重要的分类方法有以下几种。

(1) 根据课征对象的不同我们可以将税收划分为所得税、流转税、财产税等,这也是划分不同税种最主要的依据。所得税,也称收益税,是直接依据纳税人的所得额或收益额征收的税;流转税,也称商品税、货物税、营业税或销售税等,依各国具体税收制度而有不同的名称,这是依据商品或劳务买卖中的流转额或增值额课征的一种税;财产税,是对纳税人拥有或支配的财产征收的一种税;资源税,是对从事资源开发的单位和个人就列举的应税资源课征的一种税;行为税,是以纳税人的某种特定行为作为课税对象的一种税。

(2) 商品税与要素税。这主要是依据前文所述的货币循环流动中课税的分布点进行的划分。所谓商品税,指在产品市场上课征的税收。所谓要素税,指在要素市场上课征的税收。另外,依税负覆盖范围不同,这两类税又可分别细分为一般税与特定税。依纳税者不同,这两类税又可分为对厂商与对家庭的征税。具体划分状况如表 12.1 所示。

表 12.1 商品税和要素税

课税对象		对厂商征收		对家庭征收	
		卖方	买方	卖方	买方
商品税	一般	销售税(4) 消费型增值税(4)	——	——	支出税(2)
	特定	烟税、酒税(4)	——	——	汽油税(4)
要素税	一般	——	所得型增值税(10)	个人所得税(1)	——
	特定	——	公司所得税(12) 社会保险税(雇主)(11)	社会保险税(雇员)(13)	——

注：税种后括号内的数字表明对应于图 12.1 中的课税点。

从商品税与要素税的区分中可以发现，产品市场中对卖方征收一定比率销售税，其效果等同于对买方以相同比率征收支出税。这一点不仅适用于一般商品税，也适用于特定商品税。在要素市场上，如果不存在储蓄，对要素购买征收一般税和对要素收入征收一般税，具有等效性。了解这些，有助于我们分析税收之间的相似性与差异，有助于我们分析纳税人对税收影响的反应。

（3）对人税与对物税。这是按是否直接依纳税人的纳税能力课税而划分的。对人税是根据人的纳税能力课税，对物税是根据经济活动，例如购买、销售、或对财产持有而课税，不在于交易者或所有者的特性，而在于物的本身。根据这一标准，对物税可以对家庭，也可以对企业征收；对人税则必须对交易的个人或家庭征收。对人税与对物税的区分是很重要的，因为它涉及到税制的公平性。所有的税包括对物税的负担者都是人，考虑税制的公平性时必须考虑税收的最后负担者是谁。从这个角度看，对物税就不如直接根据纳税能力征自特定个人的对人税。

（4）直接税与间接税。这是按税负是否可以转嫁来划分的。直接税指税负难以转嫁的税种，通常包括直接对纳税人（个人与家庭）课征的税收，如个人所得税、财产税等；而间接税是指税负相对比较容易转嫁的税种，主要包括对商品或劳务的交易课征的税收，如营业税、消费税、关税等。

(5) 按税收的计征标准可分为从价税和从量税。凡是以课税对象的价格为标准,按一定比例计算征收的税为从价税;凡以课税对象的重量、容积、面积、数量等为计征标准的税为从量税。

(6) 按税收与价格的关系分类,可分为价内税和价外税。价内税的税金是作为价格的组成部分,如消费税;价外税的税金是作为价格以外的附加,如增值税。

(7) 按税收用途分类,可以划分为一般税和特定税。一般税,是指满足一般性财政需要的税收。特定税是指满足特定财政需要的税收,如社会保险税。

(8) 按税收的归属关系分类,可分为中央税、地方税及共享税。

(9) 按税率分类,可分为累进税与比例税。

12.1.3 税制结构设计

对于税制结构如何设计,税收理论史上有过单一税制和复合税制之争。所谓单一税制,就是由一种税构成的税收制度。所谓复合税制,就是由多种税构成的税收制度。在实践中,单一税制始终没有付诸实现。所以通常所说的税收制度,实际上是就复合税制而言的。

(1) 税制结构设计的基本问题。税制结构的设计应以税收原则为标准,要解决的问题主要有三个方面:税种的配置问题、税源的选择问题和税率的安排问题。以下就分别对这三个问题进行论述。

① 税种的配置问题。按照税收原则的要求来解决税种的配置问题,并不意味着所选择的税种都能够完全符合各项税收原则的要求,因为某种税收在满足各项税收原则的程度上往往存在着冲突或矛盾。比如累进所得税,从税收公平的角度看,它是最为可取的,因为累进的所得税既可体现横向公平的要求,对处于同等经济地位的纳税人按相同的税率征税,又可体现纵向公平的要求,对处于不同经济地位的纳税人按累进的税率征税。但它却不能满足税收效率的要求,因为累进所得税的边际税率随收入的增加而逐步提高,这对劳动投入、储蓄、投资等都将产生消极的影响,对经济效率是有害的。再如消费税,它一般都采用比例的单一税率,所有的纳税人不论经济地位如何都按相同的税率纳

税,就税收效率而言,它显然是较好的选择;但从税收公平的角度看,高收入者所纳税款占其收入的比例比低收入的人为少,具有很强的累退性,因此又是很不可取的。

所以,税种的配置实际上研究的是各个税种之间的相互配合问题。在此基础上,才能合理设置各个税种,使其相互协调,相互补充,形成一个能在总体布局上体现税收原则要求的税收体系。

由各个税种构成的相互协调、相互补充的税收体系,总是要以某一种或几种税居于主导地位。这种居于主导地位的税种就构成税制结构中的主体税种,主体税种的选择对于税种的合理配置具有关键意义。

② 税源的选择问题。在税源的选择问题上,主要是考虑税源与税本的关系。税本、税源、税收之间的关系是,税本是税收来源的根本,税源是由税本产生的收益,税收则来自于税源。若将税本比喻为果树,那么果树产生的果实就是税源,从果实中取出一部分交给国家,即为税收。显然,有税本才有税源,有税源才有税收,所以税源的选择问题实际上研究的是如何选择税源,才能不使税收侵蚀税本。

可以作为税源的一般无非是工资、地租和利润,如果以这三者作为税源,并将课税的额度限制在这个范围内,则一般不会损害税本。至于财产,尤其是在财产中占重要地位的生产性资本,则属于税本的范畴,一般是不能作为课税对象的,否则就会损害资本的形成和积累,最终导致国民经济萎缩,政府收入来源枯竭。当然,一些非生产性的财产,是可以作为课税对象。比如可以开征遗产税、赠与税,起到调节收入分配的作用。

③ 税率的安排问题。税率的安排,实际上是要解决两方面的问题:一是国家税率总水平的确定;一是税率形式的确定。

a. 税率水平的确定。关于一个国家的税率水平应如何确定,美国供给学派的经济学家拉弗(Arthur Laffer)提出了一个著名的"拉弗曲线"原理。其基本观点是:在一定限度以内,税收收入将随税率的提高而增加,因为税源不会因税收的增加而等比例地减少;当税率超过了这个限度,继续提高税率,则税收收入不但不能增加,反而会下降。

如图 12.2 所示,税率由 r_1 提高到 r_2,税收收入将由 OP 增加到 ON。但税率提高超过一定程度,就会影响人们工作、储蓄和投资的积极性,从而导致税基减少的幅度大于税率提高的幅度,税收收入反而减少。如图,当税率由 r_3 提高到 r_4,税收收入会由 ON 减少到 OP。从图上看,rm 线就是税率的临界点。在 r 这个税率水平上,税收收入最多,为 OR,超过了这个界线,就是税收的禁区。由此得出的结论是,税率水平应以 r 为限,并以 r 为最佳税率点。

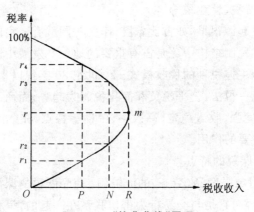

图 12.2 "拉弗曲线"原理

"拉弗曲线"原理对于 20 世纪 80 年代以美国为代表的西方国家税收制度改革有很大影响,成为其推行大规模减税政策的理论依据。

b. 税率形式的确定。税率形式的确定面临的选择主要是两种:比例税率和累进税率。如前所述,比例税率更有利于经济效率的实现,而累进税率更有助于收入的公平分配。所以比例税率和累进税率的选择本质上是效率和公平的选择。

一般来说,商品税比较适合采用比例税率,而所得税宜于采用累进税率。就税率的总体布局而言,应视客观经济形势的需要而选择侧重点。当前的倾向是,越来越多的经济学家认为,为了提高社会的经济效率,应适当降低税制的累进性。

12.2 商品课税

12.2.1 商品课税概述

所谓商品课税,是指以商品和劳务的流转额为课税对象的课税体系。由于商品税以流转额为课税对象,所以又被称为流转税。它主要包括增值税、消费税、营业税等。

商品课税起源很早,如古代希腊、印度等国就有盐税的课征。当代的商品课税在税制结构中更是占有重要的地位。发展中国家基本上采用以商品税为主体税种的税收模式。20世纪80年代以来,世界性税制改革浪潮以统一税法、公平税负和简化税制为趋势,而商品税中的增值税,因其透明度强、收入稳定、高效率、中性等特点,在各国税制结构中发挥着日益重要的作用。

(1) 商品课税的特点。

① 课征对象是商品(劳务)的流转额。商品课税的课征对象是商品和劳务的流转额,它是与交易行为密切联系在一起的。一种商品从投入流通到最后消费之前,往往要经过多次的转手交易行为。每经过一次交易行为,商品随之流转一次,同时也就发生了一次对卖者的商品流转额课征商品税的问题。

② 商品税具有累退性,较难体现公平税负原则。首先,商品课税一般采用比例税率,即对同一课税对象,不分数额大小,规定相同的征收比例。由于个人消费商品数量的多寡与个人收入并不是成比例的,而且个人消费无论如何总有一定的限度,因此,收入越高的人,消费性开支占其收入的比例越小。在这种情况下,商品课税就呈现一定的累退性。

③ 商品课税的税源普遍,收入相对稳定,税负能够转嫁。商品税是伴随商品和劳务交易行为的发生而进行课征,只要发生商品交易行为,就可征税,因而税源普遍。另一方面,商品课税可以随经济的增长而自然增长,不受纳税人经营状况的影响,从而收入稳定。商品课税是间接税,税负能够转嫁,具有隐蔽性。在许多情况下,商品税的缴纳者和税收

实际承担人是分开的,纳税人一般很难确切了解自己实际承受的税负。商品税在征收上的隐蔽性使其推行的阻力较少。因此,在保证政府财政收入的均衡、及时、充裕及可靠方面,商品税具有其他税种不可替代的作用。

④ 商品课税征收管理的便利性。商品课税采用从价定率或从量定额计征,与所得课税、财产课税相比,计算手续简单。另外,商品课税的纳税人为企业,数量较少,相对容易稽征和管理。

⑤ 配合社会经济政策的有效性。以增值税为代表的商品课税更能体现税收中性,不干预企业对经营行为的选择,有利于体现税收的效率原则;另外,政府通过制定差别税率,可调节消费,纠正劣值品问题、外部效应等市场失灵。一般来讲,当政府对经济运行的控制手段相对弱化,或税收征管手段相对落后的条件下,采用商品税作为主体税种的模式更容易满足政府发挥税收调节作用的需求。

(2) 商品课税的类型。

① 从课税环节的角度,可以分为单环节课税和多环节课税两种类型。单环节课税是指在商品生产(进口)、批发、零售三个环节中任意选择一个环节课税:如加拿大的酒税、烟税是选择在生产环节征,美国的汽油税是选择在零售环节征。多环节课税是指在商品流通的两个或两个以上环节课税,如欧盟成员国实行的增值税是在生产(进口)、批发、零售三个环节都征税。

② 从计税依据的角度,可以分为从价税和从量税两种类型。从量税是以商品(劳务)的数量为计税标准,按一定的单位来计算应纳税额,如重量、容积和体积。从量税比较简单易行,但是由于税款与商品价格脱钩,物价上涨而税收不能相应增加,财政税收缺乏保证,故不能广泛推行。现今各国所实行的一般都是从价税。从价税是以金额为计税标准来计算应纳税额,金额是计税价格乘上计税数量。由于以商品价格或劳务价格为依据,所以,商品价格的变化会影响税额的变化。从价计征还有含税价格计税和不含税价格计税之别。含税价格是包含税金在内的计税价格,价格由成本、利润和税金组成,税金内含在价格之中,一旦商品销售实现,就可取得包含在商品价格中的税款。一般在实行价内税

的情况下,商品交易价格就是含税价格,如果商品价格为不含税价格,就要按组成计税价格计算含税价格。组成计税价格计算公式如下

$$组成计税价格 = \frac{不含税价格}{1-税率} 或 = \frac{成本+利润}{1-税率}$$

不含税价格是不包括税金的计税价格,价格由成本、利润组成。实行价外税的情况下,交易价格即为不含税价格,如果商品价格为含税价格,要按完税价格计算计税价格。完税价格计算公式如下

$$完税价格 = \frac{含税价格}{1+税率}$$

③ 从课税范围的角度,可以分为三种类型:A. 就全部商品和劳务课税,即除了全部消费品外,也将资本品以及交通运输等一些劳务纳入商品课税的范围。B. 就全部消费品课税,资本品或其他则被排斥在课税范围之外。C. 选择部分消费品课税,如只对烟、酒、小汽车等一些特定的消费品课税。

④ 从税基的角度,可以分为三种类型:A. 按照商品(劳务)流转过程中的新增价值课征,这就是增值税。B. 按照商品(劳务)的销售收入总额课征。各国实行的营业税,基本上都属于这种类型。C. 按照部分商品(劳务)的销售额课征。特别消费税等属于这种类型。

12.2.2 增值税

(1) 增值税(Value Added Tax,VAT)的定义及其特征。所谓增值税,是对课税商品或劳务生产和流通各环节新增的价值进行课征的税收。作为增值税课税对象的增值额,就某一企业而言,就是该企业的商品销售收入扣除规定的非增值项目(相当于物化劳动的价值)后的余额。所以,增值额大体相当于这个企业本期劳动投入所创造的价值。

增值税最早于1918年由德国的企业家西门子提出。法国于1954年首先实行增值税,获得了成功。目前,增值税已在世界上80多个国家实行,并在各国的税收中占相当的比重。实践证明,增值税是一种中性的,税基大、收入广,对经济行为产生扭曲小的税种。

增值税既具有商品税的一般特点,又有自身独特的特点。

① 增值税以增值额为课税对象,也就是只就销售额中由本人或本单位创造、尚未征过税的新增价值征税,而对销售额中由其他人或其他单位创造的、已征过税的转移价值不再征税,可以避免重复课税,有利于社会化专业分工。

② 增值税的税源广泛,征税普遍。从实行增值税国家的实践情况看,发达国家一般就全部消费品征税,而发展中国家就全部商品征税,包括消费品和资本品。因此,在保证国家财政收入方面具有优越性。

③ 道道课税,税不重征。就纳税环节而言,增值税实行多环节征税,即在生产、批发、零售等各个环节分别课征,但是,因只对各个环节上的增值额征税,所以不会出现税负累积效应。

④ 增值税是中性税种,按针对增值额、多环节、税率相对单一的原则征收,减少了税收对经济的干预,可以从根本上解决因纳税人所在产业和部门不同等因素而发生的税负不公,对纳税人生产经营决策的影响较小。如果实行消费型的增值税,还有利于鼓励投资。

⑤ 增值税有利于税收征管,防止偷、漏税。实行抵免法的增值税,要求有健全的发票制度,并且将税款单独开列,以扣除前阶段已纳税款。这种计税方法具有相互牵制、自动审核的特点,便于税务机关查核,有利于防止偷、漏税。

⑥ 增值税有利于发展对外贸易。增值税消除了重复征税因素,较易做到出口退税和进口征税。由于出口退税,使本国产品以不含间接税的价格进入国际市场,有利于提高本国产品在国际市场的竞争力。而对进口货物复征,可以使进口产品与本国产品在国内市场上负担相同的税收,实现平等竞争。

增值税的上述特点另一方面也对实际操作,特别是在征管和缴纳方面提出了更多要求,这在一定程度上也构成了它的局限性。从税务机关方面分析,多环节课征必然带来税务行政费用的增加。纳税户多,计算审查手续比较复杂,对税务人员的素质有较高要求。从纳税人方面分析,要求企业具有健全的财务会计制度和纳税记录。在这些条件不具备或不充分具备时,实行增值税的难度会相当大。同时,工商企业在登记和处理有关增值税的各类资料方面也必须负担大量额外工作。

(2) 增值税的分类。增值税按其对资本品的处理的不同而形成了生产型、收入型和消费型三种不同类型。

① 生产型增值税,又称 GNP 型增值税,是以一定时期内纳税人的商品(劳务)销售收入,减去其用于生产的购进中间产品价值后的余额为课税依据的增值税。厂房、机器等固定资产的折旧不予扣除,即相当于以企业的工资、利息、利润、租金和折旧为课征基础,从国民经济整体看,这一税基与国民生产总值的内容一致。

② 收入型增值税,是以一定时期内纳税人的商品(劳务)销售收入,减去其用于生产而购进的中间产品价值及固定资产折旧后的余额作为课税依据的增值税。也就是说,增值额相当于工资、利息、租金、利润之和。从国民经济整体看,这种税基就是国民收入,因此,称为收入型增值税。

③ 消费型增值税,是以一定时期内纳税人的商品销售收入,减去其所购的中间产品的价值,再减去本期所购置的资本品价值后的余额作为课税依据的增值税。从整个国民经济来看,作为该类型增值税课税依据的增值额,只包括全部消费品的价值,不包括资本品的价值,所以称之为消费型增值税。国际上实行增值税的国家大多数采用消费型的,以欧盟成员国等发达国家为代表。

上述三种类型增值税的区别是明显的:

第一,税基大小不同,生产型增值税税基最大,收入型增值税次之,消费型增值税最小。

第二,对于购入固定资产价值在计算增值额时是否扣除以及如何扣除的处理原则不同。生产型增值税不予扣除,收入型增值税按使用年限分期扣减,消费型增值税则实行当期一次扣除。

(3) 增值税的税率。从国际增值税实践来看,增值税税率大致可分为如下三类。

① 基本税率。也称"标准税率",它体现增值税的基本课征水平,适用于一般商品和劳务。各国基本税率差别很大。基本税率的高低是和各国的经济状况、收入水平、税收政策等相关联的。

② 低税率。它体现着增值税的优惠照顾政策,适用于税法单独列举的属于生活必需品范围的商品和劳务。如法国的增值税,除了规定基本税率为 18.6% 之外,还区别不同商品和劳务分别规定了 7% 和 5.5% 的低税率。

③ 重税率。它体现了增值税的限制消费政策,主要适用于列举的奢侈品和有害于社会公益的商品和劳务。

(4) 增值税的计税方法。增值税有三种不同的计税方法。

① 税基列举法,也称"加法"。即把构成增值额的各个项目,如工资薪金、租金、利息、利润等直接相加,作为增值额。然后将增值额乘以税率,计算出应纳税额。其计算公式为

增值额 = 本期发生的工资薪金 + 利息 + 租金 +
    利润 + 其他增值项目

增值税实际应纳税额 = 增值额 × 适用税率

② 税基相减法,也称"减法"。即从厂商一定时期内的商品和劳务销售收入中减去同期应扣除的项目作为增值额。然后将增值额乘以税率,计算出应纳税额。其计算公式为

增值额 = 本期应税销售额 − 规定扣除的非增值额

增值税实际应纳税额 = 增值额 × 适用税率

③ 税额相减法,也称"扣税法"。即先以厂商一定时期内的商品和劳务销售收入乘以税率,计算出至本环节为止的累计税额,然后再从中减去同期各项外购项目已纳税额,得出应纳税额。其计算公式为

增值税实际应纳税额 = 当期应税销售额 × 适用税率 − 当期外购
    项目已纳增值税税额

在实行增值税的国家中采用较多的是第三种方法,即扣税法。

12.2.3 消费税

消费税(Comsumption Tax)是以消费品(或消费行为)的流转额为

课税对象的税收的统称。消费税是商品税类中的重要税种形式,是世界各国广泛采取的税种,在各国税收总额中占有相当的比重。在19世纪发达国家采取以所得税为主体税种的税收模式后,消费税占税收总额的比重有所下降,但目前仍然起着重要作用。

(1) 消费税按其课税范围的不同,可以分为一般消费税和特别消费税。一般消费税是对一切消费品和消费行为征收的税收,相应地,特别消费税则只对部分消费品和消费行为课征。目前各国课征消费税的目的,除取得财政收入外,更主要的是借助消费税课征范围的选择和差别税率的安排,达到政府调节消费和收入的目的。因此,多数国家都征收特别消费税,课征范围不是涉及所有的消费品和消费行为。部分国家虽然在形式上对全部消费品和消费行为征税,但又规定对部分消费品和消费行为免税,实际上与部分征税的特别消费税并无两样。我们这里所分析的消费税就是指特别消费税,如对烟、酒等产品征收的消费税。

(2) 消费税的特点。

① 征收的目的性。这是特别消费税区别于其他间接税的明显特点。特别消费税的课税范围是有选择的,而不是普遍征收,政府通过对课征范围的选择、差别税率的安排以及课税环节等方面的规定,来达到调节消费,进而调节收入的政策目的。在实践中,也顾全了社会公德的要求,就是对某些不良的行为通过征税来加以限制,如对烟、酒征收高额消费税。

② 税负的转嫁性。消费税选择消费品或消费行为作为课税对象,更多的是向消费品制造商或消费品经营者,而不是向消费者征税,但税额往往内含于消费品价格之中或作为消费品价格附加,最终由消费者负担。

③ 促进收入公平分配。特别消费税选择高收入者更多消费的奢侈品和高档消费品进行征税,并通过设置高低不同的税率来达到调节收入的目的。

④ 单环节课税。特别消费税通常采取单环节课税,主要在生产环节征收,以保证课征费用低,征收效率高。

⑤ 纠正市场失灵。在市场对资源配置低效率或无效率时,特别消

费税可以改善由市场所决定的资源配置状况。特别是针对某些产生外部成本的行为,如汽油消费导致环境污染,则对汽油征收消费税。

(3) 消费税的税率和计税方法。消费税一般采用比例税率和定额税率,而且是区别不同税目规定差别税率。与此相适应,其计税方法也有从价和从量两种。从量课税是消费税计税方法的独特之处。某些税目如烟、酒等商品的等级规格有一定的标准,因而有可能针对商品的数量、重量等课征固定的税额。例如,可按每公升啤酒规定课征一定的消费税额。

12.2.4 营业税

营业税(Business Tax)是以提供商品和劳务的营业收入额为课税对象的税收。营业税一般着眼于营业行为,只要纳税人发生了营业行为,就要对其营业收入额课税。它是一个十分古老的税种,目前仍有一些国家在征收营业税。

营业税起源很早,我国汉朝时期征收的"算缗钱",就是一种对商业征收的营业税。中世纪欧洲对营业商户每年征收具有营业税性质的一定金额才准许其营业,称为许可金。许可金不论营业商户的规模大小均按一个征收标准,不能依据纳税能力,量能负担,因而很不公平。法国于1791年开始将许可金改为营业税,按商户营业额的大小征收。后来,西方国家纷纷效仿,使营业税在西方国家税制中占有重要地位。营业税曾作为西方国家财政收入的主要部分而发挥重要作用。

营业税的特点。营业税是一种税源普遍、征收管理容易实施的税种,征收范围大,平均税率较低,多环节课征;按行业设计税目税率、税负合理,还可以调节不同行业的赢利水平,体现国家的产业政策。

营业税的缺点是存在重复课征和累积税负的问题。因此,在实行增值税的国家,营业税之中的大部分都已被增值税所代替,保留下来的营业税征税范围大大缩小,一般只对第三产业的某些部门征收。对一定的经济活动来说,征收了增值税,就不征收营业税,反之亦然。

我们可以通过比较营业税和消费税,来更好地理解营业税。两者同属于对商品(劳务)流转额的课税,其主要区别在于:

首先,营业税的课税对象是广泛的,除了少数免税税目外,一般的商品(劳务)流转额都要课税;消费税的课税对象则是有选择的,它只对消费品(消费行为)课税,而且一般不涉及全部消费品(消费行为),只是选择一部分消费品(消费行为)课税。

其次,营业税的课税环节通常放在交易流通阶段,有的是单环节课税,有的是多环节课税;消费税的课税环节通常放在消费品的销售阶段,也就是多在生产商向批发商销货时课征,一般没有多环节课税的情况。

第三,营业税的平均税率较低,通过高低不同的差别税率调节消费的作用不明显;消费税的平均税率较高,不同税目的税率差别很大,调节消费、进而调节收入的作用突出。

第四,营业税实行比例税率,并从价计税,也就是实行从价定率计税方法;消费税一般是比例税率和定额税率并用。

12.3 所得课税

12.3.1 所得税概述

所谓所得课税,就是以纳税人的所得为课税对象的税收。这一课税体系,主要包括个人所得税、企业所得税和社会保障税。

所得课税是发达国家的主体税种。法国在法国大革命中的雅各宾专政时期普遍实行所得税,英国于1799年引进,之后,世界上其他国家也相继开征所得税。美国于1861年南北战争时期开征所得税,日本于1887年,德国于1952年开征所得税。

(1) 所得税的特点。

① 税收负担的直接性。所得税一般由企业或个人作为纳税人履行纳税义务,并且又由企业和个人最终承担税负。由于纳税人就是负税人,税负不能转嫁,因而被称为直接税。

② 税收征收的公开性。所得税一般以企业或个人为纳税人,同时,税负又由纳税人承担,税负一般不能转嫁。所得税在征收环节上选择收

入分配环节,是对企业利润或个人所得征收,关系到所得的归属。因此,所得税征收具有公开性、透明性强的特点,容易引起税收对抗,推行比较困难。

③ 通常按累进税率课征。在应税所得额确定后,目前各国一般都以累进税率来计算税额并进行课征,并且又都以超额累进税率为主。个人所得税的累进征税特点,使其能够自动适应国民经济周期的变化,在经济膨胀和经济衰退时发挥稳定经济的作用,也能根据政策的需要相机抉择,调整税收政策,促进国民经济的稳定增长。但是所得课税并非都采用累进税率,公司所得税常常就采取比例税率。

④ 税收管理的复杂性。所得税不但对企业所得征税,而且对个人所得征税,由于个人纳税户数量多、税额小、税源分散,征收管理的成本高、难度大。同时,所得税是对净所得征税,就企业而言,有成本核算和管理上的难度。征收所得税客观上要求整个社会有较高水平的信息、核算和管理基础。

(2) 所得课税的类型。

① 分类所得税,也称分类税制,即将各种所得分为若干类别,对不同来源和性质的所得,以不同的税率课征。分类所得税制一般是比例税率,采用源泉课征法,课征简便,节省征收费用。也可实行不同类别的差别税率,较好地体现横向公平原则。但是,分类所得税制一般不采用累进税率,很难体现税收的纵向公平原则。

例如,可将所得按工资薪金所得、股息利息红利所得、特许权使用费、租金所得等分为若干类,对工资薪金或其他劳务报酬课以薪金报酬所得税,对股息利息红利所得课以股息利息红利所得税等等。

分类所得税的理论依据在于,不同性质的所得项目应适用不同的税率,分别承担轻重不同的税负。勤劳所得(Earned Income)如工资薪金,要付出辛勤的劳动,所以应课以较轻的所得税。投资所得(Capital Income)如股息、利息、红利等是凭借其所拥有的财产而获得的,所含的辛苦较少,所以应课以较重的所得税。因此,分类所得税的优点就是它可按不同性质的所得,分别采取不同的税率,实行差别待遇。分类所得税最早创始于英国,但现在实行纯粹分类所得税的国家已很少。即使采用,也是将其与综合所得税配合使用。

② 综合所得税,也称综合税制,即将纳税人在一定期间内的各种所得综合起来,减去法定的减免和扣除项目,就其余额按累进税率进行征税。综合所得税制课税的范围广,能体现纳税能力原则。但这种课征制度的课税手续较繁,征收费用多,且容易出现偷、漏税。

以美国联邦个人所得税为例,总收入在税法上被定义为"产生于各种渠道的全部收入,法律排除的除外"。它包括以现金、财产或劳务等各种形式所得的收入。由此可见,综合所得税的突出特点,就是不论收入来源的渠道,也不论收入采取何种形式,而将各种来源和各种形式的收入,加总求和,统一计税。

综合所得税的指导思想在于,既然所得税是一种对人税,课税依据就应该是人的总体负担能力,其应税所得额当然应该综合纳税人全年各种所得的总额,减除各项法定的宽免额和扣除额后,按统一的累进税率课征。所以,综合所得税的突出特点,就是其最能体现纳税人的实际负担水平,最符合纳税能力原则。

综合所得税为很多国家所接受,成为当代所得税课征制度的一个重要发展方向。

③ 分类综合所得税,也称混合税制,就是将分类和综合两种所得税的优点兼收并蓄,实行分项课征和综合计税相结合。这种类型所得税的征收办法,是就纳税人的各项所得,先按分类所得的征收办法课征,从源泉处以一定的比例税率征收。然后在纳税年度结束时,综合纳税人全年各种所得额,扣除法定项目后,得出其该年度的综合应税所得,再乘以应税所得所适用的累进税率,计算综合应纳税款。分类课征阶段已纳的税款,可以冲抵综合应纳税款,年度汇总后,实行多退少补。

分类综合所得税是当今世界上广泛实行的一种所得课税类型,它反映了综合所得税与分类所得税的趋同态势。其主要优点在于,一方面坚持了按支付能力课税的原则,对纳税人不同来源的收入实行综合计算征收,另一方面又坚持了对不同性质的收入实行区别对待的原则,对所列举的特定收入项目按特定方法和税率课征。此外,它具有征管方便,有利于减少偷税漏税等方面的优点。

(3) 所得课税的课税方法,大致有三种。

第一,估征法。即由税收机关根据纳税人的各种外部标志,测定其所得,并据以征税。测定方法分为3种:净值法、消费支出法和银行账户法。净值法是以纳税人财产净值为标准,推定其所得额的大小,以决定应纳税额。消费支出法则根据纳税人平日生活水平和各种消费支出数额,估计其所得额以决定纳税人的应纳税额。银行账户法是根据纳税人银行账户的往来情况,测定纳税人的所得,以决定其应纳税额。估征法一般在无法准确审核纳税人所得时运用,尤其对于逃、漏税严重者是一种惩罚措施。但单从外观去推定应纳税额是不能完全符合实际的,不能用于大面积的所得税征收。

第二,源泉课征法。这是指在所得发生之处课征,不直接征之于纳税人,而间接征之于支付所得的人。这种方法的优点在于,课征手续简便,节约征收费用,而且偷税、漏税易查。但这种方法并不能适用于各种所得,而且不能采用累进税率,对不同所得的纳税人都按比例税率征收,不符合税收纵向公平原则。

第三,申报法。即纳税人自行申报所得额,由税务机关进行调查核实其有无遗漏或不实之处,然后就核实之数按一定税率计征,由纳税人一次或分次缴纳。申报法的优点是有助于增强国民纳税义务观念,可以采取累进税率征收,比较符合税收公平原则。但容易出现隐匿伪报和偷、漏税情况,而且征收费用大。

12.3.2 个人所得税

个人所得税是对个人的劳动和非劳动应税所得征收的一种税。在所得课税中,个人所得税的地位举足轻重。

个人所得税最早于1799年在英国创立,目前世界上已有140多个国家开征了这一税种。

个人所得税制度相当繁琐,具体到每个国家又各具特色。这里仅讨论其共同点。

(1) 个人所得税的特点。与其他税类相比,个人所得税具有如下优点:

① 个人所得课税有助于实现社会公平。一般认为所得是衡量纳税能力的较好标准,因此,征收个人所得税符合纳税能力原则。随着经济的高度发展,社会中贫富悬殊的问题十分突出,成为社会不稳定的根源。对所得征收累进税,可减轻社会分配不公的程度,缓和社会矛盾,符合税收的公平原则。

② 个人所得课税符合税收普遍原则,收入稳定。个人所得税的课税对象是自然人的所得,大部分人都有所得,如薪金收入、劳务收入、动产和不动产收入等,而这些所得都必须纳税。因此,在人均 GNP 较高的国家,个人所得是重要的税源之一,而且税源广泛,能满足政府财政收入的需要。

③ 个人所得税具有自动稳定的功能。由于个人所得税采用累进税率,在经济繁荣时期,税收增加的速度超过个人所得增加的速度,可以自动遏制膨胀趋势。反之,在经济萧条时,税收减少的速度比个人收入降低的速度还要快,可阻止紧缩的趋势。这样,就能起到自动稳定的作用。此外,对个人所得税的课征,会影响纳税人的消费、储蓄和投资行为,进而对社会总需求和总供给产生很大的影响。

但是,个人所得税也有缺点。如果对个人所得实行较重的课征,会减少个人投资、储蓄和消费的愿望,从而减少社会总需求,导致经济发展缓慢。个人所得课税计征手续繁琐,对征收手段和技术条件要求较高,同时要求税收稽征人员具有较高的素质。这一方面增加了个人所得税的征收成本,另一方面征税的复杂性也导致出现隐匿所得和偷、漏税的现象。

(2) 个人所得税的课征范围。税收的课征范围是一个主权国家的税收管辖权及于课税主体(纳税人)和课税客体(课税对象)的范围。税收管辖权就是国家在处理税收事务方面的管理权。国际公认的税收管辖权原则有两种:一是属地主义原则。它根据地域的概念确定,以一国主权所及的领土疆域为其行使税收管辖权的范围,而不论纳税人是否为本国公民和居民。这种税收管辖权亦称"收入来源地税收管辖权"。这种管辖权确认收入来源国有权对任何国家的居民或者公民取得的来源于其境内的所得课税。二是属人主义原则,它依据人员概念确定,以一国所管辖的公民或居民为其行使税收管辖权的范围,而不论这些公民和居民所从事之经济活动是否发生在本国领土疆域之内。按照属人主义原则所确立的税收管辖权,亦称"居民(公民)税收管辖权",这种管辖权确认,居住国或国籍国有权对居住在其境内的所有居民和具有本国国籍的公民取得的来源于全世界范围的所得课税。因此也就决定了各国在个人所得税上的可能的课征范围:本国居民或公民取得的来源于全世界范围的所得,以及外国居民或公民取得的来源于该国疆域范围内的所得。换句话说,居民或公民要承担全部所得的纳税义务,非公民或非居民则承担有限纳税义务。

(3) 个人所得税的适用税率。世界各国的个人所得税税率目前大都以累进税率为基本形式,税收负担随着纳税人收入等级的上升相应递增,而且一般都实行超额累进税率。

除了规定基本税率之外,对于某些特殊性质的收入项目,往往还要规定特殊税率。尤为普遍的是,许多国家如英国、美国等国,都把资本利得(Capital Gains)从综合收入中划出来,规定较低的税率。这些较低的税率通常只相当于正常个人所得税税率的50%左右。其原因有很多,但主要是为照顾到在资产持有期间可能发生的通货膨胀对资产价格的侵蚀影响,并对私人投资发挥刺激作用。

二战前后,大多数发达国家都实行了较高的累进直接税。以美国为例,美国在二战期间,个人所得税的最高税率是94%。二战结束后,虽然为适应经济的恢复和发展的需要,个人所得税税率有所降低,但仍保持在70%的较高水平。20世纪80年代初期,美国采纳供给学派经济理论,在1981年的经济复兴法案中,把个人所得税的最高税率从70%降到50%,并取消了对劳动所得与非劳动所得的区别对待。1986年,美国实行的税收改革法案又把个人所得税的最高税率降到28%。

(4) 当前发达国家的个人所得税制的特点。

① 在20世纪80年代的世界性税收改革潮流中,发达国家的整体趋势是开始实行减税政策,英国在80年代初把个人所得税的最高税率从83%降到60%,法国在1985年把个人所得税税率降低了5个百分点。

② 调节经济的政策。发达国家把个人所得税作为补偿性财政政策

的一个组成部分,交替使用调低税率和提高税率的方法,来调节宏观经济。

③ 优待资本利得政策。资本利得是指股票和债券的买卖价格提高而引起的资本增值,以及出售房地产、专利权等取得的资本增值。资本利得与利息、股息一样,是纳税人凭借占有财产而取得的真实收入,是其财富的积累,原则上应照章纳税。但发达国家为鼓励投资和资本流动,在纳税上给予资本利得明显的优惠。例如,按照现实的原则,对于未经出卖而尚未实现的资本利得一律不予课税。对已经实现的资本利得(股票、债券或房地产买卖价差),仅征收一半的税收,以此作为补偿投资风险的办法,鼓励纳税人将收入进行投资。

12.3.3 企业所得税

企业所得税即公司所得税,是以企业为纳税义务人,将其生产经营的所得额或利润额作为课税对象的一种税收。其课税对象是净所得,而不是毛所得,是总所得减去了可作为费用扣除的项目而得到的应税所得。

企业所得税曾经是许多国家的主要收入来源之一。二战之后,随着个人所得税和社会保障税的发展,企业所得税在各国税收中所占比重有所下降。不同国家以及不同时期的企业所得税具有不同的特征。首先,不同国家企业所得税的课税基础是不一样的。法国和德国等国家的应税所得是会计利润,而英国和美国等国家的应税所得与会计利润的差别很大。其次,应税所得确定后,不同国家还有不同的处理办法,特别是对股息的征收有不同的规定。

(1) 企业所得税的课征范围。企业所得税的课征范围是由各国所行使的税收管辖权决定的。一般将企业分为居民企业和非居民企业,居民企业负有无限纳税义务,即就其来源于全世界范围的所得在本国缴纳企业所得税。非居民企业负有限纳税义务,就其来源于本国的所得缴纳企业所得税。换句话说,各国企业所得税的课征范围是,居民企业取得的来源于全世界范围的所得以及非居民企业取得的来源于该国疆域范围内的所得。

（2）企业所得税的适用税率。各国在企业所得税上大多采用单一的比例税率，即使实行累进税率的国家，其累进程度也较为缓和。部分国家表面上企业所得税税率不止一个，但那是按照纳税人的不同性质而定的。单就一个特定企业来说，并没有因为所得额的大小而区别适用不同的税率，因而实际上也属于单一的税率结构。

这是因为，企业所得税实质上不是"对人税"，课税依据也并非个人的综合负担能力，所以没必要按照所得额的大小规定高低不同的税率。另外，企业所得税归根到底要由股票持有者负担，而企业大小或企业净所得多少与股东收入之间并无确定的关系，许多小企业可能为高收入者所有，而大企业支付的股息一部分属于中等收入者。如果对大企业实行高额累进税率，则会打击中等收入者，有利于高收入者。

（3）企业所得税的课征方法。对于企业所得税，国际上通行的课征方法是采用申报纳税方法。

通常的情况是，纳税年度由企业根据其营业年度确定，但一经确定便不能随意改变，在年初填送预计申报表，年终填送实际申报表。税款实行分季预缴，年终清算。

（4）企业所得税辅助政策。企业所得税可能存在一定的减少利润、阻碍投资的问题。发达国家一般都实行促进投资的行之有效的措施以配合企业所得税的实施。主要政策有：① 加速折旧政策。折旧作为一项费用要计入成本，折旧额的多少直接关系到企业的利润额，进而影响到税基和税收收入额。发达国家为了促进投资和设备更新改造，采取了增大折旧额、加速折旧的对策。具体措施有：按重置价格计提折旧、缩短固定资产标准折旧年限以及其他新的折旧方法。② 投资抵免政策，是指政府允许企业从其应缴税款中减去一部分用于弥补其进行的投资。这实际上是政府用减免税的方式支持投资，对经济增长是强有力的刺激。③ 资源折耗扣除政策，是给予从事自然资源（石油、天然气和木材等）开发的采掘企业的一种特殊的税收优惠待遇。④ 亏损弥补政策。发达国家一般实行允许企业在不同年度之间以盈补亏的政策，亏损弥补政策的目的，在于降低私人投资风险，对刺激投资具有重要的意义。

12.3.4 社会保障税

社会保障税是作为实施社会保障制度的财政来源,以纳税人的工资和薪金所得作为课税对象的一种税收。

自1889年德国创建社会保障税后,法国于1910年、瑞典于1913年、英国于1918年、意大利于1919年、美国于1935年先后开征社会保障税。二战后,社会保障税开始在部分发展中国家开征。目前世界上已有80多个国家开征了社会保障税。各国社会保障税的收入规模不断扩大,逐步成为社会保障制度的主要资金来源。在一些发达国家中,社会保障税已占全部税收的一半左右。

(1)社会保障税的课税范围。西方国家社会保障税的课税范围大都很广。只要是在本国有工资、薪金收入的人,都是社会保障税的纳税人;除此以外,对于不存在雇佣关系的自营人员,虽没有确定的工资、薪金所得,也必须按照规定缴纳社会保障税。不过,社会保障税的一个显著特点是,其税负一般要由雇主和雇员共同承担。

(2)社会保障税的课税对象。社会保障税的课税对象是在职职工的工资薪金收入额和自营人员的事业纯收益额。这里的工资薪金收入额具有如下的特点:第一,不是全部的工资薪金收入额,而只是对一定限额以下的工薪收入额课征,即有最高应税限额规定;第二,不允许有宽免或费用扣除,而是把毛工薪收入额直接作为课税对象。

(3)社会保障税的特点。

第一,是一种目的税,其收入专门用于社会保障支出,这种专款专用的性质不同于其他所得课税。比如,美国的社会保障税称为工薪税,其收入作为信托基金,满足联邦政府支付职工退休年金、失业救济金和困难补助等方面的需要。

第二,税收的累退性。由于社会保障税采用比例税率,而且没有最低生活费标准,也不进行其他减免,并对应税所得额采取封顶办法,对超过最高限额的工资部分不征税。因此,工资较高者纳税额占工资收入总额的比重相对较小,这是不符合税收纵向公平原则的。

第三,征管方便。由于社会保障税税基不包括纳税人的非工薪收入,如资本利得等,并且直接将毛收入作为课税对象,所以,不需要经过复杂的计算过程,而纳税人也没有逃避税收的机会。

第四,税收的转嫁性。社会保障税一般以工资支付额为课税对象,由雇主和雇员双方按工资的一定比例各出一部分。但雇主上缴部分,虽名义上向雇主征收,却无法阻止他们把税收转嫁出去。因为社会保障税代表了雇主劳动力成本的增加,这将促使劳动力需求降低,为使均衡就业量保持不变,工资率必然趋于下降。按照这一推理,社会保障税中雇主上缴的部分,有相当部分是转嫁给了雇员,即雇主上缴的大部分是以低工资的形式由雇员支付的。

12.4 财产课税

12.4.1 财产课税概述

所谓财产税,就是以一定的财产额为对象,向拥有或转让财产的纳税人课征的税。在各国的税收体系中,财产税一直是地方政府财政收入的主要来源。多数国家征收财产税,以其作为所得课税和商品课税的补充。

(1) 财产课税的特点。

第一,税负不易转嫁。财产课税中的大多数税种具有直接税的性质,由于财产持有者在财产使用上一般不与他人发生经济交易关系,所以财产税较难转嫁。

第二,具有对人课税的性质。财产课税与所得课税虽然都具有对人课税的性质,但它们之间是有区别的。财产税是对财富的存量进行课税,而所得税的课税对象是财富的流量。

第三,符合税收的纳税能力原则。财产可以作为测度个人纳税能力的尺度,有财产者必有纳税能力。

第四,财产税的收入比较稳定。财产税的课税对象是财产价值,税源比较充分,不易受经济变动因素的影响,因此,是政府的稳定收入来源。

第五,财产税具有收入分配的职能。财产税的征税原则是有财产者纳税,无财产者不纳税,财产多者多纳税,财产少者少纳税,这就可以在一定程度上避免社会财富分配不均。

财产税亦有明显的局限性:

首先,财产税的税收负担存在一定的不公平。这是因为在课征手段和评估技术上存在着种种弊病。财产中的动产,常常成为隐匿对象,不动产也较难估价,征收管理较难掌握,因此,容易导致税负的不公平。而且,课征财产税会减少投资者的资本收益,降低投资者的投资积极性。在经济不够发达的时期,课征财产税在一定程度上有碍资本的形成。

其次,财产税的征收弹性较小。财产税对财产价值课税,一般情况下,财产价值不易发生变动,因此财产税收入不易随着财政需要而变动。

(2) 财产课税的类型。

以课税范围为标准,可将财产课税分为一般财产税和特别财产税。一般财产税是就某一时点纳税人所有的一切财产综合课税,课征时要考虑对一定价值以下的财产和生活必需品进行免税,并允许负债的扣除。特别财产税则是就纳税人所有的某一类或某几类财产,如土地、房屋等单独或分别课征。

以课税对象为标准,可将财产课税分为静态财产税和动态财产税。前者是就一定时点的财产占有额,依其数量或价值进行课征,如一般财产税和特别财产税。后者是就财产所有权的转移或变动进行课征,如遗产税和赠与税。

12.4.2 一般财产税

一般财产税,是以财产所有者某一时点所拥有的全部财产价值为课税对象,实行综合课征,税率多采用比例税率,也有的国家采取累进税率。其纳税人主要是个人,也有的国家对公司法人课税。

从当代国际税收实践看,一般财产税大体上又分为两种类型。一是名为一般财产税,实际上是有选择的财产税,即以列举的几种财产估征价值(不规定扣除项目)为课税对象,如美国的财产税制;二是名为一般财产税,实际上是财产净值税,即以应税财产总额减去负债后的净值额为课税对象,并有免税项目的规定(生活费宽免等),如德国、荷兰等国的财产税制。

(1) 美国的一般财产税。一般财产税是美国地方政府税收收入的主要来源,约占其全部税收收入的 75% 左右,联邦政府不征收一般财产税,州政府征收少量的一般财产税,税源基本上都由地方政府控制。

① 纳税人和课税范围。根据美国实行的居民、公民和收入来源地三种税收管辖权,一般财产税的纳税人为美国的居民(公民)和外国居民(公民)。前者就其存在于世界范围内的财产价值课税;后者仅对其存在于美国境内的财产价值课税。

② 课税对象。美国一般财产税的课税对象主要是房地产、企业设备、存货、牲畜、机动车等有选择的几类财产。其中征自房地产的税款占绝大比重。由于主要财产税收入来自住宅、房地产等,所以其财产项目的估价就很重要。在美国,财产估价的方法基本有三种:一是"市场价格法",即以应税财产的市场交易价格为准作出估价。二是"资本还原法",即根据财产租金和市场利率,通过折算取得资本化的财产现值。三是"原值法",也叫簿册法,即以应税财产的原始价值或购入价格为准作出估价。

③ 税率。美国的一般财产税实行差别比例税率,各州高低不一,各地并无一个统一的税率。最高的名义税率(依据税额占财产估定价值之比而确定的)为 10%,最低的不足 3%。最高的实际税率(依据税额占实际财产价值或市场价格之比而确定的)为 3%,最低的实际税率不足 1%。财产税的实际税率远低于名义税率,这是因为估定的财产价值往往远低于财产实际价值。美国全国平均名义税率为 5%,全国平均实际税率为 1.98%。

④ 课征方法。由税务机关向纳税人发出财产估价、税率、税额和纳税时间的通知。一般均在秋季交税,也有允许分期缴纳的。纳税人如不按指定的时间交税,要加罚拖欠的利息,如再不交税,政府可以拍卖其财产。

(2) 德国的净值税。净值税是德国州政府税收的一个来源,但在其收入总额中所占比重不大,大约在 0.5%~4% 之间,具有补充所得税的性质。

① 纳税人和课税范围。纳税人包括居民（自然人居民和法人居民）和非居民（自然人非居民和法人非居民）。对前者就其来源于世界范围的全部财产净值征税；对后者仅就其来源于德国境内的财产净值征税。

② 课税对象。课税对象是纳税人的全部财产净值，即纳税人的全部财产价值扣除其负债后的余额。在财产净值额的基础上再扣除一定的生活费用减免即为计税依据。但是对于法人是以其全部财产价值额为课税对象，并规定以 10 000 马克为起征点。

③ 税率。个人适用的税率为 0.7%，法人为 1%，并规定允许将已纳的个人所得税、法人所得税及已交国外税额扣除。

④ 课征方法。每 3 年查实一次，按年征收，每年税额分四次交库。财产变动较大的，可在变动当年予以改正。

12.4.3 特别财产税

特别财产税，是对特别选定的纳税人所拥有的某些财产分别课征，主要有土地税、房屋税、不动产税等。

(1) 土地税。土地税是以土地为课税对象的税收。它既是一个古老的税种，也是世界上施行最广泛的特别财产税。课征土地税的国家，采用了各种名称，如土地税、农地税、荒地税、已开发土地税、未开发土地税、土地登记税、城市土地税等。此外还有土地转让税、土地增值税、土地租金税、地价税等属于针对土地收益和所得的税种。其中的土地财产税，是以土地的数量或价值额为课税依据。它又分为从量课征和从价课征两种。前者是指地亩税，以土地的单位面积为课税依据，即规定每单位面积土地的税额；后者是指地价税，它是以土地的单位价值作为课税依据，应税土地的价值须经过征收部门估算核定。

(2) 房产税。房产税是以附着于土地上的房屋及与该房屋不可分割的有关建筑物为课税对象的一种税。由于房屋与土地密切相关，难以单独估价，故一般连同土地一起并征房地产税。财产税性质的房产税是以房屋的数量或价值为课税标准，按规定税率征收的一种税。早期的房产税是从量计税，多以房屋明显的外部标志为课税依据，如灶税、窗户税等。现代的房产税普遍实行从价计征,即以房屋的账面价值或市场价值作为课税依据。

12.4.4 财产转移税

财产转移税,是对财产所有权变更进行的课征。包括遗产税、赠与税等。

(1) 遗产税。遗产税是对财产所有人死亡后遗留下来的财产课征的税收,在财产课税体系中占有重要地位。近代遗产税于 1598 年起源于荷兰,英国于 1694 年、法国于 1703 年、日本于 1905 年、美国于 1916 年分别开征了遗产税。目前世界上有 2/3 以上的国家课征了遗产税。

遗产税作为世界各国普遍课征的税种,其优点是显而易见的。首先,遗产税采用累进税制,可以平均社会财富,缓和社会矛盾。其次,遗产税以财产为课税对象,有稳定的税源,可以增加财政收入。第三,遗产税可以抑制社会浪费,消除人们对遗产继承的依赖心理,有利于推动社会进步。

① 遗产税的类型。

第一,总遗产税制。它以财产所有人死后的遗产总额为课税对象,以遗嘱执行人或遗产管理人为纳税人。总遗产税制的特点是在遗产处理上采用"先税后分"的方式,即先征遗产税,然后才能将税后遗产分配给继承人或受遗赠人。一般设有起征点,并采用累进税率,其税负水平不考虑继承人与被继承人之间的亲疏关系。

总遗产税在计税时,按遗产转让次序的先后,课以不同水平的累进税,一般是转让次序越靠前,税率越高;按遗产总额减去负债后的净额课征;规定免税额,对小额的遗产可予以免征;准予分期纳税或以实物缴纳。

总遗产税具有课税主体单一、税率设计简单、易控制税源、征税简便、征税成本低等特点。目前选择此类型的国家主要有美国、英国、新加坡、韩国等。

第二,分遗产税制。它就各继承人取得的遗产份额课税,以遗产继承人或受赠人为纳税人。在遗产的处理上表现为"先分后税",即先按国家有关继承法令分配遗产,然后就各继承人分得的遗产课税。一般采用累进税率,税负高低与继承人同被继承人之间的亲疏关系有关。

分遗产税在计税时,凡继承人为直系亲属的,税率较轻,非直系亲属的,税率较重;继承人所继承或分得的财产数额越多,税率越高;按被继承人子女的多少课以不同的税率,子女越少,税率越高。

分遗产税具有公平合理的优点,但征管复杂,征收成本较高,目前选择该类型的国家主要有日本、德国等。

第三,混合遗产税制。它将总遗产税制和分遗产税制综合在一起,对财产所有人死亡时留下的遗产先课征一次总遗产税,然后再对税后遗产分配给各继承人的遗产份额课征一次分遗产税,在遗产的处理上表现为"先税后分再税"。

这种遗产税的优点是既控制了税源,又体现了公平负担原则,但税收征管较复杂。加拿大、意大利、爱尔兰等国即实行该种遗产税。

② 纳税人的选择。在遗产税税收管辖权方面有两种类型,一种是属人和属地相结合的税收管辖权,即本国居民死亡时,应就其境内、境外全部遗产征税;非本国居民死亡时,只就其境内遗产征税。另一种是属地主义税收管辖权,即仅就纳税人在本国境内的遗产征税。开征遗产税的国家一般都采用前一种类型。

③ 课税对象的选择。世界各国遗产税的课税对象都确定为财产,包括动产、不动产和其他具有财产价值的权利。其中动产包括现金、银行存款、有价证券、金银首饰等;不动产包括土地、房屋、矿产等;具有财产价值的权利包括保险权益、债权和土地占用权等。对上述财产的估价各国多采用市场价值,即以财产所有者死亡时的财产市价为标准。

④ 税率的选择。绝大多数开征遗产税的国家在税率设计上都采用累进税率,这样的税率设计可以体现公平原则,达到调节社会财富分配的目的。西方发达国家由于长期主张对高额遗产课以重税,故税率都比较高。20世纪70年代,美国、日本等国的最高税率均在75%以上,直至80年代末减税改革后,日本最高税率仍为70%,美国最高税率为50%。发展中国家由于开征遗产税的时间比较晚,同时受经济发展水平和人民生活水平等因素的影响,最高税率设计得比较低,约在50%

左右。

（2）赠与税。赠与税是对财产所有者或被继承人所赠与他人的财产课征的税收。也有总赠与税和分赠与税之分。前者就赠与人在课税年度内所赠与他人的财产总额课征，以赠与人为纳税人；后者就受赠人在课税年度内的受赠财产额课征，以受赠人为纳税人。

赠与税实质上是遗产税的辅助税种。两者相配合，以防止纳税人逃避税收，确保财产转让税税源不致流失。凡实行总遗产税的国家，多同时实行总赠与税；凡实行分遗产税的国家，多实行分赠与税。

本章内容提要

1. 从经济角度而言，税收制度是指税种调节体系的构成，现代税收体系理论把税收归纳为货币资金运动过程中的课税和财产持有及转让课税两大体系。前者相当于对国民收入流量征税，包括所得税、流转税等，后者相当于对国民收入存量征税，主要指财产税。构成一个完整税收体系的各税种根据不同的标准可以进行多种分类。

2. 通常所说的税收制度实际上是就复合税制而言的，税制结构的设计应以税收原则为标准。在税种的配置上，主体税种的选择具有关键意义；在税源的选择上首先要考虑的是如何选择税源才能不使税收侵蚀税本，一般生产性资本是不能作为课税对象的；在税率的安排上，美国供给学派学者提出的"拉弗曲线"原理较有影响，至于应采用累进税率还是比例税率则取决于一国政府对于效率和公平目标的选择。

3. 商品课税是指以商品和劳务的流转额为课税对象的课税体系，主要包括增值税、消费税、营业税等。增值税是对课税商品或劳务生产和流通中各环节的新增价值课征的税收，按其对购进资本品在计算增值额时是否扣除和扣除方法的不同，可分为生产型、收入型和消费型三种。消费税体现了商品课税的调节功能。营业税是商品课税的传统形式。关税则是国际贸易中商品课税的特殊类型。

4. 所得课税是以纳税人的所得额为课税对象的课税体系，主要包括个人所得税、企业所得税和社会保障税。所得课税具有税收负担直接、通常按累进税率课征、征收管理较为复杂等特点。个人所得税在发挥财政收入分配和稳定经济职能的过程中起着重要的作用。企业所得税是以生产经营的毛所得减去可作为费用扣除的项目后的应税所得作为课税对象的一种税收。社会保障税是一种目的税,其收入专门用于社会保障支出。

5. 所谓财产课税,就是以一定的财产额为对象,向拥有或转让财产的纳税人课征的税。以课税对象为标准,可将财产课税分为静态财产税和动态财产税。前者是就一定时点的财产占有额,依其数量或价值进行课征,如一般财产税和特别财产税。后者是就财产所有权的转移或变动进行课征,如遗产税和赠与税。

本章基本概念

税收制度 商品税 要素税 对人税 对物税 直接税 间接税 主体税种 税本 税源 "拉弗曲线"原理 增值税 消费税 营业税 所得课税 个人所得税 企业所得税 社会保障税 财产课税 一般财产税 特别财产税 财产转移税 遗产税 赠与税 分类税制 综合税制 混合税制 总遗产税 分遗产税

本章思考题

1. 试述现代税收体系的构成。
2. 在税源的选择上应注意什么问题?
3. 比较商品课税和所得课税的特点。
4. 为什么说增值税具有中性税收的特征?
5. 试比较三种不同税基的增值税。
6. 分类、综合、混合所得税制各有什么优越性?
7. 结合国际经验,谈谈开征社会保障税的可行性和必要性。
8. 结合国际惯例,探讨中国开征遗产税的类型。

第四部分

政府间的财政关系

13 政府间财政关系的理论与实践

以上我们都是以整体的政府作为对象来考察其财政行为的,然而在任何一个国家里,政府的经济职能都是由不同级别的政府共同承担的,因而政府间的财政关系是否合理将影响政府职能的发挥。由于我国正处于经济转轨时期,政府应为改革的顺利推进提供条件,合理的财政关系更有其特殊的意义。作为经济改革的一项重要内容,我国的财政也经过了几次重大的变革,但终未能理顺中央政府与地方政府之间的财政关系。1994年1月1日起,全国普遍推行的分税制改革,为规范政府间的财政关系奠定了基础。然而,此次分税制改革方案中仍存在不少的问题,对改革和研究都提出了进一步的要求。这里我们拟通过借鉴西方关于政府间财政关系的一般理论及一些国家的具体经验,结合我国的实际情况,对1994年分税制改革方案作出评价和分析,并在此基础上为如何进一步理顺我国政府间的财政关系提出政策建议。

首先说明一点,即本书中所论述的政府间财政关系主要是指中央政府和地方政府之间的财政关系,而地方政府指的是广义上的地方政府,它包括中央政府以下的所有政府级别(比如在我国,包括省、市、县、乡四级政府)。地方各级政府之间的财政关系如何规范,本书不作论述。虽然处理中央政府与地方政府间财政关系的一些原则也会同样适用于地方各级政府之间,但后者的关系需要进一步的研究。

13.1 关于政府间财政关系的基本理论

在西方《公共财政学》的教科书中,大多有"财政联邦制"(Fiscal

Federalism)这样一个部分。财政联邦制,作为处理政府间财政关系的一种规范制度,强调各级政府在财政职能和收支上有一定的独立性和自主性,其主要内容包括不同级别政府的作用、收支如何在各级政府间进行划分以及政府间的补助等一系列问题。虽然各位经济学家采用了不同的分析方法,甚至在一些细节方面存在着不同的看法,但在这些主要问题上却有着类似的观点,为各国构建合理的政府间财政关系提供了理论基础。

13.1.1 政府间的职能分配

政府间的职能分配主要考察的是配置、分配以及稳定职能应如何在各级政府间展开,才能保证这些职能的有效执行。

(1) 稳定职能。大多数经济学家在宏观经济的稳定职能应主要为中央政府所承担这一点上的看法是基本一致的,对这一观点的论证则着眼于考察地方政府是否有能力使用稳定经济的各种政策工具。

① 货币政策。几乎所有国家的货币制造和销毁权都由中央政府所掌握,地方政府没有制造新货币的能力。其原因很明显,如果地方有权制造货币,则意味着某一地区的地方政府对其他地区的实际资源有无限的要求权,地方政府只会通过创造新货币来增加对商品和劳务的购买,而不是对其居民征税。这样,最终的结果将是货币发行混乱,货币量迅速扩张,造成巨大的通货膨胀压力。可见,地方政府是不能通过使用货币政策来实现经济稳定的目标的。

② 财政政策。一国范围内各地区的经济间具有高度的开放性,要素和商品在国内市场上的流动性很大,这种高度的开放性和流动性严重地限制了地方政府使用反周期财政政策工具的能力。如果某一地方政府想要单独地使用扩张性财政政策,通过减税或增加政府开支来刺激本地区经济的发展,在没有其他地区政策配合的情况下,最终它只会发现新增的购买力大量地用于对其他地区的商品和劳务的购买上了,即形成了大量的进口漏损(Import Leakage),而财政政策对本地区的收入和就业影响很小。然而,国家间的经济开放度远远小于一国内各地区间的开放度,由中央政府来执行扩张性的财政政策,会降低进口漏损

的程度,因而财政政策更加有效。

另外,稳定经济的财政政策需要政府的预算周期性地发生赤字或盈余,即经济衰退时期,应扩大政府开支,减少税收,以扩张经济,因而会形成财政赤字;相反,在经济增长过快时期,应增加税收,减少政府开支,会形成财政盈余。而地方政府却更多地使用平衡预算,保持财政收支的大体平衡。这主要有两方面的原因:一是与中央政府相比,地方政府较难进入一国的资本市场;二是中央政府在国内发行的债券主要由国内居民所持有,而地方政府的债券中有相当一部分由该地区以外的人持有,这部分债券具有"外债"的性质,还本付息时则意味着本地收入的向外流动,因此,地方政府在使用债券融资方式时应该十分谨慎。

可见,不论从财政政策的效果还是从使用政策工具的能力上看,地方政府对经济稳定的作用都不大。

③ 以邻为壑的政策(Beggar-thy-neighbour Policies)。在使用传统的货币政策和财政政策稳定经济的作用都不大的情况下,地方政府若要承担起稳定经济的职能,就必须使用其他政策。一些做法,如给予新进入该地区的企业以低息贷款和税收优惠,会吸引大量的资金和企业涌入该地区,对地方经济的发展确实有很大的促进作用。然而从整个国家的角度看,这些政策带有很强的"以邻为壑"的特征,仅仅是把企业和资金从其他地方吸引到该地而已,并没有扩大整个国家的就业量和产出;相反,这些政策极易形成各地间的税收竞争,扭曲资源的配置。

因此,同中央政府相比,地方政府稳定经济的能力较小。虽然有一些实证研究表明,地方政府实际上会使用"稳定基金"(Stabilization Funds),在经济波动过程中保持支出和税率的稳定,对经济的稳定起到了一定作用,但中央政府有着广泛的货币和财政政策工具,应当承担宏观经济稳定的主要职能。

(2) 分配职能。有一种观点认为,收入分配的公平是一种全国性的目标(即人们不仅关心本地穷人的收入状况,同样也会关心本国其他地区穷人的状况),应有全国统一的标准。纯粹的地方性再分配政策仅可能在本地区范围内进行收入的再分配,而不会把全国的收入转移支付考虑进去,因而应由中央政府承担收入分配的职能。而另一些经济学家则认为,人们更关心的只是本地区穷人的状况,不同地区对收入公平程度的偏好是不同的。如果以分权的形式由各个地方政府在各地分别进行收入的再分配,则可以满足各地的不同偏好,提高社会福利。对于这两种观点究竟孰对孰错,各方经济学家都没有足够的证据加以证明。然而,如果在一个流动性模型中进行考虑,收入再分配职能应由哪一级政府来承担的问题就很容易判断了。

在劳动和其他要素具有充分流动性的条件下,如果由地方政府来实现收入分配的公平目标,则不同地区的收入再分配计划的差异会引起人员的流动。具体地说,如果某一地方政府想要实行更多的收入再分配,即对高收入者征收更高的累进税率,对低收入者给予更多的补贴,则会发现大量高收入者迁出该地,以寻找一个只有较少社会福利方案的地区居住,而低收入者则为高福利计划所吸引,会大量涌入该地区。这种富人的迁出和穷人的迁入违背了高福利计划的初衷,是任何一个政府管理者都不愿看到的结果,并且会使原来的再分配方案无法继续下去。由于害怕穷人的迁入,各个地方政府都不愿进行大规模的再分配计划,地区间的竞争结果是在全国范围内形成了一个统一的较低的收入再分配标准,不利于公平目标的实现。因此,流动性的存在限制了地方政府进行收入再分配的能力,只有在国家这个层次上才存在着保证再分配职能发挥作用的更高的不可流动性。

收入分配的公平不仅包括在个人之间的收入再分配,还应包括地方政府之间的再分配。这是因为各个地方政府由于财政能力和财政需求的不同,提供相同的公共劳务水平,所需征收税收的税率是不同的。这样,两个条件相同的人会由于所处地区地方政府的财政状况的不同,承担不同的税负,这不符合"相同情况同样对待"的横向公平原则,因而中央政府有必要在各地区间进行收入的再分配,以平衡地方政府的财政能力。应当注意的是,这种地区间的收入转移并不能代替个人之间的收入再分配,因为穷的地区也有高收入者,向这一地区进行的收入转移不仅会使低收入者受益,也会使高收入者得到好处;同样,富的地区也有大量的低收入者。因而地区间的收入转移只能达到一种次优的公平目标,不能替代个人之间的收入再分配。

因而,不论是从个人之间的再分配,还是从地区间的再分配来看,分配职能都应是中央政府的财政职能。

(3) 配置职能。与稳定及再分配职能不同,大多数经济学家认为公共产品的提供应该是一个较分权的模式,地方政府应承担起资源配置的主要职能,以提高效率。

① 全国性公共产品与地方公共产品。不同的公共产品的受益范围是不同的。一些公共产品,如国防、外交,其受益范围不受地域的限制,只要是该国的居民,都能享用,被称为全国性公共产品。该类公共产品具有纯公共产品的性质,即增加一个消费者,并不会减少原有消费者的消费量,因此可以由中央政府在全国范围内统一提供,避免浪费。而大多数公共产品的受益范围有明显的地域限制,如废品收集、消防,其服务对象主要是某一地区的居民,因此,受益面仅限于该地区,被称为地方性公共产品。一般认为,地方政府更接近当地居民,因而能更好地了解居民的不同偏好;并且能对当地的偏好及环境作出反应,提供满足居民需要的公共产品及劳务,提高资源的配置效率。如果由中央政府统一提供,就不可能考虑到各地的需求差异,在全国范围内只可能有一个相同的公共产品和劳务的提供水平,由此会产生效率和福利的损失。

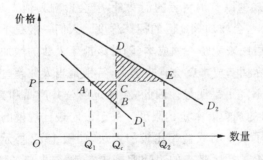

图 13.1 集权提供公共产品的福利损失

图 13.1 说明了这种由中央政府统一提供公共产品所产生的福利损失。为了简便起见,假设仅有两组居民,每组内居民对公共产品的需求是相同的,而两组之间的公共产品需求是不同的,D_1、D_2 分别表示第 1 组和第 2 组居民的需求曲线,其中第二组居民的需求大于第一组。再

假定公共产品成本的人均负担额不变,即税价均为 OP,则第一组居民对公共产品的需求量为 Q_1,第二组为 Q_2。若由中央政府负责提供公共产品,则只可能存在一个统一的供给量 Qc(Qc 是 Q_1 与 Q_2 的折衷)。这样,对第一组居民来说,公共产品的供给量大于其需求量,他们将承担的成本会超过从公共产品的消费中获得的效用,其福利的损失为阴影部分 $\triangle ABC$;对第二组居民来说,所提供的公共产品数量小于需求量,因此造成福利损失为 $\triangle CDE$。可见,实行分权的公共产品提供方式比集权提供更加有效。

从图 13.1 中还可以看出,$\triangle ABC$ 和 $\triangle CDE$ 面积的大小与 Q_1Q_2 的距离及 D_1、D_2 的斜率有关,即福利损失的大小与两组居民的需求差异及各组需求的价格弹性大小有关。具体地说,Q_1Q_2 的距离越大,即需求的差异越大,福利损失越大;需求曲线 D_1、D_2 的斜率越大,即需求的价格弹性越小,则福利损失越大。因此,如果一国范围内各地的公共产品需求差异很大,并且需求的价格弹性又比较小的话,采取分权的提供方式,可以大大提高资源的配置效率,增进社会福利。

② 最佳的政府规模。大部分地方性公共产品只是准公共产品(如道路、公园等),这些产品的受益范围有一定的地域限制,增加一个消费者虽然不会减少原有消费者的消费量,但会影响其他人对该产品的消费质量,因为这会增加该地区的拥挤程度。人们一般是不喜欢拥挤的,所以拥挤对居民来说是一种成本。随着该地区人数的增加,新增一个人所带来的边际拥挤成本就会越来越大,特别是当人数超过一定界线后,消费质量的下降更是明显。因此,在既定的公共产品和劳务提供水平下,地方政府的规模有一定的限度。关于政府最佳规模的决定,许多经济学家采用了成本与收益相比较的方法。如图 13.2 所示,MC 表示新增一个居民给某社区带来的边际拥挤成本,随着人口的增加它是上升的,因而 MC 线是一条向右上方倾斜的曲线。然而,人口的增加同样会给该地区带来好处,更多的人分担公共产品的提供成本必然能够降低人均承担的成本。曲线 MR 表示增加一个居民给社会带来的边际收益,随着人口的增加,新增一个人所能带来的边际收益是下降的,因此 MR 线是一条向右下方倾斜的曲线。曲线 MC 与 MR 的交点 E 所决定

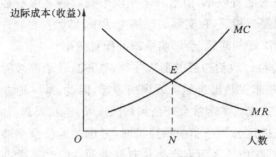

图 13.2　政府的最佳规模

的人数规模即为最佳的政府规模,因为此时新增一个人所带来的边际拥挤成本正好等于边际收益,社区的净收益达到最大。若继续有人进入该社区,他给社区造成的成本必然会大于所带来的收益。

③ 蒂博特模型(Tiebout Model):资源配置效率的实现。通过第一点的分析可知,分权的资源配置模式比集权模式更加有效,然而这只是问题的一个方面,对于分权模式是如何达到资源的配置效率的,蒂博特模型给出了很好的解释。

在大量假设的基础上,该模型认为消费者投票人(Consumer-voters)会在众多提供不同公共劳务水平的社区中进行选择,寻找一个公共劳务提供水平及税收负担符合其要求的社区前去居住,因而具有相同偏好的人会居住在同一区域里。这样,人们通过这种"以足投票"(Voting with Their Feet)的方式,显示了自己对公共产品的消费偏好,为社区管理者提供了一种类似私人产品市场价格的信号;而社区的管理者们则会像私人产品市场的厂商一样对该信号作出反应,力图以最低的税收成本向具有相同偏好的居民提供一揽子满足他们需求的公共产品及劳务,否则居民将从该地区退出。这样,通过居民和社区的共同活动,实现了资源的有效配置。

蒂博特模型分析和说明了一个分权式的财政体制将使公共产品的提供更有效率,然而该模型赖以成立的许多假设条件与实际生活相距甚远,这使模型的实用性受到了一定的限制。

④ 影响分权模式实现资源配置效率的因素。分权的财政体制有助

于提高资源的配置效率,但这并不是说中央政府可以不必承担任何资源配置的职能。相反,在实际的经济生活中,仍然存在着许多地方政府无法单独解决好的问题,会影响资源的配置效率。

a. 外溢性。政治边界的形成往往是历史、政治等多种因素共同作用的结果,并非仅是出于经济效率的考虑,因此,某一地方政府提供公共产品的收益或成本常常会外溢到辖区以外。与私人部门的决策相同,地方政府在决定公共产品的供应量时,考虑的也仅是使辖区内的边际成本等于边际收益,因而会产生对有外溢利益的产品提供不足或对存在外溢成本的产品过量提供的问题,使资源的配置效率达不到帕累托最优。

b. 规模经济。有些公共产品的受益范围虽然完全局限于某一辖区内,但其生产却具有显著的规模经济特征,即大规模的生产可以大大降低单位成本,使成本最小的产出大于该地区的需求量。因此,如果由各个地方政府分别提供这类产品,则会因生产达不到一定规模而增大了成本,降低了效率。

c. 财政效率。由于各个地方政府的财政能力、财政需求并不相同,同一级别的不同政府会向其居民提供不同的净财政收益(Net Fiscal Benefits)。所谓净财政收益,就是指居民从公共劳务中得到的收益减去他所负担的税收成本后的净收益。在理想的蒂博特模型中,通过居民的流动及社区间的竞争,会自动消除各地在净财政收益上的差异。然而,建立在大量假设条件基础上的模型与实际情况相去甚远,实际上各地方政府所能提供的净财政收益相差很大。这种差异的存在意味着人们从一个地区移居到另一个地区,就可能得到收入增加以外的其他收益。资源配置的效率原则要求,要素应从边际产出效率较低的地区流入产出率较高的地区,用收入的形式来表示,即应从低收入地区移向高收入地区(假设市场是充分竞争的,要素能按其产出效率取得报酬)。净财政收益差异的存在,使人们的移居并非仅以劳动生产率的高低为标准,而是增加了净财政收益差异的考虑,即力求使移居成本＝移居后的收入增加额＋净财政收益的增加额,这违反了效率原则。

除了上述的各种因素外,全国性公共产品的提供也是需要中央政府负责的一个方面,因此,在财政的配置职能主要采取分权模式的基础上,中央政府也必须承担一定的责任,以保证效率原则的最终实现。

(4) 支出的划分。一些经济学家并不同意将财政职能在各级政府间作出绝对清晰的划分,奥茨(Wallace E. Oates)在其《财政联邦制研究》一书中指出,"实际上正如政治学家们所强调的那样,联邦制更像一个合作性企业,各级政府的行为间有着相互的影响[①]。"因此,将某一职能完全划分给某一级政府的做法是很难实现的,为了达到一个既定的目标,需要各级政府的合作和共同努力。这并不是否定本节中所论述的在政府间进行职能划分的一些原则,而是说明这种划分应注意政府间的相互影响。根据事权与支出相对应的原则,政府间职能划分形式的确定,为支出的划分确立了基本的框架。为此,中央政府应主要承担那些旨在进行宏观经济调控、收入再分配的支出以及提供受益范围覆盖全社会的商品和服务;而地方政府应负责一些地方性公共服务及管理的支出。

13.1.2 收入在政府间的划分

税收收入是财政收入的最主要来源,因此,收入在政府间的合理划分指的主要是应建立起一套有效的税收体系,以保证各级政府职能的发挥。出于效率和公平的考虑,大多数经济学家认为,与地方税相比,中央政府的税收更具效率,因此主张税收体系采取比较集权的形式。

(1) 政府间分税的一些基本原则。在政府间进行分税根据的主要是各级政府对各税种的征收能力及效率。

① 流动性税基的税种应为中央税。如果由地方政府对该类税基征税,地区间的税收差异会使流动性税基从高税地区流向低税地区,而不是根据经济效率的要求,从边际产出较低的地区流向边际产出较高的地区,因而会引起资源配置的扭曲,影响经济效率的实现。由地方政府征收该类税的另一个缺点在于易引起地区间的税收竞争。为了吸引更多的产业和个人进入本地区,扩大当地的税基,各个地方政府会纷纷以

---

① 见 Wallace E. Oates, Studies in Fiscal Federalism, 1991, P xiii。

降低税率、提供税收优惠等手段进行竞争。这种税收竞争的最终结果是压低了所有地区的税率,地方政府因而不能有效地取得足够的收入,财政支出也只能维持在一个较低的水平上。因此,地方政府不适宜对流动性税基征税。由中央政府征收该类税收,则可在全国范围内形成统一的税收标准,避免了税基向低效率地区的流动及税收竞争的出现,因而能提高资源配置的效率及税收效率。

② 具有再分配性质、以支付能力为基础的税种应为中央政府所掌握。对于这一原则的说明类似于第二节中关于为什么地方政府不适于承担收入再分配职能的解释:有差别的地方累进税率会同时引起低收入和高收入的家庭在地区间的流动,形成居住地选择上的扭曲,并阻碍政府再分配职能的实现。因此,该类税应由中央政府在全国范围内统一征收,形成统一的累进税率,并使之成为中央政府进行收入再分配的有力工具。地方政府则适于征收受益型税即依受益原则征收的税,因为这类税收是根据人们从公共劳务中获得利益的大小来征收的,较高的税率意味着可以享用较高水平的公共劳务,各地区税率的差别会被公共劳务水平的差别所中和,不会引起生产和居住地点选择上的扭曲。

③ 税基在全国范围内分布不平衡的税种应为中央税。因为这类税若由地方政府来征收,则会引起各地财政收入的极大差异,影响地方政府间财政能力的平衡,加大地区间净财政收益的差距。

④ 收入易发生周期性波动的税种应由中央政府征收,这样做既可以使税收成为中央政府稳定宏观经济的一个重要的政策工具,又可以保证地方政府财政收入的稳定。

⑤ 在税收体系中占主要地位、收入比重较大的税种应为中央税,因为中央政府只有在取得了大量的财政收入,并且使其收入超过自身的直接支出的条件下,才有能力调节地区间财政能力的差异,实现宏观经济管理的目标。

⑥ 产地型产品税(Origin Type Product Tax)的税负极易转嫁,征自某一地区生产者的税收可以通过提高销售价格转嫁到其他地区的消费者身上,由此会产生该地区的公共支出成本由其他地区居民分担的

不合理现象,因此不适于地方政府征收,应为中央税。而终点型产品税(Destination Type Product Tax)不易转嫁,可以由地方政府征收。

以上是关于如何在中央和地方政府之间进行税收划分的一些基本原则,可以看出,大部分重要的税种都应由中央政府掌握。而从税收管理的角度看,集权式的税收体系还有另一些优点:由中央政府在全国范围内对一些税种进行统一的征收和管理,具有显著的规模经济,可以大大降低税收的单位成本,并且可以解决地方政府对于一些跨地区的税基无力征管的问题。因此,与地方政府相比,中央政府是一个更有效率的税收管理者。

(2)税种的划分。综合上述原则,并考虑到应赋予地方政府一定的组织收入的积极性,保证地方收入的稳定增长,可以对一些主要的税种作如下划分:

① 个人所得税应为中央税。因为该税种的一个最显著的特征即为税率是累进的,并且税收收入会随经济发展发生周期性波动,可以成为中央政府进行收入再分配及调节宏观经济稳定的重要手段。另外,个人所得税的税基分布不平衡,如由地方政府征收,会加大地区间的财政差异。

② 公司所得税的收入也具有周期性不稳定的特点,且税基的分布不平衡,工业化程度较高的地区税基大。当一个公司进行跨地区经营时,所得税仅由某一地方政府征收显然是不合理的,这就需要在地区间进行协调,然而,这种协调在操作上具有很大的难度。基于以上考虑,公司所得税应为中央税,这样不仅可以提高征管效率,还有助于形成一个合理的工业化模式。

③ 增值税的税基具有流动性,且在全国各地的分布不平衡,差别的税率容易形成生产及交易格局的扭曲,因此应由中央政府进行统一的管理,并且可以成为中央政府进行产业结构调整的工具。

④ 资源税应为中央税,因为其税基具有地区间分布极其不平衡的性质,若由地方政府征收,各地会仅仅因为自然资源分布的差异而造成财政能力的不平衡,加大中央政府进行地区间财力调节的难度。

⑤ 终点型产品税,如选择性货物税及零售税,可以由地方政府征

收。但是为了避免跨区购物(若某一地区的零售税高于其周边地区,该地的居民就会到其他地区去买东西)等问题的出现,应在各地区保持大体一致的税率。

⑥ 非流动性税基的税收,如土地税、房产税等,可以作为地方政府的主要税种,以稳定地方的财政收入。

⑦ 地方政府可以根据各地的实际情况,开征一些使用费和捐税。该类税费属于受益型税,不易引起资源配置的扭曲;且税收较为分散,由地方政府征收可以因地制宜,提高效率。

(3) 税收分享。一种税收更适合于某一级政府征管,并不意味着其他政府不能使用该税的收入,而是可以由各级政府共同分享。税收分享的方式主要有三种:① 对某一税基分别设置中央税和地方税,由两套税制共同征收;② 对某一税基只设置中央税,地方政府通过在中央税税率上附加一定的比例或附加费的形式分享;③ 只设一种税,由一级政府进行征管,征得的收入在中央和地方政府之间分享。如何在这三者中进行选择,也是构建一个合理的税收体系的重要组成部分,所以也应该从公平和效率的角度出发,并应保证各级政府取得足够的财政收入。一般认为,后两种方式比较可取,因为对一个税基同时征收两种税会使税收体系变得更加复杂,加大征收、管理及协调的费用。

13.1.3 政府间的补助体系

政府间的财政关系除了财政职能的分配、收支的划分等内容以外,政府间补助体系的设计也是一项重要的组成部分。

(1) 政府间补助的种类及效果。政府间的补助有多种形式,也有多种分类方式。根据地方政府使用补助时自主权的大小,可以分为一般补助(General Grant)与条件补助(Conditional Grant)。一般补助就地方政府对资金的使用方向不作任何规定,也没有任何附加条件,地方政府有权自主决定补助的使用方式,所以也称为无条件补助(Unconditional Grant)。条件补助在发放时都附带着一定的条件,地方政府只有满足了这些条件,才能获得补助。根据附带条件的不同,条件补助又可分为专项补助(Categorical Grant)和配套补助(Matching Grant)。专项补助是指规定了资金使用方向的补助;而配套补助在发放时则规定地方政府必须拿出一定比例的自有资金与补助资金共同使用。各种补助的发放条件和使用条件的不同,会使补助的政策效果产生差异。下面主要对一般补助、专项补助和配套补助的政策效果进行考查。

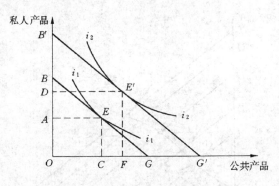

图 13.3　一般补助的效应

① 一般补助。图 13.3 可以用来说明一般补助扩张公共支出的效应。BG 线为无补助时地方政府的预算约束线,E 为均衡点,即预算线与可能的最高无差异曲线 i_1i_1 的切点,此时公共产品的支出为 OC 单位,私人产品支出为 OA 单位,AB 单位的私人产品换来了 OC 单位的公共产品支出。若以私人产品为单位,地方政府在无补助条件下的收入为 OB 单位,税率为 AB/OB。现在,将 BB' 单位(仍以私人产品为单位)的一般补助给予该辖区,则地方政府的收入增为 OB',预算约束线右移至 $B'G'$,新的均衡点为 E'(与无差异曲线 i_2i_2 的切点)。公共产品的支出增加了 CF 单位,可见,一般补助对公共支出的扩张有一定的刺激作用;但与此同时,私人产品支出也增加了 AD 单位,即部分补助漏损为私人产品支出的增加。然而这部分补助是如何从预算支出变为私人产品支出的呢?从图 13.3 中可以看出,私人产品支出由 OA 单位增加到 OD,而税收则由 AB 单位减少为 DB,税率降为 DB/OB。因此,私人支出的增加是由于补助部分转化为税收的削减 AD 而实现的。所以,一般补助会同时增加私人产品支出及公共支出,只有收入效应。

② 专项补助。图 13.4① 可以用来说明专项补助扩张公共支出的效应,并与一般补助进行了比较。AB 为补助前地方政府的预算线,均衡点为 E。此时若给地方政府 BC 单位的一般补助(用公共产品 X 来衡量),则预算线会向右移至 DC,新的均衡点为 E',公共产品 X 和 Y

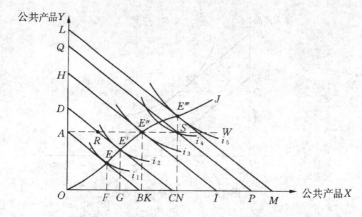

图 13.4 专项补助与一般补助的比较

的支出同时增加了;若 BC 单位的补助为对公共产品 X 的专项补助,则地方政府实际的预算线仅为 RC 一段(R 为 AW 线与预算线 DC 的交点;AW 线的含义为在对公共产品 X 的专项补助下,地方政府可以用于公共产品 Y 的支出的最大数额为将原有的地方自有资金全部用于 Y 的支出,也就是说专项补助被用来替代地方自有资金的最大限额为 AW 与各条预算线的交点。预算线在 AW 线以上的部分表示地方政府愿意将更多的收入用于 Y 的支出,但受专项补助条件的约束,这部分预算线实际并不可能达到),此时的均衡点仍为 E',可见,专项补助被全部用来替代地方的自有资金了。若要继续扩大 X 的支出至 OK 单位,则需要 BI 单位的一般补助,预算线右移至 HI,均衡点为 E'';而如果 BI 单位为对 X 的专项补助,地方政府实际可行的预算线为 $E''I$,因

---

① 该图做了一定省略,仅仅考虑了在两种公共产品之间进行的选择。如果再考虑私人品的选择,则需要用一个三维空间来表示,为了扩大某公共产品支出的专项补助会面临着双重漏损。

而均衡点仍为 E'',专项补助还是被全部用来替代地方的自有资金,X 和 Y 的支出同时扩大。但若想继续扩大 X 的支出,情况则会发生变化。比如,为了将 X 的支出增加到 ON 单位,一般补助必须为 BM 单位,预算线右移至 LM;如果采用对 X 的专项补助,则只需要 BP 单位,即预算线只需移至 PQ,SP 为地方政府在专项补助条件下实际可行的预算线,S 则为选择的点。可见,当 X 的供应量超过 OK 单位(AW 线与 OJ 线交点的 X 的支出量;OJ 为收入消费线,是在无任何条件限制时,预算线与无差异曲线的切点,即是根据地方政府意愿而作出的支出选择)以后,专项补助比一般补助更有效[①]。OJ 线位于 AW 线以上的部分表示,地方政府希望将更多的资金用于 Y 的支出,即地方政府愿意用于 X 的支出小于专项补助的金额。所以,对某公共产品的专项补助只有超过了地方政府愿意花在该公共产品上的支出时,其扩张作用才会比一般补助更有效。

③ 配套补助。图 13.5 显示了配套补助对公共产品支出的扩张效应及其与非配套补助(一般补助)的比较。图 13.5 中 AB 为无补助时地方政府的预算约束线,E 为均衡点,公共产品的支出为 OG,私人产品

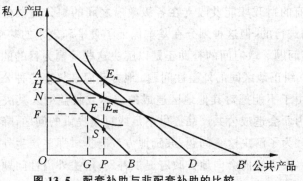

图 13.5 配套补助与非配套补助的比较

支出为 OF。现在对于公共产品的支出给予配套补助,即相当于中央政府承担了一部分公共产品的提供成本,因此,相对于私人产品的价格来

---

① 这里的有效是从为扩大某种公共产品的支出所花费的补助成本为最小的角度出发的,而不是指帕累托有效率。若按后者的标准,一般补助反而更符合效率原则。

说,公共产品的价格下降了,预算线由 AB 向右旋转至 AB',新的均衡点为 E_m,补助的成本为 E_mS。对公共产品的扩张不仅有收入效应,还有替代效应,公共产品的支出增加了 GP 单位,但同时也产生了部分漏损:私人产品支出增加了 NF 单位。若改用非配套补助,为了取得 OP 单位的公共产品,预算约束线必须右移至 CD。公共产品的支出同样是增加了 GP 单位,但补助成本却为 E_nS,比配套补助多 E_mE_n 单位。可见,在扩张公共产品支出方面,配套补助比非配套补助更有效。当然,配套补助也可以用来增加某一类公共产品的支出,采取配套专项补助(Matching Categorical Grant)的形式,会比非配套的专项补助更有效。

值得注意的是,大量的实证研究表明,无条件补助对公共支出的扩张效果并不像上述分析所描述的那样,而是比后者有效得多,这种现象被称为"粘蝇纸效应"(Flypaper Effect:Money sticks where it hits):资金会按其原来的投向使用。对该现象有许多不同的解释,但不论解释如何,"粘蝇纸效应"的存在都说明了政府间的补助体系对公共支出的扩张是有较大作用的。

(2) 政府间补助的目的及种类的选择。根据本章前几节的分析可知,政府的财政职能及收支在各级政府之间的划分是根据公平及效率的原则进行的,但这种划分在基本保证了公平和效率的基础上,还存在着一些问题。政府间的补助正是以解决这些问题为目的的。

① 纠正地区间的外溢性问题。地方政府在从事各种公共活动的过程中,由于不能把对其他地区造成的成本或收益纳入其决策考虑的范围中,因而会造成公共产品提供不足或过量提供的问题,降低资源的配置效率。为了解决这一问题,鼓励地方政府提供那些产生外溢利益的公共产品,中央政府会向地方政府提供补助。解决外溢性问题最合适的补助形式应为配套补助,因为一般补助和专项补助的资金会被用来替代地方的自有资金,对某一特定项目的扩张作用并不大。而如果采取对地方政府在该项目上的支出予以一定比例补助的形式,即采取配套补助的形式,则能够降低地方的单位成本,对该项目的扩张产生一个直接有效的刺激作用。同时,为了使外溢利益得以完全地内部化,配套的条件应与利益外溢的程度相联系。

② 实现横向财政平衡。由于各地方政府的财政能力及财政需求各不相同,因而会提供不同的净财政收益。净财政收益差异的存在,一方面不符合公平原则,另一方面又会造成资源配置模式的扭曲。为了实现各地均能在税收努力差别不大的情况下,提供一个满意的公共劳务水平的目标,中央政府应向公共产品需求较大而税基较小的地方政府进行补助,以缩小各地方政府财政状况的差异。解决这一问题最合适的补助形式应为无条件的总额补助,因为补助的目的是为了平衡财政能力,而不是刺激公共支出或某个公共支出项目,所以配套补助及专项补助形式并不适用。总额补助的发放应根据各地的实际情况,对财政状况较差的地方给予更多的补助。

③ 实现纵向的财政平衡。建立一个有效的税收体系要求中央政府掌握大部分的主要税种,采取较集权的税收形式;而资源配置效率的实现却需要地方政府承担主要的配置职能,在支出上应有较大的自主权,因此,地方政府的财政支出会大于收入,而中央政府却收大于支,从而产生纵向的财政缺口。解决这一问题,可以采取收入分享的形式,即由中央政府向地方政府提供无条件补助,使得中央税收可以部分替代地方政府的本级税收,从这一角度看,即中央政府仅仅成为地方政府的税收代理人。无条件补助对于解决纵向财政缺口问题是合适的,因为在这种补助形式下,地方政府有选择各自支出方向的权力,并且必须自己承担决策的成本,有利于资源配置效率的实现。

除了上述目的外,中央政府还可以利用补助来实现一些既定的政策目标,如实现某些地方公共服务在全国范围内的统一标准、中央政府对地方政府的项目委托等。为了实现这些目标,采用专项补助的形式较为有效。必要时,还可以使用配套补助,使地方政府也承担一部分项目的成本,以提高其管理的责任心。

13.2 典型的政府间财政关系实践模式

财政联邦制的理论为各国理顺各级政府间的财政关系提供了有益

的指导,但这并不是说合理的政府间财政关系只能有一套固定的模式;相反,由于各种经济的、历史的及政治的原因,这些理论在各国的具体运用中却呈现着不同的特点。美国和日本都是发达的市场经济国家,都有一套较为完善的政府间财政关系,因此本节准备系统地介绍一下这两国在处理政府间财政关系上的一些具体做法,看看这些理论的具体运用及对各国财政体制的改革有什么启示。

13.2.1 美国的政府间财政关系

美国是一个联邦制国家,多级政府由联邦政府(相当于中央政府)、50个州政府、哥伦比亚特区及近8 000个地方政府[①]组成,各级政府都有独立的预算。

(1)事权与支出的划分。美国各级政府间的事权划分均是以法律的形式确定的,同时也为划分各级政府的支出范围奠定了基础。宪法规定,除了明确指派给联邦政府的职责,如国防、货币发行、邮政等以外,州政府都有权参与[②]。而在划分需要各级政府之间以及各级政府与非政府的团体及企业之间"分工协作"的事项时,都通过法律形式具体落实到可以准确操作的方案上。这样,联邦政府主要负责国防、国际事务、空间科学技术、大型公共工程、州际高速公路、农业补贴和社会保障等项目的支出。州政府的财政支出主要用于发展教育、公共福利、州内高速公路及道路建设以及医疗卫生事业。地方政府的支出主要用于治安、消防及环卫等方面。联邦政府的支出占政府总支出的比重是不断变化的,在20世纪40年代曾达到过80%以上[③],但自此之后,这一比例逐步下降。据国际货币基金组织《1992年政府财政统计》(IMF:Government Finance Statistics Yearbook 1992)提供的数据,1990年美国联邦政府支出占政

---

① 这里的地方政府与本章使用的"地方政府"一词的概念有一定的区别,后者的范围更广,指中央政府(或联邦政府)以下的各级政府。
② 见 Joseph E. Stiglitz, *Economics of the Public Sector*, W. W. Norton & Company, 1988,P631.
③ 如此高的比重在美国及其他国家的历史上都是比较少见的。对其成因解释,Oates认为这是对特定的世界政治及经济条件的一种反应,第二次世界大战及20世纪30年代大危机是提高中央政府开支比重的直接原因。

府总支出的比重为55.5%。

(2) 收入的划分及税收管理权限。美国的联邦、州和地方政府都有各自相对独立的税收体系,享受各自的税种设置、税率设计、征收管理权利。联邦政府的基本课税权由宪法授予,主要税法由国会制订,财政部颁布实施细则,并由国内收入局解释执行。州和地方政府的课税权虽不需要联邦宪法直接规定,但宪法通过特殊条款或者通过司法部门对宪法中与税务有关的其他条款的应用,对各州课税权有一定的限制,同时,州的课税权还要受州宪法的约束。地方政府的课税权由州授予。税务机构分为国内收入局、州税务局和地方税务局三套系统,分别负责各自税收收入的征管工作。与其他国家相比,美国的州和地方政府有较大的税收管理权限。

联邦、州和地方政府都有自己的主体税种。个人所得税为联邦政府的主体税种,州政府的主体税为销售税,地方政府的主体税种为财产税。1990年这三类税的收入分别占各级政府收入的46.7%、55.3%、74.5%[1]。各级政府采用共享税源、税率分享的形式划分税收收入。比如,许多州政府也征收所得税,但其管理权限受到联邦政府的限制,往往采取在联邦税率的基础上增加一定比例或附加费的做法,联邦政府对州政府的税率规定一个最高限,在该限范围内州政府有权调整税率。其他共享税还有销售税、遗产税、赠与税等。联邦政府组织的收入占政府总收入的比重较大,1990年这一比重为58.3%[2]。

(3) 财政补助制度。美国有一套比较健全的财政补助体系,联邦政府对州和地方政府进行补助,同时地方政府还可以从州政府得到补助。美国的政府间财政补助主要有两种形式:① 无条件补助,即收入分享(Revenue Sharing)。该补助的主要目的是为了弥补各州、地方政府在财政收支上的差距及平衡各地区财政状况的差异,补助的分配是根据一个特定的公式进行的,公式中考虑了人均所得、税收努力、人口数等多种因素。② 有条件补助。对给予州和地方政府的补助规定具体的用途,有的甚至要求地方政府用一定的自有资金进行配套。有条件补助占

---

[1][2] 资料来源:*Government Finance Statistics Yearbook* 1992, IMF.

补助总额的 70%—80%,是联邦补助的主要形式,主要用于环保、农业、交通、教育等项目上。

13.2.2 日本的中央地方财政关系

日本是一个单一制国家,政府由中央政府、47 个都道府县和3 253个市町村三级组成,财政也相应地分为三级,各级政府都有独立的预算。

(1) 事权与支出的划分。日本的政府作为一个整体,事权严格地限制于公共事务方面,民间事务由企业和个人决策解决,政府一般不直接干预。《地方自治法》(Local Autonomy Law)给出了中央及地方政府之间职责分配的基本思路:除非国家法律或法律授权的内阁命令另有规定之外,地方政府可以参与地方公共利益所需的一切管理及社区事务。因而,立法、司法、外交、国防、货币发行、国际收支、物价指数控制、产业布局等是中央政府独立承担的事务;社会福利、保健卫生、治安、教育、基础设施建设等由地方承担,在这些事务之中需要全国统一标准、全面规划的事项是中央的事权范围;国家独立承担的事务有些发生在地方,则作为中央对地方的委托事务项目。日本地方政府的支出占政府总支出的比重很大,基本上接近于总支出的 2/3,1990 年这一比重为62.7%[①]。

(2) 收入的划分。日本的税收实行三级管理。税法由国会制定,内阁实施税法制定政令,都道府县和市町村政府根据政令制定具体条例,各级税务机构通过制定内部文件来统一贯彻税法和政令。从总体上说,日本地方政府的税收管理权限较小。地方政府只能在税法许可的范围内进行税收调整及减免,但无权变动税法规定的法定税率。当地方政府出现收不抵支的情况时,可以开征新税种,但必须接受严格而复杂的审批。

日本实行的是比较彻底的分税制,各税种的划分十分清楚,除了中央税和地方税外,共享的税种很少。每一级政府也都有自己的主体税。中央政府的主体税种是个人所得税和法人所得税,都道府县的主体税种为事业税和都道府县居民税,市町村的主体税种为市町村居民税和

---

① 资料来源:*Government Finance Statistics Yearbook* 1992,IMF。

固定资产税。1990年,个人所得税和法人所得税收入分别占中央税收的41.6%、31.4%;事业税和居民税占都道府县税收收入的比重分别为28.4%和28.8%;居民税和固定资产税占都道府县税收收入的比重各为28.4%和33.4%[①]。而中央税在税收总收入中占据了很大的比重,使得财力高度集中于中央政府。1990年,中央政府的财政收入占全国财政总收入的比重为66.1%[②]。

(3) 财政补助制度。日本的中央政府集中了2/3的财力,而地方政府却要承担近2/3的支出,为了弥补地方财政的收支缺口,中央政府向地方转移了大量收入,主要采取以下三种形式:

① 地方让与税。一些税种由国税局统一征收,然后再按一定的比例分解,让与地方。这样做主要是因为这些税种便于统一征收,而税收收入的一部分却要直接用于地方支出。目前,地方让与税主要有:地方道路税、汽车吨位税、液化石油气税、航空燃料税、特别吨位税等五种。让与税注重资金的返还,对于资金的使用没有特别的规定。

② 地方交付税。地方交付税的主要目的是为了保证各地方政府有一个基本的一般收入水平,并实现一般收入在各地方政府间的平衡。具体做法为:每年将中央税中的所得税、法人税、酒税收入的32%及消费税的24%、烟税收入的25%作为地方交付税总额,按日本大藏省测定的各地方政府的基准财政需要额与基准财政收入额之间的差额进行分配。

基准财政需要是指地方政府为提供标准的管理服务及公共设施水平所需要的资金,其计算公式为

$$\text{某一地方政府的基准财政需要} = \sum \text{单位成本} \times \text{指示值} \times \text{修正系数}$$

即为每项公共服务支出需要额的总和。其中指示值(Value of Indicator)是指能代表地方财政需要的指数或因素,如警察人数可以作为警费支出的一个指数。

基准财政收入是指地方政府可以取得的一般收入额,包括地方标

---

①② 资料来源:*Government Finance Statistics Yearbook* 1992,IMF。

准收入及所取得的让与税收入,其中标准收入是按标准税率计算的地方政府所能得到的税收收入,而不是各地方政府的实际收入。值得注意的是地方基准财政收入仅为地方税收总额的75%(为县级收入的80%),这样做是为了给地方政府留有更大的余地,以满足地方的特殊需要。另外,从技术角度看,在计算基准财政需要时并不可能包括地方的所有支出需要,留有一定的余地,保证了日本的地方交付税制度得以长期稳定地实施。

在对基准财政需要大于基准财政收入的地方政府进行补助的同时,并不要求收入额大于需求额的地方上解收入,从而不会破坏地方政府增加收入的积极性。对于地方交付税的使用,地方政府可以自主决定。

③ 国库支出金。是中央政府为了实现一定的政策目标而对地方政府进行的专项补助。主要有三类:国库负担金是指在地方应办事务中需要国家统一标准的事项,由国家承担费用;国库委托金是指本应由国家负担,但发生在地方,从而需要地方办理的事务,由国家支付经费;国库补助金是对于地方兴办的,国家认为需要鼓励和援助的事务,国家支付补助。国库支出金每年由大藏省按照法律规定和参考各综合部门的行政计划向各地方政府拨付。

在这三种补助中,地方让与税所占的比重很小,而地方交付税和国库支出金为最重要的补助形式,占补助总额的比重均超过了40%。

13.2.3 比较与分析

前两小节中分别介绍了美国和日本在处理政府间财政关系上的一些具体的做法。可以看出,由于政治体制及社会、历史条件的不同,两国在财政体制上也有着很大的区别;然而在存在着差别的同时,两国的财政体制中还有着许多相似之处,那就是都基本遵循了财政联邦制理论所揭示的一些规律性原则。

(1) 事权和支出的划分。虽然日本的地方政府占有更大的支出份额,但两国的地方政府在资源的配置职能方面均发挥着主要的作用,中央政府主要负责与宏观经济稳定、收入再分配及全国性公共产品和劳务提供有关的事务;并且事权及支出的划分都以一定的法律规定为基础,避免了各级政府之间的相互侵权及职责不清。

(2) 收入的划分。美国实行的是不太彻底的分税制,各级政府之间有许多共享税,地方政府(包括州政府和地方政府)有较大的税收管理权限;而日本只有少量的共享税,分税制较为彻底,地方政府的税收管理权限较小,然而各国的中央政府都集中了大部分的税收收入,对税收体系进行了有效的控制。一些主要的税种成为中央税(或中央主体税),而地方政府主要依靠税基非流动性的税种取得收入,保证了税收体系效率的实现。

(3) 补助体系。美国和日本在政府间的补助体系上有着较大的区别:日本的地方政府支出中的近一半要靠中央政府的补助,而补助中的一般财力补助和专项补助的份额基本相当;美国的地方政府能够组织到较多的财政收入,因此对中央补助的依赖程度相对较小,补助以有条件的专项补助为主。但也有着很多相似之处,即两国的补助体系都比较规范和完整,都能综合地使用各种补助形式,以实现不同的政策目标,补助的分配以科学的计算公式为依据,考虑了多种因素对财政收支的影响。

可见,财政联邦制的理论确实对处理政府间的财政关系起着一定的指导作用。虽然我国与美国、日本等国在社会制度、经济发展程度等方面存在着很大的差异,但市场经济的一些内在的规律性却是一致的,因此,这些理论及各国的实践经验将为我国的财政体制改革提供不少有益的启示。

本章内容提要

1. 政府间的财政关系是否合理将影响政府职能的发挥,各市场经济国家一般都以财政联邦制理论为指导,实行分税制预算管理体制。

2. 中央政府应主要承担收入分配、稳定经济的职能以及提供全国性的公共产品,地方政府则应负责提供地方性的公共产品,各级政府的支出范围也应相应地进行划分。

3. 为保证各级政府职能的发挥并有助于提高税收的征管效率,个人所得税、公司所得税、增值税、资源税等大部分税种应由中央政府掌握,为稳定地方政府的财政收入,财产税可作为地方的主要税种,地方政府也可根据本地的实际情况开征一些使用费。此外,税收在各级政府之间划分后,还可以由各级政府进行分享。

4. 税种的划分难以解决地区间的外溢性、横向财政平衡、纵向财政平衡等问题,因此政府间的补助体系是政府间财政关系的重要组成部分,政府间补助可分为一般补助与条件补助两种方式,其中条件补助又可分为专项补助和配套补助。

5. 从美国和日本的政府间财政关系的实践中可以看出,两国虽然对于财政联邦制理论的运用有着不同的特点,但都基本遵循了一些规律性原则,这些理论和实践经验将为我国的财政体制改革提供不少有益的启示。

本章基本概念

财政联邦制　进口漏损　最佳的政府规模　以足投票　净财政收益　税收分享　一般补助　条件补助　专项补助　配套补助　粘蝇纸效应　横向财政平衡　纵向财政平衡　地区间的外溢性问题　地方让与税　地方交付税　国库支出金

本章思考题

1. 公共财政的职能应如何在各级政府间分配,为什么?

2. 为什么流转税、所得税等重要税种都应由中央政府掌握,在这种情况下,如何保证地方政府的财政收入?

3. 政府间的补助有哪些形式,其经济影响如何?

4. 美国和日本的政府间财政关系有什么共同之处?

第五部分

宏观财政理论

军正略战

客观规律和

14 宏观财政政策

在20世纪30年代以前,西方国家一直奉行以亚当·斯密为代表的古典学派倡导的"自由放任"政策。而1929—1933年的世界性经济危机使宏观经济领域的市场失灵充分显露,"凯恩斯革命"应运而生。凯恩斯(John Maynard Keynes,1883—1946)认为20世纪30年代大危机中大批工人失业的原因就在于有效需求不足,即投资需求加上消费需求的不足,应采取赤字财政政策,用政府投资弥补私人投资的不足以消除非自愿失业。虽然凯恩斯以后又涌现出了众多的宏观经济学学派,他的观点亦不断受到挑战,但世界各国政府普遍对宏观经济进行积极的干预却是不争的事实,财政政策就是其中必不可少的政策手段。

财政政策意指一个国家的政府为了达到既定目标对财政收支所作出的决策。由于累进所得税和社会保障、社会福利支出具有调节社会收入分配的作用,某些税收措施可以旨在刺激某些产业和地区经济的发展或防止环境污染,所以财政政策常作为收入再分配,调整产业结构,平衡地区发展和治理环境污染的政策工具,但这里要考察的仅仅为各种财政措施如何通过对一些主要宏观经济变量的影响以达到宏观调控的政策目标。目前,政府宏观调控政策的目标已从战后初期的消除失业发展到包括充分就业、经济增长、物价稳定和国际收支平衡等四项。然而其中的充分就业和物价稳定对社会成员经济福利的影响更为直接和广泛,因此尤其为决策者和社会公众所关注。根据奥肯定律,就业水平和产出有着稳定的关系,换言之,就业水平决定于社会产出水平,从而总产出和价格水平就成为政策调节的主要目标。

14.1 财政需求管理政策概述

14.1.1 无政府预算条件下国民收入的决定

据凯恩斯宏观经济模型,在仅由私人经济部门构成的简单封闭经济中,总需求由消费和投资两部分组成,即

$$Y = C + I$$

而总产出即人们的收入,由消费和储蓄构成,即

$$Y = C + S$$

为实现宏观经济均衡,必须使总供给等于总需求,即

$$C + I = Y = C + S$$

于是有

$$S = I$$

然而在实际宏观经济运行中,常常出现一定收入水平下人们意愿的储蓄偏离厂商意愿的投资的现象,也就是会产生所谓的通货膨胀和通货紧缩缺口,如图14.1所示。

图14.1中纵轴表示私人消费(C)或投资(I)、储蓄(S),横轴表示国民收入(Y),即总体经济成果。设国民收入在 E 点达到最佳水平,因为在该点上,劳动力和资本均得到充分利用,实现了无通货膨胀的充分就业。而事实上国民收入往往偏离这个最佳点。有时总需求不足,即 $C + I_1 < C + I$,产生通货紧缩缺口 ab;或者总需求过剩,超过总供给,即 $C + I_2 > C + I$,产生通货膨胀缺口 ac。也就是说,宏观经济总是难以达到最佳平衡。因此,需要引进政府的干预。

14.1.2 财政政策与社会总需求

社会总产出水平(从而就业水平)和价格水平是由社会总需求和总

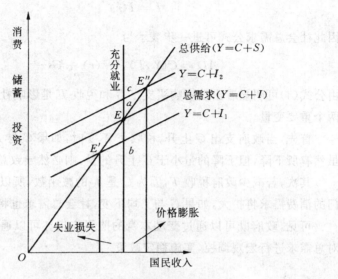

图 14.1　市场经济条件下的通货膨胀
和通货紧缩缺口

供给的均衡点决定的。从动态角度讲,社会需求总量与供给能力都不是静止的,只是在一定时期内,需求量的变动要比供给能力的变动更为活跃,更具弹性。因此,财政政策既可以影响总需求,将需求控制在与充分利用现有资源的产出能力相一致,也可以从供给方面着手,运用财政政策措施促进产出能力的增长,使之满足不断变化的需求。以下首先讨论财政的需求管理政策,也就是从社会总需求的角度探讨宏观财政问题。

在封闭经济中(若不考虑进出口),社会总需求(Aggregate Demand,以下简写为 AD)由私人经济部门的消费需求 C、投资需求 I 与政府部门的购买支出 G 三部分组成,即

$$AD = C + I + G \tag{1}$$

其中消费需求 C 是国民收入 Y 与税收 T 的函数,即

$$C = C(Y, T) \tag{2}$$

投资需求 I 是实际利率 r 的函数,即

$$I = I(r) \tag{3}$$

因此社会总需求公式可进一步表示为

$$AD = C(Y,T) + I(r) + G \tag{4}$$

由公式(4)可明显看出政府购买支出 G 和税收 T 是影响社会总需求的两个重要变量。

首先,当政府支出 G 上升,税收 T 不变时,如果 C 与 I 均不变,或虽然有所下降,但下降的量小于 G 上升的量,则必然导致总需求扩大。

其次,若减少政府税收 T,因为 C 是 T 的减函数,所以私人经济部门的消费需求将扩大,如果 G 与 I 均不变,社会总需求也将扩大。

可见,政府既可以通过变动本身的购买支出亦可以通过调整税收对总需求进行宏观调控,实施稳定政策。

14.1.3 社会总供给与财政需求管理政策的效果

如前所述,宏观经济政策的目标是影响总产出和价格水平,社会总产出和价格水平是由社会总需求与总供给的均衡点决定的,对于总需求曲线,经济学家们一般同意它与微观经济学中的需求曲线一样,也是一条向下倾斜的曲线,如图14.2,这表示总需求数量随价格总水平的下降而增加。其原因首先在于家庭的消费支出。价格下降时,货币的实际购买力增加,于是实际消费支出亦可能要增加。甚至在低价格水平进一步发生作用从而(通过降低工资等途径)减少了收入以后,由于货币财富(现金、债券、银行账户)的价值并没有像价格水平那样下跌得那么多,较低的价格总水平仍会导致较高的实际消费和较高的总需求。这一价格通过消费影响总需求的效应被称为庇古效应。其次,价格的下降还意味着货币实际余额的增加,从而促使利率下降、投资上升,进而亦导致总需求水平的提高。这一价格通过投资影响总需求的效应被称为凯恩斯

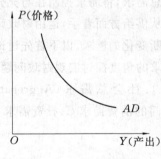

图 14.2 社会总需求

效应。庇古效应和凯恩斯效应都支持 AD 曲线向下倾斜的观点。

但是,对于总供给(Aggregate Supply,以下简写为 AS)曲线的形状,经济学家之间存在较大分歧,这使得在变动需求对产出(就业)和价格水平的影响,也就是财政政策的效果的问题上也有着不同的看法,以下简要介绍一下较有代表性的几种观点。

传统的凯恩斯学派的观点如图 14.3 所示。在短期内社会总供给线是一条平行于横轴的直线,即价格水平在短期内是固定的;而在长期,社会总供给线是一条垂直于横轴的直线,产出固定在充分就业产出水平 Y_F。这样的总供给曲线表明在产出未达到充分就业水平之前,增加社会总需求的宏观经济政策可以导致产出的增长,而不会同时促使价格水平上升。但当产出达到充分就业水平,现有的资源已得到充分利用,无法增加生产能力,则社会总需求的增加只能导致价格水平的上升而无产出的增长。

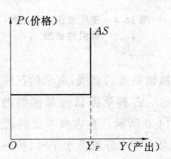

图 14.3　传统凯恩斯学派的总供给曲线

传统凯恩斯学派认为短期内价格水平是固定的,其理由主要是存在垄断竞争、调整价格将造成的菜单成本(Menu Cost)和工资下调刚性。频繁就工资进行谈判的成本较高,获取市场上有关工资的信息的成本也较高,一般厂商和工人每一年调整一次工资水平,各企业的工资调整亦不是同时进行。因此即使是在总需求小于充分就业产出水平时,企业也不愿意自动下调价格从而使总需求上升至充分就业水平。这就是凯恩斯认为必须由政府出面,通过实施宏观经济政策扩大总需求的理由。但是从长期看,企业只能生产充分就业水平的产出,当总需求超过充分就业产出能力时,就只能导致价格上升,而无产出的增长。

现代凯恩斯学派(以萨缪尔森为代表)认为短期的总供给线是向右上方延伸的,而非一条水平的直线,如图 14.4。其理由主要是:随着政府扩张需求政策的不断实施,供给者开始对通货膨胀有了一定的预期能力,但并不完全。此时总供给的增长取决于供给者对价格的预期,当

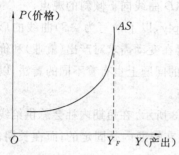

图 14.4 现代凯恩斯学派的总供给曲线

实际价格上涨幅度大于他们的预期时,劳动者往往将名义工资的上涨误认为实际工资的提高,因而愿意在实际较低的工资水平下增加劳动供给,生产者也愿意在此工资水平下多雇用工人,增加产出。这说明扩张需求在短期内是能够促使产出增加的,只是物价水平也随之上升了,从而短期总供给线是逐步向右上方攀升的。对于长期的情况,现代凯恩斯学派也认为总供给线成为与横轴垂直的直线,需求的扩张只能导致价格的上升而无产出的增长。

古典学派认为总供给曲线始终是一条垂直于横轴的直线,如图 14.5 所示。在古典学派的宏观经济模型中价格具有充分弹性,当总需求小于充分就业水平时,价格就会下降,促使总需求上升至充分就业水平;反之,当总需求大于充分就业水平时,价格就会上升,促使总需求下降至充分就业水平。因此,产出可以自动维持在充分就业水平上。新古典学派(以卢卡斯为代表)运用理性预期理论,即认为预期通货膨胀率总是等于实际通货膨胀率。同样证明了总供给曲线是一条在充分就业产出水平上垂直于横轴的直线,任何人为的增加总需求的措施都只能使价格水平上升,而不能带来产出的增长。

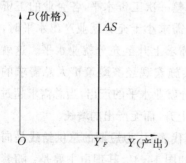
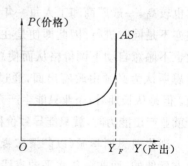

图 14.5 古典学派的总供给曲线　　图 14.6 三段式总供给曲线

另外,也有一些经济学家认为在经济处于严重萧条时期,由于存在大量失业工人、闲置的设备和资源,当需求扩大,产出增加时,不存在价格上涨的压力,故在此阶段总供给线是水平的;随着需求的扩大,产出的增长,劳动力与其他生产资料的供给逐步趋于紧张,导致价格上扬,故在此阶段的总供给线呈正斜率状态;当产出达到充分就业水平时,总供给线呈垂直状态。因此,总体上说,总供给线就呈三段式状态,如图14.6。

虽然经济学家对于总供给线的形状有着不同的看法,但显然大多数经济学家都认为,在非常长的时期内,AS曲线是垂直的,对于短期和中期的情况,他们则日益倾向于同意一种折衷的意见,认为AS曲线是从左下方向右上方倾斜的。

14.2 价格不变情况下财政需求管理政策对产出的影响

在短期内,价格是前定的,企业不可能根据需求的变化迅速调整价格,总产出由既定价格水平下的总需求决定,这是传统凯恩斯模型下的情形。虽然如今基本上没有人坚持价格水平是固定不变的,但为了循序渐进地展开对财政需求管理政策效应的分析,我们暂时接受价格水平不变这一假定。

14.2.1 投资需求固定,变动财政变量对产出的影响

如前所述,变动政府购买支出和税收在一定条件下都将导致总需求的变化,从而使产出和就业水平变化,而凯恩斯的乘数理论则具体指出了国民收入决定的机制。

(1) 财政变量乘数。在没有政府介入的封闭经济中,国民收入Y由消费和投资构成,即

$$Y = C + I \tag{5}$$

其中
$$C = a + cY \tag{6}$$

这里a是常数,表示基本消费水平,c为边际消费倾向。将以上两

式合并整理,得

$$Y = \frac{1}{1-c}(a+I) \tag{7}$$

可见,若 I 由于某种原因而增长 ΔI,Y 的增长不仅限于 ΔI 的水平。因为 Y 第一轮增长 ΔY 以后,消费支出 C 会随之扩大,从而产出将进一步扩大,这个过程持续下去,结果是

$$\Delta Y = \frac{1}{1-c}\Delta I \tag{8}$$

这就是所谓的乘数效应,$\frac{1}{1-c}$ 即为乘数。

① 政府购买对产出的影响。

在考虑政府购买支出的经济中,

$$Y = C + I + G \tag{9}$$

将(9)式与(6)式合并整理,得

$$Y = \frac{1}{1-c}(a+I+G) \tag{10}$$

将(10)式对 G 求导,得 $\dfrac{dY}{dG} = \dfrac{1}{1-c}$

即

$$dY = \frac{1}{1-c}dG \tag{11}$$

这表示,政府支出的增加,将导致与投资支出的增加相似的效应,使均衡产出多倍扩张,$\frac{1}{1-c}$ 为政府支出乘数。

② 政府税收对产出的影响。

a. 总额税。在考虑总额税的体制中,

$$Y = a + c(Y-T) + I + G \tag{12}$$

从而

$$Y = \frac{1}{1-c}(a+I+G-cT) \tag{13}$$

将(13)式对 T 求导,则 $\dfrac{dY}{dT} = -\dfrac{c}{1-c}$

即
$$dY = -\frac{c}{1-c}dT \tag{14}$$

这说明政府税收减少亦将导致产出的扩张,乘数为$\frac{-c}{1-c}$。与政府支出的增加相比,减税对产出的扩张影响显然要小,其原因在于纳税人从减税中增加的收入并不百分之百地用于当期消费,而是将其中的一部分用于储蓄,从而减税并不带来同样水平的消费需求的增加。

政府支出中的转移性支出可视为负税收,其增加对总产出的影响程度与减税相同,只是乘数的符号应为正。

b. 所得税。在考虑所得税的体制中,
$$Y = a + c(1-t)Y + I + G \tag{15}$$

将上式对 t 求导,则
$$\frac{dY}{dt} = c\left[(1-t) \cdot \frac{dY}{dt} + Y \cdot \frac{d(1-t)}{dt}\right]$$

从而
$$\frac{dY}{dt}[1 - c(1-t)] = -cY$$

所以
$$dY = \frac{-cY}{1-c(1-t)} \cdot dt \tag{16}$$

其中所得税的乘数为$\frac{-c}{1-c(1-t)}$。

若政府的转移支付按收入的一定比例发放,则转移支付乘数与所得税乘数的符号恰好相反,为$\frac{c}{1-c(1-t)}$,t 为转移支付额占收入额的比率。

c. 考虑所得税,变动政府支出。

将(15)式对 G 求导,则
$$\frac{dY}{dG} = c(1-t)\frac{dY}{dG} + 1$$

从而
$$dY = \frac{1}{1-c(1-t)}dG \tag{17}$$

即所得税率不变时的支出乘数为 $\dfrac{1}{1-C(1-t)}$。

d. 平衡预算乘数。

若等量变动政府支出与税收,即保持预算收支平衡变化,则

$$\mathrm{d}Y = \frac{1}{1-c}\mathrm{d}G + \frac{-c}{1-c}\mathrm{d}T = \frac{1}{1-c}\mathrm{d}G + \frac{-c}{1-c}\mathrm{d}G$$

$$= \frac{1-c}{1-c}\mathrm{d}G = \mathrm{d}G = \mathrm{d}T \tag{18}$$

这表示在投资不变的情况下,平衡预算的乘数为 1,即预算规模平衡扩大对产出仍具有扩张效应,$\mathrm{d}Y = \mathrm{d}G = \mathrm{d}T$。这其中的原因可解释为:当税收增加时,若非政府部门可支配收入减少 1 元,消费支出的减少必然小于 1 元,其余的部分表现为储蓄的减少,但此时政府的支出却实实在在地增加了 1 元,两者相抵,仍使总需求产生了净增加额。

(2) 两种财政变量的对比分析。上述分析说明财政支出的变动与税收的变动对产出可产生类似的影响,但两者亦存在着差异。主要表现在两方面。首先是两种财政政策措施对于新的均衡产出的组合结构会产生不同的影响。增加政府支出会使总产出中归于政府的部分上升;而减税的结果是使产出中归于消费者的部分增加。因此,如何在两种财政政策措施之间进行选择,取决于某种关于社会福利的价值判断,即希望资源更多地被用于个人消费支出,还是更多地被用于公共产品的提供? 其次,政府支出的改变对总产出的影响是肯定而直接的,而税收的变动却需要通过对消费支出的影响才能影响到产出和就业。减税后,人们的可支配收入增加了,但有一部分会用于储蓄,而据李嘉图—巴罗等价理论,人们可能会预期到当期减税造成的赤字和政府增发公债归根结底要通过以后年度的税收增加来弥补和偿还,因而根本不增加当期消费,从而减税对产出和就业将不产生扩张性影响。虽然对李嘉图—巴罗等价理论尚有不少争论,但政府增加支出和减税效果的区别是值得在选择财政政策措施时认真考虑的。

14.2.2 投资变动情况下,变动财政变量对产出的影响

(1) IS—LM 曲线分析。以上分析假定投资是一个固定的量,不受

财政变量变动的影响。若将投资作为一个变量考虑,则对财政变量的乘数效应的分析需要修正。人们一般运用静态的 IS—LM 模型来说明财政变量对投资进而对产出的影响。

由投资是利率的减函数,即 $I = \bar{I} - br$ (19)

则

$$Y = C + I + G = a + c(1-t)Y + \bar{I} - br + G \quad (20)$$

这就是 IS 曲线。

当货币市场均衡时

$$\overline{M/P} = L(r) + K(Y) \quad (21)$$

这就是 LM 曲线,式中 $\overline{M/P}$ 表示实际货币余额,$L(r)$ 表示投机性的货币需求,它是利率 r 的减函数,$K(Y)$ 表示交易性的货币需求,它是产出的增函数,故 LM 线亦可表示为

$$\overline{M/P} = kY - hr \quad (22)$$

IS 曲线反映了商品市场达到均衡(即投资等于储蓄)时的产出和利率水平。LM 曲线反映货币市场达到均衡(即货币需求等于货币供给)时的产出和利率水平。如图 14.7,IS 曲线向下倾斜,表明利率提高,投资下降,从而产出下降;另一方面,较高的产出产生较高的储蓄愿

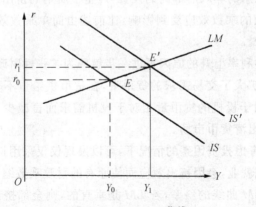

图 14.7　IS—LM 曲线

望,从而导致能使商品市场供求平衡的利率下降。以上讨论的财政扩张

政策的乘数作用,在 IS 框架下仍可得到反映。政府购买支出变化是促使 IS 曲线移动的主要因素,在利率既定的情况下,增加政府支出 G,C、I 不变,直接导致 Y 增加,从而 IS 曲线外移,而乘数决定移动的幅度。

LM 曲线向右上方延伸,因为产出的增加将增加对货币的需求量(交易需求上升),如果货币供给不变,则利率必然上升,因为需要有较高的利率使货币的投机需求下降,货币市场出清。另一方面,产出既定的情况下,任何相对于货币需求而言的货币供给的减少,都将使货币市场的均衡利率上升,LM 曲线上移;反之,曲线向下移动。中央银行货币供给量的变化是促使 LM 曲线移动的重要因素。若货币供给增加,价格不变,LM 线将外移。

可见,IS 与 LM 线概括了使商品和货币市场均衡的条件,IS 与 LM 曲线的交点 E 决定能同时使商品市场和货币市场平衡的利率和产出水平 r_0、Y_0。

政府扩大购买支出时,IS 曲线向右上方移动,从 IS 移至 IS′,如果此时中央银行的货币供给保持不变,即 LM 曲线维持原状,则新的均衡点为 E'。因此,尽管扩张性财政政策促使产出从 Y_0 增至 Y_1,但利率也从 r_0 上升为 r_1,由于投资 I 是利率 r 的减函数,因此利率上升排挤了部分对利率敏感的非政府部门的投资,产生了所谓的挤出效应,致使扩张性财政政策的乘数效应受到影响,比前述由简单乘数效应决定的产出的扩张要少。

关于其中利率上升的原因可进一步解释为扩张性财政政策使产出 Y 增加,从而扩大了交易需求的货币量,在货币供给量不变的情况下,就意味着可用于投机的货币量相对于投机需求而言减少了,从而导致利率上升,以出清货币市场。

因此,在考虑投资因素的情况下,可以发现仅仅采用扩张性财政政策扩大产出或就业,会因挤出效应而使原有的财政乘数缩小。新的财政乘数取决于 LM 曲线的斜率,若 LM 是垂直的,则全部挤出,若 LM 是水平的,则与投资固定时的结果一样。为了得出投资变动情况下扩张性财政政策的结果,我们需要推导投资变动情况下的财政乘数。

(2) 投资变动情况下的财政乘数。投资变动下的财政乘数仍可采用前面的对总产出函数进行微分的方式求得。只是需同时考虑货币市场的均衡。

产品市场的均衡 $IS: Y = C[(1-t)Y] + I(r) + G$ (23)

货币市场的均衡 $LM: \overline{M/P} = L(r) + K(Y)$ (24)

所得税体制下的政府支出乘数可通过分别对以上两式微分获得,对(23)式微分,得

$$dY = C'(1-t)dY + I'dr + dG \quad (25)$$

对(24)式微分,得

$$0 = L'dr + K'dY$$

从而

$$dr = -(K'/L')dY \quad (26)$$

将(26)式代入(25)式,得

$$dY = C'(1-t)dY + I'[(-K'/L')dY] + dG$$

则

$$dY = \frac{dG}{1 - C'(1-t) + \dfrac{I'K'}{L'}} \quad (27)$$

这里 $I' = -b, K' = k, L' = -h, C' = c$

故

$$dY = \frac{dG}{1 - c(1-t) + \dfrac{bk}{h}} \quad (28)$$

(28)式为充分乘数,与不考虑投资变动的简单乘数 $1/[1-c(1-t)]dG$ 相比,充分乘数较小,因为分母中多了一项 $I'K'/L'$,由于 $I'<0$,$L'<0, K'>0$,故 $I'K'/L'>0$。其中 K'/L' 表示当 Y 上升后,为维持货币市场均衡所要求的 r 的上升,I' 表示 r 上升后导致的 I 的减少。

投资变动下的税率的充分乘数可表示为

$$dY = \frac{-C'Y}{1 - C'(1-t) + \dfrac{I'K'}{L'}}dt = \frac{-cY}{1 - c(1-t) + \dfrac{bk}{h}}dt \quad (29)$$

与前面的简单税率乘数相比,也是分母中多了一项 $I'K'/L'$,从而使其小于投资不变情况下的税率乘数。

平衡预算下的充分乘数为

$$dY = \frac{1-C'}{1-C'+\dfrac{I'K'}{L'}}dG = \frac{1-c}{1-c+\dfrac{bk}{h}} \tag{30}$$

显然平衡预算下的充分乘数由于分母中多了一项 $I'K'/L'$,不再像前面的简单平衡预算乘数等于1,而是小于1。

(3) 变动货币供给量情况下,财政变量对产出的影响。政府不仅可以通过操纵财政变量来影响产出或就业,也可以通过中央银行变动货币供给来影响产出或就业水平。

当中央银行增加真实货币供给量 M/P 时,若物价不变,就将使平衡货币供求的真实利率下降,从而 LM 曲线下移,在既定的产出水平下,利率下降,利率的下降刺激了非政府部门的消费与投资,从而导致产出水平扩大,而产出或就业扩大就增加了交易需求的货币量,反过来又使利率水平上升(如货币供给量不继续扩大),因此利率与产出又将达到一个新的能使货币与商品市场均衡的水平。

通过变动货币供给量来影响产出和就业,其效果可用货币供给乘数来测算。

$$IS: Y = C[(1-t)Y] + I(r) + G \tag{31}$$

$$LM: M/P = m = L(r) + K(Y) \tag{32}$$

在假设价格不变的情况下,真实货币 m 的变动就相当于名义货币供给 M 的变动,即 $dM = dm$,

对(31)、(32)式微分

$$dY = C'(1-t)dY + I'dr \tag{33}$$

$$d(M/P) = dm = L'dr + K'dY$$

$$dr = dm/L' - (K'/L')dY \tag{34}$$

将(34)式代入(33)式,得

$$dY = C'(1-t)dY + (I'/L')dm - (I'K'/L')dY$$

则
$$dY = \frac{(I'/L')dm}{1 - C'(1-t) + \frac{I'K'}{L'}} \tag{35}$$

上式即为考虑了财政因素的货币供给乘数,它与政府支出和税率充分乘数的分母相同,其分子$(I'/L')dm$的经济意义是:由于 m 的变动(dm)使 r 变动 L',然后又导致投资需求 I 变动,因此这是一种政策诱发的投资变动。货币乘数相当于一般充分乘数 $\frac{1}{1-C'(1-t)+(I'K'/L')}$ 乘以 dm 所诱发的投资变动。

14.2.3 财政稳定政策的运用

如前所述,政府的财政变量对宏观经济的运行有着直接、间接的重大作用。在现实生活中,政府一般是根据一定的财政政策准则,综合运用多种财政政策工具来调节总需求,从而力求使均衡产出维持在充分就业的水平。第二次世界大战后,发达国家的周期性经济危机仍然存在,但和战前比较,特别是同 20 世纪 30 年代大危机相比,波动幅度大为减小,衰退持续时间也大为缩短,这说明政府运用财政政策进行宏观调控是有效果的。

(1) 宏观财政政策工具。宏观财政政策工具包括两种类型:自动稳定器与积极的财政政策。这两类工具对经济运行的影响是不同的。

① 自动稳定器。

a. 自动稳定器的概念。自动稳定器(Automatic Stabilizers)又称内在稳定器(Built-in Stabilizers)是指财政制度内在具有的自动调节经济、缓和经济波动,从而稳定经济的特性。

税收,特别是所得税是最重要的一个自动稳定器。在税率给定不变的条件下,税收随经济周期自动同方向变化。在经济繁荣阶段,随着生产扩大,就业增加,收入增加,在累进所得税制下,人们进入更高的纳税级次,税收占收入的百分比上升,税收的增长快于收入的增长,人们税后的可支配收入上升幅度小于收入增加的幅度,从而税收的增加具有自动抑制消费需求增长及经济过热的作用。当经济处于萧条阶段,国民收入下降,税收自动减少,从而减小了消费支出的下降幅度,缓解了经济紧缩。

转移支付是另一个重要的自动稳定器。当经济处于衰退或萧条阶段时,失业增加,领取失业救济金的人数增加,社会保障福利支出增加,这抑制了人们可支配收入的下降。反之,经济繁荣时,失业人数下降,转移支付减少,从而抑制了可支配收入及消费需求的增长。

政府对农产品价格的管制也是一种自动稳定器。当经济繁荣时,农产品价格上升,政府抛售库存,防止价格超过上限;反之,经济衰退时,农产品价格下降,政府大量收购,防止价格低于下限。维持农产品价格的稳定有助于维持农民的收入和其他产品价格的稳定,有助于缓和经济波动。

b. 自动稳定器作用的衡量。若用公式进行推导,我们能较准确地测出自动稳定器缓和经济波动的作用。因为转移支付可看作负税收,我们仅以税收为例。没有税收制度时,均衡产出水平

$$Y = (a + I)/(1 - c)$$

若 I 由于某种原因自发变动 ΔI,则

$$\Delta Y_1 = \Delta I/(1 - c)$$

而在实行比例所得税制度的情况下,

$$Y = (a + I)/[1 - c(1 - t)]$$

若 I 仍然自发变动 ΔI,

$$\Delta Y_2 = \Delta I/[1 - c(1 - t)]$$

因为 $t>0$,故 $\Delta Y_2 < \Delta Y_1$,显然由于所得税制的存在,经济的波动幅度减小了。自动稳定器作用的大小可通过内在稳定性指数 α 来衡量。

$$\alpha = (\Delta Y_1 - \Delta Y_2)/\Delta Y_1 = ct/[1 - c(1 - t)]$$

可以看出,α 的大小取决于边际消费倾向 c 和税率 t。税率越高,稳定机制的力度越大,即自动稳定器使由私人经济部门变动引起的产出

波动幅度越小。

比例税制稳定作用的大小,仅仅由税基的收入弹性(即税基对收入变动所作出的反应)所决定。对累进税制来说,则要多考虑一个因素,那就是平均税率对税基变动所作出的反应,即税率的税基弹性。只要弹性为正值,自动稳定器就发挥作用,而无须弹性大于1。

个人所得税实行的是累进制,在税率提高时,实际收入上升,人们进入更高的纳税等级,税收对收入的弹性大于1,即税收比收入增加要快,因此对经济的稳定作用很强。但在通货膨胀时,人们以货币表示的收入上升,若税率等级不随物价指数变化来调整,会出现与上述类似的情况,这就使政府获得了"通货膨胀股利"。

自动稳定器只能缓和经济波动,但若产出原本就处于充分就业的水平,那么任何形式的经济波动对经济都是有害的。为了消除经济波动,我们需要使用积极的财政政策。

② 积极的财政政策。积极的财政政策(Discretionary Fiscal Policy),又称权衡性的、相机抉择的财政政策,是指政府密切注视经济的变动趋势,预测未来的经济发展,加以分析权衡,通过变动税率及政府支出,达到一定的宏观调控目标。其关键是逆经济风向行事,消除经济波动。

a. 财政杠杆与积极的财政政策。为考察财政政策对收入水平的影响,我们引入"财政杠杆"这个概念。财政杠杆是指公共部门存在时的收入水平 Y^* 与其不存在时的收入水平 Y 的差额,表达为

$$L = Y^* - Y$$

在比例所得税制下,

$$L = (a + I + G)/[1 - c(1 - t)] - (a + I)/(1 - c)$$

如果政府的目标是使产出维持在充分就业的水平,那么 Y^* 应看作充分就业下的收入水平,L 就是为了达到充分就业政府所必须填补的差额。

因为 L 与 G、t 的绝对水平有关,为了更方便政策操作,我们更多地考察财政杠杆的变动。以求得为了达到充分就业产出水平,在原有的政府支出与税收水平上,应作怎样的调整。若 $\hat{Y}$ 为在 G 和 t 的某个给定

值下的最初水平，Y^* 是所要求的收入水平，则为达到 Y^* 所需的财政杠杆变动为

$$\Delta L = Y^* - \hat{Y} = \frac{a+I+G^*}{1-c(1-t)} - \frac{a+I+\hat{G}}{1-c(1-t)}$$
$$= \Delta G/[1-c(1-t)]$$

从上式可以看出，ΔG 与 t 这两个财政变量是互相关联的，为了达到既定的 ΔL 的值，当一个变量定下来后，另一个变量也随之而定，两者间存在着无数种可能的组合，政府应根据实际情况从中选择。

当 $\Delta L > 0$，即 $\hat{Y} < Y^*$ 时，经济处于衰退或萧条，政府可以仅通过降低 t 或增加 G，也可以通过选择 ΔG 与 t 之间的某种组合来刺激经济。这称为膨胀性的财政政策。

当 $\Delta L < 0$，即 $\hat{Y} > Y^*$ 时，经济处于过热的状态，为了防止通货膨胀，政府可以提高 t 或减少 G 或双管齐下来压低总需求。这称为紧缩性的财政政策。

这两种积极的财政政策均可以使均衡产出重新回到充分就业的水平，即它可以完全消除经济波动。

b. 自动稳定器对积极财政政策的影响。在短期作用方面，如果经济原本处于充分就业，那么自动稳定器是有益的，它可以自动缓和经济波动，减少对积极财政政策的需要。但如果经济原本处于失业或通货膨胀的情况，自动稳定器就会阻碍经济朝充分就业水平移动，从而增加积极财政政策的负担。例如若要求的财政杠杆变动为 ΔL，则

$$\Delta L = \Delta G/(1-c) = \Delta G'/[1-c(1-t)]$$

即 $\qquad \Delta G' = [1-c(1-t)]\Delta G/(1-c)$

这里，ΔG 是没有自动稳定器时所需的 G 的变动，$\Delta G'$ 是有自动稳定器时所需的 G 的变动，当 $t > 0$ 时，$\Delta G' > \Delta G$，即所得税制使稳定经济所需的政府财政支出的规模增加，政府的负担加重。

在长期作用方面，自动稳定器会对经济产生财政拖累作用。若经济原本处于充分就业，由于劳动力与资本存量的增长，以及技术的进步，

生产能力在不断提高,因此,为了维持充分就业,产出必须有一定的增长。若一项财政政策年复一年地实行下去,即税率与政府支出保持不变,则随着产出的增加,税收不断增加,在实行累进所得税制情况下,税收增加幅度甚至大于产出增加幅度,财政盈余不断上升,从而使经济越来越难以维持充分就业,这种现象就是财政拖累作用。在经济增长时期保持税率及政府支出不变的政策实际上是一种紧缩性政策,要使政策保持中性,必须不断改变政府支出和税率以扩大需求。因此,对政府积极财政政策的需要,不是减少而是增加了。

因为经济增长使政府财政盈余增加,政府可以在不影响政府支出的情况下降低税率,或在不提高税率的情况下增加政府支出,或同时增加支出和降低税率,以扩大总需求。这种因经济增长而带来的好处称为财政股利。

为了减小自动稳定器所造成的财政拖累作用,有些国家实行了所得税指数化,将累进所得税制的税率与物价指数挂钩,这同时也防止了政府从通货膨胀中获得通货膨胀股利。

(2) 宏观财政政策准则。政府必须依据一定的财政政策准则,综合运用各种宏观财政政策工具,才能对经济进行有效的调控。随着宏观经济理论的不断发展,政府在经济运行中扮演的角色越来越重要,宏观财政政策准则也在不断变化。

① 年度财政预算平衡准则。18 世纪后半叶到 20 世纪初,西方国家一直奉行的是亚当·斯密主张的"自由放任"的古典经济理论。亚当·斯密在其《国富论》中极力推崇市场的作用,认为市场就像一只"看不见的手",市场机制与私人经济部门可以对经济活动进行自发的有效的组织,因此政府过多的干预必然是有害的。政府的活动必须限制在一定的范围内,例如公共秩序、国防与司法等,而税收也不应涉及收入的再分配。既然政府仅仅扮演经济运行的守夜人角色,一个谨慎的政府就应该量入为出,每年预算都要保持平衡。否则,财政赤字引起的债务,既表现政府的挥霍浪费,又耗费私人经济部门可以用作资本积累的资金,影响经济发展,而且这些债务还会给子孙后代造成负担,因为公债的还本付息,归根结底来源于税收,是由纳税人承担的。这种每年预算都保持平

衡的原则被称作年度财政预算平衡准则。

②功能财政准则。20世纪30年代的大危机使人们意识到在经济衰退期间保持年度预算平衡会加剧衰退。在经济衰退时,税收自动减少,此时如果政府仍然努力实现预算平衡,则必然要增加税收,减小开支,或者两者同时进行。显然,这相当于执行紧缩性财政政策,会抑制需求,加剧经济衰退。同理,年度预算平衡也不利于抑制通货膨胀。

凯恩斯学派认为市场机制无法使经济一直维持均衡,因此政府不能对经济自由放任,必须用财政政策来消除私人经济的周期性波动。政府财政的首要目标应是经济平衡,而非预算平衡。政府应根据私人部门的支出来确定预算,使由总需求决定的均衡产出达到充分就业的水平。只要这个目标实现,财政预算本身是否平衡并不重要。这种根据财政政策的经济目标来确定财政预算的准则,被称为功能财政准则。这种准则与年度财政预算平衡准则是完全相反的。

③补偿性财政政策或周期性预算平衡准则。虽然凯恩斯的积极财政政策理论在20世纪30年代大危机后被普遍接受,但预算平衡的思想根深蒂固,于是在功能财政准则与年度预算平衡准则之间出现了中间道路。新古典综合派认为:在经济萧条时期政府应该扩大支出,降低税率,刺激总需求,这时允许财政出现赤字。在经济繁荣时期,政府就应减少支出,提高税率,努力使财政出现盈余,以弥补萧条时期的赤字,做到每个经济周期的财政预算保持平衡。这种准则被称为周期预算平衡准则或补偿性财政政策。这种原则说明政府理财思想已经从年度平衡发展到周期平衡,既有利于政府发挥稳定经济的重要作用,又有利于保持预算平衡。

周期性预算平衡准则虽然在理论上可以接受,但在现实中,经济循环的上升或下降,其深度与时间往往不相等,长期而严重的衰退后可能仅仅出现短期有限的繁荣。如果一定要用繁荣时期的盈余弥补衰退时期的大量赤字,以达到周期预算平衡,就意味着在繁荣时期,政府必须大幅度削减开支以及提高税率,这会影响经济增长,甚至使经济重新陷入停滞。1953—1960年美国艾森豪威尔总统执政期间,采用周期性预算平衡准则,虽然防止了严重的赤字和通货膨胀,但经济增长速度较慢,中间还出现过两次经济危机,这一时期因而被称为"艾森豪威尔停滞"。

④ 充分就业财政预算准则。既然周期预算平衡准则会带来经济停滞,那么就必须有一种新的财政预算准则取而代之。

新古典综合派的托宾及奥肯提出了"潜在国民生产总值"和"充分就业预算"这两个新概念。

他们认为,以前凯恩斯主义财政政策的目的仅仅是消除经济波动,只有在经济运行出现危急情况时才用财政赤字或盈余来对经济进行刺激或抑制,平时仍是预算平衡占支配地位,这只是在"救火"。这种"救火"策略导致美国经济从二战后到 20 世纪 60 年代初,除了曾因朝鲜战争的刺激而达到或超过充分就业外,其余年份均没有达到充分就业。因此必须制订一种新的经济策略,其重要特点是:它"不是以经济是否在扩张,而是以经济是否已充分发挥出它的潜力,作为判断经济表现的标准。"①根据这种策略,政府不应该仅仅扮演一个"救火者"的角色,其财政政策的长期目标和长期水平应该与充分就业增长轨道保持一致②。

奥肯通过著名的"奥肯定律"来说明充分就业经济政策的必要性。"潜在的国民生产总值"就是充分就业条件下的国民生产总值。估计这个量的方法,是把它与失业率联系起来。因为失业率可以作为一个变量,代表因资源闲置而给经济造成的影响,设 4% 的失业率为自然失业率,则只要求出超过 4% 的失业率给国民生产总值造成的损失,再加上实际的国民生产总值,就可以得出"潜在的国民生产总值"。如果以 g 表示超过 4% 的失业率给国民生产总值带来的损失的百分比,$\overline{U}$ 代表 4% 的自然失业率,U 表示实际的失业率,a 为系数,则可得出以下公式

$$g = a(U - \overline{U})$$

奥肯根据 1947—1960 年 55 个季度美国的统计资料,通过回归方程得出 $a = 3$。这个公式表示:如果失业率为 8%,则 $g = 3 \times (8\% - 4\%) = 12\%$,即因为失业率为 8%,会使国民生产总值减少 12%,若当年国民生产总值为 1 000 亿美元,则"潜在的国民生产总值"应为 1 000

---

① 一转引自黄范章《美国经济学家奥肯》,载《世界经济》1981 年第 10 期,第 74 页。
② 参阅托宾:《十年来的新经济学》,商务印书馆 1980 年版,第 13 页。

÷(1－12%)＝1 136亿美元。

奥肯认为政府应该以这个"潜在的国民生产总值"作为政府经济政策的目标,应注重消灭潜在的与实际的国民生产总值之间的差距(这个差距称为"奥肯差距"),而且以此目标进行扩张可以促进经济增长,是防止衰退的最好方法。为了达到这个目标,政府必须实行充分就业财政预算准则,即政府通过确定政府支出的规模与税率,使实际的国民生产总值一旦等于潜在的国民生产总值,税收刚好等于支出。这样,只要经济低于这个水平,即使经济处于扩张时期,财政仍应为赤字,财政政策仍是扩张性的,会刺激总需求,使实际的产出量达到潜在的产出量,从而实现充分就业。

肯尼迪政府及其经济发展委员会接受了托宾及奥肯的这种观点,[1] 在1960年采取了削减个人所得税的政策,这使美国经济在20世纪60年代持续增长。但这种新的经济策略实际上也对美国20世纪60年代后期及70年代严重的通货膨胀起了推波助澜的作用,这种充分就业财政预算准则因此由盛而衰。

为了解决美国70年代的"滞胀"问题,经济学家提出了新方法,不仅仅考虑财政预算问题,而且考虑多种经济政策综合运用的策略,如财政政策与货币政策的配合,财政政策与货币政策的微观化等等。我们会在后面的章节讨论财政政策与货币政策的配合问题。财政政策的微观化是指政府对不同地区及不同部门制订区别对待的经济政策,如针对不同部门制订不同的税率,调整财政支出的内部构成等。

14.3 价格变动情况下的财政稳定政策

以上关于财政稳定政策的讨论是在价格不变的前提下进行的,即当经济处于萧条时期,或者在价格不能迅速调整的短期。

---

[1] 实际上,经济发展委员会略为保守,认为在实际国民生产总值达到潜在的国民生产总值时,财政应有一个恰当的盈余。

然而,随着需求的扩大,产出的增长,劳动力与其他生产资料的供给逐步趋于紧张;而且随着时间的推移,劳动力等投入品的价格开始重新制订,于是价格终究会开始上升,供给曲线必然会出现向上倾斜的阶段。通货膨胀是现实经济生活中的常见现象,因此讨论价格变动情况下的财政稳定政策更具有实际意义。在价格变动的情况下,财政稳定政策在引起产出变动的同时也引起价格水平的变动,于是政策制定者往往需要对不同的政策目标进行选择,为了直接地把通货膨胀与总产出联系起来,需要引入菲利浦斯曲线,以之为基础,再追加一定的前提假定,则可推导出总供线曲线,即价格水平与总产出的关系。然而,经济学家对于菲利浦斯曲线有不同的意见,从而可导出不同的总供给曲线,对稳定政策的效果也有不同的含义。

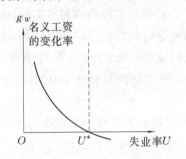

图 14.8 简单的菲利浦斯曲线　　图 14.9 工资—就业线

14.3.1 简单的菲利浦斯曲线与财政稳定政策

(1) 简单的菲利浦斯曲线。对于价格变动情况下的总供给曲线进行推导的基础是菲利浦斯曲线。

简单的菲利浦斯曲线反映了名义工资变化率和失业率之间的一种替代关系,如图 14.8,当失业率下降时,名义工资水平上升,用公式表示即为

$$g_W = -\varepsilon(U - U^*) \tag{36}$$

其中 U 为失业率,U^* 为自然失业率,

$$g_W = (W - W_{-1})/W_{-1} \tag{37}$$

W 和 W_{-1} 分别为当期和上期的工资率,g_W 即为工资的变化率。

这一公式为英国经济学家菲利浦斯(Alban William Phillips, 1914—1975)根据英国情况得出的一个经验公式。

菲利浦斯曲线暗含的工资对于产出和就业调整缓慢的意义是扩张政策能够在短期和中期影响产出的理论基础。因为由(36)、(37)式,可推出 $W = W_{-1}[1 - \varepsilon(U - U^*)]$,即当期工资水平决定于上期工资水平和失业状况。而对工资和价格缓慢调整过程的理论分析为:在通胀率较低的情况下,工资率往往在名义条件下确定,一些正式的工会劳动合同持续两到三年。在合同期内,名义工资是固定的。一般来说,工资包含两部分,一是基本的工资水平,二是超额劳动的加班工资。总需求增加时,厂商对劳动的需求增加,短期内,工资沿着 WN 线上升,这里 W 代表工资,N 代表就业量,WN 线反映工资率和就业量的关系,两者同方向变化,如图 14.9。因为一般劳动合同都规定较高的加班工资,这意味着工作时间越长,工资就越高。而随着时间的推移,在签订下一次的劳动合同时,工人就会要求一个更高的基础工资,于是 WN 线上移。然而,所有的工资合同并非同时到期,全部重新调整到位需要时间,于是总的说来调整过程是缓慢的。

(2) 总供给曲线。菲利浦斯曲线反映的是工资的变化率与失业率的关系,我们以就业率替代失业率,则可以改写(36)式,设 N 和 N^* 分别为实际就业率和充分就业时的就业率,则

$$U = (N^* - N)/N^*, U^* = (N^* - N^*)/N^* = 0$$

于是 $\quad\quad\quad (N^* - N)/N^* = U - U^* \quad\quad\quad (38)$

将(37)式和(38)式代入(36)式,则

$$\frac{W - W_{-1}}{W_{-1}} = -\varepsilon[(N^* - N)/N^*]$$

从而 $\quad\quad W = W_{-1}[1 + \varepsilon(N - N^*)/N^*] \quad\quad (39)$

设产出与就业成正比,即

$$Y = aN \quad\quad\quad (40)$$

且企业价格以工资成本加价法确定,即

$$P = \frac{(1+Z)W}{a} \tag{41}$$

其中 a 的意义由(40)式，W/a 即为单位产品劳动成本，Z 反映了其他成本及企业利润(正常利润加非完全竞争市场中的垄断利润)等。

将(39)、(40)式代入(41)式，则

$$\begin{aligned} P &= \frac{(1+Z)W}{a} = \frac{(1+Z)}{a} W_{-1}\left[1 + \varepsilon\left(\frac{N-N^*}{N^*}\right)\right] \\ &= P_{-1}\left[1 + \varepsilon\left(\frac{N-N^*}{N^*}\right)\right] \\ &= P_{-1}\left[1 + \varepsilon\left(\frac{Y-Y^*}{Y^*}\right)\right] \end{aligned}$$

设 $\lambda = \varepsilon/Y^*$，则 $P = P_{-1}[1 + \lambda(Y - Y^*)]$ (42)

以上就是在假定产出与就业成正比，价格以工资成本为基础确定的前提下，由简单的菲利浦斯曲线推导出的总供给曲线，如图 14.10。

这一供给曲线具有以下重要的性质：

① 总供给曲线的位置取决于上期的价格水平，在 $P = P_{-1}$ 处，AS 线通过充分就业产出水平 Y^*。

② 实际产出提高，则会出现更高的就业，本期的价格将会高于上期价格；相反，若失业率降低，则本期的价格会低于上期价格。也就是说，产出与价格水平是正相关的，AS 曲线向上倾斜。倾斜的程度取决于产出和就业对当期工资水平的影响，影响越小，则曲线越平缓。系数 λ 反映着就业与工资变化的联系，进而决定着价格和产出的联系。

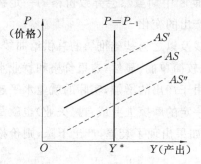

图 14.10 总供给曲线

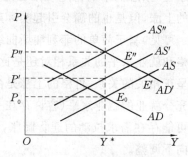

图 14.11 扩大总需求的稳定政策的效果

③ 总供给曲线在不同时期会移动,如果产出保持在高于充分就业的水平,则工资持续上升,进而价格也将不断上升。

(3) 稳定政策的效果。利用以上模型,我们可以分析政府稳定政策的效果,如图 14.11,设经济最初处于均衡点 E_0,政府的需求管理政策使 AD 曲线右移至 AD'。

① 短期调整。总需求扩大,企业库存减少,厂商将雇佣更多工人增加产出,于是生产和就业增加,劳动力市场的需求增加导致工资上升,劳动成本增加,价格随之上升。价格调整的程度取决于 λ,即就业增加使工资上升的程度。

② 中期调整。在 E' 点,产出高于正常水平,于是价格将不断上升,如在第 2 期,总供给曲线将由 AS 上移至 AS',在 P' 处通过充分就业产出水平,AS' 与 AD' 线决定新的均衡点 E'',从 E' 到 E'',产出下降,价格进一步上升。也就是工资上升使 AS 线继续上移,价格的上升增加了用于交易的货币需求,使实际货币余额下降,提高利率,降低投资以及产出,这样,从第二期起,进入了产出的反向调整阶段。

③ 长期调整。只要产出和就业高于正常水平,工资就将上升,工资上升使厂商在每一产量水平上成本上升,于是总供给线上移,从而价格上升,产出下降。直至总供给与总需求曲线在潜在产出处相交,经济回到充分就业水平。

基于价格和工资调整缓慢的假定——这可在菲利浦斯曲线中反映出来,扩张总需求的稳定政策在短期和中期虽然会导致价格的一定程度的上涨,但是也的确会引起实际产出的变化。

可见,基于简单的菲利浦斯曲线及以之为基础推导的总供给曲线,价格和就业水平的关系相对还是比较简单的。显然,这里价格和就业水平呈正相关的关系,价格的上涨是由于产出的增加,实际的就业水平超过充分就业的就业水平(容许存在一定的摩擦失业或自愿失业)也就是只可能存在需求拉动的通货膨胀,如果出现了衰退,产出下降,则价格会向下调整。

在这种情况下稳定政策的制定也是较为简单的,政府只要在充分就业和通货膨胀之间选定一个作主要目标,就可通过需求管理政策来实现这一目标。比如,若以充分就业为主要目标,则采取扩张政策,并使价格的上涨控制在一个可以接受的程度内;若以降低通胀为主要目标,则采取紧缩政策,并尽可能使为之付出的衰退的代价更小一些。

14.3.2 附加预期的菲利浦斯曲线和财政稳定政策

(1) 附加预期的菲利浦斯曲线。简单的菲利浦斯曲线较好地概括了20世纪四五十年代西方国家的情况,1968年以前,菲利浦斯曲线大获成功,不仅在理论上普遍被人们接受,政府当局还利用这种关系进行相机抉择,制定和执行适当的经济政策,以使通货膨胀和失业都被控制在可以接受的限度之内。

然而,20世纪60年代后期,资本主义经济现实越来越与菲利浦斯曲线相背离,一些国家出现了通货膨胀率与失业同时上升的滞胀现象。也就是说,在产出低于潜在水平或者失业率高于自然失业率时价格也会上涨。为了对这种经济现象进行分析,必须引入弗里德曼(Milton Friedman,1912—)和费尔浦斯(Edmunds Phelps,1913—)对简单的菲利浦斯曲线进行修正而得出的所谓附加预期的菲利浦斯曲线。

弗里德曼和费尔浦斯认为,名义工资水平的确定除受劳动市场的供求进而受产出水平的影响外,还受工人和厂商对通货膨胀预期的影响。

弗里德曼认为简单的菲利浦斯曲线的最大的缺陷就是假定价格和名义工资之间具有固定的比例,价格的制定按照简单的成本加成方法。若 $P = W \cdot (1+Z)/a$,则 $W/P = a/(1+Z)$,从而实际工资总是单位产品的劳动成本加一个固定的比例,不会因价格的变化而变化。事实上,由于工资调整滞后,总有些部门工资调整的速度低于价格上涨的速度。在确定了名义工资以后,若价格水平上升,则工人的实际工资会降低,这种情况有利于厂商成本的降低,能够促进产出的增长。

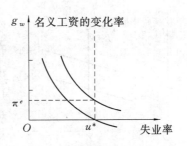

图 14.12 附加预期的菲利浦斯曲线

但是在下一次对工资进行谈判的时候,工人必然要求考虑物价上涨因素,对名义工资进行调整,补偿价格上涨的影响。若工人对通货膨胀形成了预期,则会要求名义工资的调整反映预期的价格上涨率,将这个因素加在原来由就业状况决定的工资调整水平之上,若厂商对价格上涨有同样的预期,也会愿意支付工人更高的名义工资。当工资和价格上升相同的比例,则厂商和工人的境况与没有通胀时的情况一样,因为实际工资是固定的。这样,简单的菲利浦斯曲线应修正为

$$g_W = \pi^e + \varepsilon(U - U^*) \tag{43}$$

其中 π^e 为预期通货膨胀率,这就是附加预期的菲利浦斯曲线,如图 14.12。

(2) 动态总供给曲线。若我们沿用成本加成定价法,则价格和产出的关系进而变为

$$(P - P_{-1})/P_{-1} = \pi^e + \lambda(Y - Y^*)$$

而 $\pi = (P - P_{-1})/P_{-1}$,则 $\pi = \pi^e + \lambda(Y - Y^*)$ (44)

为了更方便地直接探讨产出与通货膨胀的关系,我们以上面的动态总供给曲线(44)式替代前述的总供给曲线 $P = P_{-1} + \lambda(Y - Y^*)$,它也被称为附加预期的总供给曲线。如图 14.13。

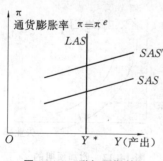

图 14.13 附加预期的总供给曲线

可见,基于附加预期的菲利浦斯曲线,价格上涨的速度会快于产出的增长,在产出不增长,甚至出现衰退时,物价仍可能上涨,从而出现"滞胀"。如图 14.13,短期内,预期通货膨胀率不变,对每个确定的预期通货膨胀率,都有一条总供给曲线 SAS,当实际产出等于潜在产出时,实际的通货膨胀率与预期通胀率相等。当产出增长时,通货膨胀率也会上升,这反映了与简单的菲利浦斯曲线相同的关系,产出上升,工资则会上升进而导致价格上升。

预期通胀率决定了 SAS 的位置,π^e 越高,则 SAS 越高。短期 SAS 线是相当平缓的,这反映了短期缓慢的调整过程,需要较大程度的衰退和较高的失业才可能使实际通胀率下降。关键问题是实际经济中 π^e 并不是固定不变的,在实际通胀水平较低时,人们可能会意识不到 π^e,从而 π 与 Y 的关系基本上符合简单的 PHilips 曲线的情况。当经济中实际发生较高水平的通胀时,人们就会对通胀形成预期。

由于我们假定 $\pi^e = \pi_{-1}$,则 π^e 随着时间的推移会发生变化,而随着 π^e 的变化,SAS 开始向上移动,π^e 越高,一定的产出水平就对应越高的通胀率。这时原来简单的菲利浦斯曲线就失效了,通货膨胀率完全可以与失业率同时上升。换言之,当产出下降时,通胀率仍有可能上升,就是因为我们引入了产出之外的决定实际通胀率的重要因素——预期通胀率。

动态总供给曲线引入 π^e 后,打破了价格与产出正向联系的关系,这一点与以上由简单的菲利浦斯曲线引出的总供给曲线不同,但长期结果仍与以上论述的结果一样。也就是经济将回到潜在产出水平,$Y = Y^*$。

在每一条 SAS 上,除了在 $Y = Y^*$ 的产出水平上,π 都会与 π^e 不同,如果 π 在一个较长时期内保持不变,则厂商和工人都会预期这一水平将持续下去,从而 π^e 将等于 π,这时 $Y = Y^*$,这就是附加预期的长期总供给线 LAS。显然 LAS 是垂直于横轴的,其上每一点实际的通胀率都与 π^e 相等。我们可以将 LAS 与 SAS 对比:

在 SAS 上,对于给定的 π^e,π 越大,Y 越大,或相反;而在长期,$\pi^e = \pi$,Y 与通胀率无关。

(3) 预期通货膨胀率的决定因素和稳定政策的效果。显然预期通货膨胀率对于实际价格上涨的程度和速度起着至关重要的作用。而对于预期通货膨胀率如何决定,有两种重要的理论:适应性预期和理性预期,这两种预期理论意味着迥然相异的扩张政策效果。

适应性预期,即 Adaptive Expectation,是指 π^e 是基于过去的 π 的情况得出的,即 $\pi^e = \pi_{-1}$,或者 π^e 为过去几期 π 的平均值。这时 π^e 虽然仍代表预期的通货膨胀,但以此为基础的工资调整就相当于对过去价格上涨的补偿,且工资调整是滞后的,扩张政策在短期内能够导致产出的增长,在中期才引起价格向上调整、总供给线内移和产出下降。

理性预期,即 Rational Expectation,是指人们基于能够获得的关于未来通胀的各种信息来形成对通胀的预期。这种假定意味着人们不会犯系统性错误(Systematic Mistakes),例如不会总是过低地预计通货膨胀,因为他们有足够的信息清楚地了解自己在其中运作的经济环境。

显然,依据理性预期理论,人们能够正确地预期到政策变化会导致的结果,即 $\pi^e = \pi$,于是 $Y = Y^*$,就是说经济总是处于充分就业水平,在适应性预期假定下长期的结果在很短的时期就发生了,扩张政策不会有任何效果,其内在的机制则是厂商和工人总是试图将工资确定在充分就业的水平上。除非人们的预期发生错误,他们才不能够做到这点。这样,只有未被预期到的政策才会产生实际效果,而且,政策若能够改变人们的预期则尤其会产生迅捷的效果。

当然,现实经济生活中的厂商和劳动者事实上不可能做到如理性预期假设那么准确的预期——即使经济学家也难以做到这一点。但是理性预期理论提醒我们预期的重要性。π^e 若是与过去的 π 无关,而是基于对未来 π 的预期,那么与适应性预期相比,工资和价格调整要迅速得多,从而扩张政策降低失业的作用也小得多。不过,也应该承认,工资调整毕竟需要时间,如果扩张政策是在工资合同签订以后实施,那么即使工人预期到了物价的上涨也不可能做出充分的反应,扩张政策影响产出还是有一定的余地的。

14.3.3 财政政策与总供给——供给学派的财政政策主张

20世纪30年代大危机后,西方发达国家均采用凯恩斯主义的需求管理政策,对经济进行干预。在战后,这些国家出现了一个"黄金时期",经济高速发展,同时通货膨胀率较低。但到了70年代,发达国家的经济陷入"滞胀",高通货膨胀率与低经济增长率并存,凯恩斯主义对此无法解释,趋向破产。在这种历史条件下,供给学派应运而生。

(1)供给学派的政策主张。供给学派认为凯恩斯的理论已不适用于20世纪70年代的美国经济,需求管理政策是造成"滞胀"的根源。在大萧条时期,大量设备闲置,这时只要提高需求就能扩大产出。但在70年代,设备已趋充分利用,而政府为了提高需求,却采取了一系列影响人们储蓄积极性的政策,导致储蓄率下降,这直接造成资本形成率下降。由于投资不足,企业的设备更新和技术革新缓慢,劳动生产率下降,经济陷于停滞。同时,劳动生产率的下降一方面使要素需求旺盛但产品供给相对不足,导致需求拉上型通货膨胀;另一方面意味着单位产品成本相对上升,引发成本推进型通货膨胀。

可见,这时经济中的主要问题在于供给方面,政府应将其财政政策的重点转到增加供给方面,实行"供给管理政策"。这种政策在理论上来源于古典学派中"供给会自动创造需求"的萨伊定律,但供给学派作了发展,根据当时美国经济的实际情况,提出政策的关键是通过对储蓄、投资及人们工作积极性的刺激,提高劳动生产率,从而增加供给。

正统的供给学派的代表人物是阿瑟·拉弗,其政策主张的核心是减税。他认为过高的税率会从以下几个方面给经济造成危害,进而试图说明减税政策的正确性及必要性。

① 高税率,尤其是高的边际税率造成人们工作积极性和劳动生产率下降。一个人在完成本职工作后,有两种选择:加班或休息。如果边际税率很高,多劳多得的收入要按更高的税率纳税,到手的收入很少,则休息相对变得有利。于是人们宁愿多休息,少工作。因此,如果政府降低边际税率,人们就愿意加班加点,努力工作,积极学习和提高技术,多挣工资收入。这样就可以提高劳动生产率,增加产出。

② 高的边际税率导致储蓄与投资不足,经济停滞不前。边际税率越高,一个人将一笔钱用于储蓄或投资而获得的税后收益越少,相对来说将这笔钱用于消费更合算。过高的边际税率实际上鼓励人们多消费,少储蓄和投资。因此,如果政府降低边际税率,当利率不变时,人们将钱用于储蓄的收益增多,人们就乐意克制眼前的消费而进行储蓄,从而增加资本的供给。同时,在利润率不变的前提下,边际税率降低可以使投资获得的税后利润相对增多,企业家才愿意承担风险,增加投资,从而扩大生产。

③更严重的是,过高的边际税率令个人及企业丧失创新精神,安于现状,这对经济增长造成极大危害。供给学派认为:在任何经济制度中创造性的主要来源都是个人投资者,经济是因人们甘冒风险,在知道将会得到什么回报以前就愿意投资而增长的。如果边际税率太高,人们都不愿投资,经济就无法增长。

总之,解决以上问题的关键是降低个人所得税及公司所得税过高的边际税率,这也是供给学派式减税与凯恩斯式减税的最大区别。凯恩斯式减税主要是通过降低平均税率来提高人们的可支配收入,从而提高消费需求,其侧重点在需求方面。而供给学派则通过降低边际税率来刺激储蓄、投资及人们的工作积极性,从而提高劳动生产率,其侧重点在供给方面。

为了说明税率与税收之间的关系以及减税对经济增长的刺激作用,拉弗提出了著名的"拉弗曲线"。

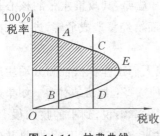

图 14.14 拉弗曲线

如图 14.14 所示,拉弗在平面坐标系内用一条曲线表示税率同政府税收的关系。纵轴表示税率,横轴表示政府税收。当税率为 0 时,政府税收也为 0。当税率上升到 100% 时,因为人们要将全部收入用来纳税,没有人愿意工作或投资,因此政府税收也会降为 0。当税率过高时,如在图中的 A 点,政府通过降低税率可以扩大产出,同时增加税收(从 A 到 C)。当税率过低时,如在图中的 B 点,政府就应该提高税率,虽然产出会减少,但政府的税收收益可以上升(从 B 到 D)。E 点是税率的最佳点,在这点政府税收最多。E 点以上的阴影部分是禁区,政府如果从 E 点再提高税率,产出与税收均会下降。因此政府最重要的任务是找到最佳税率点 E 点。拉弗认为当时美国的税率就处于禁区以内,因此政府应大力降低边际税率,这样不仅可以扩大产出,还可以增加政府税收收益,减小财政赤字。

(2) 供给学派政策的实践及对其评价。1980 年里根上台后,全盘推行供给学派的政策主张,其"经济复兴计划"中就包括大幅度减税及减少福利支出这两项。但事实证明供给学派的减税理论并不成立。

1981—1982年,主要因为结构性因素及高利率,美国陷入了战后持续时间最长的经济危机。而减税理论没有发挥出预想效果刺激经济复苏。在实行减税政策后,美国的储蓄率没有明显变化。因为机器闲置及高利率的影响,投资率不但没有上升,反而下降。当时经济处于危机,大量工人失业,开工率严重不足,根本谈不上加班加点、发挥工作积极性。由于减税未能迅速刺激经济增长,税率却大幅度降低,政府的税收收入急剧减少,"拉弗曲线"彻底破产。

由于失业人数剧增,政府的失业补助支出增加,政府无法有力压缩开支,在税收收入减少的情况下,政府财政赤字达到创纪录的数字,给美国经济发展造成沉重负担。

供给学派的失败可以说是必然的。它在宏观经济理论上比较贫乏,没能形成一个完整的体系与凯恩斯主义抗衡。在政策主张上,它也承认单凭市场机制是不能使经济达到均衡的,但它将政府的注意力从需求完全转移到供给,认为只要减税就能解决美国经济中的滞胀、赤字等所有问题,这也太过简单及绝对,有从一个极端走向另一个极端之嫌。

但应该说,供给学派还是有其可取之处的。

供给学派主张减少政府对经济过多的干预,通过减税等措施,发挥市场机制的作用,鼓励储蓄、投资和工作的积极性,这反映了市场经济的内在规律。

供给与需求本来就是经济生活中相辅相成、不可分割的两个方面,供给学派的理论让一向仅注意需求的人们将注意力转到供给,注重提高劳动生产率,这有其合理性。从此以后政府开始了需求与供给的综合管理,美国90年代以来的经济持续增长就是这种综合管理的结果。

(3)美国的"新经济"与克林顿的财政政策。美国经济已经持续9年增长,而且这次增长的新特点是:高增长率、低通胀率、低失业率。这与克林顿政府实行正确的财政政策是分不开的,其财政政策就包含了部分供给学派的观点:

① 他极力注重提高劳动生产率。克林顿上台后,就大力发展高科技。他大幅度增加政府在科技方面的投入,并对投在高科技方面的资金

给予课税减免；政府大力加强企业与大学间的合作，推动技术的商业化；政府还加大对教育事业的投入，以提高劳动者的素质。这些措施极大地推动了美国的技术进步。高科技行业由于其产品极具竞争力，已成为美国经济增长的"火车头"。传统行业也运用新技术对生产及管理机制进行改革，劳动生产率提高，不仅产品数量增加，更重要的是产品的质量提高，在世界上的竞争力加强，这也推动美国经济强劲增长。

由于劳动生产率提高，供给状况大大改善，从而使得美国经济在高速增长时仍能保持较低的通货膨胀率。

虽然技术进步减少了一些传统部门的就业机会，但高科技行业的发展扩大了就业领域，两者相抵，就业机会净增，美国失业率也处于极低的水平。

② 他大力削减财政赤字，努力实现平衡预算。

在如何增加财政收入方面，克林顿与供给学派的主张不同，他主张通过向富人阶层增税来增加财政收入。在财政支出方面，他同意供给学派的观点。他裁减政府雇员，削减社会福利开支和军费，使政府支出大幅度下降。这种双管齐下的措施使政府财政赤字急剧下降，在1999年实现财政预算平衡。

财政赤字的下降可降低发行国债的需要，减少占用私人储蓄，扩大市场上的资本供给量，从而刺激私人投资，美国已经连续几年投资率高于经济增长率。私人投资的旺盛反过来促进资本密集型的高科技产业迅猛发展，促进经济增长，形成了良性循环。

14.4 关于财政政策的进一步探讨

14.4.1 财政政策与货币政策的配合

除了财政政策以外，货币政策是政府用来调控宏观经济的另一种重要手段。依凯恩斯学派的观点，货币政策是指政府通过改变货币供给量，影响利率，进而影响投资，再通过投资乘数影响产出的政策。经济学家丁伯根提出：政府要达到 N 个政策目标，必须有 N 种政策工具与之对应。因此,政府必须同时采用财政政策及货币政策这两种工具,才能实现消除通货膨胀与充分就业这两个政策目标。在实际生活中,各国政府对财政政策与货币政策的配合普遍极其重视。

(1) 财政政策与货币政策的比较。要想实现两种政策的有效配合运用,首先必须了解两种政策各自的优势与局限性。

① 财政政策与货币政策的影响。虽然财政政策与货币政策的目的都在于促进产出与就业,但两者对总需求结构的影响是不同的。扩张性财政政策在促进产出与就业的同时,利率也上升了,从而排挤了非政府部门的投资;而扩张性货币政策却可以通过降低利率,促进产出与就业的增加,因而有利于鼓励非政府部门投资的增长。

② 财政政策与货币政策的有效性。在短期内,价格水平不变,我们采用 $IS-LM$ 模型进行分析。

财政政策及货币政策的效果与 IS 曲线、LM 曲线的斜率有关。IS 曲线是一条向右下方倾斜的曲线。而 LM 曲线的斜率由利率水平的变化而有所不同,其形状如图 14.15 所示。

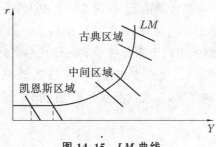

图 14.15 LM 曲线

当利率很低时,LM 曲线是一条水平线。这是因为利率水平与债券价格成反比,利率水平低说明债券的价格极高,人们都认为债券价格只会下跌不会上升,因此都不会去购买债券,宁愿持币等待,即货币的投机需求无限大。这时货币供给量的增加会被货币的投机需求完全吸收,不会引起利率水平的下降。这种现象就是凯恩斯所说的"流动性陷阱",LM 曲线的这个区域也被称为"凯恩斯区域"。在这个区域内,如果政府采取扩张性货币政策,因为货币供给量的增加无法降低利率,也就无法刺激私人投资从而增加国民收入,因此货币政策是完全无效的。如果政府采取扩张性财政政策,IS 曲线右移,收入的增加不会引起利率的上升,私人投资不会被挤出,因此财政政策是完全有效的。

当利率水平很高时,LM 曲线成为一条垂直于横轴的直线。这是因为,利率很高说明债券的价格很低,人们都认为债券的价格只会上升不会下跌,会把手中持有的所有用于投机的货币拿去买债券,这时货币的投机需求为 0,货币需求与利率没有关系。古典学派认为人们对货币仅有交易需求,没有投机需求,因此 LM 曲线的这个区域被称为"古典区域"。在这个区域内,如果增加政府支出使 IS 曲线右移,因为货币供给没有改变,投机需求为 0,为了维持货币市场的平衡,货币的交易需求无法改变,也就是说国民收入无法改变。这说明政府支出的增加必然会导致利率上升到完全挤出相同数量的私人投资,使国民收入维持在原来水平上。因为发生了完全的挤出效应,财政政策无效。而若扩大货币供应量,利率将下降,从而刺激投资需求以至总产出的增加,即货币政策是完全有效的。

以上两种情况均是极端情况,在现实中是很少见的。更为符合实际的情况是 LM 曲线的中间区域,这时 LM 曲线是一条向右上方倾斜的曲线。在这个区域内,财政政策与货币政策都是不完全有效的。

如图 14.16 所示,当政府支出增加,使 IS 曲线从 IS_0 右移到 IS_1 时,因为挤出效应的存在,收入只是从 Y_0 上升到 Y_1,而不是 Y_2。财政政策不完全有效。

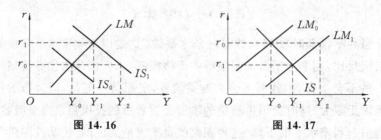

图 14.16　　　　　　　　图 14.17

如图 14.17 所示,当政府扩大货币供给量,使 LM 曲线从 LM_0 右移到 LM_1 时,如果利率不变,要使货币供求平衡,收入的增加部分应为

Y_0Y_2,但事实上收入不会增加那么多。因为货币供给增加引起利率下降,货币的投机需求上升,吸收了部分货币供给,因此收入只从 Y_0 上升到 Y_1,货币政策也是不完全有效的。

在正常情况下财政政策与货币政策都不完全有效,这是必须注重两种政策配合运用的重要理论依据。

在长期内,由于价格水平可以不断调整,经济可以自发调整到充分就业的均衡状态。在这种情况下,财政政策与货币政策都无法使产出偏离潜在水平。

如本章前文所述,如果政府采取财政政策,增加支出,通过乘数的作用,将促使总需求曲线右移,但是,从 IS-LM 分析可知,在第一年内利率上升,投资被挤出,部分地抵消了政府支出对总需求的刺激。当价格水平开始逐渐上升时,货币需求增加,货币供给相对降低,导致利率进一步上升,投资进一步被挤出,从长期看,尽管政府支出已经增加,GNP 仍回到潜在水平。从而在长期中,投资支出的减少必然刚好等于政府开支的增加,也就是说财政政策将完全排挤投资支出。

如果政府采取货币政策,增加货币供给,将引起利率下降,刺激投资支出,进而通过乘数作用使总需求扩大,AD 线右移。以下的调整路线与财政政策相同。在长期均衡点,价格的上升与名义货币供给量的增加比例相同,实际货币供给量 M/P 回到初始水平,实际利率也回到初始水平,从而总需求、产出、就业均回到初始水平。也就是说,长期内,只要工资和价格能够充分地调整,这个模型得出了与古典模型相同的结论,即货币是中性的。但不同之处在于调整的过程,在古典模型中,货币扩张立即导致等比例的价格上升,没有实际产出的扩张过程。而这里货币在短期并不是中性的,在短期和中期产出与价格都上升,只有在长期才回到古典的情形。

总的说来,如果扩张性财政政策(已考虑挤出效应)与扩张性货币政策引起总需求曲线移动的幅度一致,那么以后两种政策的影响必然一致,遵循同样的调整过程。若将财政支出的扩张引起的总需求曲线的移动作为最初的政策效果,则由于财政政策会导致挤出效应,削弱了产出的增长幅度,这之后的反向调整快于货币政策的情况,而且最后引起的价格涨幅可能低于货币政策。

由上可见,当产出已经处于充分就业均衡时,政府通过运用财政政策及货币政策企图进一步提高产出水平是不可能的,两种政策只会导致总需求中组成部分的不同。财政政策会导致政府购买替代私人投资,货币政策则对各个组成部分一视同仁。

③ 财政政策与货币政策的决策速度。在这方面货币政策具有明显的优势。央行经常检查政策目标,并且一般可以根据实际情况及时调整货币政策的各种工具,公开市场业务的规模几乎每天都在变,因此认识时滞(Recognition Lag)与决策时滞(Decision Lag)较短。

财政政策的认识与决策时滞较长。从认识经济形势,提出政策建议,在国会中讨论,到最后决定实施,这中间有一段很长的时间。增税与减少政府支出这类反通货膨胀的提案在国会中讨论的时间更长,并且有可能不获国会批准。

④ 财政政策与货币政策的作用速度。财政政策措施,特别是变动政府支出,因为是直接变动总需求,所以对产出的影响较直接有力,作用速度较快,执行时滞(Operation Lag)较短。

货币政策措施需有一系列的传导过程,作用速度较慢,而且如果有某个环节受阻的话,货币政策甚至不会产生作用。以扩大货币供给量为例,需经历 $M\uparrow \rightarrow r\downarrow \rightarrow I\uparrow \rightarrow Y\uparrow$ 这样一个过程。利率的下降需要时间,私人投资一般是有计划的,对下降的利率水平作出反应,如多购买设备、扩大生产规模,也需要时间,因此货币政策奏效所需时间较长。如果在这过程中存在流动性陷阱或投资对利率不敏感,货币政策就不会发生作用。最严重的是,经济波动的周期,从衰退到繁荣有时只有几个月的时间,如果在衰退时实行的扩张性货币政策到繁荣时才发挥作用,那不仅达不到稳定经济的目的,反而会给过热的经济火上加油。

(2) 财政政策与货币政策的配合运用。

① 两种政策之间的选择。一般来说,在投资对利率不敏感而货币需求对利率敏感度较大的情况下,应偏重于采用财政政策。反之,则应偏重于采用货币政策。

财政政策与货币政策会对总需求结构产生不同的影响,因此政府在进行政策选择时,还需考虑其目标是扩大总需求中的哪一部分。如果政府想刺激消费,就应偏重实行减税和增加转移支付等财政政策措施。如果政府想增加私人投资支出,则应注重采用货币政策。如果政府想扩大政府部门的投资,则需采用扩大政府支出的财政政策。

② 两种政策的配合。实际上,由于财政政策与货币政策对产出与利率水平会产生不同的影响,对总需求结构也会产生不同影响,更多的情况是把两种政策搭配起来使用,以一方优势弥补另一方的不足,还可以避免相互作用抵消,增强调控力度。两种政策的配合方式不同,产生的效果亦不相同,适用于不同的经济环境。

a. 扩张性的财政政策与扩张性的货币政策配合。在这种情况下,在财政政策扩大总需求的同时,中央银行增加货币供给量,阻止利率上升,抵消或减少财政政策的"挤出效应",因此会使总需求在短时间内迅速扩展,对经济具有强烈的刺激作用。这种政策只有在经济中存在大量闲置资源,如严重萧条时才能采用,否则极有可能导致严重的通货膨胀。

b. 扩张性的财政政策与紧缩性的货币政策配合。在这种配合中,政府适当扩大财政支出,同时央行严格控制货币供应量,导致利率上升,产生"挤出效应",使总需求不会大幅度上升。这适用于经济比较繁荣,但国家投资支出不足的情况。

以上分析说明,真正旨在扩大总需求的扩张性财政政策往往需要扩张性货币政策予以配合,而旨在调整政府与非政府部门投资与消费结构的扩张性财政政策则无需扩张性货币政策配合,相反,需以紧缩性货币政策来保证结构调整目标的实现。

财政政策与货币政策的配合更具体地表现在对于扩张性财政政策的后果——财政赤字的弥补问题上,如果对财政赤字全部采用债务化的方式处理,即赤字全部通过向非政府部门发行债券来弥补,那么,除非私人经济部门有大量闲置资金存在,足以满足政府的要求,否则必然对私人经济部门产生较严重的挤出效应,从而大大影响扩大总需求目标的实现。相反,如果扩张性财政政策的目标仅仅是扩大政府的储蓄与投资能力,或者提高政府投资在社会总投资中的比重,那么财政赤字的债务化就十分必要。

c. 紧缩性的财政政策与扩张性的货币政策配合。这种配套中,政府对财政支出严加控制,年度财政收支保持平衡,甚至有盈余;同时央行根据实际经济情况,采取适当放松银根的货币政策,促使利率下降,以刺激私人投资支出。这适用于财政赤字较大,但经济处于轻度衰退的情况。

d. 紧缩性的财政政策与紧缩性的货币政策配合。在这种搭配中,一方面政府压缩财政支出,直接导致总需求下降;另一方面中央银行紧缩银根,减少货币供给量,利率大幅度上升,私人投资减少,总需求下降。这种双管齐下的措施使总需求迅速收缩,能有效遏止恶性通货膨胀,但会导致经济发展缓慢,甚至陷入衰退的境地。因此只有在经济发生严重的通货膨胀时才能使用这种搭配。

总之,采取哪种配合方式,应视经济情况需要而灵活决定。只有财政政策与货币政策适当配合运用才能达到最佳的政策效果,这已为许多国家的实践所证实。

14.4.2 财政赤字理论

战后大部分西方发达国家政府都采纳凯恩斯以来的经济学家的政策主张,采取积极的宏观经济政策,进行需求管理,而其中绝大多数政策措施都直接导致财政赤字的增长。

(1) 财政赤字的各种衡量及其经济含义。财政赤字通常被简单地定义为政府预算收入和支出的差额。然而由于财政收支包括不同的内容,采用不同的会计记账基础,更重要的是由于存在不同层次的公共部门等问题,使得财政赤字有了许多种衡量方法,不同口径的财政赤字不仅有不同的经济含义,而且往往还会令人们对一国的财政状况产生迥然不同的看法。

首先需要对财政收支的内容作一下澄清。按照国际惯例,财政收入只包括税收收入、非税收收入如规费、管理费、政府提供劳务的工本费、公产收入以及国内外援赠收入等。而财政支出也只包括行政管理费、社会保障支出、文教科研卫生事业费支出、政府投资性支出以及债务利息支出项。收支项目中一般不包括政府对内对外发行债券或借款获得的所谓"收入"以及偿付债务本金的"债务支出"。所谓的债务收入和债务支出并非政府经常性行为的结果,因此不能看成财政赤字或盈余的组成部分,而只能视作弥补赤字的手段。每年政府债务净变化额,即当年发行债券的收入减去当年偿还债务本金支出的差额,是对当年财政赤字的一种弥补。

不同层次的公共部门对应了不同口径的财政赤字衡量:① 与最狭窄的范围的公共部门相对应的是中央政府赤字。中央政府单独的统计资料有助于衡量在中央政府直接控制下的财政政策的影响。而且,由于中央政府往往能从中央银行获得信贷(地方政府则往往不可以),因此,中央政府的赤字可能对货币量变化产生直接影响。② 广义政府部门赤字。根据广义政府所覆盖的范围,其应是所有各级政府税收和非税收收入、国外援赠、公营事业净收入、社会保障计划收入之和与所有各级政府的经常性、资本性支出的差额。通常,广义政府赤字及其构成表明一国政府营运的规模、政府为各种目的分配资金状况、税收总额及结构等情况。考虑到衡量财政赤字的最主要目的在于衡量公共部门对资金的净要求(因为这依次会影响到通货膨胀、国内利率、就业水平、投资消费和对外赤字),因此公共部门财政资金净使用量是一个十分有用的指标,称为公共部门的借款要求(Public Sector Borrowing Requirements, PSBR)。如同国际收支平衡表一样,政府收支平衡表也可以划为线上和线下两种项目。线上项目即政府实体收支的余额,若是赤字,即支出超过收入部分,需要以线下项目即政府债权债务项目中的净债务来弥补。因此,广义政府的赤字也就是整个政府实体需要向其他部门净借款的部分,即 PSBR。③ 统一非金融公共部门总赤字(CNFPS Deficits),应该是公共部门借款要求加上国有企业营运的赤字,后者被定义为国有企业经常收支之差。④ 最广泛层次的赤字被称为统一公共部门总赤字(CTPS Deficits),即统一非金融公共部门赤字加上公共金融部门(包括中央银行及国有的银行和非银行金融机构)的赤字。后一部分通常被称为准财政赤字(Quasi-fiscal Deficits)。

后两种赤字的计量对发展中国家尤其是转轨中的原社会主义计划

经济国家特别重要,原因在于发展中国家普遍存在较大的非金融公共企业部门,且金融体系从事大量保护国家财政的活动。而转轨中的国家,政府、国有企业与国家银行之间的关系又存在千丝万缕的联系。表面上看政府、国营企业和银行已相互独立,实则银行、国营企业对财政的依附关系依然存在;不仅财政与企业之间有着诸如利润上交、亏损弥补等的资金联系,银行也在很大程度上代替财政施行职能,如政策性贷款的发放、以贷款代替财政资金弥补亏损、财政运用银行资金进行物资储备,这些都属于财政挤占银行资金,所以准确区分这两种财政赤字对于判断和分析财政状况是十分必要的。但是,尽管统一公共部门总赤字是最能全面地衡量一国财政状况和财政资源转移的一种指标,却很难得到准确的数据。因此,在很多财政问题的研究中通常使用的是统一非金融公共部门赤字。

到目前为止,我们讨论的财政赤字的衡量均是现金收付制的财政赤字。在政府购买商品、支付工资和债务利息时拖欠现象严重的情况下,以现金收付为基础的衡量往往会低估财政赤字。若以权责发生制计算,则得到的赤字额会比在现金基础上得到的大。应计基础的财政赤字衡量甚至可以扩大到包括政府的净资产,即包括一些无形的以及将来可获得的收入的现值,比如政府采矿权的价值、政府将来能得到的税收流的折现值等。但是这种计量方式在理论上虽成立,在实际计算中却是模糊和难以得到的。

在通货膨胀条件下,应对名义的财政赤字作出调整。剔除国内公共债务利息支付中的通货膨胀因素之后,得到的财政赤字称为实际赤字或称业务赤字(Operational Deficits)。之所以从利息支付中剔除通货膨胀因素是为了反映对在通货膨胀情况下持有政府债券的公众因通货膨胀导致债券实际价值受侵蚀而产生的损失的一种补偿。所以这种剔除也可看作是通货膨胀引起的对本金偿付的增加,而不应看作是政府一般性支出。

另一种观点认为,对债务的利息支付是过去的赤字而不是政府现时的行为造成的。准确衡量政府财政现时状况的指标应该排除所有债务支付。公共部门借款要求减去债务利息支出就是所谓的基本赤字

(Primary Deficits),它反映了现时的政府活动如何引起公共部门净负债情况变化。基本赤字在评估政府赤字的维持能力方面有重要意义。若实际利率超过经济增长率,即债务利息支付增长快于税收收入增长,而基本赤字又大于政府铸币收入,那么债务与 GNP 比率就会一直上升,这就是一种不稳定的债务动态均衡。一旦公众意识到政府债务日益增长的危险性,避免购买政府债券,就有可能使政府陷入债务危机之中。所以财政赤字虽然可以持久地出现并用债务弥补,但基本赤字最终必须为正数才能以盈余越来越多地抵消债务利息而使政府债务不至于永久地膨胀下去。

最后,为了使国与国之间或一国在不同时期之间的财政状况具有可比性,通常不用财政赤字的绝对额,而以财政赤字与 GNP 或 GDP 的相对额来衡量财政赤字。

(2) 财政赤字的弥补及其宏观经济效应。当政府实行积极的财政政策时,预算既有可能赤字,也有可能盈余,多数情况下是赤字。但政府不能提高税率或减少政府支出来减小赤字,因为这样就是为了预算平衡而放弃经济平衡,是不符合积极的财政政策"逆风而动"的原则的,因此政府必须寻找其他弥补财政赤字的方式。方式不同,其产生的经济效应也有所区别。以下我们对各种方式进行具体分析。

第一种方式是出售国家资产。但用这种方法来弥补赤字,一方面会使国有资产存量下降,更重要的是会令公众对国家失去信心。而且可供出售的国有资产也是有限的。因此,这种方法在世界各国应用得较少。

第二种方法是财政部直接发行货币来弥补赤字。这种方法会直接造成货币供给量上升,每一单位货币都代表一定的购买力,货币数量超经济地增加,必然会引发通货膨胀。因此世界各国一般将货币发行权赋予与财政部相对独立的中央银行,以防止财政部滥发货币。也就是说,这种方法一般也是不可行的。

第三种方法,也是最常用的一种方法,是发行国债(National Debt)。国债又分为内债与外债,两者的经济效应是不同的,我们将其分开讨论。

① 内债对通货膨胀的影响。内债的发行对象不同,其对货币供应

量的影响有很大的区别。

a. 社会公众认购政府债券。这里社会公众包括个人、工商企业、保险公司等其他金融机构、国际投资者等。

除商业银行以外的私人部门认购政府债券仅仅使资金的使用权发生转移,从私人手中转到政府手中,在这一过程中,货币总量没有改变。

b. 商业银行认购政府债券。这里要分两种情况:当商业银行没有超额准备金时,认购政府债券必须将贷款等其他资产变现,然后调换成政府债券,而其在央行的存款(即准备金)和公众存款等影响货币供应量的资产负债项目的余额保持不变,从而对货币供应量乃至总体经济的影响基本上是中性的。当商业银行有超额准备金时,其购买政府债券可通过资金的使用和转移,在整个货币量中增加相当于认购债券额1倍的货币。

c. 中央银行认购政府债券。这里要说明的是:中央银行与财政部是相互独立的,它并没有义务要购买财政部的债券。当财政部发行债券时,货币需求增加,若货币供给不变,利率必然会上升。如果中央银行要维持利率的稳定,就必须购进政府债券,无论中央银行采用直接认购,还是公开市场买进的方式,都会增加与所购债券等额的商业银行的准备金,从而通过一系列的存款创造过程,货币供给量会多倍增加。但如果央行愿意维持货币供应量的稳定而不购入政府债券,那么上述过程就不会发生。

政府发行债券通过商业银行与中央银行的存款创造过程而导致货币供应量增加,这被称为赤字货币化。在这种情况下,如果经济中有大量闲置资源,由于货币供应量的增加,企业和家庭都更易获得贷款去支持它们的投资与消费,再通过乘数作用,产出会增长,从而货币需求会增长,可以吸收掉这部分增加的货币供给,而不会引发通货膨胀。但当经济已经处于充分就业,货币供应量的增加是超经济的,这会导致较多的货币去追逐数量不变的商品和要素,其结果必然是通货膨胀。

综上所述,政府发行债券不一定增加货币供应量,货币供应量的增加也不一定引发通货膨胀,因此发行国债与通货膨胀之间是没有必然联系的。只有在赤字货币化,同时经济处于充分就业时,发行国债才会导致通货膨胀。

② 内债对投资及资本形成的影响。当政府发行国债时,如果中央银行为了维持货币供应量的稳定而不购买国债,那么利率必然会上升。由于政府有征税权,它有能力支付任何利率,因此当利率上升时,被迫退出市场的不是政府,而是私人部门的借款者——家庭或企业,即政府发行国债挤出了私人消费或投资。因为私人投资对利率比较敏感,挤出的主要部分应该是投资。这就是国债对私人投资的"挤出效应"。因为只有投资才会形成资本,许多经济学家凭此认为发行国债会降低资本形成,从而不利于经济的长期增长。

但这些经济学家忽略了一个很重要的问题,那就是政府获得资金后,不会把它放在银行里不用,而是会花出去,这对整个社会的资本形成会产生影响。

政府的购买支出可以分为两部分:一部分是消费性支出,一部分是投资性支出,从而整个社会的消费应包括私人消费与政府消费,投资应包括私人投资与政府投资。

如果政府发行国债挤出的是私人投资,并且政府将获得的资金用于消费性支出,也就是古典学派经济学家所说的非生产性用途,那么整个社会的总投资的确会下降,资本形成减少,从而对经济的长期发展产生不利影响。但这并不是惟一的情况。

如果政府发行国债挤出了私人投资,但同时政府又将这笔资金用于一般性投资支出,例如用来兴建基础设施等,那么就整个社会而言,私人投资加政府投资的总量并没有改变,只是原本用于私人投资的那部分资金现在转移到用于政府投资,因此不会影响整个社会的资本形成。这种情况有着鲜明的政策含义,即在公共投资支出不足时,政府可以通过发行公债来调节政府投资与私人投资之间的比例。

实际上,在更多的情况下,政府发行国债所得资金是用于发展私人投资一般不会涉及的基础设施,例如修建交通及水电设施等。这些基础设施的建设有利于改善整个社会的投资环境,克服私人投资的"瓶颈"问题,从而能够吸引更多的私人投资者进行投资。因此政府发行国债对私人投资也有促进作用,这被称为国债对私人投资的"挤入效应"。在这种情况下,整个社会的投资总量会增加,资本形成也随之增加,发行国债不但不会阻碍经济的发展,反而会促进经济的长期增长。应该说,当社会上有闲置资源时,这种"挤入效应"比较明显,这也是萧条时期政府发行国债用于基础设施建设的理论依据。而在经济处于繁荣时期时,因为没有闲置资源的存在,私人投资无法增加,一元钱的政府投资完全替代一元钱的私人投资,几乎没有"挤入效应"。

如果政府发行国债挤出的不是私人投资,而是私人消费,当政府将资金用于消费性支出时,社会投资总量不受影响;若政府将资金用于投资性支出,那么整个社会中的一部分消费资金转换为投资资金,投资总量上升,资本形成增加。

综上所述,虽然国债会对私人投资产生"挤出效应",但只要政府将发生国债的资金用于投资性支出,即生产性用途,政府投资的增加可以弥补私人投资的减少。在"挤入效应"存在时,还会促进私人投资的增加。就整个社会而言,资本形成会不变或增加,从而发行国债对经济增长不但没有阻碍,还可能有促进作用。

③ 内债对后代的负担问题。内债对后代的负担问题主要指内债本息的偿还对后代的影响。

有些经济学家认为国债归根到底是要用税收收入偿还的,这会对后代造成负担,是这一代人提前支取了后一代人的面包。这种观点其实是一种误解。

我们先来谈债务本金的偿还问题。家庭所欠的债务终究必须偿还,这是因为家庭的行为是有终点的。但国债则不然,因为政府是在持续不断的运行当中。当一笔国债到期时,政府可以简单地通过发行一笔新债务来偿还旧债务。因为债券可以作为遗产继承,对后代人来说,只是资金从新债券的所有者转移到旧债券的所有者,而新债券的所有者也因为暂时让渡了资金的使用权而获得报酬——债券的利息。因此,归还到期债务的行为只是政府管理上的问题,既不会给后代人造成负担,也不会导致政府的财政崩溃。

我们再来谈债务的利息支出问题。虽然本金不偿还,但债务利息是要支付的,政府一般用税收收入予以支付。因为我们讨论的是内债,政府为了利息支付而向公众征税,又以利息形式将之还给公众,对社会公众来说,资金只是从一个口袋转移到另一个口袋。尽管如此,这种资金转移仍然会引起额外的经济损失,因此会给后代人造成负担。

我们首先假定纳税人与利息获得者完全一一对应,每个人的税收支出都等于利息收益,在这种极端情况下,这种转移也会造成负担。它会让人们产生错觉,认为自己勤奋工作要多交税,而凭国债券却可以不劳而获,取得利息收入,因此人们的工作积极性会下降,从而给经济的长期发展造成不利影响。

事实上,大部分的国债都集中在富裕阶层手中,即纳税人与利息获得者不是完全一致的。这时,资金转移会恶化社会的收入分配状况,这显然是一种负担。许多收入中下阶层的纳税人交了税,却因为没有持有债券而无法获得利息收入;而富裕阶层获得的利息收入却超过他们缴纳的税收。从整个社会看,资金从中下阶层流向富裕阶层,收入的分配状况趋向不合理。此外,由于中下阶层的人们边际消费倾向较高,资金转移导致消费需求下降,从而对产出的增长具有抑制性作用。

更为严重的是,利息支出会随债务的增加而不断增加,可能导致利息支出占 GNP 比率过高,若税收收入已经不足以支付利息,政府将被迫提高税率,这将加重上述的负担,过高的税收会严重扭曲收入分配,对经济产生更大的抑制作用。而且如果政府必须将收入的大部分用于支付国债的利息,财政政策会变得缺乏弹性,政府难以根据经济情况调整支出,这对经济稳定发展也是不利的。

所幸在和平时期这种情况很少发生,虽然利息支出在增长,但 GNP 也在不断增长,利息占 GNP 的比率变动较缓慢。根据美国的数据,即使在公债利息支付达到前所未有的水平时,公债利息也仅仅占 GNP 的一个很小的比例,税收收入是其数额的好几倍。

④ 外债的经济效应。政府通过发行外债所获得的资金是来源于外国的,所以不会对私人消费及投资产生"挤出效应"。因此,当国内的储蓄量不足,政府又需要资金用于投资性支出时,发行外债可以突破资金缺口的限制,从而促进经济发展。许多国家都曾运用外债来帮助经济起飞。这是发行外债最大的好处。

但与此同时,外债会给后代造成比内债严重得多的负担。

外债的本息迟早是要偿还的,在偿还时,资金从国内转移到国外。对国内的所有纳税人来说,他们都承担了纳税的义务,却没有得到利息收入作为回报,因此国内人们的收入将下降,这会阻碍经济的长远发展。

外债的还本付息通常是要用外币来支付的,这会影响一国的国际收支。因为一国可用于偿还外债的外汇主要来源于出口,若利用外债没有提高出口能力,那么很可能导致该国没有足够的外汇偿还外债,造成债务危机。

这些都是发行外债给后代造成的负担。由于外债明显的负面效应,政府在向国外举债时应谨慎从事。当国内储蓄充足,有较多的闲置资金时,政府首先应充分利用国内资源,之后再考虑发行外债。

总之,不论内债还是外债,其经济效应都是有利有弊,政府趋利避害的关键是国债的用途。只要政府举债后不用于战争和浪费,而将之用于生产性用途,刺激经济发展,使经济增长的速度快于国债的增长速度,那么应该说发行国债是弥补财政赤字一种较好的方式。

本章内容提要

1. 现代西方市场经济国家都积极地利用财政政策对宏观经济进行干预,以达到充分就业、经济增长、物价稳定和国际收支平衡等目标。

2. 依照凯恩斯的宏观经济理论,政府采取增加支出或减税等需求管理政策可使国民收入依乘数原理多倍扩大,因此可通过自动稳定器或相机抉择的积极的财政政策来实现宏观经济的稳定均衡。

由于投资受到利率变化及货币市场均衡的影响,扩张性的财政政策可能产生减少私人投资的挤出效应。

指导西方国家政府财政政策的理论准则主要有:年度财政预算平衡准则、功能财政准则、周期平衡预算准则、充分就业财政预算准则。

3. 当价格能够对产出的变化作出调整时,财政稳定政策必须同时考虑价格水平和总产出两方面的政策目标。依据简单的菲利浦斯曲线,价格水平与总产出是简单的替代关系;当人们对通货膨胀形成预期时,产出下降和价格上升可能同时发生,稳定政策的效果也会被削弱,但在短期和中期仍可能促使产出的增长。

4. 供给学派财政理论认为应通过扩大总供给来促进经济增长,其主要政策主张是减税、削弱政府支出,谋求财政预算平衡以降低通货膨胀率。这一理论受到理论和实践上的双重挑战,但它将人们的注意力转向供给,注重提高劳动生产率,此后美国政府采取的供给与需求综合管理的政策促进了90年代以来经济在低通胀水平的持续增长。

5. 财政政策的手段和政策效果都有明显的区别,因此需要密切配合以达到理想的目标。为了扭转严重的经济过热或衰退,两种政策可以同时紧缩或扩张,在并非极端的情况下,两种政策也可以采取不同方向的方针。

6. 财政政策往往导致财政赤字的增长,财政赤字总是要靠其他部门的盈余来弥补的,而财政赤字的经济影响则在很大程度上取决于其具体的弥补方式。发行国债是弥补财政赤字最常用的方法,政府趋利避害的关键是将国债用于生产性用途,刺激经济发展。

本章基本概念

乘数原理　自动稳定器　相机抉择的财政政策　年度财政预算平衡准则　功能财政准则　周期平衡预算准则　补偿性财政政策　充分就业财政预算准则　挤出效应　公共部门借款要求　准财政赤字　实际赤字　基本赤字　内在稳定性指数　财政拖累　财政杠杆　简单的菲利浦斯曲线　附加预期的菲利浦斯曲线　适应性预期　理性预期

本章思考题

1. 按照凯恩斯的国民收入决定理论,政府对宏观经济进行干预主要可采取哪些政策手段?

2. 供给学派的基本理论观点和政策主张是什么?它们在理论和实践方面有什么问题和可取之处?

3. 举例说明财政政策和货币政策为什么需要协调配合?怎样配合?

4. 财政赤字的主要弥补方式有哪些?分别有什么经济影响?

5. 试析决定财政需求管理政策效果的各种因素。

主要参考书目

1. R·A·穆斯格雷夫,P·B·穆斯格雷夫:《美国财政理论与实践》,中国财政经济出版社,1987年版。
2. 约瑟夫·E·斯蒂格里茨:《政府经济学》,春秋出版社,1988年版。
3. J·M·布坎南,M·R·弗劳尔斯:《公共财政》,中国财政经济出版社,1991年版。
4. P·A·萨缪尔森,W·D·诺德豪斯:《经济学》,中国发展出版社,1992年版。
5. A·B·阿特金森,J·E·斯蒂格里茨:《公共经济学》,上海三联书店·上海人民出版社,1994年版。
6. 肖德义:《西方财政学》,中国财政经济出版社,1988年版。
7. 宋承先:《现代西方经济学》,复旦大学出版社,1994年版。
8. 邓子基:《现代西方财政学》,中国财政经济出版社,1994年版。
9. 张军:《现代产权经济学》,上海三联书店、上海人民出版社,1994年版。
10. 项怀诚:《中国财政体制改革》,中国财政经济出版社,1994年版。
11. 黄亚钧、姜纬:《微观经济学教程》,复旦大学出版社,1995年版。
12. 曹立瀛:《西方财政理论与政策》,中国财政经济出版社,1995年版。
13. 王传纶、高培勇:《当代西方财政经济理论》,商务印书馆,1995年版。
14. 平新乔:《财政原理与比较财政制度》,上海三联书店、上海人民出版社,1995年版。
15. 袁振宇等:《税收经济学》,中国人民大学出版社,1995年版。
16. 蒋洪:《财政学教程》,上海三联书店,1996年版。

17. 华民:《公共经济学教程》,复旦大学出版社,1996年版。

18. 蒋自强等:《当代西方经济学流派》,复旦大学出版社,1996年版。

19. 刘溶沧、杨之刚:《财政学论纲》,经济科学出版社,1998年版。

20. 刘溶沧、赵志耘:《财政政策论纲》,经济科学出版社,1998年版。

21. 邱华炳:《现代财政学》,厦门大学出版社,1998年版。

22. 上海财经大学公共政策研究中心:《1999中国财政发展报告》,上海财经大学出版社,1999年版。

23. 陈共:《财政学》,中国人民大学出版社,1999年版。

24. 马中:《环境与资源经济学概论》,高等教育出版社,1999年版。

25. 项怀诚:《1999:中国财政报告》,中国财政经济出版社,1999年版。

图书在版编目(CIP)数据

现代公共财政学/胡庆康,杜莉主编.—2版.—上海:复旦大学出版社,
2001.9(2020.7重印)
(复旦博学·金融学系列)
ISBN 978-7-309-02967-3

Ⅰ.现…　Ⅱ.①胡…②杜…　Ⅲ.财政学　Ⅳ.F810

中国版本图书馆 CIP 数据核字(2001)第 057393 号

现代公共财政学(第二版)
胡庆康　杜　莉　主编
责任编辑/徐惠平

复旦大学出版社有限公司出版发行
上海市国权路 579 号　邮编:200433
网址:fupnet@fudanpress.com　http://www.fudanpress.com
门市零售:86-21-65102580　团体订购:86-21-65104505
外埠邮购:86-21-65642846　出版部电话:86-21-65642845
上海春秋印刷厂

开本 787×960　1/16　印张 25.25　插页 2　字数 376 千
2020 年 7 月第 2 版第 11 次印刷
印数 28 901—30 500

ISBN 978-7-309-02967-3/F·671
定价:35.00 元

如有印装质量问题,请向复旦大学出版社有限公司出版部调换。
版权所有　侵权必究